인생 총량의 법칙
100문 100답 ──

인생 총량의 법칙
100문 100답

하루라도 빨리 알수록
인생에 득이 되는 100가지 이야기

이채윤 지음

인생은 결국 총량 속에서 춤춘다

세상에 공짜는 없다. 우주의 모든 것은 균형을 맞추려 한다. 이는 아주 오래전부터 알려진 진리다. 우리는 일이 잘 풀리는 날은 이상하게도 걱정이 먼저 떠오른다. 갑자기 이렇게 일이 잘 풀려도 되나? 혹시 이다음에 무언가 크게 터지려는 건 아닐까? 반대로, 끝도 없는 불운이 계속될 때는 이상한 안도감이 든다. 이쯤 되면 뭔가 좋아질 때도 됐지 않나? 누구도 가르쳐주지 않았는데, 우리는 어릴 때부터 어렴풋이 이런 생각을 한다. 그것이 바로 '인생 총량의 법칙'이다.

이름은 거창하지만, 실은 누구나 마음속에 가지고 사는 일종의 균형감각이다. 행복과 불행은 결국 총량이 있다는 믿음. 성공과 실패는 요동치다가도 제자리를 찾아가는 어떤 질서 같은 것이라는 깨달음. 마치 체온이 36.5도로 유지되듯, 감정과 사건도 일정한 중심을 향해 수렴된다는 믿음이다. 이 법칙은 수학적으로 증명된 것도, 과학적으로 검증된 것도 아니다. 하지만 놀랍도록 많은 이들이 각자의 방식으로 이 법칙을 체험한다.

　'인생 총량의 법칙'은 간단히 말해, "인생에서 얻는 모든 것에는 대가가 따른다"는 원리다. 산이 높으면 골짜기가 깊듯이, 기쁨이 크면 슬픔도 크고, 돈을 많이 벌면 정신이 피폐해지거나 인간관계가 망가지며, 사랑을 깊이 하면 상실의 아픔도 깊어진다. 이 개념은 현대의 우울한 철학자들이 갑자기 만들어낸 것이 아니다. 인류의 역사만큼이나 오래된 사고방식이다. 이 법칙은 놀랍게도 전 세계, 전 문화권에서 비슷한 언어로 등장한다.

　동양에서는 인생만사 "새옹지마(塞翁之馬)"라는 말로 표현된다. 인생의 길흉화복(吉凶禍福), 즉 좋은 일과 나쁜 일이 어떻게 바뀔지 예측하기 어렵다는 것을 비유하는, 복이 화가 되고 화가 다시 복이 된다는 순환의 진리를 표현하는 고사성어다. 서양에서도 "Every cloud has a silver lining(모든 구름에는 은빛 가장자리가 있다)"이라는 말처럼 고난 뒤엔 반드시 희망이 따라온다는 확신이 자리 잡고 있다.

　고대의 지혜는 이미 알고 있었다. 《역경(易經)》은 이를 수천 년 전에 깨달았다. 음과 양이 교차하며, 행운과 불운은 반드시 순환한다. 오를 때가 있으면 내려갈 때가 있다. "하늘이 나에게 큰일을 맡기려 하면 반드시 먼저 고통을 준다"는 맹자의 말도 같은 논리다.

《사자(死者)의 서(書)》는 어떠한가? 이집트인들은 죽음이 곧 끝이 아니라 다음 생으로 가는 과정이며, 저승의 여정에서도 총량이 존재한다고 믿었다. 생전에 아무리 부유해도 죽은 뒤 심판을 받아 깃털보다 무거운 죄를 지녔다면, 가차 없이 아누비스에게 잡아먹힌다. 결국 인생의 모든 것은 저울질 된다.

타로 카드(tarot card)는 어떠한가? 카드 한 장 뽑으면, 밝은 면과 어두운 면이 함께 따라온다. '행운'이라며 신나 했던 카드가, 뒤집어 보면 "너 같은 놈이 잘될 리 없다"는 식으로 변한다. 신비롭고 거창해 보이지만, 결국 이 메시지도 동일하다.

이는 현대의학에서도 밝혀진 사실이다. 인간은 일정한 에너지를 가지고 태어나며, 과하게 쓰면 수명이 줄어든다. '대기만성형' 인간들은 청소년기에 에너지를 다 허비하지 않았기 때문에 나중에 성공하는 것이다. 반대로 20대 때 놀만큼 놀고 일찍 성공한 사람들은 40대 이후부터 몰락하는 사례가 흔하다. 심리학은 또 어떤가? 프로이트는 무의식의 균형을 강조했으며, 칼 융은 삶의 그림자가 반드시 존재한다고 말했다. 인간이 무언가를 지나치게 원하거나 억압하면, 그만큼의 반동이 반드시 찾아온다.

이처럼 동서양을 막론하고, 과거부터 현대까지 모든 학문과 신화, 철학은 한 가지를 말하고 있다.

"삶은 총량의 법칙에서 벗어날 수 없다."

운이 좋다고? 다음 차례는 당신이 아니라는 보장이 없다. 이제 당신이 운이 좋다고 생각해보자. 복권에 당첨되었거나, 예상치 못한 기회가 왔거나, 인생이 술술 풀리는 듯한 기분이 들 수도 있다. 그렇다면 스스로에게 물어봐라.

"이제 뭘 잃게 될까?"

이것은 우울한 예언이 아니다. 그냥 자연의 법칙이다. 행운은 쌓이지 않는다. 한쪽이 오르면, 다른 쪽이 내려간다. 인생은 무한정 올라가는 것이 아니라, 널뛰기처럼 상하로 흔들릴 뿐이다.

로또 당첨된 사람들이 대부분 몇 년 뒤 파산하는 이유는? 인기 절정이던 스타들이 갑자기 몰락하는 이유는? 신혼 때 그렇게 행복하던 부부가 몇 년 뒤 피 터지게 싸우는 이유는? 젊었을 때 날씬했던 사람들이 40대 이후 갑자기 비만이 되는 이유는?

세상 모든 것은 총량을 맞추려 한다. 이 법칙을 받아들이지 않는다면, 당신은 인생의 흐름을 이해하지 못하는 것이다.

"아, 그럼 나는 어떻게 해야 하지?"

여기까지 읽고 머릿속에 이 질문이 떠올랐다면, 당신은 이미 절반은 깨달았다. 그렇다. 인생 총량의 법칙을 깨달은 사람과 깨닫지 못한 사람의 차이는 엄청나다. 깨닫지 못한 자는 행운이 왔을 때 그게 영원할 줄 알고 방만해지며, 불운이 왔을 때 절망하며 모든 걸 놓아 버린다. 반면, 깨달은 자는 알게 된다. 행운이 왔을 때 준비해야 하고, 불운이 왔을 때 조용히 버텨야 한다는 것을.

한 여성이 있었다. 열다섯 살에 어머니를 잃고, 열여덟 살에 아버지가 떠났으며, 스물두 살에 결혼했다가 남편의 폭력으로 가출한 그녀는 마흔을 넘기기까지 단 하루도 평범한 날이 없었다. 그러나 마흔둘이 되던 해, 도서관에서 우연히 읽은 한 문장에 인생이 바뀌기 시작했다.

"지금 당신이 겪는 고통은 당신이 감당할 수 있는 총량 내에 있다."

그녀는 하루에 한 줄씩 자신의 삶을 기록했고, 3년 뒤《슬픔의 무게는 나의 높이와 같다》라는 에세이를 출간하며 작가로 데뷔했다. 불행의 총량이 꽉 찼다는 느낌, 그다음엔 무언가 바뀔 거라는 감각이 그녀를 붙잡아준 셈이다.

우리는 이런 경험을 문학과 영화, 종교와 철학, 심리학과 의학에서도 본다. 도스토옙스키는《죄와 벌》에서 인간의 내면에 도사린 죄책감과 구원의 감정이 끊임없이 총량의 균형을 이루려 한다고 보았다. 불교의 윤회는 삶의 고통과 기쁨이 생과 사를 넘나들며 총량을 맞춘다는 믿음을 전제로 한다. 심리학의 쾌락 적응 이론은 인간이 아무리 큰 기쁨이나 고통을 겪어도 결국 일정한 감정 상태로 되돌아온다고 설명한다. 심지어 현대의학도 신체가 항상성을 유지하려는 보상성 기능을 가진다고 설명하며 이런 총량 개념을 실증적으로 입증하고 있다.

이 책이 필요한 이유가 바로 여기에 있다. 우리는 "노력하면 반드시 성공한다"라는 사기성 문구를 믿으며 자라왔다. 그러나 현실은 다르다. 노력도 결국 총량 내에서 움직이며, 행운과 불운은 인간이 조절할 수 없는 거대한 흐름 속에서 작용한다.

그렇다면 어떻게 해야 할까? 바로 "총량의 법칙을 이해하고, 그에 맞춰 살면 된다."

이 책은 돈, 공부, 사랑, 성공, 건강, 오락, 술, 가족 등 모든 삶의 요소가 총량적으로 어떻게 균형을 맞추는지를 100가지 질문과 답으로 풀어낸다.

인생이 불공평하다고? 맞다. 하지만 불공평한 방식조차도 일정한 총량을 맞추려 한다. 운이 좋으면, 다음 차례는 당신의 것이 아니다. 지금 불운이라면, 곧 당신에게도 기회가 올 것이다. 인생은 결국 총량 속에서 춤춘다. 그 흐름을 이해하고, 당신만의 스텝을 맞추는 것이 중요하다.

이제, '인생 총량의 법칙'을 탐구할 시간이다. 이제부터, 당신의 인생을 다시 계산해보자.

The Law of the Total Amount of Life

The Law of the Total Amount of Life

The Law of the Total Amount of Life

인생 총량의 철학

모든 것은 균형을 이룬다

인생 총량의 법칙은 모든 감정, 성공, 고통, 관계가 일정한 균형을 이루며 순환한다는 철학적 전제에서 출발한다. 산이 높으면 골도 깊듯 기쁨이 크면 고통도 깊고, 큰 행운 뒤엔 반드시 청구서가 온다는 구조는 자연스러운 정산의 메커니즘이다.

인간은 감정과 사건의 흐름 속에서 자신만의 심리적 잔고 표를 가지고 살아가며, 무의식적으로 균형을 추구한다. 인생의 파고는 무작위가 아니라, 축적과 반동, 소비와 회복이라는 총량적 운동의 결과다. 이 철학은 고통을 낙관으로 기쁨을 겸손으로 바꾸게 하는, 삶을 견디는 내적 기준이 된다.

인생 총량의 법칙이란 무엇인가?

세상은 불공평해 보인다. 누군가는 금수저를 물고 태어나고, 누군가는 흙길을 걷는다. 어떤 이는 뜻하지 않은 행운을 거머쥐고, 어떤 이는 사소한 불운 하나에 인생이 송두리째 흔들린다. 이 불균형 속에서 많은 사람이 묻는다.

"왜 세상은 이렇게 불공평할까?"

하지만 이 불공평의 그늘 아래, 우리가 본능적으로 감지하는 보이지 않는 질서가 있다. 조금 더 깊이 들여다보면, 보이지 않는 규칙성, 삶의 총량은 정해져 있다는 믿음, 그것이 바로 '인생 총량의 법칙'이다.

인생은 수학 공식처럼 정확하지 않다. 그러나 이상할 정도로 반복되는 패턴이 있다. 너무 오랫동안 일이 잘 풀리면 이상하리만치 마음이 불안해지고, 지독한 불운이 계속될 땐 어느 순간 스스로를 다독인다.

"이젠 좋아질 때가 됐지."

이 말은 위로일 수도 있고 예언일 수도 있다. 어떤 이에게는 생존 본능이고, 또 다른 이에게는 통계적 확률처럼 작용한다. 하지만 그

말에 깃든 감각, 그 직관은 대체 어디서 오는 것일까?

심리학에서는 이를 '쾌락 적응(Hedonic Adaptation)'이라고 설명한다. 어떤 긍정적 사건이 생기든 시간이 지나면 다시 원래 감정의 기준선으로 되돌아온다. 즉, 감정의 총량이 균형을 이루려는 움직임이 내재해 있다는 뜻이다. 마치 인플레이션이 과열되면 금리를 올려 억제하듯, 인간의 감정 시스템도 일정한 균형점을 유지하려 한다.

복권은 터졌지만, 인생이 터진다.

1997년, 미국 뉴저지의 한 청소부 남성, 윌리엄 포스텔은 3,180만 달러(457억 8,564만 원, 2025.10.25. 현재 기준)의 복권에 당첨됐다. 그는 당첨 직후 화려한 삶을 꿈꿨다. 고급차, 대저택, 해외여행, 사업 투자……. 그러나 4년 뒤, 그는 완전히 파산했고 가족과도 연을 끊었다. 그는 이렇게 말했다.

"나는 돈을 얻었지만, 내 인생을 잃었다."

이 사례는 단순한 재정 관리 실패의 문제가 아니다. 돈이라는 '총량 외의 자극'이 일시에 주어졌을 때, 인간의 심리와 관계, 인생 전체 시스템이 감당할 수 없을 정도로 요동친다는 것을 보여준다. 감정과 인간관계, 정신력, 자존감은 하나의 유기체처럼 움직이며, 한 부분이 과도하게 팽창하면 나머지가 견디지 못해 무너진다. 이는 명백한 인생 총량의 반작용이다.

사랑이 깊을수록, 이별은 더 아프다.

이백(李白)의 시 중에는 이런 구절이 있다.

"장안의 봄빛은 꽃보다 고왔지만, 이별은 술잔보다 깊었다."

사랑이 깊다는 것은, 그만큼 이별이 파고들 수 있는 공간도 깊다는 말이다.

현대 심리학에서도 이별 뒤 고통의 깊이는 사랑의 강도와 정비례한다고 말한다. 뇌는 사랑을 '보상 중추'로 인식하기 때문에, 그 감정이 사라지면 금단 증상과 유사한 반응을 일으킨다. 첫사랑이 특히 오래도록 기억에 남는 이유도 여기에 있다. 감정의 총량 곡선에서 최고점을 찍은 경험이기 때문에, 그 하강 또한 깊고 길다.

공부를 많이 하면 사회성이 줄고, 공부를 안 하면 인생이 힘들어진다.

프린스턴대학교의 수학 천재 존 내시(John Nash)는 노벨경제학상을 받았지만, 인간관계에서는 심각한 고립을 겪었다. 그는 거의 평생을 정신질환과 싸웠고, 다른 이들과의 협업이나 친밀한 유대는 갖기 어려웠다. 지성이라는 영역에서 극단적인 총량을 채운 대가로, 그는 일상의 소소한 인간관계를 잃었다.

반대로, 학창 시절 내내 친구들과 어울리며 공부를 소홀히 했던 한 청년은, 30대 중반이 되어 비로소 '무언가 해야겠다'는 위기의식을 느끼며 늦깎이로 공부를 시작한다. 그러나 이미 사회는 실력과 자격증, 커리어 중심으로 돌아가고 있었다. 그는 늘 따라잡아야하는 삶에 지쳐갔다. 총량은 채워지지만, 시간차로 인해 그 고통은 더 무겁다.

노력만으로 모든 걸 이룰 수 있다고? 세상은 그렇게 단순하지 않다.

헨리 데이비드 소로는 말했다.

"성공은 준비된 자에게 우연히 주어진다."

노력은 필수조건이지만, 충분조건은 아니다. 유명한 물리학자 리처드 파인만조차도 이렇게 고백했다.

"내 연구 인생의 최고의 결과는, 가장 노력하지 않았을 때 나온 우연의 산물이었다."

이 말은 냉소가 아니다. 세상에는 의도하지 않은 운이 있고, 그 운은 모든 사람에게 균등하게 주어지지 않는다. 오히려 인생의 총량은 '노력'이라는 요소 하나만으로는 설명되지 않으며, '운', '타이밍', '관계', '심리적 회복력' 등 다양한 요소들이 복합적으로 작용해 균형을 이룬다는 사실을 받아들이는 것이 더 정확한 사고다.

그렇다면 우리는 어떻게 살아야 할까?

"너무 큰 슬픔이 온다는 것은, 그만큼의 기쁨도 함께 찾아올 것임을 알리는 신호다."

한 작가의 문장처럼, 인생은 언제나 자신을 조정한다. 지금 행복하다면, 오히려 겸손하라. 지금 힘들다면, 절망하지 말라. 총량은 결국 평균을 향해 수렴된다.

영화 〈쇼생크 탈출〉의 앤디가 감옥 벽을 숟가락으로 파내며 말한다.

"희망은 좋은 거야. 어쩌면 가장 좋은 것일지도 몰라. 좋은 것은 절대 사라지지 않지."

절망이 절정일 때조차, 그는 내면의 총량 곡선을 믿었다. 마이너스는 플러스의 전조다.

인생 총량의 법칙은 어떤 전능한 설계자의 도구도, 정밀한 수학 모델도 아니다. 다만 우리 모두가 본능적으로 체감하는 생존의 언어이고, 끝없이 흔들리는 감정의 파도 속에서 균형을 잡게 해주는 삶의 내부 나침반이다. 그 나침반은 지금도 묻고 있다.

"당신의 총량은 지금 어디쯤 와 있는가?"

그 질문이야말로 진짜 삶의 시작이다.

002

왜 인생 총량의 법칙을 알아야 하는가?

"세상이 공평하지 않다"는 착각에서 벗어나라.

어릴 적 우리는 부모와 선생님에게 수없이 들었다.

"열심히 하면 성공할 수 있어."

"정직하면 결국 보상을 받아."

"좋은 마음을 가지면 복이 온다."

그런 말들을 가슴에 새기며 자랐고, 실제로 그렇게 살기 위해 애썼다. 그런데 정작 어른이 된 뒤, 현실은 이상하리만치 그 공식에서 벗어나 있다. 죽도록 노력했는데도 번번이 실패하는 이들이 있고, 아무것도 하지 않았는데도 누리는 이들이 있다.

"인생은 누구에게나 공평하게 불공평하다."

이 말이야말로 인생 총량의 법칙을 가장 날카롭게 요약한 한 문장이다. 불공평해 보이는 세상 속에도 나름의 균형은 존재한다. 누군가의 행운은 다른 누군가의 고통으로 환산되기도 하고, 지금의 풍요는 과거의 결핍에서 비롯된 것이기도 하다. 그래서 진짜 중요한 건 이 불공평한 세계를 어떻게 해석하느냐이다.

영화 〈슬럼독 밀리어네어〉의 주인공 자말은 인도 뭄바이의 빈민가에서 태어나 끊임없는 불운과 고난을 겪는다. 하지만 그 모든 경험이 나중에 퀴즈쇼에서 얻게 될 수백만 달러의 '정당한 이유'가 된다. 우리가 보기에 우연처럼 보이는 성공도, 사실은 고통과 경험이라는 총량의 정산이 작동한 결과일 수 있다. 이 법칙을 이해하면 억울한 마음보다 이해가 앞선다. 그리고 그 차이는, 삶을 견디는 내구력을 만든다.

행복과 불행은 따로 오는 것이 아니다. 총량은 정해져 있다.

사람들은 흔히 이렇게 생각한다.

"행복은 내 쪽에만, 불행은 남 쪽에만 있었으면 좋겠다."

하지만 인생은 그렇게 작동하지 않는다. 행복과 불행은 상호 연결된 그네와 같다. 한쪽이 올라가면 다른 쪽은 내려간다. 누군가의 커다란 성공은, 자신이 감내해야 할 다른 영역의 감정적 비용을 내포한다.

'우물 안의 사람'이라는 짧은 우화가 있다. 어떤 사내가 작은 마을 우물에서 매일 물을 길어 장에 내다 팔며 살아간다. 우물은 작고 깊지 않지만 꾸준히 물이 솟아났다. 그러던 어느 날, 정부 보조로 대형 양수기를 설치하고, 사내는 큰 수익을 올린다. 하지만 몇 달이 지나자 우물은 말라버리고, 마을 사람들은 그를 원망한다. 급격한 이득은 대가 없이 오래 지속되지 않는다. 자연도, 인간도 '균형'을 잃은 상태를 오래 견디지 못한다. 이 이야기는 단지 도덕적 메시지가 아니다. 인간의 심리적 구조 자체가 너무 과도한 행복에 대해 경계심을 품도록 설계돼 있다.

독일 철학자 쇼펜하우어는 이런 말을 했다.

"인생에서 너무 오랫동안 웃고 있으면, 그 뒤엔 반드시 눈물이 기다린다."

이 말은 공포심이 아니라 예방의 지혜로 받아들여야 한다. 너무 오래 웃고 있다면, 이제 그 웃음의 무게를 되돌려 받을 준비도 해야 한다는 뜻이다.

실패는 피할 수 없다. 다만 총량을 이해하면 버틸 수 있다.

"실패는 성공의 어머니"라는 말은 식상할 만큼 들어봤을 것이다. 하지만 그 말이 진짜 힘을 발휘하는 순간은, 실패 한복판에서 그 실패가 총량의 조정 과정임을 이해할 때이다. 그렇게 생각하면 눈물조차 납득 가능한 감정으로 변한다.

젊은 시절 수차례 일본 경찰에 쫓기고, 죽음의 위기를 넘기며 도망치던 어느 날, 백범 김구는 스스로에게 말했다.

"지금의 이 쫓김은 훗날 나의 역사적 자산이 되리라."

실제로 그의 젊은 날의 실패와 좌절은 훗날 '임시정부 주석'이라는 타이틀로 회수된다. 지금의 고통이 단지 고통으로 끝나지 않으리라는 믿음, 바로 그 믿음이 인생 총량의 정체를 꿰뚫는 힘이다.

마크 트웨인은 말했다.

"인생에서 가장 중요한 두 날은 태어난 날과, 내가 왜 태어났는지 깨닫는 날이다."

많은 사람들은 실패를 통해 두 번째 날을 발견한다. 그것이 총량의 구조다. 성공은 축적이 아니라 조정의 결과다. 그래서 지금 실패하고 있다면, 두려워할 필요 없다. 당신은 인생의 총량을, 지금 미리 갖고 있는 중이다.

그렇다면, 이 법칙을 아는 사람과 모르는 사람의 차이는?

사람은 자신이 모르는 법칙 안에 있을 때, 그 법칙에 지배당한다. 그러나 그것을 이해하는 순간, 그 지배는 자유로 바뀐다. 인생 총량의 법칙을 모르는 사람은 운이 좋을 때 허세를 부리고, 실패가 오면 감당하지 못한 채 무너진다. 작은 고비에도 "왜 나만 이런가?"라는 피해자 정서를 키우고, 세상에 대한 분노와 냉소를 품는다. 반면, 이 법칙을 이해한 사람은 달라진다. 행운 앞에서도 겸손하고, 불운 앞에서도 인내심을 갖는다. 니체는 말했다.

"고통은 견딜 수 있지만, 의미 없는 고통은 견딜 수 없다."

그렇다. 인생 총량의 법칙은 우리가 겪는 고통에 의미의 프레임을 부여하는 도구다. 이 프레임이 있을 때 사람은 비관 대신 낙관을, 분노 대신 유연함을 선택할 수 있다. 이 차이는 실제 행동으로 이어진다. 총량을 아는 사람은 한순간의 성공으로 전부를 걸지 않는다. 실패가 와도 그것이 '전부'라 생각하지 않는다. 욕망의 한계를 알고, 삶의 여백을 남긴다. 이들이 쌓아가는 인생은 단단하고, 길다. 반면, 총량을 모르는 사람은 거대한 한탕을 꿈꾸고, 결국엔 모든 것을 한 번에 잃는다.

인생을 더 똑똑하게 살고 싶다면, 총량을 이해하라.

사람들이 가장 두려워하는 건 통제 불가능성이다. 언제 무너질지 모른다는 공포, 왜 실패했는지 모른다는 혼란. 인생 총량의 법칙은 그 통제를 회복시키는 하나의 지도다. 이 지도를 이해하면, 인생의 굴곡이 낯설지 않다. 지금의 고통도, 미래의 기쁨도, 모두 하나의 흐름 속에 있다는 걸 알기 때문이다.

일본 경영가 이나모리 가즈오의 일화가 있다. 그는 교세라를 세계적인 기업으로 성장시키는 과정에서 무수한 실패와 구조조정을 겪었다. 하지만 그는 늘 말했다.

"고통은 내가 진짜 가치 있는 것을 찾는 과정이다."

총량의 감각을 지닌 사람은 고통에 대한 해석 자체가 다르다. 그래서 무너지지 않는다. 버틴다. 그리고 결국, 다시 오른다.

이제 당신에게 묻는다.

당신은 지금, 인생의 어떤 총량을 조정하고 있는가?

행운의 파도를 타고 있는가? 그렇다면 준비하라.

불운의 골짜기를 지나고 있는가? 그렇다면 기다려라.

당신이 어디에 있든, 삶은 반드시 균형을 이루려 할 것이다.

그 진실을 아는 순간부터, 당신은 훨씬 더 똑똑한 삶을 살 수 있다.

003

모든 기쁨은 반드시 상응하는 슬픔을 부른다

기쁨이 주는 불안의 그림자

기쁨이 찾아오는 순간, 그것을 전부 누릴 수 있는 사람은 드물다. 우리는 본능적으로 안다. 이 기쁨이 오래가지 않을 것이며, 언젠가 이 순간의 대가가 청구될 수 있다는 사실을. 연애의 극적인 설렘 속에서 "너무 행복해서 무서워"라는 말이 흘러나오는 것도 바로 이 때문이다. 진정한 기쁨은 찰나의 정점에서 생기며, 정점이란 곧 하강의 출발점이다. 이는 단순한 불안이 아니라, 인생 총량의 균형감각이다. "행복은 잠시 우리 곁에 머무는 손님일 뿐, 오래 머무르려 하지 않는다"라는 잠언은 이를 가장 잘 설명한다.

감정의 대칭 구조

삶은 결코 일방적으로 흐르지 않는다. 감정의 높낮이에는 늘 반대 방향의 예비 감정이 숨어 있다. 기쁨의 절정은 곧 슬픔의 그림자를 키운다. 쇼펜하우어는 "기쁨은 곧 슬픔의 씨앗이다"라고 말했다. 행복이 크면 클수록 그것이 사라질 때의 상실감 또한 치명적이다. 우리는 이 대칭 구조를 무의식적으로 감지하며, 그래서 큰 행복 앞에서조차 두려움을 느낀다.

심리학과 정서적 항상성

현대 심리학의 연구도 이 이론을 뒷받침한다. '정서적 항상성' 개념에 따르면 인간은 긍정적 경험이 누적되면, 그에 상응하는 부정적 감정을 더 크게 인식하여 무게 중심을 맞춘다. 너무 오랫동안 좋은 일이 계속되면 무의식적으로 의심하고 경계한다. 긍정 감정의 과잉은 오히려 불안과 우울을 불러오는데, 이는 감정의 총량을 유지하려는 자정 기능이다.

기쁨 뒤에 따라오는 슬픔의 실례

엄청난 성공을 맛본 뒤 무너진 이들의 사례는 수없이 많다. 한 사업가는 가난한 어린 시절을 딛고 수십억 자산가가 되었지만, 가족과의 시간을 잃었다. 아들의 자살 소식 앞에서 그는 이렇게 말했다. "가장 기쁜 순간이 가장 큰 벌이 되었다."

돈으로 조절되지 않는 인생의 총량은 오히려 기쁨을 허상으로 만들고, 슬픔을 더욱 선명하게 남겼다.

문학에서도 이 구조는 반복된다. F. 스콧 피츠제럴드 장편소설 《위대한 개츠비》에서 개츠비는 사랑이라는 기쁨을 붙잡기 위해 화려한 파티를 벌인다. 그러나 그 모든 기쁨은 한순간에 붕괴하고, 그는 총에 맞아 죽는다. 기쁨은 완결이 아니라, 반대편의 결핍을 동반하는 이중 거래라는 사실을 상징적으로 보여준다.

상실과 얻음의 균형

"고통을 모르고는 참된 위로를 줄 수 없다. 눈물을 흘려본 자만이 눈물을 닦아줄 수 있다."

이 말은 기쁨과 슬픔이 서로를 발화시키는 쌍둥이 감정임을 증명한다. 순간의 기쁨은 미래의 슬픔을 앞당기는 대출일 수 있다. 그러나 반대로, 깊은 상실은 언젠가 커다란 기쁨을 부른다. 영화 〈쇼생크 탈출〉에서 감옥이라는 극한의 절망을 겪은 앤디가 자유를 맞이하는 순간, 그 기쁨은 단순한 탈출 이상의 총량적 반등이었다.

삶을 단단히 사는 법

이 법칙은 단순한 경고가 아니다. 기쁨이 크면 클수록 우리는 더 단단해져야 한다. 그 기쁨이 사라질 때의 충격을 감당할 준비가 필요하기 때문이다. 고통은 기쁨의 낭비에서 시작된다. 순간의 기쁨을 가볍게 여기고 당연하게 여길수록, 슬픔은 더 큰 파도로 밀려온다. 하지만 이 법칙은 동시에 희망이기도 하다. 큰 슬픔을 겪고 있다면, 그것은 당신이 언젠가 누릴 기쁨의 크기를 예고하는 것일 수 있다. 인생은 시소처럼 끝없는 상쇄의 리듬 속에 있으며, 이 리듬을 이해한 자만이 감정의 음악을 연주할 수 있다.

004

불행한 사람은 나중에 더 행복해진다?

불행의 서막과 역설

이야기는 늘 그렇게 시작된다. 부모의 사랑을 받지 못한 아이, 학교에서 따돌림을 당한 학생, 스무 살에 사고로 다리를 잃은 청년, 가난 때문에 꿈을 접어야 했던 소녀. 처음부터 불리한 조건을 짊어진 사람들이다. 그런데 놀랍게도, 그런 사람들이 나중에 삶을 완전히 뒤집는 경우가 많다. 어둠의 끝자락에서 되살아난 그들은 오히려 더 강하고, 더 분명한 삶의 이유를 말한다. 그래서 우리는 묻는다. 정말 불행한 사람은 나중에 더 행복해지는 걸까?

고통은 선물로 변환된다.

많은 사람들은 자신의 가장 깊은 불행의 순간이 가장 큰 행복으로 이어졌다고 고백한다. "그때는 내 인생이 끝난 줄 알았지만, 지금은 그게 선물이었음을 안다"라는 말은 실패담을 가진 인물들에게서 공통적으로 나온다. 이는 단순히 낙천적 자기위안이 아니다. 인생 총량의 법칙 속에서 불행은 결핍의 상태를 넘어, 삶의 감각을 예민하게 하고 작은 변화에도 민감하게 반응하도록 만든다. 그 덕분에 이후의 행복을 더 선명하게 느낄 수 있는 토대가 된다.

고대 그리스의 철학자 소크라테스는 "상처받지 않은 영혼은 아무 것도 배우지 못한다"고 말했다. 불행은 단순한 고통이 아니라, 영혼이 단단해지는 과정이다. 눈물의 깊이가 있어야 웃음의 무게도 생긴다.

역경이 키운 감각

"우리는 무너지는 순간, 진짜 자기를 만난다."

이런 말처럼 자아는 안락한 조건 속에서 형성되지 않는다. 오히려 불행은 내면을 정제하고, 삶에 대한 통찰을 길러야만 생존할 수 있게 만든다. 그래서 불행을 겪은 사람은 행복이 찾아왔을 때, 그것을 더 깊고 풍요롭게 누린다. 오랫동안 어두운 방에 있던 눈은 아주 작은 빛에도 반응한다. 빛이 귀한 자에게 작은 행복은 눈부신 기적이 된다.

심리학 연구에서도 '적당한 역경 가설(Steeling effect)'이 이를 뒷받침한다. 어린 시절 큰 고통을 겪은 이들 가운데 일부는 회복탄력성이 더 크고, 이후 삶에서 행복을 더 깊이 경험한다고 한다. 인생의 초기 분기점에서 고통을 경험한 사람은 이후의 행복을 더 강렬히 받아들일 준비가 되어 있는 셈이다.

문학과 영화 속의 반전

문학에서도 이 역설은 자주 등장한다. 프랑스의 소설가 빅토르 위고가 1862년에 발표한 대하소설 《레미제라블》의 장발장은 감옥에서의 비참한 나날을 거쳐 결국 새로운 삶의 의미를 찾는다. 빵한 조각 때문에 시작된 불행이 오히려 그의 인생을 뒤집는 씨앗이 된 것이다.

영화 〈슬럼독 밀리어네어〉 역시 마찬가지다. 빈민가에서 끝없이 불행했던 소년은 그 고통의 기억 덕분에 퀴즈쇼 문제를 풀고, 인생을 역전한다. 불행은 단순한 결핍이 아니라, 언젠가 행복을 인식하게 하는 '힌트'였다.

불행을 재료로 쓰는 사람들

불행을 밀어내지 않고 그것을 껴안으며 자신을 재구성한 사람들은 말한다.

"내가 겪은 고통이 없었다면, 지금의 나는 존재하지 않는다."

어떤 이는 질병을 통해 삶의 속도를 늦추었고, 어떤 이는 사랑하는 이를 잃고 나서 비로소 사랑의 의미를 알았다. 중요한 건 불행의 양이 아니라, 그것을 해석하는 태도다. "당신이 얼마나 바닥을 쳤는지는 중요하지 않다. 중요한 것은 그 바닥을 어떻게 쓰느냐이다"라는 말처럼, 불행은 반등의 발판이 될 수도, 종말이 될 수도 있다.

불행을 웃음으로 바꾼 이야기

열두 살에 아버지가 세상을 떠나고, 알코올중독자인 어머니 밑에서 자라며 쉼터를 전전했던 한 소년이 있었다. 군대에서 처음으로 질서와 존중을 배우고, 그 뒤엔 스탠드업 코미디 무대에 섰다. 그는 자신의 고통을 농담으로 바꾸며 사람들에게 웃음을 줬다. 그리고 마침내 세계적인 토크쇼 진행자가 되었다. 그 사람이 바로 트레버 노아다. 그는 남아프리카공화국 출신의 코미디언이자 〈더 데일리 쇼(The Daily Show)〉 진행자로 유명하다. 그는 이렇게 말했다.

"내 삶이 웃긴 게 아니라, 내가 웃기로 결정한 것이다."

불행이 그의 도구였고, 그 도구로 그는 행복을 건축했다.

총량의 교훈

불행한 사람이 반드시 더 행복해진다고 단정할 수는 없다. 그러나 분명한 건, 불행을 경험한 사람은 행복을 더 깊이 느낄 감각을 이미 지니고 있다는 것이다. 그들은 행복을 당연히 여기지 않고, 그것을 고요히, 그러나 전심으로 감상할 수 있다. 그 감각은 단단하고 오래가며, 더 많은 사람을 감동시킨다.

그래서 인생 총량의 법칙은 이렇게 속삭인다. 지금 아프고, 슬프고, 무너졌다면, 당신은 언젠가 그것과 같은 크기의 기쁨을 감당할 준비를 하고 있는 중이다. 그리고 그 행복은 얇지 않다. 오히려 더 밀도 있고, 더 오래 지속되며, 더 많은 사람을 감싸는 진짜 행복이다. 인생은 그렇게 상쇄되고, 그렇게 빛난다.

005

성공과 실패는 회전목마처럼 돌아온다

회전목마의 비유

인생을 놀이공원에 비유한다면 가장 정직한 상징은 회전목마다. 끊임없이 돌고, 정해진 궤도를 따라 움직이며, 어떤 사람은 위에 있을 때 누군가는 아래에 있다. 그러나 잠시 뒤엔 서로의 자리가 바뀐다. 성공과 실패도 마찬가지다. 영원한 성공은 없고, 영원한 실패도 없다. 지금 정점에 있는 자가 언젠가 추락하고, 밑바닥에 있던 자가 어느새 꼭대기에서 손을 흔든다. 인생 총량의 법칙이 전하는 핵심 중 하나는 바로 이것이다. 성공과 실패는 직선이 아니라 순환이며, 누구도 그 회전의 법칙에서 예외가 될 수 없다는 점이다.

성공을 정지 상태로 착각하지 말라.

우리는 종종 성공을 고정된 상태로 오해한다. 목표를 이루고, 명예를 얻고, 돈이 쌓이면 그 자리에 멈춰 설 수 있다고 믿는다. 하지만 성공은 정지된 결과가 아니라, 고지에서 잠시 쉬는 것일 뿐이다. "성공은 종착역이 아니라 잠깐 머무는 정류장이다"라는 말처럼, 바람은 언제나 방향을 바꾸고, 다음 회전은 이미 예정되어 있다.

스티브 잡스는 애플에서 쫓겨난 뒤, "내가 성공했을 때는 모든 것이 옳다고 착각했다. 하지만 실패하고 나서야 진짜로 배웠다"고 고백했다. 그는 픽사에서 기술과 예술의 결합을 경험했고, 다시 애플로 돌아와 세상을 뒤흔드는 혁신을 만들었다. 성공과 실패를 각각의 결론으로 보지 않고 순환의 일부로 받아들였기에, 그는 다시 회전을 이어갈 수 있었다.

실패의 깊이가 성공의 높이를 결정한다.

"낙심은 새로운 출발의 첫 걸음이다"라는 잠언이 있다. 실패는 종종 성공보다 더 많은 것을 가르친다. 《시작한 일은 끝까지 마무리하라》의 저자는 반복되는 실패가 결코 헛되지 않다고 강조한다. 그것은 단지 회전목마가 아래로 내려오는 구간일 뿐이다. 중요한 건 그 상태에 머무는 게 아니라, 회전의 리듬을 인식하고 다음 턴을 준비하는 태도다. 실패는 고정된 낙인이 아니라, 역전의 시동이다.

벤저민 프랭클린도 "실패는 성공을 지연시킬 뿐, 방해하지 않는다"고 말했다. 이 말은 인생 총량의 순환 구조를 엿보게 한다. 실패의 강도는 성공의 깊이를 담보한다.

성공을 오래 붙잡으려는 자의 함정

실패는 때때로 가장 솔직한 교사다. "사람이 실패하는 이유는 너무 쉽게 성공했기 때문이다"라는 말처럼, 준비되지 않은 성공은 오히려 더 큰 몰락을 불러온다. 정점에 너무 오래 머물려고 하면 그 무게가 오히려 자신을 짓누른다. 실제로 많은 이들이 최고의 자리에 올랐다가 공허감에 시달리거나, 실패를 두려워한 나머지 무기력 속에 머무르곤 한다. "성공은 영원한 스승이 아니며, 실패는 영원한 적이 아니다"라는 구절은 이 아이러니를 정확히 찌른다. 성공과 실패는 대립이 아니라, 서로를 강화하는 순환 고리다.

역사와 정치의 회전

정치와 역사에서도 이 법칙은 뚜렷하다. 로마 제국은 천년을 지탱했지만 결국 몰락했고, 한때 식민지였던 나라들이 오늘날 세계 경제의 강자가 되었다. "흥망성쇠는 인간사의 본질"이라는 고전의 경구는 단지 역사학자의 말이 아니라 인생 총량의 순환을 보여준다.

경제도 마찬가지다. 호황은 곧 버블의 전조이며, 불황은 기회의 씨앗을 숨긴다. "겨울이 깊을수록 봄은 강하다"는 말처럼, 경기 순환은 인간의 삶과 감정에도 그대로 투영된다. 회전목마가 꼭대기에서 환호성을 지를 때, 이미 그 속도는 다음 하강을 준비한다.

문학과 영화의 증언

문학 속 주인공들은 늘 이 회전을 증명한다. 러시아의 대문호 표도르 도스토옙스키의 장편소설 《죄와 벌》의 라스콜리니코프는 범죄로 신적 존재가 되려 했지만, 끝내 자신의 실패를 인정하며 회전의 굴레 속으로 복귀한다. 이 장면들은 성공이란 절대적 결론이 아니라, 다음 실패의 씨앗을 품고 있다는 사실을 드러낸다.

영화 〈인생은 아름다워〉에서도 독일의 나치는 한 남자의 삶을 무너뜨렸지만, 그 속에서 그는 아들에게 행복을 건네는 방법을 배운다. 실패와 성공은 단절된 것이 아니라, 같은 원 위에서 서로를 반영한다.

회전의 리듬을 사랑하라.

그렇다고 해서 회전목마를 멈추는 것이 정답은 아니다. 삶은 그 리듬 안에서 균형을 맞추는 예술이다. 중요한 건 지금 위에 있는가, 아래에 있는가가 아니라, 그 순간을 어떻게 인식했느냐다. "성공할 때 교만하지 않고, 실패할 때 낙심하지 않는 자가 지혜롭다"는 잠언은 총량적 태도를 요약한다.

성공했는가? 그렇다면 조심하라. 정점에 있다면 곧 내려올 것이다.

실패했는가? 괜찮다. 회전은 늘 다음 턴을 준비한다. 회전목마는 멈추지 않는다. 중요한 건 눈을 감지 않고 끝까지 버티는 것이다. 인생의 진짜 묘미는 올라가는 순간이 아니라, 그 전체를 바라보는 감각 속에 있다. 회전의 리듬을 알고, 그 리듬을 사랑할 줄 아는 사람만이 성공도 실패도 하나의 풍경처럼 웃으며 맞을 수 있다. 그것이 인생 총량의 법칙이 주는 가장 정직한 위로다.

006

당신의 인생은 이미 균형을 맞추고 있다

불균형처럼 보일 때조차

당신은 어쩌면 지금 불만족 속에 살고 있을지 모른다. 일이 뜻대로 풀리지 않고, 기대했던 사람이 떠났으며, 수입은 줄고 건강은 위협받는다. 주변은 멀쩡해 보이는데 나만 정체된 것 같고, 노력한 만큼의 결과가 돌아오지 않는 현실은 견디기 힘들다. "왜 나만 이런가?"라는 질문은 끊임없이 떠오른다.

그러나 놀랍게도 바로 그 순간에도 당신의 인생은 철저하게 균형을 맞추고 있다. 보이지 않는 회계사가 장부를 손에 쥔 채 양쪽 저울에 추를 놓듯, 당신의 인생은 이미 장기적 균형을 향해 움직이고 있는 것이다. "삶은 불균형처럼 보이지만, 긴 호흡으로 보면 늘 균형을 향한다"라는 말은 진실이다. 우리가 순간의 불행에 매달리는 것은, 단기 차트만 보며 주식의 미래를 예측하려는 것과 같다. 그러나 역사와 개인의 일생은 장기 그래프처럼, 신기할 만큼 정직하게 균형을 이룬다.

권력과 육체의 균형 – 루스벨트

프랭클린 D.루스벨트는 대공황을 극복하고 제2차 세계대전을 승리로 이끈 지도자였다. 그는 미국 역사상 가장 존경받는 대통령 중 하나였다. 그러나 휠체어를 벗어날 수 없는 소아마비 환자였다. 권력과 명성이라는 거대한 플러스는, 육체의 제약이라는 마이너스와 맞물려 있었다. 균형은 이미 그의 삶에 깊숙이 자리 잡고 있었다. 그는 말했다.

"나는 다리를 잃었지만, 대신 국민과 나라를 얻었다."

그 말은 인생 총량의 법칙을 누구보다 깊이 이해한 증언이었다.

과학의 영광과 몸의 파괴 – 마리 퀴리

마리 퀴리는 인류 최초로 노벨상을 두 번 받은 과학자였다. 방사능 연구의 개척자로서의 영광과 업적은 누구도 부정할 수 없다. 그러나 그 연구는 그녀에게 방사능 피폭이라는 대가를 안겨주었다. 연구실에서 빛나던 시간만큼 몸은 병들어 갔고, 결국 그녀의 생은 짧았다. 과학적 발견이라는 찬란한 플러스와 육체의 파괴라는 마이너스는 정밀하게 맞춰져 있었다. 한 동료 과학자는 그녀의 장례식에서 이렇게 말했다.

"그녀는 인류에게 빛을 남겼지만, 그 빛은 그녀의 생명을 삼켰다."

탐험과 대가 – 섀클턴의 남극

남극 탐험가 에른스트 섀클턴의 삶은 드라마틱했다. 그는 탐험

도중 배가 얼음에 갇혔을 때, 선원 전원을 무사히 귀환시키며 영웅이 되었다. 그러나 그의 개인사는 반복된 원정 실패와 재정 파탄으로 얼룩졌다. 명성과 존경이라는 플러스는, 삶의 불안정과 고통이라는 마이너스로 치환되었다. 남극의 혹한만큼이나 그의 인생도 냉정한 균형 속에 있었다.

잃은 것과 얻은 것 – 헬렌 켈러

헬렌 켈러는 시각과 청각을 모두 잃었지만, 작가이자 연설가로 전 세계인의 존경을 받았다. 세상이 그녀에게 빼앗아간 감각은, 그녀가 만들어낸 영향력과 영감으로 보상되었다. 그녀의 삶은 이렇게 말한다.

"나는 빛과 소리를 잃었지만, 대신 영혼의 목소리를 얻었다."

고통을 연료로 – 스티븐 킹

젊은 시절의 스티븐 킹은 가난과 알코올중독에 시달렸다. 그러나 그 절망과 혼란은 훗날 전 세계 독자들이 열광하는 공포소설의 소재가 되었다. 그의 작품 속 괴물과 어둠은 실제 그의 과거에서 비롯되었다. 고통이 창작의 연료가 되었고, 그 성공은 다시 그의 삶을 안정시켰다. 균형은 이미 진행형이었다.

부와 고립 – 록펠러

넬슨 록펠러는 부와 권력을 동시에 손에 넣은 미국의 상징적 인물이었다. 그러나 그 화려함 뒤에는 끊임없는 비난과 가족 간 갈등이 있었다. 부를 얻는 순간 사생활의 자유와 평온은 사라졌다. "거대한 부는 거대한 그림자를 낳는다"라는 경구는 그의 삶을 설명하는 정확한 표현이다.

경기장의 영광과 부상의 대가 – 우사인 볼트

우사인 볼트는 '인류 역사상 가장 빠른 사나이'로 올림픽을 제패했다. 그러나 그 영광 뒤에는 수년간의 혹독한 훈련과 부상이 있었다. 경기장에서 느낀 환호는 곧 무릎과 허리에 남은 통증으로 상쇄되었다. 그의 저울은 기록과 고통을 정확히 맞추고 있었다.

예술의 자유와 개인의 혼란 – 피카소

파블로 피카소는 미술사의 거장이었다. 하지만 그의 사생활은 복잡한 연애사, 관계의 파탄, 가족의 갈등으로 점철됐다. 창조의 자유와 예술적 천재성은 개인적 불안정이라는 짝을 동반했다. "천재는 축복과 저주를 동시에 짊어진다"라는 말은 피카소에게 딱 들어맞는다.

문학과 영화의 증언

영화 〈쇼생크 탈출〉의 앤디는 20년의 억울한 수감이라는 마이너스를 감내한 뒤에야 자유의 플러스를 얻는다. 또 영화 〈라이프 오브 파이〉에서 파이는 바다에서의 고통과 죽음의 공포를 겪고 나서야 삶의 아름다움을 새삼 깨닫는다. 이 장면들은 인생 총량의 균형 감각을 예술적으로 드러낸다.

이미 맞춰져 있는 장부

균형은 기다리거나 억지로 만들 필요가 없다. 이미 당신의 인생 속에서 작동하고 있다. 지금 한쪽이 너무 무겁게 느껴진다면, 다른 쪽이 아직 눈에 띄지 않을 뿐이다. 플러스가 크면 마이너스가 따르고, 마이너스가 깊으면 플러스가 뒤따른다. 인생 총량의 법칙은 당신이 동의하든 말든 정직하게 장부를 맞춘다.

그러니 억지로 저울을 한쪽으로 밀려 하지 말라. 대신 지금 어디에 무게가 실려 있는지를 이해하는 편이 낫다. 그리고 이렇게 중얼거려라.

"괜찮아, 이쪽이 무거우면 저쪽이 곧 올라오겠지."

007

왜 완벽한 삶은 존재하지 않는가?

완벽이라는 환상

완벽한 삶을 꿈꾸는 건 인간의 본능이다. 안정된 직장, 다정한 연인, 건강한 몸, 어느 정도의 부, 인간관계에서의 인정까지. 우리는 이런 모든 것을 갖춘 그림을 상상하며, 그것이야말로 행복이라고 믿는다. SNS 속 타인의 완벽해 보이는 일상은 내 삶의 구멍을 더욱 도드라지게 만든다. "왜 나에겐 이런 삶이 없는가?"라는 의문은 쉽게 자기 비난으로 이어진다. 그러나 진실은 간단하다. 완벽한 삶은 존재하지 않는다. 그것은 결핍의 문제가 아니라, 존재의 구조 자체가 완벽을 거부하기 때문이다.

한 철학자는 말했다.

"완벽은 신의 영역이고, 불완전은 인간의 운명이다."

이 경구는 인간이 끝내 완벽에 도달할 수 없는 이유를 정직하게 말한다.

완벽이 멈춤을 의미하는 이유

세상의 명언들 중에서 울림을 주는 말은 대개 불완전함을 전제로 한다. "완전한 사람은 위험하다. 그는 더 이상 성장하지 않기 때문이다"라는 말은 진리를 꿰뚫는다. 완벽이란 곧 정체다. 더 이상 고칠 것도, 배울 것도 없는 상태이며, 인간이 가장 두려워해야 할 교착점이다.

문학 속에서도 이 역설은 드러난다. 괴테는 《파우스트》에서 인간이 완벽을 욕망할수록 파멸로 치닫는 모습을 그렸다. 파우스트가 지식을 넘어 궁극적 완벽을 욕망했을 때, 그의 삶은 오히려 무너져 내렸다. 완벽은 고요를 약속하지만, 동시에 변화와 감정의 깊이를 빼앗는다. 생명은 불완전함의 연속이고, 살아 있다는 건 시행착오와 균형의 반복 속에서만 가능하다.

불완전함의 드러남

현실을 보자. 부자라고 완벽하지 않다. 유명인은 고독하다. 건강한 사람도 두려움에 시달리고, 인기가 많은 사람도 매일 자존감과 싸운다. 완벽을 추구한 사람들이 어떻게 스스로를 무너뜨리는지 살펴보라. 커리어의 완벽을 위해 인간관계를 포기했고, 몸의 완벽을 위해 정신을 소모했으며, 이미지를 지키려다 진짜 자아를 억눌렀다. 결국 그들이 세운 성은 얇고 쉽게 무너지는 구조물이었다.

일론 머스크의 인생도 '완벽해 보이는 척'의 사례다. 그는 세계에서 가장 부유한 인물 중 하나이며, 우주 산업과 전기차 혁신의 상징이다. 그러나 동시에 그는 수면 부족, 결혼과 이혼의 반복, 끝없는 비판과 규제 당국과의 갈등을 겪고 있다. 그의 삶은 어마어마한 성공과 같은 크기의 혼란이 공존하는 혼합물이다. 완벽처럼 보이는 커버 뒤에는 항상 비대칭의 고통이 숨어 있다.

영화 〈아메리칸 뷰티〉는 이를 상징적으로 보여준다. 겉으로 완벽해 보이는 교외의 가정은 속이 썩어 있었고, 결국 붕괴하고 만다. 완벽이라는 환상은 삶을 더 나은 곳으로 이끄는 대신, 인간을 공허 속으로 몰아넣는다.

불완전함의 예술

진정으로 성공한 사람들은 하루하루의 기쁨을 말하면서도, 고통을 숨기지 않는다. 오히려 혼란 속에서도 피어나는 작은 위로를 통해 진짜 '삶의 온도'를 전달한다. 불완전함이야말로 삶의 진짜 온기와 의미를 담는 공간이다.

일본의 전통 미학 '와비사비'는 바로 이 불완전함을 아름다움의 본질로 본다. 금으로 균열을 메운 도자기는 완벽하기 이전에 그 균열 덕분에 더 아름답다. 삶도 마찬가지다. 우리가 사랑하게 되는 예술가와 작가들, 그들의 생은 모두 불완전함으로 채워져 있다. 균열과 금이 삶을 더욱 진하게 물들인다.

완벽주의의 함정

심리학은 완벽주의의 위험성을 경고한다. "완벽주의자는 성취욕이 높은 사람이 아니라 실패를 두려워하는 사람이다"라는 말은 완벽주의의 본질을 드러낸다. 완벽한 삶을 목표로 삼는 순간, 인간은 끊임없이 자신을 검열하고 타인을 질시하며, 결국 아무것도 시작하지 못하는 무기력에 빠진다.

반대로 불완전함을 받아들이는 사람은 시도하고, 실패하고, 다시 조정한다. 그들은 실패 속에서 의미를 찾고, 불완전함을 성장의 연료로 삼는다. "실패 없는 완벽은 성취가 아니라 공허다"라는 말처럼, 완벽은 삶의 끝이고, 불완전은 삶의 조건이다.

총량 법칙이 말하는 반작용

더욱이 인생 총량의 법칙은 완벽의 환상을 정면으로 반박한다. 삶은 일정한 총량 속에서 기쁨과 고통, 성공과 좌절이 균형을 이룬다. 만약 완벽한 삶이 가능하다면, 그것은 총량을 벗어난 구조이고, 곧 시스템 오류다. 그리고 시스템은 오류를 허용하지 않는다. 지나친 성공 뒤의 공허, 무리한 자기통제 끝에 오는 심리적 붕괴는 모두 총량을 회복하려는 반작용이다. 문학 속 개츠비가 화려함 끝에 몰락하고, 역사 속 제국이 정점에서 무너지는 것도 같은 구조다. 완벽은 순간적으로 유지될 수 있지만, 곧 균형의 보복이 뒤따른다.

불완전함의 축복

그러므로 완벽하지 않다는 건 축복이다. 틀릴 수 있고, 고칠 수 있고, 바꿀 수 있고, 포기할 수 있다는 뜻이기 때문이다. 삶은 그런 유연한 불완전성의 예술이다. "네 삶을 낭비하지 마라. 불완전하다고 포기하지 말고, 불완전하기 때문에 더 치열하게 살아라."라는 충고는 삶의 본질을 드러낸다. 아무리 설계해도 예기치 않은 변수는 등장하고, 그 변수 속에서 우리는 삶을 다시 쓴다.

삶은 구멍이 난 채로 흘러야 한다. 그 틈으로 바람이 스며들고, 빛이 들어오며, 타인의 손길이 닿는다. 불완전의 틈은 삶이 숨 쉬는 창문이다. 그리고 그 창문은 언제나 열린 채 우리에게 속삭인다.

"괜찮아, 원래 이게 인생이야."

008

"인생은 플러스 마이너스 제로"의 진실

제로라는 말의 오해

"인생은 결국 플러스 마이너스 제로야."

누구나 한 번쯤 들어봤을 말이다. 어떤 이는 허무주의처럼 내뱉고, 어떤 이는 체념처럼 중얼거리며, 또 어떤 이는 삶의 균형을 강조하며 툭 던진다. 처음엔 씁쓸하게 들린다. 아무리 애써도 결국 남는 게 없다는 뜻처럼 보이기 때문이다. 그러나 이 말은 패배의 선언이 아니다. 삶의 복잡한 메커니즘을 가장 간결하게 요약한 진실이다. 인생은 더하기와 빼기의 끝없는 순환이고, 총합은 늘 0에 가까운 균형으로 조정된다. 중요한 건 결과로 남는 숫자가 아니라, 더하고 빼는 과정에서 우리가 무엇을 느끼고 어떻게 변화했는가다.

고대 스토아 철학자 에픽테토스는 말했다.

"소유는 늘 빼앗기지만, 경험은 빼앗기지 않는다."

제로로 돌아간다는 말은 허무가 아니라, 진짜로 남는 것이 '느낌'과 '성장'이라는 뜻이다.

우주의 보존 법칙과 인생

자연은 과잉을 허락하지 않는다. 질량 보존의 법칙, 에너지 보존의 법칙, 심지어 사회의 부의 재분배까지 – 모든 시스템은 균형을 향한다. 물리적 세계가 그러하듯, 인간의 삶 역시 플러스가 지나치면 반드시 마이너스로 조정된다. 극도의 행복은 오만을 부르고, 극도의 고통은 반발적 회복을 자극한다.

공자는 제자들에게 이렇게 말했다.

"과유불급(過猶不及). 지나침은 모자람과 같다."

인생의 플러스와 마이너스는 이 원리를 따라가며, 결국은 제로를 향한다.

베토벤 – 청력의 상실과 음악의 승리

루트비히 판 베토벤의 삶은 이 법칙의 선명한 악보다. 그는 젊은 시절부터 재능으로 부와 명성을 얻었지만, 20대 후반부터 청력을 잃기 시작했다. 음악가에게 청력 상실은 치명적 마이너스였다. 그러나 바로 그 시기에 〈운명 교향곡〉과 〈합창 교향곡〉 같은 불멸의 걸작이 탄생했다. 균형은 이렇게 맞춰졌다. 그는 편지에 이렇게 썼다.

"나는 운명의 목을 움켜쥐고, 끝내 굴복하지 않겠다."

그의 작품은 잃음이 있었기에 더 강렬했다.

링컨 – 위대한 업적과 무거운 대가

에이브러햄 링컨은 미국 역사상 가장 존경받는 대통령 중 한 명이다. 그는 노예제를 폐지하고 나라를 통합했지만, 젊은 시절은 실패와 우울, 연인의 죽음 속에서 살았다. 정치적으로 정점에 서 있었을 때조차 남북전쟁이라는 거대한 마이너스가 그를 짓눌렀다. "나는 늘 웃음을 지으려 애쓴다. 울기에는 내 어깨가 너무 무겁기 때문이다"라는 그의 말은 플러스와 마이너스가 동시에 얹힌 인생을 보여준다. 위대한 업적은 그만큼의 슬픔과 고통을 품고 있다.

화려함 뒤의 고독 – 마릴린 먼로

마릴린 먼로의 삶은 플러스 마이너스 제로의 전형이다. 그녀는 세계가 가장 아름답다고 한 여인이었고, 대중문화의 아이콘이었다. 그러나 그 미모와 명성은 끊임없는 언론의 추적과 불안정한 결혼, 깊은 고독을 안겼다. 그녀의 화려한 웃음은 플러스였지만, 그 웃음 뒤의 외로움은 같은 무게의 마이너스였다. 그녀가 남긴 한 마디는 여전히 회자된다.

"나는 모두의 시선을 받지만, 단 한 명의 사랑도 받지 못한다."

헤밍웨이 – 영광과 고통의 동행

어니스트 헤밍웨이는 노벨문학상과 퓰리처상을 거머쥔 세계적 작가였다. 그러나 그의 삶은 전쟁 특파원으로서의 트라우마, 비행기 사고, 만성 통증, 우울증으로 얼룩졌다. "세상은 모두를 때린다. 그러나 어떤 이는 그곳에서 강해진다"라는 그의 문장은 스스로의 삶을 대변한다. 그의 작품이 전한 감동이라는 플러스와, 내면의 고통이라는 마이너스는 끝까지 균형을 이루며 동행했다.

발명가의 아이러니 - 벨

알렉산더 그레이엄 벨은 전화기를 발명하며 세상을 연결했다. 그러나 그의 아내와 어머니는 청각장애인이었다. 인류의 소리를 이어준 발명이었지만, 가장 가까운 이들과 온전히 소통하지 못하는 역설을 안고 살았다. 인생의 플러스와 마이너스는 언제나 기묘하게 맞물려 있었다.

문학과 영화의 증언

영화 〈인생은 아름다워〉는 수용소라는 최악의 마이너스 속에서도 아들에게 웃음을 선물하며 플러스를 만들어낸다. 결국 균형은 존재한다. 도스토옙스키는 "고통을 겪지 않은 자는 행복도 모른다."라고 썼다. 문학은 오래전부터 플러스와 마이너스의 리듬을 인생의 근본 구조로 제시해왔다.

제로를 받아들이는 태도

플러스 마이너스 제로의 진실은, 우리가 손익 계산을 '지금'만 하려 한다는 데 있다. 지금 플러스가 넘쳐도 나중에 그만큼의 마이너스가 찾아올 수 있고, 지금 마이너스가 크더라도 언젠가 플러스로 상쇄될 가능성이 높다. 중요한 건 그 균형이 우리가 원하는 타이밍에 맞춰 오지 않는다는 사실이다.

이 법칙을 이해하면 삶의 태도도 달라진다. 플러스가 왔을 때 과도하게 들뜨지 않고, 마이너스가 왔을 때 절망하지 않는다. 베토벤이 청력을 잃고도 작곡을 멈추지 않았던 이유, 링컨이 전쟁 와중에도 유머를 잃지 않았던 이유, 타이거 우즈가 몰락 뒤에도 끈질기게 복귀를 준비했던 이유가 바로 여기에 있다. 인생은 장기전이다. 순간의 손익은 전체가 아니다.

제로라는 결론의 위로

"인생은 플러스 마이너스 제로다"라는 말은 아무것도 남지 않는다는 허무가 아니라, 그 어떤 것도 버릴 게 없다는 성찰이다. 얻은 것도 잃은 것도 모두 삶이라는 저울 위에 의미 있게 놓는다. 계산이 끝났을 때 중요한 건 잔고가 아니라, 그 계산 속에서 무엇을 느끼고 어떤 사람으로 성장했는가다.

니체는 말했다.

"넘어진 곳에서 다시 일어나라. 그것이 너의 삶을 증명한다."

제로라는 균형은 종착역이 아니라, 다시 출발할 수 있는 원점이다. 그러니 인생 총량의 법칙이 말하는 '플러스 마이너스 제로'를 두려워하지 말라. 그것이야말로 우리가 버틸 수 있는 근거다. 마이너스가 깊을수록 언젠가 플러스가 기다리고 있고, 플러스가 클수록 그것이 전부가 아님을 알게 된다. 인생은 결국 0으로 수렴하지만, 그 0을 만드는 과정 속에서 우리가 맛본 감정의 결과 흔적이 바로 인생의 진짜 값이다.

009

조용한 날의 고마움을 모른다면

평범함 속의 숨겨진 기적

아무 일도 일어나지 않는 하루가 있다. 기차는 제시간에 도착하고, 커피는 알맞은 온도로 입술을 적시며, 뉴스에는 큰 사건이 없다. 회사에서는 무난하게 일이 굴러가고, 특별히 기쁜 일도, 슬픈 일도 없는 하루. 우리는 그런 날을 무심히 스쳐 간다. 너무 평범해 기억조차 흐려지는 날. 하지만 사실 이런 하루야말로 인생에서 가장 값진 선물이다. 왜냐하면 삶은 결코 영원히 조용하지 않기 때문이다. "행복은 사건이 아니라 과정이다"라는 잠언처럼, 조용한 하루는 특별한 일이 없어도 이미 충만하다. 단지 우리가 알아차리지 못할 뿐이다.

고요는 사라져야 드러난다.

하루하루의 메시지는 우리에게 끊임없이 속삭인다.

"지금 이 순간, 아무 일도 없는 이 시간이 바로 축복이다."

인간은 파국이 닥치기 전까지는 안정이 얼마나 귀한 것인지 모른다. 큰 사고를 겪고 나서야, 평범한 하루가 기적이었음을 알게 된다. 사랑하는 사람을 떠나보낸 뒤에야, 아무 말 없이 함께 앉아 있던 저녁의 소중함을 깨닫는다. 중병을 앓고 나서야, 통증 없이 잠든 밤이 얼마나 감사한지 실감하게 된다. 조용한 날은 그 자체로 완성된 선물이다. 그러나 그 선물은 '비교'라는 통증 없이는 좀처럼 드러나지 않는다. 조용한 날의 고마움을 모른다면, 당신은 인생 총량의 법칙의 절반을 버리고 사는 셈이다.

톨스토이는 《안나 카레니나》에서 "행복한 가정은 모두 비슷하지만, 불행한 가정은 저마다의 방식으로 불행하다"라고 썼다. 평범한 행복은 눈에 띄지 않아 흔히 지나치지만, 그것이야말로 인간이 가장 갈망하는 상태다.

전쟁과 평화의 간극

윈스턴 처칠은 전쟁이 끝난 뒤 이렇게 말했다.

"승리의 기쁨은 잠깐이고, 평화의 고요는 오래간다. 그러나 사람들은 고요를 지루해한다."

전쟁은 불꽃처럼 화려했지만, 국가는 폭탄이 떨어지지 않는 하루, 전선에서 사망 보고가 오지 않는 하루에 회복됐다. 그러나 아이러니하게도, 평화 속에서 그는 인기를 잃었고 선거에서 패배했다. 사람들은 고요의 가치를 몰랐기 때문이다. 역사는 늘 이를 증언한다. 고요한 날이야말로 국가와 개인이 회복하는 시간이다.

몰입과 플로우의 행복

현대 심리학도 같은 진실을 말한다. 긍정심리학자 마틴 셀리그먼은 행복의 중요한 요인으로 '플로우(Flow)' 상태를 꼽았다. 플로우는 강렬한 감정 폭발이 아니라, 몰입 속에서 시간이 사라지는 고요함이다. 연구 결과에 따르면, 오히려 큰 사건이 없는 평범한 날들이 장기적으로 더 높은 행복 점수를 기록했다. 인생 총량의 법칙은 바로 이 조용한 시간이 플러스와 마이너스를 회복하는 구간임을 알려준다. 심리학자 칼 융도 이렇게 말했다.

"혼란의 반대는 평온이 아니라, 의미다."

조용한 날은 의미를 길러내는 토양이다.

무사의 고요

일본의 검객 미야모토 무사시는 수많은 결투에서 승리했지만, 노년에는 검을 내려놓고 채소를 기르며 《오륜서》를 집필했다. 그는 말했다.

"검으로 얻은 승리는 순간이지만, 고요 속에서 얻은 깨달음은 영원하다."

그의 인생에서 균형은 칼끝이 아니라 부엌과 밭에서 만들어졌다. 전투보다 조용한 시간이 그를 완성시켰다. 이는 곧, 조용한 날이야말로 싸움 없는 승리의 형태라는 것을 보여준다.

예술과 문학 속의 평범함

문학은 오래전부터 이 가치를 노래했다. 프루스트의 《잃어버린 시간을 찾아서》에서 주인공은 마들렌 향기 같은 사소한 요소에서 인생의 무게를 발견한다. 도스토옙스키는 《백치》에서 "인간의 위대함은 비범함이 아니라 평범함을 존중하는 데 있다"고 했다. 조용한 순간, 작은 일상의 틈새에서야 비로소 삶은 진짜로 드러난다. 영화 〈굿 윌 헌팅〉에서도 교수(로빈 윌리엄스)는 제자에게 이렇게 말한다.

"인생은 큰 사건이 아니라, 네 옆에 앉아 있는 사람과 보내는 사소한 순간이다."

평범한 저녁 식사, 조용한 대화가 인생의 무게를 결정한다는 메시지다.

조용한 날의 균형

조용한 날은 인생의 숨 고르기이자 저울을 다시 맞추는 시점이다. 전쟁과 평화, 성공과 실패, 사랑과 이별의 극단 사이에는 반드시 고요한 틈이 존재한다. 그 틈을 무시하고 강렬함만 좇으면, 인생 총량의 저울은 언젠가 무섭게 기울어진다. 반대로 그 틈을 존중하면, 저울은 스스로 평형을 유지한다.

"평범한 하루가 기적이다"라는 말은 과장이 아니다. 고요한 하루는 다음 성공을 준비하는 시간이자, 지난 실패를 치유하는 시간이다. 인생 총량의 법칙은 이렇게 속삭인다.

"고요를 즐겨라. 그것이 네 인생의 무게를 맞추고 있다."

010

운이 좋았던 날 뒤엔 반드시 청구서가 온다
– 〈운수 좋은 날〉과 인생 총량의 법칙

김 첨지의 운 좋은 하루

비가 오고 길은 진창이며, 설렁탕 한 그릇조차 사기 힘든 날인데도 김 첨지는 오늘만큼은 운이 좋았다. 현진건의 소설 속, 그는 평소라면 빈 수레만 끌고 다녔을 텐데 그날은 연거푸 손님이 붙었다. 손님들은 멀리 가며 돈도 후하게 주었다. 1920년대 서울의 하층민에게 운이란 단어는 낯설었지만, 그날만은 하늘이 비처럼 행운을 쏟아주었다.

그러나 독자는 안다. 이 운이 너무 빠르고, 너무 과하며, 너무 갑작스럽다는 것을. 김 첨지가 기뻐하며 설렁탕을 사서 집에 도착했을 때, 아내는 이미 싸늘한 시체였다. '운이 좋았던 날'의 끝은, 그렇게 차디찬 죽음의 청구서로 돌아왔다. "세상은 아무것도 공짜로 주지 않는다"라는 격언처럼, 지나친 행운은 언제나 대가를 요구한다.

행운 뒤에 숨은 불안

현진건의 단편소설 〈운수 좋은 날〉은 단순한 비극이 아니라, 인생 총량의 법칙이 작동하는 고전적 예다. 지나친 행운은 균형을 깨뜨리고, 그 균형은 반드시 되돌려진다. 인간은 본능적으로 감지한다.

"이쯤 되면 무언가를 잃을 차례다."

그래서 연애의 극적인 순간에도 우리는 "너무 행복해서 무섭다"라고 말한다. 오늘날도 마찬가지다. 복권에 당첨된 날, 준비도 못했는데 시험에 붙은 날, 뜻밖의 계약이 성사된 날. 친구가 농담처럼 "야, 너 오늘 왜 이렇게 잘 풀려? 무섭다"라고 말할 때, 우리는 웃으면서도 속으로 안다. 이게 너무 잘 풀린다는 것을.

통계가 증명하는 청구서

실제 통계도 그 감각을 뒷받침한다. 복권에 당첨된 사람 중 70% 이상이 몇 년 안에 파산하거나 심리적 파탄을 겪는다. 너무 갑작스러운 '총량 초과의 행운'은 개인의 내면 시스템을 무너뜨린다. 〈운수 좋은 날〉의 김 첨지처럼, 인생의 가장 찬란한 순간에, 그가 그토록 원했던 소원을 이룬 순간에, 운명의 청구서는 배달된다.

철학자 파스칼은 "행운은 인간을 교만하게 만들고, 교만은 파멸을 부른다"라고 했다. 행운이 문제인 것이 아니라, 그것을 감당할 내적 균형이 부족한 것이 문제다.

역사 속의 거대한 청구서

1912년 타이타닉 호의 1등석 티켓을 거머쥔 승객들은 자신들의 운을 자랑했을 것이다. "절대 침몰하지 않는다"는 홍보와 최고급 요리, 음악이 함께한 호화로운 출발. 그러나 그 호화로움은 단 4일 만에 북대서양의 얼음물 속으로 사라졌다. '운이 좋은 출발' 뒤에 온 청구서는 죽음, 그리고 생존자들의 평생 트라우마였다.

정치의 세계도 예외가 아니다. 해리 트루먼은 제2차 세계대전 종전이라는 '운 좋은 날'을 맞이했지만, 동시에 원자폭탄 투하 결정에 대한 거대한 청구서를 떠안았다. 환호와 함께 찾아온 평생의 도덕적 책임. 그의 말처럼 "나는 전쟁을 끝냈지만, 동시에 새로운 지옥의 문을 열었다."

스포츠와 청구서의 법칙

축구의 신으로 불린 디에고 마라도나는 1986년 월드컵에서 '신의 손'과 '5인 돌파'를 동시에 기록했다. 그는 세계적 영웅이 되었지만, 그 뒤 마약, 알코올, 스캔들에 시달렸다. 인생 총량의 법칙은 그가 경기장에서 얻은 신격화라는 플러스에, 그만큼의 마이너스를 뒤늦게 청구했다. 마이클 조던 역시 NBA에서 최정상에 섰지만, 도박 문제와 가족의 비극을 겪었다. 그의 말은 아이러니하다.

"내가 얻은 모든 영광은, 내가 잃은 평범한 삶의 대가였다."

문학과 영화의 증언

문학은 오래전부터 이 구조를 포착했다. 셰익스피어의 《맥베스》는 권력이라는 뜻밖의 행운을 쥔 자가 결국 파멸의 청구서를 받는 과정을 보여준다. 영화 〈카지노〉는 한순간의 잭팟이 어떻게 삶 전체를 무너뜨리는지를 적나라하게 보여준다. 행운은 항상 그 뒷면에 파멸의 그림자를 싣고 다닌다. "신이 인간에게 주는 가장 큰 형벌은, 준비되지 않은 성공이다"라는 말은 이 진실을 문학과 역사 속에서 반복해 증명한다.

청구서를 감당할 준비

오늘날 우리에게도 똑같은 질문이 필요하다. 예기치 못한 기회가 왔을 때, 준비되지 않은 칭찬과 성공이 쏟아졌을 때, 해야 할 일은 환호가 아니라 질문이다.

"나는 이 행운을 감당할 준비가 되었는가?"

불교 경전에서는 "모든 기쁨은 이미 그 그림자를 안고 태어난다"라고 말한다. 이 진리를 알면, 우리는 행운 앞에서도 자만하지 않고, 불운 앞에서도 무너지지 않는다.

정산의 도장

운이 좋았던 날은 너무 자주, 운이 나빴던 날의 예고편이다. 인생은 정확히 정산된다. 하늘은 공짜로 아무것도 주지 않는다. 운이 폭풍처럼 몰려올 때, 그 안에 이미 청구서가 포함되어 있다. 〈운수 좋은 날〉의 마지막 장면에서 김 첨지가 아내의 시체 앞에 무너지는 순간, 우리는 다시금 깨닫는다. 그날 그의 운이 좋았던 만큼, 세상은 그의 슬픔을 잊지 않았다. 인생 총량의 법칙은 그렇게 잔혹하면서도 정직하게, 종이에 마지막 도장을 찍는다.

The Law of the Total Amount of Life

심리의 역학

감정에도 총량이 있다

인간의 감정은 늘 출렁이지만, 일정한 기준선으로 되돌아오는 경향이 있다. 행복이 오래가지 않는 이유는 뇌의 쾌락 적응과 감정의 항상성 때문이다.

기쁨과 슬픔은 서로를 부르는 쌍둥이 감정이며, 감정 총량은 균형을 맞추려 한다. 감정의 롤러코스터를 피할 수는 없지만, 그 리듬을 이해하면 무너지지 않는다. 감정의 총량을 받아들이는 태도가 마음의 평온과 회복력을 키운다.

011

인간의 감정은 결국 제자리로 돌아온다
- 쾌락적응이론

진자처럼 흔들리는 감정

인간의 감정은 순간적으로 폭발하지만 결국은 되돌아온다. 기쁨이 극단까지 치솟으면 그만큼의 슬픔이 언젠가 기다리고 있고, 극도의 분노가 터지면 허무와 무기력이 필연처럼 찾아온다. 감정은 마치 진자처럼 좌우로 흔들리다 중심으로 돌아온다. "희로애락은 바람처럼 불어오지만, 결국은 고요로 귀결된다"라는 동양의 고전 구절은 이 역학을 정확히 묘사한다. 이를 모르는 사람은 감정에 휘둘리지만, 아는 사람은 감정을 관찰한다.

순간의 파도, 결국의 고요

누군가 크게 웃은 날, 그다음 날 이유 없이 멍해지거나 허탈해지는 경험은 누구나 있다. 감정은 파도처럼 일렁이다가 반드시 고요로 돌아간다. 많은 사람들이 감정이 영원할 거라 착각한다. 행복은 끝나지 않을 거라 믿고, 절망은 영원히 지속될 거라 오해한다. 그러나 실제 감정은 수면 위 돌멩이처럼 잠시 물결을 일으킬 뿐이다.

셰익스피어는 《템페스트》에서 "모든 광풍은 결국 잦아든다"라고 했다. 감정은 우리의 영혼을 뒤흔드는 폭풍 같지만, 결국은 고요한 일상으로 귀환한다.

과몰입자의 추락과 회복

강민이라는 스타트업 청년은 갑작스런 수익으로 세상이 다 내 것 같다고 느꼈다.

"형, 나는 미쳤어. 하루하루가 전율이야."

그러나 두 달 뒤 제품 오류와 투자 철회가 겹치며 바닥을 쳤다. 그때 그는 "나는 끝났다"고 절규했지만, 석 달 뒤 무덤덤하게 말했다.

"죽을 것 같았는데, 지금은 괜찮다."

감정의 그래프는 결국 반복된다. 상승, 추락, 그리고 복귀.

이야기는 다르지만, 영화 〈슬럼독 밀리어네어〉도 비슷한 구조를 보여준다. 고통과 굴욕의 삶 끝에서 주인공은 놀라운 행운을 얻는다. 감정의 극단은 언제나 반대쪽을 준비하고, 결국 원점으로 되돌린다.

사랑과 슬픔의 회전성

첫사랑과 이별한 민정은 "다시는 사랑 못 해"라고 울부짖었다. 그러나 2년 뒤 그녀는 "이젠 얼굴도 안 떠올라"라며 웃었다. 감정은 사라진 게 아니라, 돌고 돌아 다른 경험 속으로 흘러간다. 울었던 만큼 웃게 되고, 외로웠던 만큼 새로운 사랑에 기울어진다.

분노 뒤의 허무

분노는 특히 명확하다. 프리랜서 작가 태호는 SNS 논쟁에서 밤새 keyboard warrior가 되었다. 태호가 키보드 워리어가 된 이유는 단순한 논쟁이 아니라 '창작자의 노동 가치와 AI 창작 도구의 공정성'에 관한 SNS 논쟁이었기 때문이다.

그는 오랜 시간 글을 써온 프리랜서 작가로서 "AI가 인간의 창의력을 대체할 수 없다"고 주장했지만, 반대편에서는 "AI는 도구일 뿐이며, 적응하지 못하는 건 게으름이다"라는 의견이 쏟아졌다.

태호는 처음엔 차분하게 반박했지만, 점점 격해지는 댓글과 조롱에 감정이 폭발했다. 그는 새벽 두 시까지 반박글을 쓰고, 상대의 오류를 논리적으로 짚으며 싸웠다. 그 순간에는 '정의'를 지킨다고 믿었지만, 다음 날 아침 침대 위에서 그는 온몸이 탈진해 있었다.

그의 분노는 사실 '시대의 속도에 뒤처지고 있다는 두려움'의 다른 이름이었다. 간디의 말처럼, "분노는 잠시 힘을 주지만, 오래 품으면 영혼을 태운다." 그는 그날 이후 깨달았다. 분노는 싸움의 연료가 아니라, 결국 자신을 소모시키는 독이었다.

감정을 흘려보내는 법

이 메커니즘을 모르면 인간은 감정 중독자가 된다. 기쁨을 붙잡으려 할수록 더 강한 자극을 찾아 헤매다 무감각에 빠진다. 반대로 감정을 억누르면 나중에 폭발한다. 한국 사회에서 억눌린 감정이 집단적으로 터져 나오는 순간들은 이를 잘 보여준다.

그래서 명상은 감정을 관찰하는 연습이다. 스님들이 "지금 내 마음은 흐리고 두렵다"라고 중얼거리는 것은 감정을 '나'와 분리해 보기 위함이다. "감정은 하늘에 떠 있는 구름일 뿐, 나는 하늘이다"라는 불교적 비유는 단지 은유가 아니라 실제 생리적 원리를 반영한다.

노인의 지혜

노인의 지혜는 새옹지마의 이야기와 닮아있다. 변방에 사는 노인의 말이 도망가자 사람들은 불행이라 여겼지만, 그는 "이게 복이 될지 누가 아느냐"고 했다. 그 말은 훗날 더 좋은 말을 데려왔고, 아들이 말을 타다 다리를 다쳤을 때도 그는 담담히 말했다.

"이 또한 복이 될지 모른다."

결국 전쟁이 일어나 건강한 젊은이들이 모두 끌려가 죽음을 맞았으나, 다리가 불편했던 그의 아들은 살아남았다. 불행이 곧 행운이 되고, 행운이 곧 불행이 되는 이 흐름 속에서 삶은 언제나 균형을 맞춘다.

전쟁과 가난을 겪은 노인들의 말, "그런 날도 있고, 아닌 날도 있지"는 바로 이 진리를 꿰뚫는다. 《성경》〈전도서〉의 구절처럼, "울 때가 있고 웃을 때가 있으며, 슬퍼할 때가 있고 춤출 때가 있다". 감정의 진폭은 새옹지마(塞翁之馬)의 말처럼 끊임없이 뒤바뀌며, 인간의 삶을 흔들지만 결국 한 지점으로 되돌아온다. 그래서 노인의 지혜는 단순한 체념이 아니라, 감정의 순환을 꿰뚫는 삶의 통찰이다.

지나가는 고통

한 남성은 40대 초반 파산과 이혼을 동시에 겪으며 "죽고 싶었다"고 말했다. 그러나 시간이 지나자 그는 이렇게 말했다.

"이젠 왜 그랬는지도 잊혔다. 그냥 지나가더라."

감정은 '그때'는 절대적으로 보이지만, '지나면' 상대적이다. 니체는 "영원한 것은 없다. 고통조차도"라고 썼다. 감정은 쌓이지 않는다. 쌓이는 순간 인간은 파괴되기 때문이다. 감정은 흘러야 한다.

감정은 날씨다.

결국 인간의 감정은 반드시 제자리로 돌아온다. 크게 기뻤다면 허탈해질 것이고, 크게 상처받았다면 언젠가 보상받을 것이다. 미움은 피로로 바뀌어 사라지고, 절망은 시간이 지나면 무덤덤해진다. 감정은 적이 아니라, 지나가야 할 날씨다. 비가 오면 언젠가는 갠다. 해가 나면 언젠가는 진다. 그러나 하늘은 늘 그 자리에 있듯, 인간의 마음은 흔들림 속에서도 본래 자리로 돌아온다.

012

행복이 오래가지 않는 이유

행복은 왜 식어버리는가?

행복이 오래가지 않는 이유는 단순히 운이 나빠서도, 혹은 당신이 뭔가를 잘못했기 때문도 아니다. 이는 인간 뇌의 생리적 구조와 심리적 습성에서 비롯된 매우 자연스러운 반응이다. 바로 '쾌락 적응(Hedonic Adaptation)'이라는 심리적 메커니즘 때문이다. 쉽게 말해, 인간은 어떤 긍정적인 사건이 일어나도 곧 그 감정에 익숙해지며, 다시 이전의 감정 상태로 되돌아가는 경향이 있다는 것이다. 감정은 절정을 유지할 수 없는 구조를 갖고 있다. 뇌는 지속적인 자극을 곧 '기본값'으로 재설정해 버린다. 즉, 처음의 황홀함은 곧 평범함으로 바뀌고, 기쁨은 결국 일상이 된다.

한 철학자는 이렇게 말했다.

"영원히 타오르는 불꽃은 없다. 그러나 꺼지고 나면 다시 붙일 수 있는 장작이 있다."

이 말은 행복의 본질을 요약한다. 불꽃은 뜨겁지만 오래가지 않는다. 중요한 건 타오르는 순간을 경험하고 그 흔적을 간직하는 것이다.

로또와 사고, 그러나 다시 제자리

이 개념을 보여주는 대표적인 사례가 있다. 심리학자 필립 브릭맨은 로또 당첨자와 하반신 마비 사고를 당한 사람들을 추적 조사했다. 놀랍게도, 수개월이 지나자 두 집단 모두 감정 상태에서 큰 차이를 보이지 않았다. 로또 당첨자들은 처음 몇 주는 짜릿한 행복에 빠졌지만, 시간이 흐르면서 과거의 삶과 다르지 않은 일상적 정서를 경험했다. 반대로 마비 사고를 당한 사람들 또한 일정 시간이 지나자 차분함을 회복했고, 삶의 만족도 역시 이전과 크게 다르지 않았다.

고대의 잠언에도 비슷한 말이 전해진다.

"크게 웃은 자는 크게 울 준비를 하라. 그러나 울던 자도 곧 웃게 되리라."

극단의 감정은 장기적으로는 회귀한다. 기쁨과 슬픔이 같은 저울 위에서 번갈아 오르내리는 셈이다.

직장과 연애에서의 쾌락 적응

일상에서도 쾌락 적응은 놀라울 만큼 흔하다. 대기업에 합격한 지수는 입사 첫 주에는 모든 것이 눈부셨다. 정장을 입고 사원증을 목에 걸며 엘리베이터에 올라탄 순간, 스스로 어른이 된 듯한 뿌듯함을 느꼈다. 그러나 6개월 뒤 그 설렘은 증발했다. 복사기 고장, 무의미한 회의, 상사의 눈치, 반복되는 야근. 그녀는 퇴근길 카페에서 한숨을 쉬며 말했다.

"이 회사 들어오려고 그렇게 공부했는데, 지금은 그냥 살아남기 위한 하루하루야."

연애도 마찬가지다. 연애 초반, '사랑해'라는 말이 하루의 시작과 끝이었던 커플은 1년이 지나자 대화가 "밥은 먹었어?"로 바뀌었다. 여자가 물었다.

"우리 왜 예전 같지 않아?"

남자는 대답하지 못했다. 그건 잘못된 게 아니라, 인간 뇌의 자연스러운 반응이었기 때문이다.

한 시인은 이렇게 말했다.

"사랑은 처음에는 꽃처럼 피어나지만, 결국에는 뿌리처럼 남는다."

꽃의 화려함은 오래가지 않지만, 뿌리는 일상 속에서 더 깊게 자리 잡는다.

물질적 쾌락의 짧은 수명

물질적 쾌락도 다르지 않다. 새 차를 처음 몰던 날 손끝에서 느껴지는 감탄, 계기판의 빛, 가죽 시트의 향, 도로 위의 자유는 마치 인생 최고의 순간처럼 다가온다. 그러나 며칠이 지나면 그 차는 그저 주차장에 있는 내 차일 뿐이다. 더 넓은 집으로 이사했을 때도 처음엔 모든 것이 자랑이지만, 두 달이 지나자 불평이 튀어나온다.

"이 집도 좁네."

"큰 집은 벽을 넓히지만, 반드시 마음을 넓히지는 않는다."라는 잠언은 바로 이런 맥락을 드러낸다. 뇌는 외부 환경의 자극을 곧바로 새로운 기준으로 삼는다. 쾌감은 순간적이고, 익숙함은 압도적이다.

감정 인플레이션의 위험

인간은 늘 더 큰 자극을 원한다. 더 큰 쾌락, 더 강한 행복을 추구하다 보면, 결국 감정은 인플레이션을 겪는다. 행복의 화폐 가치는 점점 떨어지고, 자극은 무감각으로 바뀐다. 고대 철학자 세네카는 "쾌락은 늘 빚을 남긴다. 행복을 빌려 쓰면, 고통으로 갚아야 한다"고 경고했다. 지나친 행복의 추구는 결국 고통이라는 청구서를 불러온다.

행복은 선택이 아니라 구조

당신이 불안하거나 무기력한 이유는 게으름 때문이 아니라, 뇌가 그렇게 설계되었기 때문이다. 감정은 언제나 되돌아오며, 그것이 삶의 균형 장치다.

실제로 진짜 행복을 말하는 사람들은 자극을 끝없이 추구하지 않는다. 한 주부는 하루에 한 번 커피를 내리는 시간을 "나만의 성스러운 의식"이라고 불렀다. 다른 이는 반려견이 옆에서 숨 쉬는 소리를 들으며 "이게 행복이지"라고 중얼거렸다. 행복은 거대한 사건이 아니라, 반복 속에서 의미를 발견하는 능력이다.

행복이 오래가지 않는 건 축복이다.

행복이 오래가지 않는 것은 저주가 아니라 축복이다. 감정이 정체된다면 삶은 정지한다. 행복이 식는 순간, 우리는 다시 살아가는 법을 배운다. "행복은 오래 머물려는 손님이 아니며, 우리는 다만 그가 머무는 동안 최선을 다해 환대할 뿐이다"라는 말처럼, 행복은 붙잡으려 하면 더 빨리 떠난다. 그러나 흘려보내면 다시 돌아온다.

중요한 건 행복이 얼마나 오래갔느냐가 아니라, 행복이 사라진 뒤에도 여전히 삶을 사랑할 수 있느냐는 질문이다. 인생 총량의 법칙은 말한다. 한쪽 접시가 올라가면 다른 쪽이 내려오듯, 행복이 떠나면 새로운 기쁨이 그 자리를 준비한다. 행복이 오래가지 않는 이유는, 다음 행복을 위해 자리를 비워야 해서다.

013

감정의 롤러코스터를 어떻게 탈 것인가?

감정은 기차가 아니라 롤러코스터다.

감정은 일정한 선로를 달리는 기차가 아니다. 그것은 롤러코스터다. 어느 날은 하늘 꼭대기까지 솟구쳤다가, 다음 순간 곤두박질친다. 전율과 아찔함, 황홀과 무력감이 동시에 뒤섞이고, 고통과 기쁨이 숨 가쁘게 교차한다. 올라갈 때는 두 팔을 들고 환호하다가, 내려갈 때는 눈을 감고 이를 악문다. 중요한 건, 이 롤러코스터를 피할 수는 없지만 어떻게 탈 것인가는 배울 수 있다는 점이다.

고대 그리스 철학자 헤라클레이토스는 "인생의 강물은 두 번 같은 모습으로 흐르지 않는다"고 말했다. 감정 역시 그렇다. 동일한 사건이라도 다른 날에는 전혀 다른 파동을 일으킨다. 그렇기에 감정의 롤러코스터는 인생의 본질적인 구조다. 문제는 그것을 두려움으로만 느낄 것인가, 아니면 타는 법을 익힐 것인가다.

객석으로 옮겨놓기 – 관찰자의 기술

첫 번째 기술은 자신을 객석으로 옮겨놓는 것이다. 내가 지금 타고 있는 열차가 어떤 궤도를 그리고 있는지, 스스로를 관찰자의 자리에 앉히는 것이다.

20대 교사 미소는 아이들과의 갈등으로 매번 교실 문을 쾅 닫으며 분노했다. 그러던 어느 날, 그녀는 감정일기를 쓰기 시작했다. 수업이 끝난 뒤 "오늘도 욱했다. 내가 화낸 이유가 정말 아이들 때문이었을까?"라고 적으며 자신을 되돌아봤다. 불과 3주 만에 그녀는 화가 올라올 때 잠시 교실을 나와 물을 마시는 루틴을 만들었다.

심리학자 빅터 프랭클은 "자극과 반응 사이에는 공간이 있고, 그 공간 속에서 우리는 선택할 자유를 가진다"고 말했다. 객석에 앉는 연습은 바로 그 공간을 찾아내는 것이다. 관찰자는 반응하지 않는다. 흐름을 보기 때문이다.

감정에 이름 붙이기 – 언어의 힘

두 번째 기술은 감정에 이름을 붙이는 것이다. 이름 없는 감정은 괴물이 된다. 그러나 "이건 질투야", "이건 무력감이야"라고 말하는 순간, 감정은 크기가 줄어든다.

상담실을 찾은 40대 여성 진주는 남편의 외도로 분노에 휩싸였다. 그러나 상담사가 "분노 뒤에 있는 감정은 무엇인가요?"라고 묻자 그녀는 조용히 말했다.

"슬퍼요. 내가 외면당했다는 게."

그 순간, 그녀의 눈물이 터졌다. 감정의 진짜 이름을 찾는 순간, 그 감정은 더 이상 맹수처럼 우리를 덮치지 않는다.

셰익스피어도 《리어왕》에서 비슷한 메시지를 남겼다.

"이름 붙여진 고통은 이미 반으로 줄어든 고통이다."

언어는 감정을 쪼개고 다루는 도구다.

롤러코스터는 멈춘다 – 끝을 기억하라.

세 번째 기술은 감정은 영원하지 않다는 사실을 기억하는 것이다. 입시에 실패하고 극단적 선택을 시도했던 청년 윤호는, 몇 년 뒤 편입에 성공해 캠퍼스에서 새로운 삶을 시작했다. 그는 "그때는 인생이 끝난 줄 알았는데, 지금 생각하면 그냥 지나가는 구간이었어요"라고 회상했다.

《성경》〈전도서〉에도 같은 지혜가 있다.

"울 때가 있고 웃을 때가 있으며, 슬퍼할 때가 있고 춤출 때가 있다."

슬픔이 절대적으로 보일 때에도, 그것은 잠시 머무는 계절일 뿐이다. 롤러코스터는 반드시 멈춘다. 가장 아플 때 이 믿음 하나만 있어도, 인간은 추락의 속도를 견딜 수 있다.

기록하기 – 감정의 리듬을 읽는 법

네 번째는 감정의 흐름을 기록하는 것이다. 감정을 기록하면 그것이 주기성을 가진다는 사실을 알게 된다. 직장인 예진은 3개월간 감정일기를 쓴 끝에, 자신이 매월 첫째 주마다 감정 기복이 심하다는 걸 알았다. 회의, 보고 일정, 상사의 피드백이 집중된 시기였다. 이를 안 뒤, 그녀는 그 주에는 약속을 줄이고 혼자 점심을 먹는 루틴을 만들었다. 예측 가능한 감정은 더 이상 폭주하지 않는다.

중국 고사 새옹지마가 전하는 교훈도 같다. 말이 도망간 불운이 결국 큰 복이 되고, 아들의 다친 다리가 전쟁을 피하게 만든 것처럼, 감정도 장기적으로는 흐름과 균형을 이룬다. 기록은 그 리듬을 더 빨리 깨닫게 해준다.

감정을 억제하지 말고 타라.

마지막으로 중요한 것은 감정을 억제하거나 회피하지 말고, 타는 법을 배우는 것이다. 울고 싶을 때는 울고, 웃고 싶을 때는 웃고, 질투심이 올라올 때는 "지금 나는 질투 중"이라고 인정하는 것. 회피도 억압도 아닌, 있는 그대로 느끼되 휩쓸리지 않는 태도. 마하트마 간디는 "감정은 강물과 같다. 막으면 범람하지만, 흘려보내면 길이 된다"고 했다.

영화 〈인사이드 아웃〉의 마지막 장면도 이를 잘 보여준다. 슬픔을 억누르려 하던 '기쁨'이 결국 눈물을 허락했을 때, 주인공 라일리는 가족과 다시 연결되었다. 감정을 억압하지 않고 흘려보내자 비로소 삶의 균형이 회복된 것이다.

결론 – 감정은 지나가는 풍경

감정의 롤러코스터는 멈추지 않는다. 그건 인간이 살아 있다는 증거다. 중요한 건 그것을 빨리 끝내려 하지 말고, 어떻게 안전하게 타고 내릴 것인가를 배우는 것이다.

노인들의 지혜는 단순하다.

"그런 날도 있고, 아닌 날도 있지."

무덤덤함이 아니라 리듬에 대한 이해다. 감정은 해치려는 것이 아니라, 지나가려는 것이다. 파도를 이기려 하지 말고, 타라. 손을 놓지 말고, 눈을 감지 말고, 그 진폭을 통과하라. 그 순간, 감정은 적이 아니라 동반자가 된다.

014

나쁜 일이 생겼을 때
"이제 올라갈 차례"라 생각하라

바닥은 끝이 아니라 출발선이다.

나쁜 일이 생겼을 때 "이제 올라갈 차례"라 말하는 것은 단순한 위로가 아니라, 인생 총량의 법칙을 이해한 자의 태도. 세상 모든 것은 균형을 추구한다. 감정과 사건도 그 질서에서 벗어나지 못한다. 바닥을 찍었다는 건, 이제 위로 향할 수밖에 없는 순간이 도래했음을 의미한다.

동양의 지혜는 오래전부터 이 진리를 알고 있었다. 장자는 말했다. "허무 속에서 길이 생긴다."

텅 빈 자리에서 오히려 새로운 길이 열린다는 뜻이다. 실패와 고통은 허무로 보이지만, 바로 그 허무가 새로운 시작의 공간이다. 바닥은 닫힌 문이 아니라 열린 문이다.

링컨의 법칙 – 절망은 위대한 반등의 그림자

에이브러햄 링컨은 아들을 잃고, 내전의 피바람을 온몸으로 받으며, 아내의 우울증까지 감당해야 했다. 그러나 그는 절망을 "이제 해가 뜰 차례"라며 재해석했다. 그는 "나는 천천히 걷지만, 결코 뒤로 가지는 않는다"고 말했다.

이 말은 유교의 중용(中庸)을 떠올리게 한다. 균형을 잃지 않고 조금씩 앞으로 나아가면, 결국 다시 고지에 이른다는 믿음이다. 바닥은 결코 멈춤이 아니다. 오히려 더 단단해진 발걸음의 시작이다.

스포츠가 증명한 법칙 – 더 내려갈 곳이 없을 때

메이저리그의 2004년 보스턴 레드삭스는 0 : 3으로 몰렸다. 모두가 끝났다고 생각했지만, 선수단은 "더 떨어질 곳이 없다면 이제 올라갈 뿐"이라고 믿었다. 그리고 역사상 최초로 4연승 역전극을 만들었다.

이는 불교의 가르침과 닮았다.

"고통은 깨달음의 문이다."

절망을 통과하지 않고는 집착이 끊어지지 않고, 집착이 끊어지지 않으면 해탈도 없다. 레드삭스의 반등은 단순한 기적이 아니라, 고통이 만든 문을 지나온 자들만이 맞이할 수 있는 반대편의 풍경이었다.

예술의 반등 – 고통을 그림으로 바꾼 사람

멕시코의 화가 프리다 칼로는 평생 육체적 고통과 관계의 파탄 속에서 살았다. 그러나 그녀는 고통의 순간마다 이렇게 다짐했다.

"발이 왜 필요해, 날개가 있는데."

그녀의 말은 장자의 나비 꿈처럼 자유롭다. 현실의 육체는 묶여 있었지만, 그녀의 내면은 고통을 날개로 삼았다. 불완전한 몸에서 나온 그림은 오히려 가장 완전한 예술이 되었고, 그녀의 고통은 곧 인류의 위안이 되었다.

심리학의 해석 – 외상 뒤의 성장

하버드의 조지 보난은 역경을 겪은 사람들이 오히려 더 만족스러운 삶을 사는 현상을 '외상 뒤의 성장'이라 불렀다. 불행이 반전의 씨앗이 된다는 뜻이다.

"바닥에 닿았다는 것은 이제 다시 튀어오를 수 있다는 의미다."

이 말은 노자의 《도덕경》과 연결된다.

"굴욕은 오히려 영광의 뿌리다."

고통과 수치 속에 숨어 있는 힘을 발견하는 순간, 인간은 다시 일어난다.

경제와 기업의 사례 – 몰락은 혁신의 서막

대공황은 수많은 기업을 삼켰지만, 디즈니는 "이제 올라갈 차례"라 믿고 〈백설공주〉라는 모험을 감행했다. 스티브 잡스 또한 애플에서 쫓겨난 뒤 픽사와 넥스트를 만들었고, 그것이 애플 부활의 불씨가 되었다. 이는 공자의 말과 겹쳐진다.

"군자는 위기를 기회로 삼는다."

현실의 몰락은 끝이 아니라, 새로운 도전의 정당성을 부여하는 토양이다.

전쟁과 정치 – 끝이 보일 때의 반등

1940년 런던 블리츠, 도시가 폭격으로 무너졌을 때 처칠은 선언했다.

"우리는 더 이상 물러날 곳이 없다. 그러므로 앞으로 나아갈 것이다."

이는 불교의 "일체유심조(一切唯心造)"와 맞닿아 있다. 상황이 절망이라 해도, 마음이 "이제 올라갈 차례"라고 믿으면 그 순간 방향이 달라진다. 전쟁의 바닥에서 반등을 가능케 한 건 무기보다도, 마음의 태도였다.

일상의 전환 – 해고에서 창업으로

현대인의 삶에서도 이 법칙은 작동한다. 직장에서 해고된 이는 패닉에 빠지지만, 어떤 이는 이렇게 말한다.

"그래, 이제 내가 못 가본 길로 올라갈 시간이네."

실제로 많은 창업가들은 해고 이후 새로운 길을 찾았다. 새옹지마의 고사가 여기서 겹쳐진다. 말이 도망간 사건이 결국 더 큰 행운을 불러왔듯, 불행은 언제나 예상치 못한 행복의 전조다.

반등은 준비된 자의 것

나쁜 일이 닥쳤을 때 "왜 나한테 이런 일이"라 묻는 대신, "이제 올라갈 차례"라 선언하는 순간, 뇌는 문제를 기회로 해석한다. 불교가 말하듯, "괴로움은 깨달음의 연료"다.

영화 〈록키〉에서 주인공이 바닥에 쓰러진 순간, 그는 천천히 일어나며 속삭였다.

"나는 아직 끝나지 않았다."

바로 그때, 반등의 드라마가 시작된다. 그러니 절벽 끝에 선 것처럼 느껴질 때, 그것은 추락이 아니라 도약을 위한 웅크림일 수 있다. 장자가 말했듯, 허무 속에서 길이 열린다. 불교가 가르치듯, 고통은 깨달음의 문이다. 유교가 강조했듯, 군자는 위기에서 기회를 찾는다.

인생 총량의 법칙은 말한다.

"바닥을 찍었다면, 이제 올라갈 차례다."

그 말은 위로가 아니라, 동서양을 관통하는 삶의 이치다.

015

감정은 통계적으로 보라

감정을 숫자로 바꾸는 지혜

감정을 통계적으로 본다는 건 단순히 "오늘 기분이 좋다", "우울하다" 같은 모호한 자기 진단을 넘어서, 그것을 측정 가능한 데이터로 전환하는 작업이다. '패턴', '빈도', '지속시간', '트리거'라는 언어로 감정을 기록하면, 불투명했던 내면이 차트와 그래프로 모습을 드러낸다.

구글의 엔지니어였던 맷 케츠는 매일 자신의 기분을 1에서 10까지 점수화하고, 원인을 기록했다. 1년이 지난 뒤 그는 깨달았다.

"월요일 아침은 유난히 낮다. 회의가 많은 날 다음 날도 그렇다."

그 뒤로 그는 월요일 아침에는 중요한 결정을 피했고, 회의가 많은 날은 의도적으로 저녁을 비워 뒀다. 그가 한 건 특별한 심리학이 아니라, 자기감정을 데이터화 한 단순한 습관이었다.

고대의 지혜도 이와 비슷하다. "측정할 수 없는 것은 관리할 수 없다"라는 말처럼, 감정도 통계적 관점으로 바라볼 때 비로소 다룰 수 있다. 이는 자기감정을 '나를 지배하는 정체불명의 괴물'에서 '예측 가능한 변수'로 누그러뜨린다.

연구가 보여준 패턴 - 감정은 환경의 함수

1970년대부터 심리학자들은 경험 표집법(Experience Sampling Method)을 사용해 하루 중 무작위로 알람을 울려 사람들의 감정 상태를 기록했다. 놀라운 결과가 나왔다. 가장 행복한 순간은 가족이나 친구와 함께 있을 때였고, 가장 불행한 순간은 출퇴근길과 혼자 스마트폰을 볼 때였다. 감정은 결코 우연이 아니었다. 그것은 환경과 반복 패턴의 함수였다.

이는 동양 철학의 "성즉리(性卽理)"라는 개념을 떠올리게 한다. 인간의 성정은 일정한 원리에 따라 흐르고, 우연처럼 보이는 기분의 변동도 사실은 '리(理)'라는 질서 속에서 움직인다는 뜻이다. 감정 통계는 현대식 '리'의 발견이다.

긍정과 부정의 비율 - 3 대 1의 법칙

심리학자 바바라 프레드릭슨은 긍정 감정과 부정 감정의 비율이 3대 1을 넘어야 행복한 삶을 유지할 수 있다고 했다. 하지만 중요한 건 그 비율이 하루 단위로는 크게 요동친다는 점이다. 어떤 날은 5대 1, 어떤 날은 1대 3. 평균치로 보면 균형이 맞는데, 우리는 그 하루의 극단을 보고 "내 인생은 망했다"라고 착각한다.

이럴 때 도움이 되는 말이 있다.

"한 번의 실패가 네 인생 전체를 말해주지 않는다."

마치 주식 차트의 일봉이 시장 전체를 설명하지 않는 것처럼, 감정의 하루치 데이터는 단지 변동일 뿐이다. 중요한 건 장기 평균이다.

기업이 활용하는 감정 데이터

실리콘밸리의 거대 기업들은 이미 이 방식을 도입했다. 구글은 직원들의 감정 점수를 추적하는 'pulse survey'를 도입해, 생산성과 감정 곡선이 어떻게 맞물리는지 분석했다. 감정 점수가 안정적인 팀은 성과도 좋았고, 이직률도 낮았다.

공자의 말처럼, "군자는 그 마음을 다스림으로써 나라를 다스린다." 조직도 같다. 구성원의 마음, 곧 감정의 데이터를 관리하는 것이 성과의 핵심이다.

정신의학의 접근 – 감정은 패턴이다.

정신의학에서는 우울증 환자의 감정 곡선을 세밀히 추적한다. 어떤 환자가 새벽 3시에 가장 감정 점수가 낮다는 패턴을 보인다면, 상담 시간과 약물 투여 시점을 그에 맞춰 조정한다. "감정은 패턴이다"라는 전제 아래 치료 전략이 달라진다. 이는 불교의 가르침과 닮아 있다.

"모든 것은 인연으로 일어나고, 인연으로 사라진다."

정도 인연, 곧 원인과 조건에 따라 움직인다. 통계는 그 인연의 흔적을 눈에 보이게 만든다.

문학과 영화 속의 감정 곡선

톨스토이는 《안나 카레니나》에서 주인공의 감정을 거대한 롤러코스터처럼 묘사했다. 사랑의 절정과 배신의 추락은 결국 독자에게 한 가지를 일깨운다. 감정은 고정되지 않는다. 그것은 오르내리는 파동이다. 영화 〈인사이드 아웃〉은 이를 시각적으로 보여준다. 기쁨(Joy)과 슬픔(Sadness)이 서로 밀고 당기며 결국 한 아이의 정서적 균형을 이룬다. 통계적으로 본다면, 그날그날의 감정 점수는 요동치지만, 장기적으로는 평균치로 회귀한다는 사실을 픽사가 애니메이션으로 풀어낸 셈이다.

생활 속 적용 – 감정을 데이터로 보는 법

실제 생활에서 이 법칙을 적용하면, 감정의 폭풍 속에서도 방향을 잃지 않는다. 예컨대 월요일 아침 출근길에 기분이 바닥이라면, 통계를 아는 사람은 이렇게 생각한다.

"지난주에도 수요일쯤 반등했으니 이번에도 곧 올라가겠군."

이건 단순한 낙관이 아니다. 감정을 통계적으로 보는 습관은, 나쁜 날을 '위기'가 아니라 '데이터'로 받아들이게 한다. 데이터는 두렵지 않다. 예측이 가능하기 때문이다.

감정은 결국 평균으로 돌아온다.

인생 총량의 법칙은 감정의 평균선을 지키려고 끊임없이 개입한다. 오늘의 기쁨이 지나치면 내일의 평범함이 찾아오고, 오늘의 절망이 깊으면 내일의 작은 기쁨이 배가되어 다가온다.

"이 또한 지나가리라."

이 고대의 잠언은 사실 감정 통계학의 가장 단순한 요약이다. 감정의 고점과 저점은 일시적 변동이고, 결국 우리는 평균 근처를 맴돈다.

그러니 감정을 통계적으로 본다는 건, 오늘의 감정에 압도되지 않는 태도를 뜻한다. 그것은 관찰자처럼 한 발짝 떨어져서, 내 마음을 데이터 차트처럼 바라보는 훈련이다. 그리고 그 순간, 감정은 더 이상 주인이 아니라 손님이 된다. 당신은 그 손님을 관리하는 집주인이 되고, 인생 총량의 법칙은 숫자로 확인되는 질서가 된다.

016

불행을 곱씹을수록 총량이 줄어든다

반추 사고 – 불행을 다시 끓이는 습관

불행은 누구나 한 번쯤 마주한다. 문제는 그것을 곱씹는 습관이다. 심리학에서 이를 '반추 사고(Rumination)'라고 부른다. 이미 끝난 사건을 수십 번 되새기며 감정을 반복 소모하는 행위다. "내가 왜 그랬을까, 왜 나만 이런가?" 같은 생각은 학습이 아니라, 감정 에너지를 다시 끓여내는 고통의 재탕이다.

불행을 곱씹는 건 차갑게 식은 국을 다시 끓여 먹는 것과 같다. 첫 숟갈은 뜨겁지만, 다시 끓일수록 맛은 사라지고 탄내만 남는다. 결국 남는 것은 교훈이 아니라, 감정 총량의 손실이다. 노자의 말처럼, "잡으려 하면 잃고, 흘려보내면 얻는다." 불행은 붙잡을수록 독이 되고, 흘려보낼수록 자원이 된다.

전쟁과 트라우마 – 반복 회상의 덫

PTSD 환자들은 반추 사고의 대표적 사례다. 아프가니스탄 전쟁에 참전했던 미군 병사들은 퇴역 뒤에도 전장의 장면을 반복 상기했다. "왜 그때 동료를 살리지 못했을까?"라는 질문은 수백 번 반복되었고, 그 질문이야말로 그들을 무너뜨렸다. 실제로 병사들이 병원에 도착하기 전까지는, 현재의 삶을 살아내기보다 과거의 순간 속에 갇혀 있었다.

이때 떠오르는 고사가 있다. 새옹지마(塞翁之馬). 변방 노인은 말이 달아나도 불행이라 하지 않았고, 오히려 아들이 다리를 다쳐 전쟁에 나가지 않은 것을 두고 행운이라 여겼다. 병사들이 이 지혜를 알았다면, 과거를 붙잡는 대신 불행을 다른 맥락으로 재해석할 수 있었을 것이다.

일상의 사례 – 감정을 탕진하는 직장인

직장인 A는 부당한 평가를 받은 후, "상사가 날 미워하는 게 분명해"라는 생각을 하루에도 수십 번 되뇌었다. 그 결과 그는 가족과의 대화, 작은 즐거움조차 놓쳤다. 반대로 직장인 B는 같은 사건을 일기장에 기록하고, 이렇게 선언했다.

"이 감정은 어제 이미 썼다."

이는 공자의 말, "군자는 마음을 다스림으로써 자신을 다스린다"를 떠올리게 한다. 감정의 문을 닫는 훈련을 통해, 그는 불행의 반복을 차단했다. 같은 사건이 다른 삶을 만든 이유는, 곱씹느냐 봉인하느냐의 차이였다.

해석이 감정을 바꾼다.

스탠퍼드대학교의 켈리 맥고니걸은 말했다.

"스트레스 자체가 아니라, 스트레스에 대한 해석이 사람을 병들게 한다."

같은 사건도 "이건 배움의 기회"라고 해석하면 감정 총량은 회복 모드로 전환된다. 반대로 "나는 왜 항상 이런 불운만 겪지?"라고 해석하면, 총량은 줄어든다.

불교의 가르침에도 이 맥락이 있다.

"괴로움은 마음이 붙잡을 때만 괴로움이다."

고통의 해석을 바꾸는 순간, 고통은 줄어든다. 불행을 곱씹는 건 고통을 붙잡는 일이고, 그 순간 불행은 증식한다.

명언과 잠언 – 불행을 다루는 태도

고대 잠언집에는 이렇게 적혀 있다.

"슬픔을 길게 품으면, 기쁨이 들어올 자리가 없다."

이는 단순한 위로가 아니라 감정 총량의 원리다. 불행을 반복 소환하는 순간, 기쁨이 앉을 공간은 사라진다. 윈스턴 처칠도 전쟁 중에 비슷한 말을 남겼다.

"걱정은 담배와 같다. 피워도 달라지지 않지만, 몸만 해친다."

불행의 반추는 마치 끝없는 흡연과 같다. 잠깐의 위안은 줄지 몰라도, 결국 전체 건강을 갉아먹는다.

문학과 영화 속 반추의 교훈

현진건의 단편소설 〈운수 좋은 날〉의 김 첨지는 하루의 행운 끝에 아내의 죽음을 마주한다. 그러나 만약 그가 이후에도 그날의 비극을 끝없이 곱씹었다면, 그의 삶은 남은 총량마저 다 잃었을 것이다. 문학은 우리에게 고통의 기억을 다루는 법을 은연중에 묻는다.

영화 〈이터널 선샤인〉은 반대로, 불행한 기억을 지우려는 시도를 그린다. 결국 주인공들은 깨닫는다. 기억은 지울 수 없지만, 반복 곱씹음은 줄일 수 있다는 것을. 기억은 있어도, 불행을 되새기느냐는 선택의 문제다.

불행의 경제학 – 감정의 신용카드

불행을 곱씹는 건 감정의 신용카드를 긁는 것과 같다. 한 번 두 번은 괜찮지만, 반복되면 이자는 불어나고 원금은 사라진다. 감정의 채무자는 현재의 기쁨을 잃고 미래의 총량까지 끌어다 쓴다.

셰익스피어는 《맥베스》에서 이렇게 썼다.

"과거의 피를 씻으려 하다가 현재의 피까지 흘린다."

불행을 반복 회상하는 건 과거를 정리하는 게 아니라, 현재까지 파괴하는 일이다.

불행은 한 번만 경험하라

불행은 삶의 일부다. 그러나 그것은 한 번만 느끼고 놓아야 한다. 두 번, 세 번 곱씹는 순간 그것은 학습이 아니라 자기 학대다. 나쁜 기억은 일기장에 기록하고, 마음의 서랍에 봉인하라.

장자는 말했다.

"지난 일을 다시 잡으려 하지 말라. 이미 흘러간 물이다."

흘러간 물을 붙잡으려는 자만이 목마름에 갇힌다. 그러니 내일을 위해 감정의 총량을 남겨두라. 불행은 경험이지, 재생용 콘텐츠가 아니다. 불행을 곱씹을수록 총량은 줄어든다. 그러나 놓아줄수록 총량은 다시 채워진다. 그것이 성숙한 인간의 감정 전략이다.

017

웃는 얼굴에도 울고 싶은 날은 있다

미소와 눈물의 역설

"웃는 얼굴에도 울고 싶은 날은 있다."

이 말은 감상적 수사가 아니라 인간 감정의 이중성을 꿰뚫는 진리다. 겉으로는 미소를 띠면서도, 내면은 눈물로 젖어 있는 경우가 많다. 동양 잠언에 이런 구절이 있다.

"얼굴은 웃으나 마음은 울 수 있다."

이는 단순히 가식의 문제가 아니라, 생존의 전략 문제이다. 사회는 우리에게 웃음을 요구하고, 우리는 살아남기 위해 그 요구에 응답한다. 그러나 그 순간에도 마음속의 저수지는 슬픔으로 가득하다.

로빈 윌리엄스 – 웃음의 대가

세계적인 배우이자 코미디언 로빈 윌리엄스는 무대 위에서 늘 유쾌했다. 그는 수백만 명에게 웃음을 주었지만, 실제로는 깊은 우울과 싸우고 있었다. 그의 죽음은 전 세계를 충격에 빠뜨리며 이런 질문을 남겼다.

"그렇게 행복해 보이던 사람이 왜?"

바로 이것이 사회적 미소의 함정이다. 웃음은 때로 방패일 뿐, 행복의 증거가 아니다.

가면 우울 – 보이지 않는 내면의 균열

심리학에서는 이 상태를 '가면 우울(masked depression)'이라 부른다. 겉으로는 전혀 문제가 없어 보이지만, 내면은 무너져 있는 상태다. 한국 직장문화에서 흔히 들을 수 있는 말, "웃는 게 인사야"가 이를 잘 보여준다. 고객 앞에서 늘 미소를 유지하지만, 그 미소 뒤에 코르티솔이 분비되고, 번아웃이 다가온다. 장자의 말처럼, "겉모습에 속으면 본질을 잃는다." 미소는 껍데기일 수 있고, 진짜 감정은 그 뒤에서 흐느낀다.

마릴린 먼로 – 환한 미소 속의 공허

마릴린 먼로는 20세기 가장 환하게 웃는 얼굴이었다. 기자들이 카메라를 들이대면 그녀는 하얀 치아를 드러내며 빛나는 미소를 지었다. 그러나 그녀는 이렇게 말했다.

"웃는 건 내가 살아 있다는 증거일 뿐, 행복하다는 뜻은 아니다."

먼로의 웃음은 세계를 매혹시켰지만, 그녀의 사적 공간은 고독과 결핍으로 가득했다. 웃음은 생존의 무대 장치였고, 그 이면에는 눈물의 강이 흘렀다.

세레나 윌리엄스 – 승리 뒤의 눈물

테니스 선수 세레나 윌리엄스는 그랜드슬램에서 우승한 직후 트로피를 들고 환하게 웃었다. 그러나 몇 시간 뒤 라커룸에서는 조용히 울었다. 승리의 미소 뒤에는 긴장과 압박, 허무감이 있었다. 웃음과 눈물은 서로의 그림자다. 마치 〈인사이드 아웃〉에서 기쁨이 슬픔과 함께할 때 비로소 진짜 감정의 균형이 이루어지는 것처럼, 승리와 눈물은 함께 찾아왔다.

프레디 머큐리 – 무대 위의 에너지, 무대 뒤의 고독

프레디 머큐리는 무대 위에서 폭발적인 에너지와 유머로 팬들을 사로잡았다. 그러나 무대가 끝나면 그는 호텔 방에서 혼자 술잔을 기울였다. 그의 편지에는 고독과 자기 의심이 가득했다. 그 웃음은 무대 위에서 소비된 감정 에너지를 눈물로 환전한 것이었다.

"가장 크게 웃는 사람은 가장 크게 운다."

이 고전적인 말이 그의 삶을 설명해 준다.

감정의 총량 – 미소와 눈물의 균형

웃는 얼굴 속의 눈물을 이해하는 것은 인생 총량의 법칙을 이해하는 것이다. 기쁨은 기쁨대로, 슬픔은 슬픔대로 존재하며, 둘은 대체되지 않는다. 웃음이 많아질수록 눈물의 몫도 준비된다. 《성경》〈전도서〉의 구절처럼, "울 때가 있고 웃을 때가 있으며, 슬퍼할 때가 있고 춤출 때가 있다." 인생은 감정의 균형 장치로 설계되어 있다.

문학과 영화가 보여주는 진실

영화 〈인사이드 아웃〉은 라일리의 머릿속에서 기쁨과 슬픔이 함께해야만 진정한 정체성이 유지된다는 메시지를 던졌다. 또한 셰익스피어의 《햄릿》은 미소와 눈물의 교차를 가장 극적으로 보여준다. 햄릿은 웃음과 광기를 연기하면서도, 내면의 눈물과 분노를 감추지 못했다.

"웃는 얼굴 뒤에서 칼이 자란다."

고전 문학의 이 경구는 인간 감정의 양면성을 압축한다.

감정 감식사의 태도

우리가 할 수 있는 건 단순하다. 누군가의 미소를 단순히 행복으로 해석하지 않는 것. 웃음의 온도를 느끼고, 그 속에 담긴 결핍과 그늘을 읽어내는 감정 감식사가 되는 것이다. 억지로 웃는 날이 많을수록, 혼자 울 수 있는 공간이 필요하다. 그것은 감정의 재충전이자, 총량의 균형을 회복하는 과정이다.

웃음과 눈물은 동행한다.

사람들은 웃는 순간이 많을수록 행복하다고 믿는다. 그러나 인생 총량의 법칙은 웃음과 눈물이 반드시 균형을 이룬다고 말한다. 웃음이 지나치면 눈물은 더 무겁게 찾아오고, 눈물이 깊으면 웃음은 더 환하게 피어난다. 그러므로 중요한 건 웃음을 억제하거나 눈물을 감추는 게 아니다. 웃음과 눈물이 공존한다는 사실을 인정하고,

둘 다 인생의 일부로 받아들이는 것이다.

"눈물이 없는 웃음은 가짜이고, 웃음 없는 눈물은 절망이다."

이 말처럼, 웃음과 눈물은 서로를 지탱한다. 웃는 얼굴에도 울고 싶은 날은 있다. 그것이 인간이고, 그것이 감정의 총량이 그리는 완벽한 균형이다.

018

지나간 고통이 당신을 무장시킨다

고통의 재구성 – 상처는 다시 칼날이 된다.

한 심리학자는 말했다.

"우리가 살아가는 모든 시간은 결국 '감정의 가공 과정'이다."

그 말처럼, 고통은 날것으로 삼키면 독이 되지만, 잘 다루면 철이
된다. 아무리 긍정적인 사람이라도, 인생의 어느 시점에서 갑작스
러운 충격에 맞닥뜨린다. 실연, 실패, 배신, 질병, 혹은 사랑하는 이
의 죽음. 그 고통은 인간을 꺾는 동시에, 또 다른 형태로 다듬는다.

'지나간 고통이 당신을 무장시킨다'는 말은 결코 비유가 아니다.
그것은 생리학적, 심리학적, 심지어 영혼의 차원에서 검증된 사실
이다.

영화 〈글래디에이터〉에서 막시무스가 가족을 잃고 노예로 전락
했을 때, 그 고통은 그를 파괴하지 않았다. 오히려 그 절망이 그를
전설로 만들었다. 그는 죽음의 경기장에서 자신의 상처를 연료로
삼았다. 고통은 그에게 다시 싸울 이유를 줬다.

마찬가지로, 인간의 마음도 고통의 불을 통과하며 강철로 단련된
다. 고통의 역설은 여기에 있다. 지나간 상처는 현재의 방패가 된

다. 그 상처의 흔적은 추함이 아니라 생존의 문신이다.

괴로움의 순간, 영혼은 근육을 만든다.

고통이 왜 우리를 강하게 만드는가? 그건 '감정의 내성'이 생기기 때문이다. 감정의 내성이란, 특정한 슬픔이나 두려움을 이미 경험했기 때문에 같은 자극에 덜 흔들리는 심리적 항체다.

홀로코스트 생존자 에브라임 카츠넬슨은 아우슈비츠를 "인간을 무장시키는 최악의 군사학교"라고 불렀다. 그는 그곳에서 감정을 차단하는 법, 순간적인 결단을 내리는 법, 냉정을 유지하는 법을 배웠다. 전후 난민 구조 활동에서 그는 바로 그 기술들로 수많은 생명을 살렸다. 고통이 그를 잔혹하게 만들었지만, 그 잔혹함은 누군가에게는 구원이 되었다.

심리학에서도 이런 개념을 '트라우마 이후 성장(Post - Traumatic Growth)'이라 부른다. 사람은 큰 시련을 겪은 뒤, 이전보다 더 깊은 의미를 찾고, 타인의 감정을 더 잘 이해하게 된다.

불행은 단순히 상처가 아니라, 영혼의 근육을 만드는 헬스장이다.

상처를 견딘 자만이 공감할 수 있다.

"내가 아팠던 만큼, 타인의 고통을 이해한다."

이건 단순한 도덕이 아니라 심리의 법칙이다. 유명한 심리치료사 브레네 브라운은 말했다.

"공감은 상처를 회피한 자가 아니라, 상처를 경험한 자의 언어다."

누군가의 슬픔 앞에서 섣불리 "괜찮아질 거야"라고 말하지 않고, 대신 침묵 속에서 함께 있어주는 사람 – 그는 자신의 고통을 무기로 바꾼 사람이다. 지나간 고통은 이렇게 '타인을 감싸는 갑옷'이 된다. 스스로가 견뎌낸 상처를 통해, 인간은 타인을 품을 수 있게 된다.

동양의 지혜 – 상처의 미학

동양 사상에서는 고통을 제거해야 할 것이 아니라, 균형의 일부로 본다.

노자는 《도덕경》에서 말했다.

"행복은 불행이 숨어 있는 곳이고, 불행은 행복이 머무는 곳이다."

이 구절은 인생 총량의 원형이다. 한쪽이 지나치면 반드시 반대쪽이 찾아온다. 그러므로 고통은 잘못된 것이 아니라, 삶의 리듬이 돌아가는 징조다.

일본의 '킨츠기(金継ぎ)' 예술도 마찬가지다. 깨진 도자기를 버리지 않고, 금으로 이어 붙여 오히려 더 아름답게 만든다. 균열이 치유의 흔적이 되는 것이다. 인생의 금가는 순간도 이와 같다. 그 흔적은 부끄러움이 아니라 회복의 문양이다.

현실의 이야기 – 실패에서 살아남은 사람들

한국의 한 기업인은 IMF 시절 회사가 무너졌을 때, 스스로를 '끝났다'고 여겼다. 하지만 그는 당시의 절망을 꼼꼼히 기록했다.

"그때의 나를 잊지 않기 위해."

그 기록이 훗날 경영 컨설팅 교재가 되었고, 그는 '파산 전문가'로 불리며 다른 사람의 회생을 돕는 일을 하게 되었다. 그는 말한다.

"고통은 나의 MBA였다. 그때의 실패가 없었다면 나는 지금 누구의 아픔도 모르는 사람이 되었을 것이다."

지나간 고통은 이렇게 지식으로, 직업으로, 사명감으로 변환된다. 그의 총량은 무너지지 않았다. 단지 다른 방향으로 재배분되었을 뿐이다.

심리의 논리 – 뇌는 고통을 '기억의 방패'로 쓴다.

신경과학적으로 보면, 고통의 기억은 단순한 트라우마가 아니다. 그것은 뇌가 "다시는 같은 일을 반복하지 않기 위한 학습장치"다. 편도체와 해마는 고통의 순간을 강하게 각인시킨다. 하지만 시간이 지나면, 그 기억은 경계에서 지혜로 변환된다.

하버드대학교 의대의 연구에 따르면, 과거의 실패 경험을 자각적으로 회상한 사람일수록 스트레스에 대한 생리적 반응이 훨씬 낮았다. 뇌는 과거의 고통을 일종의 예방주사로 인식한다. 즉, 고통은 인간을 면역시키는 정서적 백신이다.

지나간 고통이 무장으로 바뀔 때

어느 작가가 말했다.

"시간은 상처를 치유하지 않는다. 다만, 그 상처를 다른 언어로 말할 수 있게 한다."

이 말이 '총량의 법칙'의 감정 버전이다. 시간이 지나면 고통이 사라지는 게 아니라, 그 고통의 의미가 바뀐다. 그 변화의 순간이 바로 인간의 성장이다. 지나간 고통이 당신을 무장시킨다. 그 무장은 냉혹함이 아니라, 단단한 자각이다. 그 무장은 타인을 공격하는 칼이 아니라, 자신을 지키는 방패다. 그 무장은 절망 속에서도 다시 걸어갈 수 있는 내면의 근육이다.

고통은 당신의 '인생 방탄복'이다.

우리는 누구나 총량의 곡선을 따라 살아간다. 행복이 정점에 오르면 언젠가 하강이 오고, 고통이 바닥을 치면 언젠가 반등이 온다. 그러나 한 가지 잊지 말아야 할 사실이 있다. 고통은 결코 낭비되지 않는다. 그것은 당신의 인생 방탄복이 된다. 지나간 고통은 당신을 무너뜨리는 대신, 당신을 단단히 무장시킨다.

오늘의 상처는 내일의 회복력이고, 오늘의 눈물은 내일의 언어다. 그러니 이제는 고통을 두려워하지 말자. 고통은 당신을 부수기 위해 오는 게 아니다. 당신을 다시 세우기 위해 오는 것이다.

"상처는 아물지 않아도 괜찮다. 그 자리에 빛이 스민다면."
- 어느 익명의 시인

019

감정의 관성 :
계속 슬퍼할 필요는 없다

감정에도 관성이 있다.

감정의 관성이란 한 번 작동하기 시작한 감정이 쉽게 멈추지 않는 성질을 말한다. 물리학에서 달리는 기차가 외부 힘 없이는 멈추지 않듯, 감정도 방향을 바꾸기 전까지는 같은 궤도를 돈다. 특히 기쁨보다 슬픔, 즐거움보다 불안, 사랑보다 분노에서 이 성질이 강하다. 그래서 사람들은 감정을 통제한다고 믿지만, 실상은 감정의 관성에 휘둘리고 있는 경우가 많다.

니체는 "슬픔에 오래 머물면, 그 슬픔은 삶 전체를 지배한다"라고 말했다. 이는 감정이 단순한 순간의 반응이 아니라, 지속되는 힘이라는 점을 예리하게 지적한다.

분노가 전이되는 장면

예를 들어, 직장에서 모욕적인 말을 들은 남자가 퇴근길 내내 그 말을 곱씹는다. 저녁 식사 자리에서 아내가 "표정이 왜 그래?"라고 묻자, 그는 폭발하듯 "내가 뭘 그렇게 잘못했는데?"라고 소리친다.

이때 그는 아내의 말에 반응한 게 아니라, 직장에서 생긴 분노의 관성에 반응한 것이다. 셰익스피어의《오셀로》에서도 오셀로는 이아고의 거짓말에 분노를 키우다 결국 사랑하는 데스데모나를 죽인다. 사실은 작은 의심에서 시작됐지만, 감정의 관성이 눈덩이처럼 커지며 비극으로 이어진 것이다.

슬픔의 잔여 – 끝나지 않는 이별

한 여성이 연인에게 이별을 통보받은 뒤 그의 SNS를 매일 확인한다. 이미 관계는 끝났지만, 그녀의 마음은 여전히 과거에 매여 있다. 이는 단순한 미련이 아니라, 슬픔의 관성이 지속되고 있다는 신호다. 프루스트의《잃어버린 시간을 찾아서》처럼, 과거의 기억이 반복적으로 현재를 잠식하면, 인간은 현실을 사는 대신 감정의 관성 속에서만 살아가게 된다.

감정 관성을 끊는 방법 – 인식과 해석

모든 감정이 영원히 지속되는 건 아니다. 감정에는 마찰도 존재한다. 그것이 바로 '인지적 해석'이다. 앞선 직장인의 예에서, 그가 집에 오는 길에 "저 상사는 그냥 스트레스가 심했겠지"라고 해석했다면, 관성의 축은 끊겼을 것이다. 심리학자 폴 에크만은 "감정은 자동적이지만, 그 감정을 지속시키는 건 우리의 사고"라고 했다. 즉, 감정은 저절로 솟구치지만, 그것을 길게 붙잡을지 놓아줄지는 우리의 선택이다.

불교에도 이와 유사한 가르침이 있다.

"분노는 불씨와 같아, 붙잡을수록 자신을 태운다."

분노의 관성을 끊는 순간, 고통은 스스로 소멸한다.

역사 속 인물들의 감정 전환

링컨 대통령은 약혼녀 앤 러틀리지가 죽었을 때 깊은 우울증에 빠졌다. 하지만 그는 슬픔의 관성에 자신을 맡기지 않았다. 정치 활동에 몰입하며 감정을 전환했고, 그 과정에서 국가적 위기를 이끌 지도자로 성장할 수 있었다.

반면 조선 후기 학자이자 《매천야록》의 저자인 황현(黃玹)은 나라가 일본에 병합된 뒤 슬픔을 끊지 못했다. 그는 "세상에 다시 빛이 없구나"라며 스스로 목숨을 끊었다. 그 선택은 지조라는 이름으로 해석되기도 하지만, 분명한 건 슬픔의 관성이 지나치게 길어질 때 미래를 바꿀 힘조차 상실된다는 점이다.

문학과 영화 속 사례

톨스토이의 《안나 카레니나》는 감정의 관성이 파국으로 치닫는 전형적 이야기다. 안나는 사랑과 집착, 불안의 감정 관성에서 벗어나지 못하고 결국 기차에 몸을 던진다. 반대로 영화 〈인사이드 아웃〉에서는 주인공 라일리가 새로운 도시에서의 슬픔을 끝내 놓아주며, 감정의 조화를 회복한다. 이 대비는 감정을 붙잡을 것인가, 흘려보낼 것인가의 차이를 잘 보여준다.

감정은 선택할 수 있는가?

"나는 지금 이 감정을 선택하고 있는가, 아니면 이 감정이 나를 끌고 가는가?"

이 질문은 감정의 관성을 끊는 가장 직접적인 방법이다. 고대 스토아 철학자 에픽테토스는 "우리를 괴롭히는 것은 사건이 아니라, 사건에 대한 해석"이라고 말했다. 사건은 이미 지나갔지만 그 사건을 계속 반복 재생시키는 건 우리의 사고다.

총량의 법칙 속에서 본 감정 관성

인생 총량의 법칙은 감정에도 적용된다. 슬픔은 일정량 필요하지만 그것을 넘어서는 순간은 불필요한 소모일 뿐이다. 자동차 브레이크를 밟은 채 엑셀을 밟는 것처럼 연료는 타들어 가지만 앞으로 나아가지 못한다. 지나친 슬픔은 내일을 위한 감정 자원을 갉아먹는다.

세네카는 이렇게 말했다.

"고통을 오래 붙잡을수록, 고통은 고통이 아니라 습관이 된다."

슬픔의 관성을 끊는 건 단순한 위로가 아니라, 삶을 유지하기 위한 생존 전략이다.

감정은 날씨다.

감정의 관성은 피할 수 없다. 그러나 멈출 수는 있다. 슬픔은 지나가야 하고, 분노는 흘러야 한다. 감정을 붙잡는 대신, 그것을 하나의 날씨로 받아들이는 태도. 비가 오면 비를 맞고, 해가 나면 해를 즐기며, 결국 날씨가 바뀌듯 감정도 바뀐다는 사실을 믿는 것.

"이 또한 지나가리라."

이 고대의 지혜처럼, 감정의 관성은 결코 영원하지 않다. 문제는 그것을 언제, 어떻게 놓아주느냐이다. 당신이 감정을 선택하는 순간, 감정은 더 이상 당신을 지배하지 않는다. 오히려 당신을 무장시키는 힘이 된다.

020

행복은 결국 "해석"의 기술이다

사건은 같아도, 해석은 다르다.

행복은 결코 사건 그 자체에서 오지 않는다. 같은 사건도 어떤 사람은 "인생 최악의 날"이라 말하고, 또 다른 사람은 "재미있는 추억거리"라고 웃는다. 차이를 만드는 건 사건이 아니라 해석이다. 인생 총량의 법칙은 바로 이 해석의 기술을 통해서 체감 총량을 조정한다. 똑같이 무게가 주어져도, 누구는 그것을 짐으로 여기고, 누구는 여행 가방처럼 끌고 다니며 즐긴다.

고대 스토아 철학자 에픽테토스는 노예 출신이었고, 주인에게 다리를 꺾이는 폭행까지 당했다. 그러나 그는 "내 몸은 억눌렸지만, 내 의지는 자유롭다"라고 말했다. 사실은 단순하다. 그는 다리를 부러뜨린 사건을 불행으로 해석하지 않았고, 자유 의지를 잃지 않았다는 '자산'으로 재정의했다. 이것이 바로 해석이 곧 행복이라는 증거다.

불운을 재해석한 사람들

조선 후기의 학자 정약용은 정치적 싸움에 휘말려 유배라는 절망을 맞았다. 그러나 그는 유배지를 "나라 구석구석을 관찰할 기회"라고 해석했다. 그 결과 《목민심서》 같은 불멸의 저작이 탄생했다. 같은 사건을 '끝'으로 해석했으면 그는 무너졌겠지만, '시작'으로 해석했기에 역사의 한가운데 남았다.

스토아 철학자 마르쿠스 아우렐리우스 역시 전쟁과 전염병으로 황제가 된 순간부터 고난에 둘러싸여 있었지만, 《명상록》에서 이렇게 말했다.

"고통이란 해석의 문제다. 내가 그것을 불행이라 해석하지 않으면, 불행이 아니다."

황제의 무게를 불행으로 보지 않고 수행의 기회로 삼은 그의 기록은 오늘날까지 '철학적 행복 교과서'가 되었다.

실패를 기회로 바꾸는 해석

마이클 조던은 고등학교 농구부에서 퇴출당했을 때 대부분의 소년들처럼 "나는 재능이 없다"라며 포기할 수도 있었다. 그러나 그는 그 사건을 "더 미치게 훈련하게 만든 계기"라고 해석했다. 그 해석이 곧 전설을 낳았다. 한 일본 속담은 이렇게 말한다.

"넘어진 김에 쉬어간다."

실패는 고통이지만, 그 실패를 해석하는 순간, 그것은 방향을 바꾸는 휴식이 될 수 있다.

예술은 고통의 해석이다.

맥시코의 화가 프리다 칼로는 평생 사고와 수술의 고통 속에서 살았다. 하지만 그녀는 그것을 저주로 두지 않았다. 그림 속 강렬한 색채와 기묘한 상징은 그 고통을 의미 있는 무늬로 바꾼 결과였다. "나는 고통을 그린 것이 아니라, 나의 현실을 그렸다"는 그녀의 말은 해석의 기술이 곧 창작의 원천임을 증명한다. 괴테도 "고통은 돌이다. 그러나 그것으로 나는 계단을 만들었다"고 말했다. 해석은 단순한 위안이 아니라, 인생을 다시 짓는 건축술이다.

같은 사건, 다른 삶

1929년 대공황 당시 어떤 이는 "모든 게 끝났다"고 해석하며 절망 속에서 생을 포기했고, 어떤 이는 "다시 시작할 기회"라며 새로운 길을 찾았다. 총량은 같았다. 같은 사건, 같은 손실. 하지만 해석에 따라 누군가는 파산했고, 누군가는 새로운 성공을 시작했다.

이 차이는 오늘날에도 그대로 반복된다. 직장에서 해고당했을 때, 어떤 이는 "나는 실패자"라 규정하고 무너지고, 또 다른 이는 "이제 내가 진짜 원하는 길로 갈 기회"라 해석한다. 해석이 운명을 바꾼다.

해석은 뇌의 전략이다.

심리학은 이 현상을 '인지 재평가(cognitive reappraisal)'라 부른다. 사건 자체보다 그 사건을 어떻게 바라보느냐가 감정 반응을 결정한다. 같은 불운이라도 "배움의 기회"라 해석한 사람은 스트레스 호르몬 수치가 낮고, 행복감은 더 크다. 뇌는 사실보다 해석에 더 강하게 반응하기 때문이다. 미국 심리학자 켈리 맥고니걸은 "스트레스는 당신을 죽이지 않는다. 당신이 스트레스를 해석하는 방식이 당신을 죽인다"라고 했다. 해석은 곧 생존의 기술이다.

문학과 영화 속 해석의 힘

도스토옙스키는 사형 직전에 구사일생으로 풀려난 경험을 "새로운 삶을 선물 받았다"고 해석했다. 그 사건이 없었다면《죄와 벌》이나《카라마조프가의 형제들》은 존재하지 않았을지도 모른다. 그는 고통을 삶의 불행으로 두지 않고, 인간 본성 탐구의 기회로 바꿨다.

영화 〈인사이드 아웃〉에서 주인공 라일리의 머릿속 감정들은 처음엔 슬픔을 불필요한 감정으로 몰아낸다. 하지만 결국 "슬픔 덕분에 기쁨이 깊어진다"는 해석을 깨닫고, 감정의 조화를 되찾는다. 이 장면은 감정조차 해석에 따라 다른 가치를 가진다는 사실을 보여준다.

해석이 행복을 만든다.

궁극적으로 행복은 해석의 기술이다. 우리가 매일 마주하는 사건은 비슷하다. 승진, 실수, 성공, 실패, 만남, 이별. 그러나 그것을 어떤 언어로 번역하느냐가 인생 총량을 결정한다. 스티븐 코비는 이렇게 말했다.

"자극과 반응 사이에는 공간이 있다. 그 공간에서 우리의 성장과 자유가 결정된다."

그 공간이 바로 해석의 자리다. 그러니 질문을 바꿔야 한다. "왜 나에게 이런 일이 일어났을까?"가 아니라, "나는 이 일을 어떻게 해석할 수 있을까?"라고. 사건은 바꿀 수 없지만, 해석은 언제나 선택할 수 있다. 그리고 그 선택이 바로 행복의 기술이다.

The Law of the Total Amount of Life

인생의 리듬
인생 총량의 조화

인생은 직선이 아니라 파동처럼 움직이며, 고통과 기쁨은 번갈아 찾아오면서 균형을 이룬다. 불운과 행운, 성공과 실패는 따로 떨어져 있지 않고 서로의 리듬을 조정하는 쌍곡선처럼 얽혀 있다. 지나친 쾌락은 반드시 피로를 부르고, 깊은 절망은 반대로 성장과 회복의 씨앗을 키운다.

인생 총량의 법칙은 개인의 경험뿐 아니라 사회, 역사, 문화 속에서도 일정한 조화로 작동한다. 이 리듬을 이해한 사람은 사건에 휘둘리지 않고, 흐름 위에 올라타 자신의 삶을 더 단단히 조율할 수 있다.

021

행복과 불행의 총량적 균형

인생 총량의 직관

인생 총량의 법칙은 과학적 실험으로 입증된 적은 없지만, 인간 삶의 반복 패턴을 관통하는 실용적 직관이다. 누군가는 젊을 때 큰 불행을 겪지만 말년에 평화와 풍요를 얻고, 또 누군가는 젊은 날의 성공이 이후의 몰락으로 이어진다. 총량은 각자의 타이밍에 따라 배분될 뿐, 균형 자체는 놀랍도록 정확히 맞아 떨어진다.

웃음 뒤의 어둠 – 로빈 윌리엄스의 역설

로빈 윌리엄스는 세상에서 가장 많은 사람들을 웃긴 배우였다. 그러나 정작 그는 깊은 우울 속에서 스스로 삶을 마감했다. 그의 생애는 인생 총량의 법칙이 어떻게 작동하는지를 극명히 보여준다. 한쪽으로 지나치게 치우친 웃음은 반드시 반대편의 고통으로 균형을 맞춘다. 그가 사람들에게 준 웃음의 크기만큼, 자신에게는 채워지지 않는 어둠이 남아 있었다.

교차하는 삶의 곡선

학창 시절 모두가 부러워하던 민영은 대학 진학 뒤 몇 번의 자퇴와 오랜 번아웃 끝에 삶의 무대를 떠났다. 반면 눈에 띄지 않던 기웅은 꾸준히 버티며 마흔 넘어 작은 회사를 일구고 조용한 행복을 누리고 있다. 총량의 곡선은 민영의 경우 초반에 기울어 있었고, 기웅은 후반에 몰려 있었다. 순간의 단면으로는 불공평해 보였던 삶도, 총량적 곡선으로 보면 균형을 향하고 있었다.

전화위복 – 리얼한 반전의 사례들

전화위복이란 단지 동양 고사 속의 말이 아니다. 현실 속 삶은 언제나 이 역설을 증명한다. 스티브 잡스는 자신이 만든 애플에서 쫓겨나는 치욕을 겪었다. 당시 그는 "내 인생 최악의 시기"라고 표현했지만, 그 시기가 오히려 넥스트(NeXT)와 픽사를 세우는 계기가 되었다. 그 경험이 있었기에 훗날 애플로 복귀해 아이폰 혁명을 일으킬 수 있었다. 실패는 곧 새로운 성공의 연료였다.

J.K. 롤링은 이혼과 실업, 생활보호 대상자라는 바닥에서 《해리 포터》를 썼다. 그녀는 "가진 게 아무것도 없었기에, 오히려 상상력만 남았다"고 말했다. 절망은 전 세계 수억 명의 어린이에게 마법을 선물하는 기회로 바뀌었다.

넬슨 만델라는 27년간 감옥에 갇혀 있었다. 대부분의 사람에겐 인생을 파괴하는 형벌이었지만, 그는 그 시간을 '내가 준비해야 할 시간'으로 해석했다. 감옥에서의 고통이 곧 남아프리카공화국 민주화의 초석이 되었고, 그는 대통령으로 돌아왔다.

평범한 사례로도, 해고가 창업의 불씨가 되는 경우는 무수히 많다. 한 40대 가장은 2008년 금융위기 때 회사를 잃었지만, 억지로 시작한 작은 반찬가게가 지역 대표 브랜드로 성장했다. 그는 "해고가 없었다면 평생 눈치만 보며 살았을 것"이라고 말한다. 나쁜 일은 새로운 길의 전조일 때가 많다.

이런 사례들은 고통이 기계적인 보상으로 환전되는 것이 아님을 보여준다. 대신, 고통이 새로운 기회의 문을 열고, 불행이 곧 다른 행복의 무대가 되는 방식으로 균형을 맞춘다.

고통은 선불, 기쁨은 후불

불행 앞에서 "왜 나만 이런가?"라고 묻는 대신, "이건 나중에 올 기쁨의 선불"이라고 해석하는 사람은 훨씬 단단하다. 니체가 말했듯, "그 무엇도 끝없이 추락하지 않는다." 바닥을 찍었다는 건 곧 반등의 시점이 도래했다는 의미다. 기쁨은 후불로 찾아오고, 고통은 선불로 지불된다.

역사 속 균형의 아이러니

링컨은 아들의 죽음과 전쟁의 책임이라는 극한의 고통 속에서도, 미국 역사상 가장 존경받는 대통령으로 남았다. 마리 퀴리는 방사능 연구로 과학의 영광을 얻었지만, 그 대가로 건강을 잃었다. 에디슨은 수천 번의 실패를 겪으며 결국 전구를 발명했다. 모두가 자신의 총량을 균형 맞추는 과정 속에서 빛과 어둠을 동시에 안고 살았다.

타인의 삶을 보는 법

SNS 시대, 우리는 타인의 화려한 순간만 본다. 하지만 인생 총량의 법칙은 말한다. 지금 그가 누리는 성공은 언젠가 감당해야 할 시련의 전조일 수 있고, 지금 내가 겪는 불행은 언젠가 크게 돌아올 보상의 선불일 수 있다. 그러니 남을 부러워하지도, 내 고통을 부끄러워하지도 말라. 모두가 자기 몫의 균형을 채워가는 중이다.

총량의 건배

총량의 법칙은 고통을 제거하라는 게 아니라, 그 고통이 균형의 일부임을 인정하라는 말이다. 결국 불행은 새로운 길의 문이 되고, 실패는 다음 성공의 씨앗이 된다. 언젠가 기쁨과 고통이 같은 테이블에 앉아 잔을 부딪칠 것이다. 그날 우리는 이렇게 말할 수 있다.

"그래, 결국 나는 내 몫의 총량을 다 살았구나. 그리고 불행은 언제나, 다른 이름의 행복으로 돌아왔구나."

022

돈과 인생 총량의 법칙

돈은 만병통치약이 아니라 때로는 독이다.

돈은 우리를 살리기도 하지만, 종종 파괴하기도 한다. 로또 당첨자의 삶을 떠올려 보라. 언론은 당첨 직후의 환호와 웃음을 보여주지만, 5년 뒤의 그들을 보여주진 않는다. 실제 조사에 따르면, 로또에 당첨된 사람들 중 상당수는 몇 년 안에 파산하거나 인간관계가 무너지고, 심지어 극단적인 선택을 하기도 한다.

돈이란 마치 한쪽 구석에서 금덩이를 얻었더니, 다른 구석에서 빛과 공기가 사라지는 듯한 존재다. 인생 총량의 법칙은 바로 여기서 드러난다. 돈이라는 플러스가 들어온 자리에, 건강·관계·정신·의미의 상실이라는 마이너스가 따라온다.

영국 작가 새뮤얼 존슨은 "돈으로 행복을 살 수는 없지만, 불행을 견디게 하는 데는 도움이 된다"고 말했다. 하지만 역설은 여기에 있다. 돈은 불행을 막아주지만, 동시에 또 다른 불행을 만들어 낸다. 그것이 총량적 균형이다.

행복의 역전곡선 – 돈이 많을수록 불행해지는 이유

프린스턴대학교의 대니얼 카너먼 연구에 따르면, 연소득 7만 5천 달러(107,985,000원, 2025. 10. 26 현재)까지는 삶의 만족도가 분명히 올라간다. 하지만 그 이상부터는 행복의 증가 폭이 둔화하고, 어떤 경우엔 오히려 떨어진다. 이 지점에 도달한 사람들은 공통적으로 세 가지 고통을 겪는다.

1. 신뢰의 붕괴 – "이 사람이 나를 좋아하는 이유가 내 돈 때문은 아닐까?"
2. 삶의 공허함 – 원하는 것을 다 이룬 순간, 다음 목표가 사라져 오는 허무.
3. 과잉 기대 – 주변이 '당신은 뭐든 해줄 수 있다'고 믿어버리는 환상.

프랑스 철학자 몽테뉴는 이렇게 말했다.

"재산이 커질수록 염려도 함께 커진다."

돈이 일정 수준을 넘으면 삶을 가볍게 하는 대신, 삶의 무게추가 되어버린다.

황금이 제국을 무너뜨린 날 – 스페인의 몰락

16세기 스페인은 아메리카 대륙에서 엄청난 금과 은을 실어 날랐다. 국왕 필리페 2세는 "스페인의 부는 끝이 없다"고 호언장담했다. 그러나 결과는 정반대였다. 갑작스런 귀금속 유입은 물가 폭등과 산업 기반 붕괴를 불러왔다. 귀족들은 금을 전쟁과 사치에 탕진했고, 국가는 빚더미에 앉았다. 돈은 제국을 살린 것이 아니라 오히려 파괴했다. 생산과 균형이 무너진 자리에 금은 아무 쓸모가 없었다. 돈이라는 플러스가, 사회적 체질과 안정성이라는 마이너스를 삼켜버린 것이다.

가난한 자와 부자의 차이점

돈을 기준으로 삶을 바라보면, 가난한 자와 부자의 차이는 단순히 자산의 크기만이 아니다. 그것은 총량의 배분 방식에서 드러난다. 가난한 자는 지금 당장의 결핍 때문에 고통받지만, 역설적으로 작은 기쁨에서 큰 만족을 얻는다. 한 끼 식사, 따뜻한 집 한 칸, 소소한 관계가 그들의 행복을 채운다. 부자는 큰 자산을 누리지만, 역설적으로 행복을 느끼기 어렵다. 이미 가진 것이 너무 많기에, 새로운 쾌락의 한계 효용은 떨어지고, 더 큰 자극과 더 큰 소비 없이는 만족하지 못한다.

러시아 작가 톨스토이는 "인간에게 필요한 땅은 몇 평 되지 않는다"고 말했다. 실제로 필요한 건 많지 않다. 차이는 '얼마나 가지느냐'가 아니라, '어떻게 쓰느냐'에 있다.

철학이 말하는 재물과 균형

아리스토텔레스는 "재물은 삶의 목적이 아니라 수단"이라 했다.

공자는 《논어》에서 "부귀는 사람의 원하는 것이지만, 바른길로 얻지 않으면 머물지 않는다"고 했다. 불교는 더욱 급진적이다. 갈애(渴愛), 즉 돈을 포함한 욕망이 충족되는 순간, 곧바로 새로운 결핍을 만든다고 보았다. 즉, 돈은 늘 균형을 흔드는 요인이다. 얻은 순간 그만큼의 새로운 고통을 불러오고, 그 고통을 어떻게 다루느냐에 따라 인생의 곡선이 달라진다.

돈의 한계 효용 – 경제학이 증명한 심리

19세기 경제학자 제본스와 마셜은 '한계 효용 체감의 법칙'을 제시했다. 쉽게 말해, 돈이 많아질수록 추가 만족도는 떨어진다는 뜻이다. 대니얼 카너먼과 앵거스 디턴의 실험은 이를 구체적으로 입증했다. 일정 수준 이상에서 돈은 더 이상 행복을 늘리지 않는다. 오히려 사회적 비교와 불안, 관계 갈등이 행복을 깎아 먹는다. 돈의 플러스가 곧바로 마이너스로 조정되는 지점이 있다.

돈이 가져온 몰락 – 개인의 사례

미국 금광 붐에서 수백만 달러를 번 조지 허스트는 재산에 취해 정치와 사치에 빠졌다. 가족은 분열했고, 아들은 방탕한 언론 재벌이 되었다. 부는 가문을 살린 게 아니라 무너뜨렸다. 한국에서도 재벌 2·3세의 몰락은 뉴스의 단골이다. 태어날 때부터 돈을 가진 이들은 '노력의 성취' 대신 '유지의 불안' 속에 산다. 그 결과 중독, 범죄, 가문의 몰락으로 이어진다. 돈이라는 플러스가, 관계와 정신이라는 마이너스로 바뀌어 총량을 맞추는 것이다.

정주영의 사례 – 돈을 균형 있게 다룬 사람

현대그룹 창업주 정주영은 "시련은 있어도 실패는 없다"는 말을 남겼다. 그는 가난 속에서 돈의 가치를 뼈저리게 체험했지만, 돈을 단순한 축적이 아니라 순환과 투자의 도구로 삼았다. 가난했던 시절 아버지가 소를 판 돈을 들고 서울로 올라와 노동을 시작한 그는, 번 돈을 다시 사업에 재투자했다. '버는 것'보다 '흘려보내는 것'을 중시한 덕분에, 그의 돈은 끊임없이 새로운 가치를 창출했다. 정주영의 삶은 인생 총량의 법칙 속에서 "돈을 순환시키면 총량의 균형이 무너지지 않는다"는 교훈을 보여준다.

평생 벌 돈의 총량의 균형을 의도적으로 설계하라.

인생에서 벌 수 있는 돈의 총량은 어쩌면 이미 정해져 있을지도 모른다. 그렇다면 현명한 전략은 단순하다.

1. 돈의 총량을 미리 설계하는 것이다.
2. 돈이 들어올 때, 반드시 나갈 출구를 함께 만든다.
3. 시간·관계·건강이라는 다른 자산을 함께 고려한다.

전략을 세우면 의미 있는 지출로 균형을 맞출 수 있다. 타인과 사회를 위한 지출은 돈의 독성을 줄이고, 오히려 삶을 더 풍요롭게 만든다. 앤드루 카네기, 빌 게이츠, 워렌 버핏이 기부를 선택한 이유도 여기에 있다. 돈의 반작용을 줄이려면, 총량을 한쪽으로 몰아두지 말고 흘려보내야 한다.

돈과 총량의 역설

우리는 돈이 많아지면 자유로워질 거라 생각하지만, 실제로는 새로운 굴레에 묶인다. 반대로 돈이 적을 때는 제약이 많지만, 작은 기쁨에서 큰 만족을 얻을 수 있다. 문제는 돈이 아니라 균형이다. 스페인이 황금에 무너졌듯, 개인도 돈의 홍수에 무너진다. 하지만 정주영처럼 돈을 흐르게 만든다면, 돈은 인생의 무게를 줄이는 힘이 된다.

돈은 균형의 시험지다.

돈과 인생 총량의 법칙이 주는 마지막 교훈은 이렇다. 돈은 늘 대가를 요구한다. 네가 얻은 돈은 무엇을 빼앗아 갔는가? 시간인가, 관계인가, 건강인가?

돈을 관리한다는 건, 인생 전체의 균형을 관리하는 일이다. 큰돈이 들어올 때, 그 문이 열리는 동시에 닫히는 문을 볼 수 있다면, 당신은 총량의 함정에 빠지지 않을 것이다. 돈은 우리를 무너뜨릴 수도 있고, 살릴 수도 있다. 중요한 건 돈을 어떻게 쓰느냐가 아니라, 돈을 어떻게 균형 있게 배분하느냐다.

023

공부와 지식에서의 총량

공부가 늘리기도, 줄이기도 하는 것들

"많이 공부하면 잘산다."

이 문장은 한 시대의 신앙이었다. 하지만 총량의 렌즈로 보면, 공부는 만능이 아니다. 지식은 성장의 핵심 자산이지만, 한쪽으로 몰아 쌓을수록 시간·관계·몸·감정 같은 다른 자산이 줄어든다. 어떤 이는 성취의 산을 올랐지만, 정상에서 혼자 울었다. 반대로 학력의 궤도를 벗어난 이가, 삶의 현장에서 다른 지식으로 멀리 갔다. 공부는 기회이자 도구이지, 그 자체가 인생의 해답은 아니다. 문제는 얼마나가 아니라 어떻게다. 어느 바구니에 얼마씩 담아야 총량이 무너지지 않는가? ─ 이게 이 장의 질문이다.

지식의 독점은 왜 탄생했는가? ─ 글자를 가진 자가 권력을 가진다.

세종의 훈민정음 창제는 '백성이 쉽게 배우도록' 만든 혁명적 기술이었다. 그런데도 사대부 다수는 격렬히 반대했다. 표면적 이유는 유교 경전의 권위였지만, 뿌리는 단순했다. 지식의 독점이다. 한자 문해력은 벼슬과 토지, 혼맥으로 이어지는 통로였다. 문자를 쉽게 풀어 대중에게 배포하면 그 통로가 넓어지고, 기득권의 총량 – 지위·정보·의사결정권 – 이 줄어든다. 그래서 그들은 "옛 법을 어지럽힌다"고 외쳤다. 사실은 문자를 쥔 자가 권력을 쥔다는, 너무나 현실적인 계산이었다.

서양도 다르지 않았다. 중세 유럽에서 성서와 행정문서는 라틴어로 묶여 있었다. 수도원과 귀족만이 읽고 썼다. 인쇄술 이전의 세상에서 '읽을 수 있음'은 곧 '결정할 수 있음'이었다. 구텐베르크가 금속활자를 퍼뜨리자 균열이 생겼다. 지식의 흐름이 수도원 담장을 넘어가자 종교개혁이, 도시 상공인의 부상이, 민중 교육이 뒤끓었다. 정보의 유통 속도가 권력의 총량을 재분배한 셈이다. 요컨대 역사의 한복판에서 늘 같은 명제가 들린다.

"정보와 데이터를 가진 자가 패권을 장악한다."

글자를 반대하던 사대부의 본능, 라틴어를 움켜쥔 수도사의 계산은, 오늘의 데이터 독점과 구조가 같다.

유배지에서의 정도전의 스승 – 황 노인에게서 배운 민본의 수학

권력의 그늘에서 낙마한 선비가 있었다. 조선의 설계자로 불리는 정도전. 그는 나주로 귀양 가 고개를 숙였다. 어느 날 들녘에서 만난 늙은 농부가 허리를 펴고 물었다.

"대감, 곡식은 왜 사람을 먹여 살리나?"

정도전이 답했다.

"씨를 뿌리고, 때맞춰 김을 매고, 하늘이 도우면 수확을 거두니까."

그러자 농부가 일갈했다.

"허면, 나라란 게 밥 짓는 일과 다를 게 있소? 먼저 밭을 일구고, 고르게 물을 대고, 굶은 이를 먼저 먹이는 게 순서요. 말만 옳은 정치는 흉년 같은 것이지."

유배객은 그날 밤, 붓을 들어 밑줄을 그었다. 민(民)이 먼저라는 단순한 산법. 권도(權道)의 연산으로 나라를 굴리면 언젠가 분모가 무너진다. 유배지의 논밭에서 그는 민본주의를 깨닫고 배웠다. 앎은 책에서만 자라지 않는다. 경험과 대화가 지식의 골격을 세운다. 훗날 그가 적은 문장들 속엔 황 노인의 말투가 숨어 있었다. 이 일화가 말하는 건 간명하다. 학문은 권세 위에 오르기 위한 계단이 아니라, 밥상에 먼저 숟가락을 올려놓는 순서를 배우는 일이다.

공부의 비용 – 성취가 채우는 만큼 비어가는 것들

전교 1등, 명문대 수석, 대기업 '엘리트 코스' – 그 남자에게 성취의 총량은 넉넉했다. 그런데 마흔 앞에서 그는 고백했다.

"나는 성공했지만 행복하지 않다. 공부하느라 사람을 잃었다."

깊은 밤 연구실과 독서실에서 쌓은 문장들이, 낮의 회의실에선 사람과 사람 사이를 막는 벽이 되었다. 인지 능력의 과잉이 정서 능력의 결핍을 만들었다. 승진 경쟁에서 밀려난 뒤 그의 바인더에 남은 것은 자격증이 아니라, 말 걸 수 있는 사람의 빈칸이었다.

총량의 법칙은 이렇게 말한다. 특정 영역의 과다 충전은, 다른 영역의 방전을 부른다. 시험, 논문, 점수로만 설계한 공부는, 관계·

감정·몸을 '나중'으로 미루게 한다. 그 나중이 오지 않는 사이 총량
은 무너진다.

"아는 만큼 즐거움이 준다." – 지식의 역설

지나치게 많이 아는 사람은 때로 감탄을 잃는다. 문학평론가가
코미디에서 계급의 은유를 골라내고, 철학자가 여행지의 풍경에
서 식민의 역사적 구조를 먼저 떠올리는 순간, 즉각적 환희는 줄어
든다. 무지의 황홀은 종종 최고의 감각이다. 그래서 어떤 여행자는
말한다.

"길에서 제일 먼저 버려야 하는 건 내 지식이었다."

지식은 세계를 깊게 보게 하지만, 가벼운 기쁨의 총량은 빼앗기
도 한다. 그렇다고 무지를 미화할 수는 없다. 길은 하나다. 알되,
즐기는 법을 배워라. 분석의 눈과 감탄의 눈을 번갈아 쓰는 쌍안경
의 습관 – 이게 균형의 기술이다.

실패한 학업, 다른 공부 – 궤도를 바꾸는 배움의 엔진

학교 공부가 전부가 아니다. 고등학교를 중퇴하고 거리에서 노래
하던 청년이, 우연한 영상 하나로 대중 앞에 섰다. 그가 쌓은 것은
내신이 아니라 매일 밤 골목에서 얻은 피드백이었다. 대학 문턱에
서 돌아선 발걸음이 다른 문을 열었다. 실패한 학업이 새로운 공부
의 시작이 되는 순간이다.

한 암환자는 항암주사 맞는 날마다 책을 폈다.

"소설 속 사람들은 나보다 더 처절한데도 살아내더라."

그는 독서의 문장을 통증의 사이사이에 끼워 넣었다. 그러다 병원 자원봉사자가 되었다. 그의 공부는 암 병동의 사소한 온도를 읽는 법이었다. 지식은 정보가 아니라, 시선을 바꾸는 연습임을 알았다.

과거 시대 vs AI 혁명 – 학위의 권위에서 데이터의 권력으로

과거의 공부는 '누가 정답을 오래 기억하느냐'의 싸움이었다. 시험은 암기의 경주였다. 문서를 소수만 다룰 수 있을 때, 학위는 권위 그 자체였다. 지금의 공부는 다르다. AI가 요약·검색·초안 작성을 순식간에 한다. 이때 인간의 공부는 질문·판단·편향 교정·문맥 재설계로 이동한다. 대답의 정확도가 아니라 질문의 품질이 성과를 가른다. 데이터의 홍수 속에서 필요한 것을 골라 문제 정의→실험 설계→피드백 루프로 돌리는 사람이 이긴다.

또 하나, 과거의 문맹은 글자를 모르는 사람이었지만, 이제의 문맹은 데이터를 읽지 못하는 사람이다. 표·차트·로그·코드·프롬프트, 그 어떤 형식으로 오든 정보를 질문으로 환전하지 못하면 뒤처진다. 문자 독점 시대의 사대부가 그랬듯, 오늘의 권력은 데이터 독점과 해석 능력에서 나온다. "정보와 데이터를 가진 자가 패권을 장악한다"는 오래된 문장이, 새 포장을 입고 돌아왔다.

대학이 필요 없는…이 아니라, 평생 설계가 필요한 사회

"대학이 필요 없다"는 극단보다 중요한 건, 대학 이후가 더 길다는 사실이다. 학위의 효력이 반생을 책임지던 시대가 끝났다. 현장은 마이크로 자격(자격증·부트캠프·MOOC), 프로젝트 포트폴리오, 현업 레퍼런스를 더 빨리 읽는다. 학위는 출발선, 속도와 방향은 각자 설계다.

결국 학습은 주기형으로 바뀐다. ① 현장에서 필요를 감지하고, ② 6~12주 집중 러닝 스프린트를 돌리고, ③ 바로 적용해 성과를 측정한 뒤, ④ 다음 루프로 넘어간다. 이때 중요한 지표는 학점이 아니라 현금 흐름·사용자 지표·팀 신뢰도 같은 실제 변화다.

인생 2모작·3모작 – 지식 총량을 의도적으로 설계하라.
한 번의 전공으로 평생을 버티기 어렵다. 총량을 지키려면 지식의 분산 투자가 필요하다.

- 20대 : 기초 체력(읽기·쓰기·숫자·코드)과 현장 노출. 넓고 얕게, 많이 부딪쳐 본다.
- 30대 : T자형으로 내려간다. 한 축은 깊이(전문성 1개), 다른 축은 연결(커뮤니케이션·제품 감각·데이터 리터러시).
- 40대 : 문제 선정 능력을 키운다. 무엇을 하지 않을지, 누구와 하지 않을지의 결정을 배운다. 멘토링은 최고의 학습.
- 50대 이후 : 지식의 사회화. 강의·글쓰기·자문으로 환원하며 새로운 분야의 초심자가 된다(원예, 목공, 지역 아카이빙 등).

이 궤도에서 중요한 건 학습 P&L이다. 시간(투입) 대비 관계·건강·의미(수익)를 함께 적는다. 지식이 커질수록 몸과 사랑과 우정의 칸이 비면, 이미 총량 경고등이 켜진 것이다.

공부의 피라미드 – 칭찬에서 압박으로, 압박에서 번아웃으로

초등의 공부는 대개 호기심 → 칭찬의 회로로 돈다. 그런데 중등을 넘어서면 회로가 바뀐다. 비교 → 불안 → 수면 부족 → 자기비난. 의대 합격증을 손에 쥔 수험생이 말했다.

"합격 뒤가 지옥의 시작이었다."

정답의 바다에서 튀어나오면, 정답이 없는 현장이 기다린다. 시험이 대답을 묻는다면, 삶은 질문을 묻는다. 이 전환을 빨리 배우는 사람이 총량을 지킨다.

넓이와 깊이 – 쌍발엔진으로 나는 법

깊이만 파면 고립이 온다. 넓이만 벌리면 피상성이 덮친다. 답은 쌍발엔진이다.

- 매주 5시간은 깊이 : 논문 한 편, 오픈소스 한 모듈, 현장 인터뷰 세 건.
- 매주 5시간은 넓이 : 역사·예술·철학·심리 중 1개, 완독이 아니라 거인을 만나러 가는 시간.

아인슈타인이 바이올린을 켰듯, 과학의 수식을 음악의 호흡으로 환기시켜라. 다른 언어로 바꾸기는 지식의 산소호흡기다.

관계·몸·감정 – 지식의 역충격을 흡수하는 세 개의 스프링

지식이 늘수록 관계·몸·감정을 깎아먹기 쉽다. 균형을 위해 의식적 루틴을 설계한다.

- 관계 : 매주 1통의 응원 메시지. 정보가 아니라 애정의 데이터를 보낸다.
- 몸 : 공부 블록 앞뒤로 10분 산책·스트레칭. 뇌는 움직이며 배운다.
- 감정 : 감정 로그(10점 척도 + 트리거 한 줄). 4주만 기록해도 기복의 패턴이 보인다.

이 세 스프링이 없다면, 어느 날 공부가 당신을 부러뜨린다.

실천 설계 – 6주 러닝 스프린트 템플릿

- 1~2주차 : 문제 정의(내 일·내 삶의 구체 과제 정식화) + 자료 수집.
- 3~4주차 : 실험(작은 PoC·사이드 프로젝트·글 3편).
- 5주차 : 피드백(멘토 1명·동료 2명에게 혹독한 리뷰 요청).
- 6주차 : 전환(버릴 것·깊일 것·나눌 것 선정).
- 지표 : 돈(부가가치), 사람(신뢰·추천), 몸(수면·피로), 의미(몰입·재미). 지표를 점수화하라. 총량은 숫자로도 지켜진다.

총량을 지키는 공부의 문장들

"배움은 나를 더 크게 쓰기 위한 연료다. 옆 사람을 작게 만들기 위한 칼이 아니다."

"오늘 배운 것은 내일 나눌 것" – 공유를 전제로 배우면, 관계의 총량이 줄지 않는다.

"질문을 모으는 자가 긴 싸움에서 이긴다." – 정답은 AI가 쓰지만, 문제는 인간만이 고른다.

배움의 저울을 매일 다시 맞추며

훈민정음을 반대하던 사대부의 심리는 오늘의 데이터 독점과 닮았다. 문자를 쥐면 권력을 쥐듯, 데이터를 읽으면 세계를 움직인다. 그러나 총량을 잊은 지식은 곧 고독과 오만의 가격표를 붙여 되돌아온다. 유배지의 황 노인이 가르쳐 준 순서는 여전히 유효하다. 밭을 먼저 고르고, 물을 골고루 대고, 굶은 이를 먼저 먹이는 것. 공부도 같다. 나만의 서재를 채우기 전에, 내 옆의 사람과 내 몸과 내 내일에 물을 대라.

과거의 문맹은 글자를 모르는 사람, 지금의 문맹은 데이터를 해석하지 못하는 사람이다. 동시에, 총량을 모르는 사람이다. 무엇을 덜어야 더 멀리 갈지, 어느 때에 배움을 멈추고 삶을 껴안아야 할지. 인생 2모작, 3모작의 지도는 남이 그려주지 않는다. 당신이 매일 지식의 분산 투자 표를 펴고, 관계·몸·감정의 잔고를 함께 확인할 때, 공부는 비로소 당신을 살린다.

마지막으로, 이렇게 스스로에게 물어보자.

"내가 지금 이 공부로 얻는 것은 무엇이고, 잃는 것은 무엇인가?"

그 질문 앞에서 솔직할 수 있다면, 당신의 지식 총량은 무너지지 않는다. 오히려 더 단단해진다. 공부는 인생 총량을 늘리는 마법이 아니라, 총량을 무너지지 않게 배분하는 기술이니까.

024

사랑과 인간관계에서의 총량
- 사랑의 효용은 무엇일까?

사랑의 총량 : 진자처럼 오르내리는 감정의 합

사랑은 단일 사건이 아니라 진폭이다. 많이 사랑할수록 더 많이 웃고, 더 많이 울며, 더 깊이 흔들린다. 민호와 수지처럼 10년의 연애 끝에 각자의 길을 택한 사람들의 말은 한결같다.

"우리가 너무 강하게 사랑해서, 이별도 견딜 수 없을 만큼 아팠다."

진자의 한쪽 끝을 끝까지 밀어 올리면 반대쪽으로도 같은 속도로 돌아온다. 사랑의 총량은 그렇게 균형을 요구한다.

에리히 프롬이 말한 사랑의 네 요소 – 돌봄, 책임, 존중, 앎 – 는 진폭을 안전하게 감당하는 장치다. '열광' 대신 '기술'을 붙잡을 때, 사랑은 덜 요동치고 오래 흐른다. 프롬의 요지는 간단하다. 사랑은 감정이 아니라 능력, 즉 훈련 가능한 실천이라는 것.

첫사랑 : 기준점이자 경계선

첫사랑은 총량의 첫 배분표다. 황순원의 〈소나기〉처럼, 비에 젖은 들판의 한 장면이 평생의 마음을 재는 자가 되기도 한다. 투르

게네프의 《첫사랑》에서 주인공은 한 번의 사랑으로 "세상의 빛깔"을 바꿔본 뒤, 이후의 모든 사랑을 그 빛깔로 비교한다. 어떤 이에게 첫사랑은 '기준점'을, 다른 이에게는 '경계선'을 남긴다. 그래서 누군가는 더 섬세해지고, 또 누군가는 더 경계하게 된다.

영화 〈비포 선라이즈〉의 제시는 기차에서 스쳐 간 하룻밤의 사랑을 두고도 "그날 이후의 시간"을 다르게 세기 시작한다. 사랑의 효용은 여기 있다. 한 번의 만남이 시간 감각, 결정의 리듬, 삶의 언어를 바꿔 놓는 것.

사랑의 효용

1. 의미의 발생 장치

빅터 프랭클은 "행복은 목표로 조준할수록 멀어지고, 의미를 따라갈 때 부수 효과로 온다"고 했다. 사랑도 같다. 누군가를 깊이 사랑할 때 삶은 '의미 – 주도 모드'로 전환된다. 목표를 달성하는 행위가 아니라, 함께 의미를 만들어가는 행위가 앞선다. 의미가 먼저고 행복은 뒤따른다. 프랭클의 말 그대로다.

"행복은 추구하는 것이 아니라 일어난다."

2. 자아 확장과 감정 어휘의 증가

사랑은 내 삶의 언어를 넓힌다. 한 여배우는 이별 뒤 "이전에는 인물의 감정을 머리로만 이해했는데, 그 뒤엔 온몸으로 느낄 수 있었다"고 했다. 실제로 깊은 관계를 통과한 사람들은 감정 어휘가

풍성해진다. '섭섭함'과 '질투'와 '애틋함'을 구별하고, '그립다'와 '보고 싶다'의 결을 다르게 쓴다. 감정의 해상도가 올라갈수록 타인의 고통과 기쁨도 더 섬세하게 듣는다. 사랑의 효용은 '감정문해력'이라는 형태로 남는다.

3. 회복 탄력성의 근육

깊은 사랑을 해본 사람은 상실을 통해 '회복의 경로'를 학습한다. 다음 사랑에서 속도를 조절할 줄 알고, 나쁜 신호를 더 빨리 포착하며, 관계가 흔들릴 때 "지금은 숨 고를 구간"임을 직감한다. 이것이 관계의 면역체계다. 그리고 이 면역은 타 영역으로 전이된다. 일의 위기, 건강의 고비, 가족의 갈등 앞에서도 "견딜 힘"이 커진다.

'사회적 미소'와 가면 : 겉과 속의 총량 불일치

웃는 얼굴 뒤의 파도는 흔하다. 우리는 표면 행위로 관계를 관리하면서 내면감정과 괴리를 만든다. 그 간극이 커질수록 번아웃의 확률이 높아진다. 이런 날, 이스라엘의 작가인 유발 하라리는 명상에서 배운 기초로 돌아가라고 조언한다. "고통의 근원은 바깥에 있는 객관적 조건이 아니라, 내 마음의 반응 패턴"임을 관찰하라는 것. 숨을 따라가며 지금 여기의 감각을 보는 순간, 해석이 재설정되고 감정의 총량 배분이 달라진다.

사랑이 무너뜨리는 것, 사랑이 세우는 것

사랑은 가진 것을 무너뜨리고, 동시에 새로운 것을 세운다. 어떤 이는 격정적인 연애 뒤 3년을 방에 틀어박혔고, 또 어떤 이는 상처를 재료 삼아 북카페를 열었다. 차이는 '해석의 기술'에 있다. 실패를 서사로 묶어 의미로 변환하면, 고통은 '방탄조끼'가 된다. 사랑의 총량은 "아파서 끝"이 아니라 "아팠기에 다음"이라는 문장으로 배치될 수 있다.

에리히 프롬의 사랑의 기술이 가르치는 실용 수업 : 사랑은 배울 수 있다.

프롬은 말한다. 사랑은 본능이 아니라 기술이며, 그래서 훈련해야 한다. 그 훈련은 네 방향으로 진행된다.

- 돌봄(Care) : 관심은 시간이라는 자원을 태운다. '시간을 어디에 쓰는가?'가 곧 '사랑의 방향'이다.
- 책임(Responsibility) : 상대의 욕구를 내 욕망과 혼동하지 않는 것, 즉 돌봄의 경계를 배우는 것.
- 존중(Respect) : 상대를 소유하려는 마음을 경계하고, 서로의 고유성을 지켜내는 힘.
- 앎(Knowledge) : 상대의 역사, 상처, 리듬을 배우는 공부. 알수록 섣불리 판단하지 않게 된다.

이 네 가지가 균형을 이루면, 사랑의 진폭은 커지되 파국의 위험은 줄어든다. 사랑의 효용이 '성숙'으로 환전되는 경로다.

가족·우정·연애 : 서로 다른 파동의 합

가족의 사랑은 기반이고, 친구와 연인은 파동이다. 기반은 삶의 바닥을 지지하고, 파동은 삶의 변주를 만든다. 상처받은 날 "그래도 너는 내 아들이야"라는 말이 버팀목이 되는 건 이 때문이다. 반대로 우정과 연애는 나를 비추는 거울이다. 내가 어떤 사람인지, 어디까지 줄 수 있고 어디서부터 지쳐가는지, 사랑의 한계선을 솔직하게 보여준다. 세 파동을 의식적으로 배분할 때 총량의 균형이 맞춰진다.

이별의 물리학 : 회복 시간은 '기간'이 아니라 '깊이'가 결정한다.

오래 만났어도 얕게 사랑했다면 금세 일상으로 돌아오고, 짧아도 전부를 걸었으면 긴 회복이 필요하다. 그러니 "얼마나 사귀었느냐?"보다 "얼마나 깊었느냐?"를 봐야 한다. 회복을 재촉하지 말 것. 대신 기록하자. 감정의 기복을 기록하면 내 사랑이 어떤 패턴을 갖는지 보인다. '첫 3개월에 과몰입 → 3~6개월 권태 → 9개월 갈등 폭발' 같은 내 패턴을 알아차리면, 다음 사랑에서 속도를 조절하거나 권태 전에 공통 프로젝트를 넣는 등 구체적 개입이 가능해진다.

사랑의 실전 기술 : 총량을 지키는 7가지 루틴

1. 일기 대신 로그 : 오늘의 정서(0~10), 트리거(사건), 회복 행동을
   간단히 기록한다. 30일만 쌓아도 '내 관계의 평균선'이 보인다.

2. 감정 명명 : "서운함 / 질투 / 불안 / 두려움 / 열등감"을 구분해
   말한다. 이름 없는 감정은 폭주한다.

3. 사전 합의 : 서로의 에너지 한도를 공유한다. "주 2회 저녁 약
   속, 주 1회 혼자만의 시간"처럼 총량 한도를 선포하면 관계가
   덜 소모된다.

4. 사회적 미소의 신호등 : '겉웃음 – 속울음'이 지속되면 노란불
   로 간주하고, 루틴을 줄이고 수면을 늘린다. 하라리식 호흡 관
   찰 2~5분으로 마음의 반응 패턴을 점검한다.

5. 갈등의 T+24 원칙 : 큰 갈등 뒤 24시간은 해결 대신 진정에만
   집중한다. 회복 – 대화 – 합의의 순서를 지키는 것이 총량 손
   실을 줄인다.

6. 공통의미 프로젝트 : '함께 봉사 / 함께 공부 / 함께 여행 기록'
   같은 의미 – 연결 과업을 3개월 단위로 설계한다. 행복은 의미
   의 부산물이다(프랭클).

7. 관계 포트폴리오 : 가족·우정·연애·혼자만의 시간을 분산 투
   자한다. 한 종목(연애)에 올인하면 변동성(상실)이 커진다.

사랑과 성장 : 상처를 서사로 엮는 법
상처를 곱씹으면 총량이 줄고(반추), 상처를 서사화하면 총량이

회복된다. 구체적으로는 이렇게 한다.

- 사건을 사실 – 감정 – 욕구로 분리 : "그날 늦었다(사실). 나는 소외감이 컸다(감정). 관계의 우선순위를 확인받고 싶다(욕구)."
- 내 탓 / 네 탓 금지 : "네가 변했어" 대신 "내가 이런 신호에서 불안해져"로 바꾼다.
- 다음 액션 1개만 : "이번 주엔 '혼자만의 시간' 서로 보장하기." 작은 합의가 누적될 때 총량은 회복된다.

사랑이 삶에 남기는 것 : 효용의 최종 형태

사랑의 효용은 '나를 확장한 기억 방식'이다. 아픈 순간에도 "그래도 우리, 그때 참 좋았지"라고 말할 수 있는 능력. 프랭클이 말한 것처럼, 성공(혹은 행복)을 목표로 삼아 쫓는 대신, 양심(혹은 의미)이 부르는 일을 하다 보면 – 관계에서도 같은 일이 일어난다. '완벽한 커플'이 되려는 강박을 내려놓고, '의미 있는 동행'을 설계하는 순간, 사랑은 집착이 아니라 성장의 엔진이 된다.

사랑의 총량을 지키는 선언

- 나는 사랑을 감정이 아니라 기술로 대한다(프롬의 4요소).
- 우리는 웃음만이 아니라 눈물도 예산에 포함한다(총량의 회계).
- 매달 관계 로그를 검토하고, 파동이 클 때는 루틴을 줄인다(리스크 관리).

- 매분기 공통의미 프로젝트를 한 개 운영한다(의미 – 우선 전략).
- 매해 서로의 '혼자만의 시간'을 갱신한다(자아의 독립성 = 관계의 지속성).

사랑을 오래 쓰는 기술

사랑은 공짜 감정이 아니다. 에너지를 쓰고, 시간을 내고, 자아의 단단함을 조금씩 깎아 서로에게 맞춘다. 그래서 얻는 것 역시 분명하다. 더 깊은 의미, 더 넓은 감정 어휘, 더 강한 회복 근육. 마지막으로, 하루가 무너지는 날이 오더라도 이렇게 중얼거려 보자.

"오늘의 파동이 크면, 내일은 평형을 찾는다."

숨을 한 번 더 길게 들이쉬고, 관계의 리듬을 다시 맞춘다. 행복은 결국 해석의 기술이고, 사랑은 그 해석을 가장 넓게 훈련시키는 장이다. 그리고 그 장에서 우리는 배운다. 많이 사랑한 만큼, 많이 살아진다.

025

일과 성공에서의 총량
- 일과 삶의 균형

평생직장이 사라진 시대, 성공의 무게를 어떻게 배분할 것인가?

성과가 늘어나면 그림자도 길어진다. 일터에서의 성공은 분명 짜릿하고 달콤하지만, 동시에 보이지 않는 영역에서 무게를 빼앗아간다. 높은 자리에 오른 사람일수록 가족과의 시간, 몸의 건강, 혹은 내면의 평온 같은 총량이 줄어드는 경우가 많다. 성취가 곧 희생을 불러오는 이 등가교환의 법칙을 외면할 수 없기에, 우리는 일에서 성공을 좇으면서도 그것이 가져올 반대편의 손실을 의식적으로 관리해야 한다. "번아웃은 성공의 대가가 아니다"라는 경구가 울림을 주는 이유는 바로 여기에 있다.

평생직장이 사라진 사회, 은퇴 뒤 30년을 살아야 하는 사회

한때는 한 직장에서 정년까지 버티는 것이 가장 안정적인 생애 전략이었다. 그러나 이제 평생직장은 사라졌고, 은퇴 뒤에도 20~30년의 시간이 남는다. 이 길고도 낯선 시간을 채우기 위해 우리는 더 이상 한 직업의 껍데기에 안주할 수 없게 되었다. 경력과 역량을 재배분하고, 정체성을 여러 번 다시 세워야만 한다. 결국 중요한 건 정답이 아니라 질문이다. "이제 어떤 질문을 던지며 살 것인가?"라는 물음에 답할 수 있는 사람이, 불확실한 시대에도 총량의 균형을 잃지 않고 버텨낼 수 있다.

인생 다모작의 원형 : 벤저민 프랭클린에서 시작해, 우리 각자로

인생 다모작의 원조는 벤저민 프랭클린이었다. 그는 42세라는 젊지 않은 나이에 이미 엄청난 성공을 거둔 인쇄업을 접었다. 주목해야 할 점은, 당시 인쇄업이 지금으로 치면 인터넷이나 AI 산업처럼 시대의 최첨단에 해당했다는 사실이다. 누구나 그 자리를 붙들고 더 큰 부와 명예를 추구하려 했겠지만, 프랭클린은 달랐다. 그는 자신이 이미 충분히 누렸음을 인정하고, 과학자·정치가·저술가라는 전혀 다른 무대로 이동했다. 첨단산업의 황금기를 스스로 접고 새로운 분야로 나아간 그의 선택은, 다모작 인생의 가장 근본적인 메시지를 던진다.

프랭클린은 84세까지 장수를 누리며 인생 후반의 황금기를 누렸다. 직업과 성공은 수단이지, 전부가 아니다. 우리 역시 오늘날 빠른 주기로 기술과 산업이 교체되는 시대를 살며, 프랭클린처럼 새로운 모드 전환을 반복해야 한다.

성공의 총량은 집중력으로 관리된다.

성공을 이루는 데 필요한 가장 중요한 자원은 시간보다도 집중력이다. 주의력은 쉽게 고갈되지만, 바로 그 순간에 최고의 성과가 나온다. 따라서 성취와 소진 사이의 균형은 얼마나 집중을 지켜내느냐에 달려 있다. 우선순위를 정하고, 가장 임팩트가 큰일부터 처리하는 습관은 일의 총량을 균형 있게 관리하는 첫걸음이다. 때로는 일을 어렵게만 보지 말고 "이 일이 만약 쉽다면 어떻게 할까?" 라고 질문하는 재프레이밍이 필요하다. 성공의 크기가 아니라, 집중력의 배분이 총량의 손실을 줄이는 유일한 방법이다.

다모작 시대의 개인 포트폴리오 : 일·배움·의미의 동시 설계

평생직장이 사라진 오늘날, 우리는 하나의 직업이 아니라 직업 포트폴리오를 스스로 설계해야 한다. 첫 번째 모작은 생계를 위한 직업이고, 두 번째 모작은 좋아하는 일과 잘하는 일의 교차점을 찾아가는 과정이며, 세 번째 모작은 경험을 환원하며 의미를 남기는 무대가 된다. 중요한 건 한 번의 직업에서 모든 총량을 채우려 하지 않고, 여러 모작에 분산시키는 것이다. 그렇게 해야 성공이 한쪽으로만 치우치지 않고, 삶의 총량이 풍성하게 쌓여간다.

실패·위기의 총량을 근육으로 바꾸는 법

성공이 많을수록 실패도 크다. 하지만 실패가 늘 총량의 손실만 의미하는 것은 아니다. 그것을 근육으로 환전할 때, 실패는 자산이 된다. 폭풍은 우리를 더 강하게 만든다는 말처럼, 실패와 위기를 견뎌낸 경험은 그 뒤의 전투에서 가장 강력한 방패가 된다. 두려움은 사라지는 게 아니라 직시할 때 비로소 힘을 잃는다. 실패와 불안의 총량은 피할 수 없지만, 그것을 소화하는 방식에 따라 우리는 더욱 단단해질 수 있다.

관계·건강·의미 – 성공의 대가가 되는 세 가지 축

성공의 대가로 가장 많이 줄어드는 영역은 관계, 건강, 그리고 의미다. 관계는 직장 내 동료와 가족 사이에서 갈등으로 소진되기 쉽고, 건강은 무리한 야근과 스트레스에 갉아 먹히며, 의미는 외부 평가에 집착할 때 가장 먼저 증발한다. 총량을 균형 있게 관리하기 위해서는 이 세 축을 의도적으로 지켜야 한다. 친절을 기본값으로 두어 관계를 관리하고, 저강도의 꾸준한 운동으로 회복을 설계하며, 일의 본질적 이유를 다시 확인하는 습관이 필요하다. 일과 삶의 균형을 찾고 총량의 손실을 막는 가장 확실한 길은, 이 세 가지 축을 지키는 일이다.

다모작의 실제들 – 전환의 기술

다모작 인생은 거창한 선언이 아니라 작은 전환에서 시작된다. 현대에는 직장인에서 크리에이터로, 다시 교육자나 투자자로 이동하는 사례가 흔하다. 중요한 건 정답을 찾으려 애쓰는 게 아니라, 더 나은 질문을 모으는 태도다. 프랭클린이 당시로서는 첨단산업이던 인쇄업을 버리고 전혀 다른 길로 들어섰던 것처럼, 우리 역시 언젠가 지금의 안정된 산업을 내려놓고 또 다른 모드로 이동해야 할 날이 온다. 그때 필요한 것은 두려움 없는 질문과 작은 실험이다.

공허의 순간을 지나가는 방법 – 목표 달성 이후의 설계

큰 목표를 이루고 난 뒤의 공허는 누구에게나 찾아온다. 성취가 끝나는 순간, 방향 감각을 잃고 우울에 빠지기 쉽다. 이때 필요한 것은 과정의 기쁨을 복원하고, 성과를 타인의 성장에 환원하며, 새로운 리듬으로 자신을 재부팅하는 것이다. "삶은 용기의 크기만큼 확장된다"는 말처럼, 다시 시작할 용기를 내는 순간 우리는 다음 라운드의 총량을 채울 수 있다.

은퇴 뒤 30년 – 일·학습·봉사의 3분할 포트폴리오

퇴직 뒤의 삶은 더 이상 덤이 아니다. 은퇴, 그 뒤의 30년을 어떻게 배분하느냐에 따라 총량의 균형이 달라진다. 경력을 바탕으로 새로운 일을 설계하는 1막, 경험을 환원하며 사회와 소통하는 2막, 건강과 관계를 중심에 두는 3막. 이렇게 세 시기로 나누어 총량을 관리하는 사람은 늙지 않고, 계속 성장한다. 행동 없이는 행복도 없다. 은퇴 이후에도 작은 행동을 이어가는 사람만이 총량의 저울을 쓰러뜨리지 않는다.

AI 시대 – 과거의 공부를 용도 폐기하고 지금의 역량을 재컴파일하라.

AI 시대에는 과거의 공부가 금세 낡아버린다. 한때는 수십 년을 우려먹을 수 있었던 학위와 자격증이, 이제는 3년 만에 무용지물이 된다. 그래서 필요한 것은 재컴파일 능력이다. 새로운 질문을 던지고, 데이터를 해석하며, 윤리적 판단을 내리는 힘. 과거의 지식은 용도 폐기될 수 있지만, 배움의 태도는 사라지지 않는다. AI 시대의 성공은, 얼마나 빨리 자기 자신을 업데이트할 수 있느냐에 달려 있다.

성공은 마라톤이 아니라 오케스트라다.

성공과 일은 인생 총량의 일부일 뿐이다. 한 악기만 크게 울리면 다른 악기는 묻히고, 교향곡은 불균형해진다. 오케스트라가 조화로워야 감동이 완성되듯, 성공 역시 건강·관계·의미와 함께 조율될 때 빛난다. '일과 삶의 균형'이라는 말처럼 인생 총량의 법칙은 언제나 균형을 요구한다. 성공이란 한 방향으로 질주하는 것이 아니라, 여러 악기를 조화롭게 울리며 마지막까지 연주하는 교향곡과 같다.

026

건강과 몸의 균형에서의 총량

몸은 메시지다.

인생은 결국 몸의 그릇 안에서 벌어지는 이야기다. 마음이 아무리 원대해도 몸이 무너지면 삶은 멈춘다. 그래서 건강과 질병, 운동과 쉼, 에너지와 회복은 모두 '인생 총량'이라는 테이블 위에서 치열하게 계산된다. 흥미로운 건, 그 균형이 의외로 냉정하게 맞춰진다는 사실이다. 건강이 과하면 방심이 따라오고, 병이 찾아오면 삶을 다시 보게 되는 깨달음이 뒤따른다.

어느 날 갑자기 건강의 저울이 한쪽으로 기울면, 인생은 다른 쪽의 무게를 찾아 자동으로 보정한다. 병을 겪은 뒤에야 비로소 오래 미뤄 둔 편지 한 통을 쓰고, 해 뜨는 시간을 보며 천천히 숨을 들이마시는 이유가 여기에 있다.

수명 100년의 시대, '느리게 늙는 법'은 균형에서 시작된다.

20세기 중반만 해도 평균수명이 50대 후반이었다. 지금은 의학과 공중보건의 비약적 발전으로 '100세 인생'이 평범한 가정법이 되었다. 수명은 길어졌지만, 건강수명(아프지 않고 사는 기간)을 늘리는 일은 여전히 우리의 선택과 습관에 달린다.

요즘 유행하는 '저속노화'의 과학이 말하는 건 복잡하지 않다. 과도한 스트레스를 낮추고, 충분히 자고, 적절히 움직이고, 적당히 먹고, 깊게 연결될 것. 거창한 비법보다 '지속 가능한 균형'이 핵심이다. 명상이나 호흡 훈련이 과학의 무대에 오른 것도 같은 맥락이다.

예컨대 심박가변성(HRV) 바이오피드백은 호흡과 자율신경의 조율을 통해 마음을 빠르게 진정시키는 방법으로 소개되어 왔다. 한 멘토는 "심호흡 한 번으로도 마음을 '즉시' 고요하게 만드는 기술을 익혔다"고 회상한다. 과도한 각성 상태에서 벗어나기 위한 도구가 그의 일상을 구체적으로 바꾸어 놓은 셈이다.

잠을 안 자고 일한다는 사람은 왜 일찍 무너지는가?

수면은 회복의 최전선이다. '밤새워 버틴다'는 자부심은 장기적으로 신경·내분비계에 누적 손실을 남긴다. 몸은 '대출받은 각성'에 반드시 이자를 청구한다. 압박이 커질수록 우리는 더 많은 카페인과 더 강한 자극을 찾지만, 총량의 법칙은 늘 같은 결론으로 돌아온다. 오늘의 과도한 각성은 내일의 피로로 상환된다.

그래서 진짜 효율은 더 많이가 아니라 더 균형 있게 일하는 데서 나온다. 스스로의 에너지 관리를 실제 행동으로 바꿔 낸 이들도 비슷한 답을 낸다. '측정되는 것은 관리된다'는 경영 격언을 건강일지와 수면에 그대로 적용해, 수면 시간·기상 안정성·오후 카페인 섭취 같은 지표를 기록하며 리듬을 회복한다. 숫자화는 자기기만을 줄인다.

운동과 쉼은 맞물린 톱니바퀴다.

운동은 분명 항노화의 중요한 축이다. 하지만 '과한 운동'은 쉼의 총량을 갉아먹는다. 땀은 정화이지만, 더 많이 흘릴수록 더 건강해지는 건 아니다. 한 올림픽 전설은 "땀 흘리는 걸 사랑한다. 그것은 나에게 일종의 정화 과정이다"라고 말한다. 열심과 과열의 경계를 가르는 문장이다. 운동의 목적이 불안을 덮는 '증후군'이 되는 순간, 신체는 호르몬 불균형과 과훈련 증상을 통해 신호를 보낸다. 몸의 언어를 알아듣는 법 – 오늘은 멈추고 자는 게 훈련의 일부라는 것을 아는 법 – 이야말로 건강총량을 지키는 기술이다.

스트레스의 배출구를 설계하라.

스트레스는 이름을 얻기 전까지 '조용한 도둑'처럼 면역을 갉아먹는다. 그래서 우리는 의식적으로 배출구를 만들어야 한다. 호흡·걷기·가벼운 유산소 같은 생리적 회로뿐 아니라, 감정의 정리 역시 강력한 배출구다. 어떤 이는 "압도되거나 초점이 흐려질 때 일기 쓰기부터 시작한다"고 말한다. 사건·감정·할 일을 한 권에 모아 쓰는 루틴만으로도 정신의 잡음을 걷어내고 다시 균형을 회복한다. 기록은 마음의 정리이자, 다음 행동으로 넘어가는 다리다.

병이 주는 역설 : 무너짐이 삶을 재구성한다.

질병은 잔혹하지만, 총량의 관점에서 보면 '삶의 재배치' 기회를 내장한다. 한 수영 코치는 말기 진단을 받고서야 경영 업무를 내려놓고, 자신에게 가장 중요한 일 – 가르치고 쓰는 일 – 에 에너지를 다시 배분했다. 치료가 시간과 힘을 가져갔지만, 오히려 조직은 더 건강해졌고, 그는 인생의 가장 생산적인 시기를 맞았다. 병이 빼앗은 만큼 다른 영역이 채워지는, 총량적 조정의 생생한 예다.

절제의 미학 : 덜 붙들수록 더 부유해진다.

과잉은 건강을 잠식한다. 식사·운동·일·정보 모두 마찬가지다. 한 사상가는 "사람이 진정으로 부유해지는 것은 '내버려 둘 수 있는 것'의 수에 비례한다"고 적었다. 필요 이상의 약속, 과잉의 훈련, 끝없이 새로고침하는 피드로부터 한 걸음 물러서는 절제가 면역처럼 우리를 지킨다. 지나친 두려움도 같은 방식으로 관리된다.

"두려움이 호기심의 기쁨을 짓누르지 못하도록 하라."

몸과 마음의 리듬을 지키는 최소한의 미학 – 덜어냄의 기술 – 이 곧 장기적 건강의 기술이다.

회복을 '연습'으로 만든 사람들

현대의 많은 멘토들은 회복을 실천 가능한 루틴으로 끌어내린다. 누군가는 HRV·호흡·명상을 통해 '원할 때 고요'를 호출하는 법을 익혔고, 또 다른 이는 요가 공동체와의 연대를 통해 "연습은 성취를 위한 수단이 아니라, 이미 충만한 나를 표현하는 길"임을 배웠다고 고백한다. 회복이란 어느 날 갑자기 '되는' 일이 아니라, 작고 반복적인 연습이 '표현'으로 바뀌는 과정이다.

음주가무만이 아니라, 일과 운동의 '무리'도 두 배 손해다.

건강을 해치는 건 술자리만이 아니다. 칼로리로 환산되지 않는 과로·과훈련·과경계가 더 무섭다. 과로는 수면을 깎고, 수면 결핍은 식욕 호르몬을 교란해 과식을 부르고, 과식은 다시 염증 반응을 높인다. 이렇게 악순환의 톱니가 맞물리면 '한 번의 무리'가 '두 배의 손해'가 되어 돌아온다. 반대로, 아주 작은 끊김 ─ 10분 걷기, 3분 호흡, 1문단 일기 ─ 로 회복의 톱니를 돌리면 선순환이 시작된다. 거대한 결심보다 미세한 균형이 총량을 바꾼다.

'관리되는 건강'은 측정에서 나온다.

몸과 마음을 정말 관리하고 싶다면 '주관' 대신 '기록'을 붙들라. 심박·수면·기상 일정·알코올 섭취·카페인 컷오프·운동 강도·저녁 스크린 노출처럼 간단한 지표만으로도 피곤의 원인을 추적하고, 나에게 맞는 리듬을 설계할 수 있다. "측정되는 것은 관리된다"는 문장은 건강일지에서 빛난다. '감'은 우리를 속이지만, 숫자는 대체로 정직하다.

연결과 소속 : 오래 산다는 것의 또 다른 조건

무병장수는 훌륭한 목표지만, 외로움이 짙어지면 건강총량은 금세 고갈된다. 그래서 많은 이들이 '연결'을 가장 강력한 보호 요인으로 꼽는다. 명상가들은 "사람들이 원하는 건 완벽한 강연이 아니라 진짜 연결"이라는 사실을 깨닫는다. 연결감은 코르티솔을 낮추고, 회복을 빠르게 한다. 혼자 운동하는 대신 누군가와 함께 걷고, 혼자 아플 때 도움을 청하며, 혼자 버틸 때 일기장으로 대화를 연장하라. 연결은 약이자 예방이다.

건강총량을 지키는 일상의 설계

중요한 건 '지속 가능성'이다. 매일 하진 못해도 일주일에 세 번 걷는 사람, 엄격한 저탄고지 보다 과식을 피하는 사람, 매일 30분 명상 대신 하루 세 번 1분 숨 고르기를 하는 사람, 주 6회 고강도 운동 대신 주 3회 땀을 적시는 사람 – 이들이 오랫동안 더 멀리 간다. "순간을 위해 준비하고, 순간에 온전히 나타나라. 당신의 에너지는 말보다 먼저 도착한다"는 문장을 떠올려 보자. 몸이 메시지라면, 우리의 루틴은 그 메시지를 읽는 문해력이다.

병과 건강의 '총량적 조화'를 믿을 때

건강은 완벽함이 아니라 조화다. '더' 건강하게가 아니라 '덜' 해치는 쪽으로 방향을 바꾸는 순간, 몸은 우리 편이 된다. 덜 밤새우고, 덜 과로하고, 덜 과훈련하고, 덜 먹고, 덜 붙든다. 대신 더 자고, 더 숨 쉬고, 더 걷고, 더 사랑하고, 더 연결된다. 두려움이 호기심을 짓누르지 못하게 하고("두려움이 호기심의 기쁨을 누르지 못하게 하라"), 오늘 할 수 있는 가장 작은 회복을 실행하라. 그 작은 회복이 내일의 총량을 지키는 가장 값싼 보험이다.

인생 총량의 법칙은 이렇게 말한다. 몸은 소모품이 아니라 메시지다. 아플 때는 멈추라는, 피곤할 때는 자라는, 과할 때는 비우라는, 외로울 때는 연결하라는 신호. 그 메시지를 들을 줄 알 때, 건강과 질병은 대립이 아니라 호흡이 된다. 그리고 우리는 더 오래가 아니라, 더 제대로 산다.

027

오락과 여가에서의 총량

즐거움의 곡선 : 강한 자극 뒤엔 무감각이 온다.

같은 영상을 밤마다 정주행하고, 주말마다 게임에 몰입할수록 처음의 짜릿함은 엷어진다. 도파민 회로가 자극에 적응하면 감각은 무뎌지고, 무뎌짐은 허무로 바뀐다. 그래서 "더 자극적인 콘텐츠"를 찾게 되는 악순환이 시작된다. 지혜로운 조언가들은 시간을 먼저 확보하고(수면·운동 포함), 그다음에 여가를 채우라고 말한다.

달력에 '내 삶의 바위(rocks)' ─ 잠, 운동, 회복 ─ 를 선배치하지 않으면 "있어야 할 시간"은 결코 오지 않는다. 눈에 보이는 일정이 없으면, 그 일정은 실제로도 없는 것이나 마찬가지이기 때문이다("잠과 운동을 먼저 캘린더에 넣어라").

즐거움과 유혹을 구별하는 감각 또한 중요하다. 어떤 현자는 이렇게 일러준다. "삶에서 가장 중요한 구분은 붙잡아야 할 '기회'와 저항해야 할 '유혹'을 구별하는 일"이라고. 오락은 종종 '기회의 얼굴'을 하고 다가오지만, 실은 '유혹'인 때가 많다. 이 구분이 흔들리면 여가는 회복이 아니라 소모가 된다.

디지털 오락의 역설 : 연결돼 있지만, 고립된다.

SNS 타임라인, 릴스, 숏폼은 우리의 취향을 정교하게 예측하고, 클릭 한 번으로 "더 강한 자극"을 배달한다. 문제는 기술이 사람을 '봉사'하기보다, 사람이 기술의 '의제'를 수행하게 되는 순간이다. 어떤 사상가는 "21세기는 컴퓨터를 해킹하는 시대가 아니라, 인간을 해킹하는 시대"라고 경고했다. 빅데이터와 머신러닝이 우리 자신보다 우리를 더 잘 알게 되면, 우리는 '자기 해석'의 주도권을 잃는다. 그러니 "자신을 알라"는 오래된 격언이 지금만큼 절실한 때가 없다.

중독적 소비를 끊어내는 실천은 의외로 소박할 수 있다. 한 창작자는 폰에 'calm' 앨범을 만들어 동물 사진, 고마움 목록, 영감을 주는 문구를 모아뒀고, 불안이 고조될 때 비행기 모드로 전환한 뒤 그 앨범을 꺼내 본다 – "지금 중요한 것과 잠시뿐인 것을 구분하게 해준다"는 이유에서다. 여가가 마음을 흩뜨리는 대신, 마음을 '정돈'하게 만들 때 총량은 회복 쪽으로 기운다.

게임·도박·돈내기의 함정 : 놀이가 경쟁으로 변하는 순간

골프·테니스·바둑·장기 – 원래는 두뇌와 신체를 고르게 쓰는 훌륭한 여가다. 하지만 점수에 돈이 걸리는 순간, 놀이의 긴장 구조는 '위험 – 보상' 회로로 바뀌고, 승부는 곧 자존감·돈·관계의 삼중 압박이 된다. "유혹은 종종 기회처럼 보인다"는 말을 다시 떠올리자. 당장의 흥분은 총량의 다른 칸 – 건강, 관계, 집중력 – 에서 조용히 빠져나간다.

반대로 잘 설계된 '규칙 있는 경쟁'은 오히려 자제력을 키운다. 전설적 코치는 두려움을 불씨에 비유했다.

"통제하면 겨울을 덥히고, 어둠을 밝히고, 에너지를 만든다. 통제하지 못하면 해친다."

여가도 같다. 적정 긴장은 에너지, 과잉 흥분은 소모다.

아이들·청년들의 게임·SNS 과몰입 : '양'보다 '맥락'

정서가 불안할 때 여가에 '의존'하면 관성은 커진다. 그래서 규칙이 필요하다.

- 첫째, 정량 : 하루 오락은 1~2시간 내.
- 둘째, 정시 : 밤·새벽이 아닌 정해진 시간에.
- 셋째, 정서 : 불안·우울할수록 산책·대화·짧은 운동으로 감정
  먼저 안정.

이 원칙은 억압이 아니라 '맥락 회복'이다. 어떤 경영자는 스스로에게 늘 묻는다. "내가 놓치고 있는 건 무엇인가?" – 그리고 그 답을 '진짜'로 듣는다. 여가를 설계할 때도 같은 질문이 유효하다.

아이에게는 제약만큼 '대안의 즐거움'이 필수다. 동네 농구, 악기, 자전거, 베이킹처럼 '몸 – 손 – 호흡'을 쓰는 활동은 화면 자극을 이길 수 있는 '깊이의 보상'을 제공한다. 경험 연구가 보여주듯, 물건

보다 '경험'에 쓰는 지출이 행복을 더 오래 지속시킨다 – 시간을 사거나 경험을 사는 소비가 가장 큰 만족을 준다는 통찰처럼 말이다.

챗봇·심리상담 대체의 그늘 : 말할수록 고립될 때

대화형 AI로 위로를 얻는 이들이 늘었다. 즉각 반응하고, 판단하지 않고, 밤새 대화를 이어준다. 그러나 '정서 규제'의 핵심은 결국 사람과 사람의 상호 조절(co – regulation)이다. 디지털 대화가 감정의 온도를 급히 낮춰줄 수는 있어도, 체온·시선·호흡이 섞이는 사회적 리듬은 복제하기 어렵다. 그래서 "기술이 당신을 섬기게 하라"는 경고가 유효하다. 그렇지 않으면 기술의 의제가 당신의 욕구를 설계한다.

'좋아요'의 덫 : 취미가 의무가 될 때

사진을 사랑하던 이가 '좋아요'의 숫자에 심장이 흔들리기 시작하면, 취미는 돌연 '성과'가 된다. 성과화 된 취미는 오락의 영역이 아니라 노동의 영역으로 이동한다. 이때 유용한 처방은 외부 판단에서 잠시 물러나 '내 페이스'를 회복하는 것 – 스스로의 리듬을 지키기 위해서다. 어떤 창작자는 "큰 기회는 메일 제목에 '큰 기회'라고 적혀 오지 않는다"고 말한다. 진짜 중요한 것은 조용히 와서 우리의 달력을 잠식한다. 그러니 '내 삶의 바위'를 먼저 넣어두자.

여가의 품질 : 수동 소비에서 능동 창조로

그림을 그리고, 악기를 연주하고, 동네 리그에서 뛴다. '만드는 여가'는 감정의 총량을 채운다. 한 명상가의 권유처럼, 1년에 한 번쯤은 '의식적인 리트릿'을 다녀와도 좋다. 위기가 아니라 평온할 때 자신의 주의를 훈련하는 일이 장기적으로 삶의 방향을 바꾼다. 반대로 '무의식적 스크롤'은 에너지를 주지 못한다. '받아먹는 여가'에서 '만들어 내는 여가'로의 전환이 총량의 저울을 회복 쪽으로 민다.

가족·친지·친구 모임 : 사회적 리듬이 면역이 된다.

일요일 점심의 투박한 수다, 동호회의 땀 섞인 하이파이브, 여행지에서의 깔깔 웃음은 '자극'이 아니라 '맥락'으로 우리를 돌려보낸다. 어떤 이는 "좋은 동료와 하는 운동이 삶을 크게 바꿨다"고 말한다. 혼자가 아니라 '함께'일 때, 습관은 더 오래 지속되고, 정서적 촉감은 더 깊어진다.

또 다른 촉감 훈련은 '기억의 방'을 만드는 일이다. 앞서 말한 'calm' 앨범처럼, 우리를 다시 현재로 앉히는 작은 큐를 갖추자. 불안이 고조될 때, 그 방은 늘 같은 자리에 있다 – "무엇이 중요한가, 무엇이 임시적인가"를 알려주는 신호로서.

오락의 경계 세우기 : 규율은 자유를 낳는다.

여가를 '정해진 시간'에 즐기고, '끝나는 시간'을 갖는 사람은 더 자유롭다. 어떤 리더는 아예 '다른 사람의 우선순위(OPP)'가 내 일정에 무임승차하지 못하도록 라벨을 만들어서 가려 받는다. 나의 시간표를 타인이 아닌 내가 채우는 훈련 – 그게 곧 여가의 품질관리다.

이제 한 구절을 떠올린다.

"멈춰 선 채로도 잘못된 발걸음이 된다."

가벼운 운세지 문구처럼 보이지만, 오락의 설계에도 딱 맞는 말이다. 멈춰 스크롤을 내리는 습관도 '잘못된 한 걸음'일 수 있다 – 적어도 매일의 총량을 갉아먹는다는 점에서.

리셋의 기술 : 실패·과몰입을 '다음 균형'의 연료로

누군가는 혹독한 과몰입 끝에 건강을 잃고서야 방향을 바꾼다. 그러나 "실패는 다음 기회를 더 잘 실행하도록 배우는 과정"일 뿐이라는 고백을 기억하자. 중요한 건 화려한 재개가 아니라, 작은 생활 설계 – 수면·운동·친구·깊은 취미 – 를 달력에 선배치하는 일이다.

또 누군가는 거절의 순간에서 불이 붙는다. '상 받은 웹디자이너가 될 자격이 없다'는 냉소를 듣고도, 그 좌절을 '연료'로 바꿔 삶의 방향을 재설계한 이야기처럼. 여가 역시 "타인이 정한 재미"가 아니라 "내가 설계한 기쁨" 쪽으로 노선을 바꿀 수 있다.

오락은 소모가 아니라 회복이어야 한다.

오락과 여가는 삶의 쉼표이자 숨구멍이다. 하지만 그것도 인생 총량 안에 있다. 많이 누릴수록 다른 무언가가 비어지고, 적절히 즐기면 삶의 리듬이 회복된다. 기술은 우리를 즐겁게 하지만, 우리를 '해킹'하지 못하게 해야 한다. 유혹과 기회를 구별하고, 나의 바위를 먼저 달력에 넣고, 수동소비보다 능동창조를 늘리고, 사람과 함께 움직일 때 – 오락은 소모가 아니라 회복이 된다.

결국 질문은 이것이다.

"이 즐거움은 나를 비우는가, 채우는가?"

오늘의 선택이 내일의 총량을 만든다. 그리고 균형 잡힌 여가는, 내일의 나를 돕는다.

028

술과 음식에서의 총량

입으로 들어가는 것, 입에서 나오는 것

인생은 결국 입으로 들어가는 것(술·음식)과 입에서 나오는 것(말·호흡·노래·한숨) 사이에서 결정된다. 한 잔은 긴장을 느슨하게 하고, 한 접시는 생을 다정하게 만든다. 그러나 인생은 공짜를 허락하지 않는다. 오늘의 달큰한 위로는 내일의 피로로, 밤의 황홀은 아침의 무게로 정산된다. 그래서 술과 음식은 '순간의 플러스'를 주되, 총량의 장부에서는 반드시 어딘가를 덜어 낸다. 이 단순한 사실을 아는 사람만이, 잔을 비울 때도 내일의 나를 남겨둔다.

체질과 총량 : 헤비급과 라이트급을 비교하지 말 것

누군가는 소주 두 병에도 말짱하고, 누군가는 한 잔에도 얼굴이 붉붉는다. 누군가는 밤 10시 이후 탄수화물만 줄여도 바로 몸이 가볍고, 누군가는 식단과 루틴을 몇 달씩 묵묵히 이어가야 변화가 온다. 체형, 대사율, 유전적 알코올 분해 능력, 장내 미생물 구성 – 모두가 다르다.

동양의 사상의학은 체질을 나누어 음식과 약을 고르듯, 서양 심리 분류는 MBTI로 자극에 대한 반응성을 가늠한다. 예민한 체질은 '적게·자주·느리게'가 맞고, 둔감한 체질은 '크게·간헐·강하게'가 맞을 수 있다.

인생 총량의 감각은 여기서 생긴다. 헤비급으로 태어난 사람과 라이트급으로 태어난 사람을 같은 링에 올려 같은 펀치를 요구하지 않는다. '나의 용량'을 파악하는 순간, 무리의 시작선이 보인다.

알코올의 총량 : 언제부터, 어떻게 마셨는가?

술을 버티는 힘은 순전히 타고난 간만의 문제가 아니다. '언제부터 어떻게'가 중요하다. 15세 전후의 아주 이른 시기부터 잔을 배운 사람은 젊을 땐 강한 듯 보여도, 중년에 접어들면서는 체내 보상 회로가 빨리 지치고, 간의 회복 탄력도 급격히 떨어진다. 반대로 성인이 되어(25~30세 이후) 예절과 식사, 수면과 운동의 리듬 안에서 술을 배운 사람은 같은 연령대에서도 비교적 안정적으로 잔을 관리한다.

민간에서 말하는 '알코올 총량의 법칙' – 평생 쓸 수 있는 술의 총량이 어느 정도 정해져 있어, 빨리·거칠게 쓰면 일찍 고장이 난다는 통찰 – 은 과학적 수치가 아니어도 실감의 언어로 충분히 유효하다. 결론은 단순하다. 마시는 기술은 '양'이 아니라 '속도·맥락·회복'이다.

혼자 마시는 술과 함께 마시는 술

혼술은 감정의 볼륨을 키운다. 기쁜 날의 술은 과장된 자신감으로, 슬픈 날의 술은 과장된 절망으로 번진다. 함께 마시는 술은 사회적 리듬을 빌려 과속을 줄인다. 그러나 술로만 이어진 관계는 술이 끊기는 순간 함께 끊긴다. '술 친구'와 '삶 친구'를 구분하라. 다음 날 아침에도 연락할 수 있는 사람만 남겨야, 총량의 장부에서 관계 항목이 플러스로 남는다.

대식가와 미식가 : 칼로리의 승부가 아니라 기억의 승부

대식은 즉각의 보상에 강하고, 미식은 지연된 만족에 강하다. 대식은 '양이 주는 기세'로 스트레스를 밀어낸다. 미식은 '맛의 맥락'으로 일상의 질감을 복원한다. 놀랍게도 사람을 서서히 해치는 건 폭식보다 '무의식적 섭취'일 때가 많다.

배달앱의 자동 추천, 야식의 습관화, 모임의 관성은 배가 아니라 시간을 먹는다. 반대로 미식은 천천히 자주 멈추게 한다. 향을 맡고, 식감에 귀 기울이고, 한 입 뒤 젓가락을 내려놓는 행위가 바로 '총량의 브레이크'다. "맛있는 음식이 사람을 죽인다"는 역설은, 사실 '무감각하게 먹는 음식이 사람을 죽인다'는 경고다.

스모와 수명 : 무게가 길이를 압도할 때

일본 스모의 세계는 강력한 체중 증가와 고열량 식이, 낮잠, 강훈련이 한 세트다. 경기력에는 최적화되어도 수명에는 잔인하다. 거대한 체구는 관절·심혈관·수면호흡에 거듭된 세금을 부과한다. 한 영역에서 총량을 폭발적으로 쓰면, 다른 영역의 총량은 가차 없이 줄어든다. 삶의 성적표는 '한 분야에서의 절정'이 아니라 '전체에서의 지속 가능성'으로 매겨진다는 사실을 잊지 말자.

스트레스와 잔, 감정과 접시 : 마취와 치유의 차이

힘들 때 술은 마취제다. 고통의 신호를 잠시 끊는다. 그러나 마취는 수술이 아니다. 원인을 건드리지 못한다. 음식도 마찬가지다. 이별 직후의 치즈 폭탄, 야근 뒤의 매운 떡볶이는 '나는 살아 있다'는 감각을 잠깐 되찾게 하지만, 다음 날의 부종·숙면 방해·후회라는 대금 청구서를 동봉한다. 치유는 반대다. 물·단백질·섬유질·빛·걷기·호흡 – 이들은 신호를 되돌리고 시스템을 복구한다. 마취는 즉각의 플러스, 치유는 지연된 플러스다. 총량의 관점에서 후자가 압승한다.

중용의 숟가락 : 체질·상황·목적을 섞어 젓다.

같은 와인 한 잔이라도, 누구와 어디서 왜 마시는가에 따라 총량의 결과가 달라진다. 체질(분해 능력), 상황(수면·스트레스·공복 여부), 목적(교류·의식·도피). 이 세 가지가 균형이면 술은 윤활유가 되고, 하나라도 무너지면 부식제가 된다. 음식도 동일하다. 성향이 예민한 사람은 저자극·저당·저카페인으로 감정의 파도를 낮추고, 둔감한 사람은 향신·산미·식이섬유로 신진대사를 깨운다.

MBTI로 치자면 외향형에게는 '함께 먹는 자리의 질'이, 내향형에게는 '먹는 공간의 안정감'이 더 큰 변수일 수 있다. 모든 중용은 '나에게 맞는 중간'을 찾는 일이다.

절제의 기술 1 : 의식과 장면을 설계하라.

절제는 금지의 언어가 아니라 '의식'의 언어로 잘 작동한다. 잔을 채우기 전에 물 한 잔, 첫 젓가락 전에 10초의 숨, 숟가락을 내려놓고 대화 한 번 – 이 작은 의식들이 속도를 낮추고 감각을 깨운다. 좋은 술과 좋은 음식은 원래 '빨리'가 아니라 '깊이'에서 빛난다. 대화가 음식의 향을, 음악이 와인의 산미를 키운다. 장면을 설계하면, 양은 자연히 줄고 만족은 오래간다.

절제의 기술 2 : 리듬과 경계를 미리 정하라.

주 2회, 2잔, 2시간. 단순한 규칙은 강력하다. '2 – 2 – 2' 같은 마지노선을 본인이 정하고, 모임 전에 미리 주변에 알린다.

"오늘은 2잔까지만요."

경계는 선언할수록 지켜진다. 배달앱은 홈 화면의 추천을 꺼두고, 야식은 '집 밖에서만'이라는 공간 규칙을 둔다. 술은 식사와 함께만, 카페인은 오후 2시 이전만 – 리듬이 생기면 의지가 덜 든다. 의지는 고갈되지만, 리듬은 축적된다.

절제의 기술 3 : 대체 행동을 미리 준비하라.

저녁의 빈자리를 술로 채우지 않으려면, 그 시간대의 대체 행동을 '사전에' 넣어둔다. 걷기·목욕·통화·짧은 글·악기 10분. 손과 발을 쓰는 행위가 입의 충동을 이긴다. 단백질과 물을 먼저 채워두면, 달고 짠 유혹과의 싸움에서 승률이 오른다. 숟가락을 멈추게 하는 건 의지가 아니라 준비다.

관계와 술자리 : 말이 안주가 되고, 사람이 술이 될 때

좋은 자리는 말이 안주가 되고 사람이 술이 된다. 서로의 속도를 배려하는 자리는, 누군가의 '마지못해'가 없고, 누군가의 '너무 많이'가 없다. 건배사는 길지 않고, 웃음은 억지스럽지 않다. 집에 가는 길이 가벼운 자리는 총량의 플러스다. 반대로, 감정 대신 도수가 오르내리는 자리, 경쟁처럼 잔이 오가는 자리는 다음 날의 삶을 깎아 먹는다. 술자리는 인간관계의 질을 드러내는 거울이다.

음식의 정서 : 위로가 아닌 응답

먹는 행위는 '나 자신에게 보내는 신호'다. 스트레스가 몰려올 때, 가장 먼저 무너지는 것이 식사 질서라는 사실을 기억하자. 그래서 위로의 밥상은 짜장면이 아닐 수도 있다. 뜨끈한 국물 한 그릇, 씹는 시간이 오래 걸리는 채소, 한 조각의 좋은 빵 - '천천히'를 회복시키는 메뉴가 진짜 응답이다. 위로는 배가 아니라, 리듬을 살린다.

문화와 관성 : '회식'이 직업을 갉아먹을 때

회식 문화는 결속이라는 이름으로 종종 개인의 수면·운동·가족 시간을 빼앗는다. 술이 조직의 윤활유가 되는 순간까지는 괜찮다. 그러나 술이 KPI가 되는 순간, 조직은 서서히 둔해진다. 술에 강한 이가 '일에도 강한 사람'처럼 보이는 착시가 생기고, 다음 날의 생산성이 성과를 잠식한다. 좋은 조직은 술이 아니라 '시간의 품위'로 결속한다. 빨리 끝나고, 충분히 자고, 다음 날 더 잘 일한다.

식탁의 정치학 : 지위가 아니라 취향의 민주주의

한 사람의 권력으로 메뉴가 정해지는 식탁은 총량의 불균형을 예고한다. 취향을 묻고, 알레르기와 종교·건강을 배려하는 식탁은 안전과 신뢰를 쌓는다. 숟가락들 사이의 민주주의가 회사·가정·친구 사이의 민주주의를 확장한다. 잘 먹는다는 건, 함께 잘 먹는다는 뜻이다.

'맛있는 죽음'의 유혹과 '오래가는 생'의 단순함

"맛있게 살다 가면 됐지"라는 말은 때로 멋있지만, 너무 자주 쓰면 위험한 주문이 된다. 맛있는 죽음은 대개 짧다. 오래가는 생은 대개 단순하다. 소금은 조금, 설탕은 가끔, 술은 함께, 물은 많이, 잠은 먼저. 화려한 비법보다 초등학생도 이해할 문장이 평생을 지켜준다.

마지막 잔을 위하여 : 오늘의 플러스가 내일의 나를 해치지 않게

총량의 법칙은 잔혹한 교사지만 동시에 친절한 안내자다. "너는 오늘 플러스를 얻었니? 그럼 내일 무엇을 덜어낼 거니?"라고 묻는다. 답은 각자의 체질과 상황에 따라 다르다. 헤비급은 천천히, 라이트급은 꾸준히. 술은 늦게 배우고, 목적과 함께 마시고, 회복을 예산에 넣는다. 음식은 무게보다 기억을, 양보다 장면을, 속도보다 향을 선택한다.

우리는 이렇게 배우게 된다. 잔을 비우는 일은 나를 비우는 일이 아니라, 내일의 나를 남겨두는 일이라는 것을. 접시를 비우는 일은 욕망을 채우는 일이 아니라, 삶의 리듬을 되찾는 일이라는 것을. 술과 음식은 인생을 소모품으로 만들 수도, 예술로 만들 수도 있다. 오늘의 한 잔과 한 끼가 내일의 나를 돕도록 – 그것이 총량의 조화이며, 오래도록 맛있게 사는 기술이다.

029

가족과 인간관계에서의 총량

가족이라는 작은 우주, 가장 큰 변수

가족은 인생의 시작이자 끝이다. 한 사람의 감정총량, 행복총량, 심지어 정체성과 삶의 방향까지도 가족이라는 작은 우주 안에서 결정되곤 한다. 그러나 가족은 늘 위로만 주지 않는다. 가장 깊은 상처, 가장 오래 묶이는 매듭도 대개 가정에서 생긴다.

톨스토이의《안나 카레니나》서두처럼 "행복한 가정은 모두 비슷하지만, 불행한 가정은 저마다의 방식으로 불행하다." 인생 총량의 법칙은 가족 앞에서 가장 또렷해진다. 사랑이 크면 기대가 커지고, 기대가 크면 실망의 탄성도 커진다. 균형은 "너무 가깝지도, 너무 멀지도 않은" 거리를 꾸준히 조율하는 능력에서 나온다.

사랑과 상처의 등가교환

사랑이 큰 집일수록 균열도 크다. 하루 세 번 전화를 하지만 단 한 번도 속을 털어놓지 못한다는 혜진의 고백처럼, "딸이면 엄마 말 들어야지"라는 선한 신념은 어느 순간 '간섭'과 '빚'이 된다. 전화가 끊긴 뒤 눈물 삼키며 "미워하면서도 없으면 안 돼"라고 중얼거리는 감정의 모순 – 그게 가족 총량의 실상이다. 거리는 가깝되, 삶은 분리되어야 한다. 완전히 얽히지도, 완전히 멀어지지도 않는 "적당한 거리의 미학"이 사랑과 상처의 등가를 완만하게 만든다.

부모 – 자식의 각인 : 인정의 회로와 공허의 회로

어릴 적 각인은 길게 간다. 오랫동안 인정받지 못했던 사람은 성인이 되어서도 타인의 박수에 과도하게 반응한다. 합격 문자를 받고도 눈물이 나오지 않았다던 D의 기억 속엔, "이제야 사람 되겠구나"라는 아버지의 무심한 평가만 남았다. 인정은 주유이며, 결핍은 중독을 부른다. 반대로 충분히 사랑받은 사람은 대체로 안정된 관계를 맺는다. 타인의 친절을 의심하기보다 받아들이고, 갈등을 문제로 대하고, 사과를 관계 복구의 기술로 배운다. 가족은 사회로 나가는 연습장이고, 그 연습의 질이 사회적 회복탄력성을 만든다.

부부의 균형 : 희생이 의제가 될 때

"나는 당신을 위해 내 삶을 멈췄는데, 당신은 고마워한 적이 없어."

25년 결혼 생활 끝에 나온 이 한 문장은, 부부총량의 불균형이 터지는 전형적 순간이다. 희생이 미덕일 때는 관계를 붙들지만, 당연해지는 순간 관계를 부식한다. 일기장 한 줄 – "내가 진짜 원하는 건 말 걸어주는 남편" – 이 균형을 복구한다. 정서노동이 '보이지 않는 노동'에서 '보이는 언어'가 되는 순간, 총량은 다시 맞춰진다. 결혼은 큰 사랑 하나로 버티는 계약이 아니라, 작은 대화의 반복으로 유지되는 구조물이다.

형제자매의 역학 : 경쟁과 연대의 진자운동

형제자매는 종종 가장 먼 타인이자, 위기 때 가장 가까운 동료다. 엄마의 사랑을 두고 경쟁하던 자매가 아버지의 병상 앞에서 손을 맞잡는 장면은 드물지 않다.

"우린 같은 사랑을 서로 다른 방식으로 갈구했구나."

경쟁과 질투, 연대와 위로가 진자처럼 오가며 성숙을 만든다. 어린 시절의 서열은 성인의 관계에서 다시 회로를 만든다. 그래서 형제자매에게 하는 사과와 칭찬은, 생각보다 더 큰 총량 조정 효과를 낳는다.

문학과 영화가 비추는 가족의 법칙

셰익스피어 작품 《리어 왕》의 황혼은 권위가 사랑을 가리고, 말년의 고독이 관계의 민낯을 드러낸다는 교본이고, 《성경》 속 '탕자의 비유'는 조건 없는 포용이 어떻게 한 사람의 생존 에너지를 되살리는지 보여준다. 픽사의 〈코코〉는 기억과 돌봄이 끊기면 가족 서사가 사라진다는 사실을, 한국영화 〈기생충〉은 경제적 균열이 가족 총량의 감정 지형을 어떻게 재편하는지 보여준다. 〈파친코〉는 "혈연은 고통을 나누는 장치이기도, 존엄을 버티는 장치이기도 하다"는 명제를 장대한 연대기로 증명한다.

1인 가구의 시대 : 선택된 가족을 설계하라.

혼자 사는 사람이 전 세계적으로 빠르게 늘고, 한국에선 일상의 표준이 되었다. 혼자는 자유지만, 고립은 생명력을 줄인다. 연락이 끊긴 채 홀로 세상을 떠난 사람들의 뉴스가 낯설지 않은 지금, '선택된 가족'이 중요해졌다. 혈연만이 가족인 시대는 이미 저물고 있다. 친구·이웃·동료와의 '작은 공동체'를 의식적으로 설계해야 한다. 주 1회 고정 저녁, 분기별 작은 여행, 병원 동행 체크리스트 – 이런 생활 의식들이 혼자의 총량을 공동의 총량으로 바꾼다. 고독은 누적되고, 연결도 누적된다.

가부장제의 퇴장과 새로운 규칙의 등장

유교적 가부장제가 사라지며, 가정의 권력 분포가 평평해지고 있다. 권위의 붕괴는 혼란을 낳지만, 동시에 협상의 기술을 가르친다. 예전엔 '가장의 말'이 규칙이었다면, 지금은 '가족회의의 합의'가 규칙이다. 가족 내 민주주의가 식탁의 메뉴에서 시작해 재정, 돌봄, 애도의 방식까지 스며든다. "누가 결정하는가?"에서 "어떻게 결정하는가?"로 이동하는 집은 대체로 갈등의 진폭이 작고 회복이 빠르다.

이혼과 재구성 : 해체의 기술, 재결합의 기술

어떤 사회는 이혼이 결혼만큼 흔하고, 한국도 결별의 문턱이 낮아졌다. 숫자를 단정할 필요 없이, 체감은 분명하다. 해체는 실패가 아니라 재구성의 기술일 수 있다. 아이의 입장에선 '끝난 가족'이 아니라 '형태가 바뀐 가족'으로 느껴지도록, 규칙과 언어를 정교하게 바꿔야 한다. 누구의 편도 아닌 '아이의 일정표', 명절의 이중 초대, 새 파트너를 '부모의 친구'로 소개하는 시간차 – 이런 디테일이 상처의 총량을 줄이고 소속감의 총량을 지킨다.

초저출산과 돌봄경제 : 총량의 공백을 공동체로 메우다.

인구절벽을 향해 가는 사회에서 가족 총량의 가장 큰 구멍은 '돌봄'이다. 출산율이 낮아지고, 황혼이혼이 늘고, 노령인구가 급증하면서 부양의 무게가 개별 가정에 몰린다. 답은 거창하지 않다. 동네의 작은 돌봄 네트워크, 학교 – 직장 – 지자체가 연결된 '시간표 연동', 주치의 – 방문간호 – 식사 배달로 이어지는 생활 인프라가 한 사람의 소진을 막는다. 가족 하나가 감당하던 총량을 사회가 분산하면, 아이 돌봄·부모 간병·자기 삶의 균형이 동시에 가능해진다.

황혼의 변주 : 오래 살수록 '관계의 리셋'이 중요하다.

100세 시대의 황혼이혼은 사랑이 식어서만이 아니라, "역할이 끝난 뒤 관계를 새로 짓는 법"을 배우지 못해서 생긴다. 자녀 독립 뒤, 은퇴 뒤, 돌봄 뒤 – 생의 각 전환기에 부부는 서로의 '낯선 사람'을 다시 인터뷰해야 한다. "당신은 요즘 무엇에 설레나요?" 같은 질문이 관계를 재개발한다. 인터뷰가 없으면 기억된 상대만 남고, 그 기억은 낡아 금세 깨진다. 오래 산다는 건, 같은 사람과 여러 번 다시 만나는 기술을 익힌다는 뜻이다.

가족은 계속 새로 써야 하는 공식

가족은 뿌리이자 그림자다. 넘어지게도 하고 일으켜 세우기도 한다. 인생 총량의 법칙은 말한다. 사랑을 많이 받은 사람일수록 오래 나눌 수 있고, 오래 나눈 사람일수록 오래 산다. 그러나 사랑은 저절로 흐르지 않는다. 거리를 설계하고, 의식을 세우고, 계약을 기록해야 한다. 혈연이든, 선택된 가족이든, 우리는 끝내 서로의 서사를 보관하는 사서(司書)들이다.

마지막 장부를 덮는 날, 이런 말을 남길 수 있기를.

"미워한 날도 있었지만, 더 많이 돌봤다. 멀어진 때도 있었지만, 더 자주 돌아왔다."

고독은 누적되고, 사랑은 나눌수록 늘어난다. 가족이라는 총량은, 그래서 오늘도 다시 써야 하는 우리의 근본 공식이다.

언젠가 우리는 큰 사건이 아니라 작은 습관들이 우리를 지켰다는 걸 알게 된다. 톨스토이의 문장을 살짝 비틀어 말하자면, "균형을 아는 가족은 비슷하지만, 무너진 가족은 각자 무너진다." 그러니 오늘, 한 사람에게 전화하고, 한 번의 대화를 의식으로 만들고, 한 줌의 경계를 사랑으로 세우자. 가족의 총량은 주어지는 것이 아니라, 매일 새로 쓰는 문장이다.

030

총량적 관점으로 얻는 삶의 지혜

불공평 속에서 숨 쉬는 방법

인생은 공평하지 않다. 누구는 부유하게 태어나고, 누구는 건강하게 오래 산다. 어떤 이는 평생 고통을 겪다 짧게 생을 마치고, 어떤 이는 세 번 망해도 다시 일어선다. 이 복잡하고 불공평한 세상에서 우리가 조금 더 편안하게 숨 쉴 수 있는 사고방식이 있다. 그것이 바로 '인생 총량의 법칙'이다. 이 법칙은 말한다. 인생의 모든 것 – 기쁨과 고통, 성공과 실패, 만남과 이별, 건강과 질병 – 은 결국 총량을 이루며 순환하고 있다는 것을.

수용의 기술 : 감정은 사실 위에 붙인 설명

총량적 시선의 첫걸음은 '수용'이다. "나에게 이런 일이 왜"에서 "나에게 이런 일도"로 문장을 바꾸는 훈련. 고대 스토아 철학자 에픽테토스는 "사건이 우리를 괴롭히는 게 아니라, 그 사건에 대한 우리의 판단이 괴롭힌다"고 말했다. 실패한 투자, 틀어진 관계, 예상치 못한 병 – 사실은 날것이고, 고통은 해석에서 증폭된다. 매일 10분, 감정일기에 '오늘의 사실'과 '오늘의 해석'을 나눠 쓰면, 우리는 감정의 금리를 낮춘다. 미국 작가 할레드 호세이니의 장편소설 《연을 쫓는 아이》의 주인공이 "되돌릴 길 없는 과거"를 인정한 뒤에야 속죄의 발걸음을 내딛듯, 수용은 행동의 출구를 만든다.

균형의 기억 : 파도는 반드시 물러난다.

"지금이 가장 어두운 밤이라면, 이제 해가 뜰 차례다."

링컨이 내전을 건너며 반복했다는 이 가설은 총량의 리듬을 한 문장으로 압축한다. 영화 〈쇼생크 탈출〉에서 앤디가 "희망은 좋은 것이고, 아마 가장 좋은 것"이라고 편지에 썼던 것도 같은 인식이다. 총량은 늘 흔들리지만, 끝내 평균을 향해 복귀한다. 그래서 큰 기쁨 앞에서는 한 걸음 물러나고, 큰 슬픔 앞에서는 한 걸음 더 버틴다. 마르쿠스 아우렐리우스의 일기처럼 "오는 것은 온다. 가는 것은 간다"를 매일 속삭이는 행위는 고통을 억누르는 게 아니라, 고통의 파장을 짧게 만든다.

해석의 지렛대 : 의미가 무게를 바꾼다.

똑같은 사건도 의미가 다르면 무게가 달라진다. 유배를 "추방"이 아니라 "관찰과 집필의 시간"으로 재해석해 평생의 역작들을 남긴 한 선비의 태도, 고난을 "저주의 영수증"이 아니라 "인생 수업료"로 장부 처리한 사람의 표정. 프리다 칼로가 사고의 잔여를 색채와 상징으로 변환했듯, "왜" 대신 "무엇을 배울 수 있나"로 질문을 돌리면 총량의 부채가 자산으로 이전된다. 카뮈가 말한 "한겨울의 한가운데, 내 안에 꺼지지 않는 여름을 보았다"는 문장은 바로 그 회계 처리의 시적 버전이다.

기록의 습관 : 인생의 원근법을 되찾다.

고통은 근접 샷에서 거대하다. 후진하며 줌아웃해야 크기가 줄어든다. 30년 연대기 노트를 써 내려간 어느 은퇴자가 "나는 이미 다 겪고 지나왔다"고 말할 수 있었던 건, 기록이 원근법을 회복시켰기 때문이다. 영화 〈인생은 아름다워〉의 아버지가 매일 밤 '오늘도 게임은 계속된다'는 설정으로 공포를 간신히 의미로 번역했듯, 한 줄 감사·한 줄 교훈·한 줄 유머의 '삼줄 일지'는 총량의 평균을 손끝에 돌려놓는다. 숫자와 문장의 축적은 "이 파도는 이번에도 넘을 수 있다"는 근거가 된다.

리듬의 설계 : 반동까지 예산에 넣어라.

인생의 총량은 '수입'만이 아니라 '반동'까지 포함한 예산서다. 큰 성취 뒤의 허무, 큰 슬픔 뒤의 무감 – 모두 예상 항목이다. 스포츠 영화 〈로키〉가 보여주듯, 링 위의 승리만큼 중요한 건 내려간 뒤의 생활 루틴이다. 우리는 기쁨의 다음 날에 '무기력 시간을 30분 확보' 같은 작은 안전장치를 배치함으로써 반동의 손실을 줄일 수 있다. 출근·관계·돈·건강을 잇는 네 줄의 사다리를 그려, 한 줄이 꺾일 때 다른 줄에서 보완하도록 설계하라. 바벨 전략(한끝은 안전, 한끝은 도전)을 삶에 이식하는 일이다.

스트레스의 유통 : 없애지 말고 흘려보내라.

스트레스는 제거 대상이 아니라 유통 대상이다. 한 시간의 산책, 다섯 줄의 글, 세 사람과의 대화라는 '분산 루틴'을 돌리면 압력은 세 토막으로 줄어든다. 도스토옙스키가 사형장 직전의 몰락을 통과해 더 깊은 인간학을 꺼내 왔듯, 압력은 제대로 순환될 때 자원으로 변한다. 불교가 말하는 "고통은 깨달음의 문"은 총량적 번역으로 "고통은 전환 가능한 에너지"다. 억압하면 폭발하고, 순환시키면 의미가 된다.

타이밍의 미학 : 서두르지 않되, 늦지도 말고

영화 〈반지의 제왕〉에서 간달프가 말한다.

"마법사는 늦지도 이르지도 않다. 필요한 때 정확히 도착한다."

우리의 선택도 마찬가지다. 총량의 관점은 조급함을 낮춘다. 지금 열리지 않는 문은 '아직 내 총량의 순서가 아니다'일 수 있다. 대신, 문이 열릴 때를 대비해 체력을 남겨놓는다. 스토아의 '부정적 시각화(미리 상실을 상상해 면역을 들이는 훈련)'는 조급함 대신 대비를 키우는 도구다. 기다림은 수동이 아니라 기술이다.

실패의 포용 : 더 잘 망하고, 더 빨리 회복하라.

베케트의 "다시 시도하라. 다시 실패하라. 더 잘 실패하라"는 말은 총량의 법칙을 가장 경제적으로 표현한다. 실패가 잦을수록 회복탄력성의 근육이 붙는다. 영화 〈라라랜드〉의 두 주인공이 사랑을 놓치고 각자 길을 가지만 결국 자신의 무대를 얻듯, '손실'은 대개 '방향'을 준다. 실패의 일지를 쓰되, 같은 자리에서 같은 방식으로 망하지 않는다면 그 실패는 이미 이자 붙은 자산이다.

관계의 중력 : 나를 끌어당기는 별들을 점검하라.

누구와 함께 있느냐는 총량의 손익계산서에 바로 반영된다. 〈리틀 우먼〉의 자매들이 각자 삶의 진폭을 얻고도 명절 식탁에서 다시 같은 별자리를 이루듯, "함께 버틸 수 있는 사람"은 변동성을 낮춘다. 칭찬 1 : 피드백 1의 균형, 주간 한 끼의 식사 약속, 분기 한 번의 긴 산책 – 이런 단순한 리듬이 관계의 평균을 끌어올린다. 반대로, 만남마다 에너지가 마이너스로 끝나면 과감히 거리를 조절하라. 총량은 때로 '덜 만남'으로 지켜진다.

몸의 언어 : 생존 리듬이 먼저, 성취 리듬은 그다음

총량은 몸의 통장 잔고 안에서만 움직인다. 잠·식사·걷기 – 이세 가지가 깨지면 감정과 생각의 평균은 급락한다. 영화 〈마션〉에서 주인공이 감자 농사로 생존 루틴을 확보한 뒤에야 탈출 계획을 세우듯, 우리의 혁신도 생존 리듬 위에서만 지속된다. 과로 뒤 찾아오는 달콤한 술은 잠의 이자를 뜯어가고, 단기 쾌락은 장기 총량을 갉아 먹는다. 건강의 미학은 완벽함이 아니라 지속 가능성에 있다.

기쁨의 소분 : 큰 행복은 나누고, 작은 행복은 음미하라.

큰 행복은 공유할수록 반동이 줄고, 작은 행복은 혼자 음미할수록 진폭이 커진다. 영화 〈월터의 상상은 현실이 된다〉의 주인공이 히말라야 설원에서 한 컷의 눈표범을 '찍지 않고 본다'고 선택하듯, 작은 찰나를 길게 늘이는 기술이 총량의 체감치를 높인다. 커피 한 잔, 햇살 한 줄기, 문자 한 통 – 미세한 감각을 크게 느끼는 습관은 인생의 평균을 끌어올리는 가장 값싼 방법이다.

애도의 의식 : 끝내야 다시 시작할 수 있다.

끝난 관계, 잃은 기회, 떠난 사람을 정식으로 애도하지 않으면 감정은 미수금처럼 남아 총량을 갉아먹는다. 편지 한 장 태우기, 사라진 꿈의 물건 정리하기, 매년 하루를 정해 추모의 산책을 걷기 – 작은 의식들은 과거를 '닫힌 장'으로 넘겨준다. 영화 〈코코〉에서 노래 한 곡이 기억을 불러오듯, 우리는 의식으로 기억을 조정하고, 그 조정이 현재의 에너지를 되돌려 준다.

겸손의 방패 : 너무 좋을 땐 한 수 낮추라.

"성공은 나를 설득하고, 실패는 나를 가르친다."

큰 성취의 순간엔 반동이 반드시 온다. 그때 필요한 건 경계와 나눔이다. 워런 버핏이 '기부 서약'으로 부(富)의 반동을 분산시키듯, 우리는 성공 직후 일정을 비우고, 주변을 챙기고, 자신의 공을 작게 말함으로써 반동의 충격을 줄인다. 영화 〈킹스 스피치〉의 버티는 왕관이 아니라 언어의 겸손으로 불안의 파도를 넘었다. 겸손은 비굴이 아니라 내일의 안전벨트다.

선택과 통제의 분리 : 내가 쥘 수 있는 것만 쥔다.

스토아 철학의 '통제 가능 / 불가능' 구분은 총량관리의 알파이자 오메가다. 내가 바꿀 수 있는 것(노력·습관·친절)은 집착하고, 바꿀 수 없는 것(타인의 평판·운·날씨)은 관찰한다. 영화 〈인사이드 아웃〉에서 기쁨과 슬픔이 손을 맞잡고 메모리를 다시 엮듯, 우리는 통제 불능의 영역에서 받아들임을, 통제 가능의 영역에서 실행을 선택한다. 이 분리가 될 때, 총량의 변동성은 견딜 수 있는 범위로 줄어든다.

실전 루틴 : 총량을 다루는 다섯 가지 일상 도구

1. 삼줄 일지 : 사실 – 감정 – 해석을 각각 한 줄씩.
2. 리듬 캘린더 : 주 3회 걷기, 주 1회 깊은 대화, 주 1회 디지털 휴식.
3. 예상 반동 메모 : 큰 발표·행사 뒤 '무기력 시간' 예약.
4. 부정적 시각화 3분 : 잃을 수 있는 것들을 떠올린 뒤 지금 가진 것을 감사.
5. 선택된 가족 명단 : 위급 시 연락 5명, 평소 안부 10명, 분기 약속 3명.

이 5가지만으로도 감정의 파도는 낮아지고, 평균선은 또렷해진다.

명장면의 안내문 : 이야기로 배우는 장부정리

영화 〈러브 액츄얼리〉의 공항 장면은 삶의 총량이 결국 관계의 합으로 귀결된다는 사실을, 〈플립〉의 마지막 장면은 오해가 이해로 바뀌는 순간 총량이 급상승한다는 사실을 보여준다. 영화 〈그라운드호그 데이〉는 같은 날의 반복도 해석이 바뀌면 새로운 날이 된다는 것을, 영화 〈인터스텔라〉는 시간과 상실도 사랑의 언어로 재회계될 수 있음을 말한다. 이야기는 우리보다 먼저 살아 본 타인의 장부다. 거기서 항목을 배워 오면 된다.

오늘을 위한 한 문장

총량의 관점이 주는 마지막 교훈은 단순하다. 모든 것은 흐르고, 흐름 속에 균형이 숨어 있다. 너무 좋을 땐 반동을 예상해 겸손을 준비하고, 너무 힘들 땐 복귀를 신뢰해 하루를 더 산다. 루미는 "상처는 빛이 들어오는 곳"이라 했다. 우리의 장부에서 가장 붉은 칸은, 언젠가 가장 깊은 배움으로 채워질 자리다. 그러니 오늘은 이렇게 적자.

"지금의 고통은 내 장부의 일부다."

"내가 바꿀 수 있는 것들을 오늘 한 가지 바꾸자."

"큰 파도 뒤엔 잔물결이 온다."

그리고 아주 작은 행동 하나를 덧붙이자. 한 사람에게 안부를 묻고, 10분 걷고, 한 줄을 쓴다. 총량은 거대한 결심이 아니라, 사소한 반복으로 조정된다. 우리의 인생은 지금도, 충분히 잘 흘러가고 있다. 조금만 더 가보자. 지금 힘든 건, 총량을 채우는 중이니까.

The Law of the Total Amount of Life

자기계발과 인생 총량

성장과 회복의 법칙

자기계발은 단순한 성취의 도구가 아니라, 삶의 총량을 회복하고 균형을 되찾는 과정으로 작동한다. 고통과 실패를 성장의 자산으로 전환하는 능력이야말로 총량을 긍정적으로 재배치하는 핵심 전략이다.

습관, 학습, 성찰 같은 자기계발의 행위는 감정·시간·에너지의 흐름을 관리하는 기술이다. 무리한 목표가 아닌 지속 가능한 루틴이 총량의 소모를 막고, 회복력을 강화한다. 자기계발의 본질은 '더 나은 내가 되기'가 아니라, 인생의 총량을 균형 있게 쓰고 다시 채우는 법을 배우는 데 있다.

031

실패가 많았던 사람일수록 큰 기회가 온다

실패가 기회를 불러오는 총량의 역학

성공한 사람들의 인터뷰를 읽다 보면 빠짐없이 등장하는 진술이 있다.

"실패가 지금의 나를 만들었다."

흔하디흔한 말처럼 들리지만, 그것을 진부하게 느끼는 이유는 듣는 우리의 입장이 안전하기 때문이고, 말하는 그들의 무게는 그가 겪은 실패의 총량에서 비롯된다. 인생 총량의 법칙으로 보면 실패는 단순한 감점이 아니다. 실패는 감정과 사건의 균형을 맞추는 반작용의 에너지로 작동하며, 실패의 무게가 클수록 나중에 찾아오는 기회의 탄성도 그만큼 커진다. 마치 진자처럼 한쪽으로 깊이 흔들린 만큼 반대편으로 크게 돌아오는 것이다.

스타벅스와 하워드 슐츠의 집요한 거절 경험

하워드 슐츠는 스타벅스를 지금의 글로벌 브랜드로 만든 인물이지만, 그 출발은 가난과 거절로 점철된 연속적인 실패였다. 그의 아버지는 평생 임시직을 전전하며 사회적 존중을 받지 못했고, 슐츠 자신도 커피숍 확장을 위해 투자자를 찾아다녔지만 "커피에 누가 돈을 그렇게 쓰겠느냐"는 조롱 섞인 거절을 수십 번이나 들었다. 그러나 그는 그때의 모욕과 좌절을 '실패의 감정적 소비'로 끝내지 않았다. 대신 그것을 버티는 힘으로 전환했고, 결국 세계인의 일상 속으로 커피 한 잔을 끌어올렸다. 인생 총량의 법칙은 여기서 정확히 드러난다. 실패의 누적이 기회의 질량을 키운다.

토머스 에디슨과《주역》의 변괘

토머스 에디슨의 전구 발명은 실패의 총량이 어떻게 성공으로 전환되는지를 보여주는 대표적인 장면이다. 그는 전구 발명을 위해 1,000번 이상의 실험에 실패했는데, 기자가 "왜 포기하지 않았느냐"고 묻자 "나는 실패하지 않았다. 다만 전구가 켜지지 않는 방법을 1,000가지 알아냈을 뿐이다"라고 답했다.《주역》의 세계관으로 보자면 그는 음괘를 천 번 뽑았을 뿐이고, 마침내 양괘로 전환되는 순간 전 세계의 밤을 밝히는 성공을 손에 넣었다. 실패라는 음과 성공이라는 양은 서로를 불러오는 두 개의 날개이며, 실패의 누적이 클수록 전환의 반작용은 더 강력하다.

초밥 장인 오노 지로와 작은 실패의 반복

세계 최고의 초밥 장인 오노 지로 역시 실패를 통해 손끝의 감각을 연마했다. 그는 젊은 시절 초밥을 쥘 때마다 주방장의 지적을 받았고, 손님 입에서 풀어져 버리는 실수를 무수히 반복했다. 그러나 그 실수의 총량이 그의 기술을 더 정밀하게 만들었고, 결국 미슐랭 3스타를 10년 이상 유지하는 장인이 되었다. 그는 스스로를 "아직 완성되지 않은 장인"이라고 부른다. 완성은 오히려 실패의 누적 속에서만 가능하다는 것을 몸으로 증명한 셈이다.

한국인의 실패에서 비롯된 성공

한국 사회에도 실패의 총량이 커다란 기회를 만들어낸 사례는 많다. 쌀 배달 점원으로 일하던 정주영 현대 창업주는 성실함을 인정받아 가게 주인으로부터 가게를 인수받았으나 일제의 쌀 배급제 시행으로 쌀 유통이 통제되며 첫 사업에서 실패했다.

그 뒤 빚을 내어 아도서비스라는 자동차 수리업을 시작했으나 공장 화재로 전 재산을 잃었다. 화재로 빚더미에 앉은 정주영은 사채업자에게 자금을 빌려 다시 도전했으나 일제가 태평양전쟁을 일으키고 모든 차량을 전쟁물자로 압수하는 바람에 또 실패했다.

여러 번의 좌절을 지나 건설업으로 방향을 바꾼 그는 결국 '한강의 기적'을 이끈 주인공이 되었다. 그는 훗날 "시련은 있어도 실패는 없다"는 말을 남겼는데, 이는 단순한 낙관이 아니라 인생 총량을 이해한 태도였다. 실패가 쌓인 만큼 기회가 예비된다는 것을 믿었기 때문에 그는 거대한 도전에 주저하지 않았다.

또한 개그맨 박명수의 사례도 흥미롭다. 그는 데뷔 초 '개그맨답지 못하다'는 혹평을 수없이 들었고, 수년간 무명으로 고생했다. 그러나 그 시간의 총량은 독특한 캐릭터와 무대 감각을 만들어냈고,

결국 국민적인 예능인이 되었다. 그의 트레이드 마크인 "근거 없는 자신감"은 실패에서 살아남기 위해 스스로를 지탱한 무기였고, 그것이 대중적 성공으로 이어졌다.

심리학과 실패의 탄력성

심리학자들은 실패 경험이 많은 사람들이 위기 상황에서 훨씬 빠르게 적응한다고 말한다. '심리적 면역체계'라는 개념에 따르면, 인간은 큰 시련을 겪을수록 뇌가 자동으로 회복 메커니즘을 강화한다. 어린 시절 가난했던 사람이 성인이 되어 경제적 위기에서도 비교적 침착하게 대응하는 이유가 여기에 있다. 실패는 단순한 기억이 아니라, 다음 위기를 버티게 하는 내구성을 길러준다.

문학과 철학 속 실패의 변용

도스토옙스키는 사형 직전의 공포를 경험한 뒤에야 인간 내면을 깊이 이해할 수 있었다. 그의 《죄와 벌》은 실패와 고통을 뼛속까지 경험한 작가만이 쓸 수 있는 작품이었다. 빅터 프랭클 역시 아우슈비츠수용소에서의 절망을 통과하며 "의미 있는 고통은 인간을 성숙하게 만든다"고 말했다. 동양 철학에서도 장자는 "허무 속에서 길이 생긴다"고 했고, 불교는 "고통은 깨달음의 문"이라고 가르쳤다. 실패는 단순히 없어져야 할 것이 아니라, 새로운 기회와 깨달음을 여는 통로라는 점에서 인생 총량의 균형을 설명해준다.

실패를 버티는 자만이 기회를 맞는다.

실패를 경험하지 않은 성공은 바람 한 번에도 무너진다. 반면, 수많은 실패를 버틴 성공은 폭풍 속에서도 흔들리지 않는다. 실패는 단순한 좌절이 아니라 기회를 향해 다가가는 중간 지점이다. 만약 지금 연속된 실패로 숨이 막힌다면, 그것은 인생 총량이 다음 기회를 준비하는 진동일지 모른다. 실패가 많다는 건 기회가 이미 이동 중이라는 신호다.

하워드 슐츠, 에디슨, 오노 지로, 정주영, 그리고 수많은 한국인들의 사례가 증명한다. 실패의 총량이 클수록 성공은 커지고, 고통의 깊이가 클수록 기회의 파도는 더 크게 밀려온다. 인생 총량의 법칙은 냉정하지만, 동시에 인간에게 가장 따뜻한 희망을 준다. 실패는 끝이 아니라, 기회로의 예비된 문이다. 그러니 지금 실패에 둘러싸여 있다면 이렇게 말해도 좋다.

"나는 지금, 인생이 나에게 줄 가장 큰 기회를 위한 선불금을 치르고 있는 중이다."

032

"내가 왜 이 고생을 하나?"라는 질문에 답하라

일상의 순간에 찾아오는 질문

비 오는 아침, 젖은 우산을 접고 짜증 나는 지하철 안에서 문득 이런 생각이 든다. '내가 왜 이 고생을 하지?' 회사에서는 회의 중에도 기획안이 찢기고, 상사는 퇴근 전까지 수정하라고 한다. 점심 먹고 나와 고개를 들면, 하늘은 여전히 잿빛이다. 다시 떠오른다.

'진짜 내가 왜 이걸 참고 있는 거지?'

이 질문은 퇴근길에도 따라오고, 밤에 누워 천장을 볼 때도 입가를 맴돈다. 눈을 감기 직전까지도 사라지지 않는다.

"내가 왜 이 고생을 하나?"

이 문장은 단순한 푸념이 아니다. 그것은 자신의 삶을 관통하는 근본적인 질문이자, 의미를 묻는 가장 원초적 발화다.

의미 없는 고통은 인간을 무너뜨린다

철학자 빅터 프랭클은 《죽음의 수용소에서》에서 이렇게 말했다.

"고통은 의미를 발견하는 순간 견딜 수 있다. 의미 없는 고통만이 인간을 무너뜨린다."

우리가 느끼는 피로와 분노, 무력감은 사실 고통 자체보다 그것이 '쓸모없다'고 여겨질 때 더 무겁다. 회사에서 야근하는 순간조차 '내 커리어에 보탬이 된다'고 믿으면 버틸 수 있지만, '내가 왜 이걸 해야 하지?'라는 의문이 드는 순간 인간은 무너진다. "내가 왜 이 고생을 하나?"라는 질문은, 단순히 힘든 현실이 아니라 그 현실의 의미 부재를 드러내는 신호다.

고생은 축적된 반동의 에너지

인생 총량의 법칙으로 보면, 지금의 고생은 단순한 불운이 아니라 균형의 한 조각이다. 당신이 견디는 인내는 반동의 힘을 축적하고 있으며, 그 에너지는 언젠가 기쁨으로 변환된다.

한 택배 기사가 그랬다. 새벽 4시에 일어나 하루 15시간씩 배송을 이어가며, 여름의 땀과 겨울의 눈 속에서도 멈추지 않았다. 그는 늘 중얼거렸다.

"내가 왜 이 고생을 하나?"

하지만 곧이어 생각을 고쳐잡았다.

"그래, 딸들 대학 등록금을 벌어야 하니까."

그는 고생의 의미를 자기 바깥에 부여했다. 심리학에서 말하는 '외재적 동기'가 그를 지탱한 것이다. 그 딸들이 대학에 입학하던 날, 그는 눈물을 흘리며 이렇게 말했다.

"이제야 이 고생의 이유가 선명해졌다."

고생의 총량은 의미라는 해석 장치로 전환될 때, 감당 가능한 무게가 된다.

간디가 맞이한 치욕의 밤

마하트마 간디는 변호사 자격을 따고 영국 법정에 섰지만, 목소리가 떨려 변론조차 제대로 하지 못했다. 결국 남아프리카로 향한 그는, 인도인이라는 이유만으로 기차 1등석에서 쫓겨나 한겨울 밤 플랫폼에 홀로 버려졌다. 그 순간 그의 가슴에도 "내가 왜 이 고생을 하나?"라는 말이 떠올랐을 것이다.

하지만 역사는 그 치욕을 간디의 전환점으로 기록한다. 만약 그가 그 모욕을 단순한 불운으로만 여겼다면, 그는 그저 실패한 변호사로 잊혔을 것이다. 그러나 간디는 그 고생을 인권과 독립운동이라는 거대한 의미로 전환했다. 총량의 법칙은 이렇게 작동한다. 치욕의 깊이가 클수록, 그것이 밀어 올린 사명과 기회의 무게도 크다.

김지하의 옥중 시와 고생의 사회적 전환

한국 현대사의 한복판에서 시인 김지하는 군사정권의 탄압으로 수차례 투옥되었고, 고문을 당했다. 그에게 "내가 왜 이 고생을 하나?"라는 절망은 매일 찾아왔을 것이다. 그러나 그는 옥중에서 〈타는 목마름으로〉 같은 시를 썼고, 그 글은 사회적 변혁의 불씨가 되었다. 개인이 짊어진 고생의 총량이 집단의 균형을 조금씩 회복시킨 셈이다. 유교적 전통에서 말하는 '대의(大義)'는 바로 이런 맥락에서 살아난다. 한 개인의 고통은 사회의 새로운 균형으로 이어질 수 있다.

보에티우스와 운명의 수레바퀴

중세 유럽의 철학자 보에티우스는 로마 황제의 모함으로 감옥에 갇혔다. 하지만 그곳에서 《철학의 위안》을 집필하며 운명의 수레바퀴를 노래했다. 바퀴가 내려가는 순간에도 그것은 곧 다시 올라가게 되어 있다는 것이다. 동서양의 사상은 여기서 하나로 수렴한다. 《주역》의 괘가 음에서 양으로 변하듯, 카르마가 고통에서 보상으로 흐르듯, 인생 총량의 법칙은 내려간 만큼 다시 올라오는 힘을 내포한다. 지금의 고생은 바퀴가 바닥을 스치고 지나가는 과정일 뿐, 영원히 그 자리에 머무르지 않는다.

의미 없는 고생과 의미 있는 고생

인간을 무너뜨리는 것은 반복되는 고통이 아니라, 의미 없는 고생이다. 의미 없는 고생은 작은 사건도 큰 짐처럼 느껴지게 만든다. 반대로 의미를 아는 고생은 버틸 수 있다.

예컨대 어니스트 헤밍웨이의 소설 《노인과 바다》에서 산티아고는 거대한 청새치를 낚기 위해 3일간 바다에서 고생한다. 그는 피투성이가 되고, 결국 상어들에게 물고기를 빼앗긴다. 하지만 그에게 그 고생은 단순한 실패가 아니다. 그 고생 속에서 그는 인간의 존엄과 끈기를 확인했다. "인간은 패배하도록 태어난 존재가 아니다. 인간은 파괴될 수는 있어도 패배하지 않는다"라는 헤밍웨이의 문장은, 고생의 의미를 단순히 결과가 아닌 존재의 증명으로 확장한다.

고생은 감정의 채굴

고생은 인간을 다듬는다. 그것은 감정을 채굴하는 과정이다. 아직 금맥은 보이지 않을 수 있지만, 당신은 분명 어둠 속에서 더 깊이 내려가고 있다. 언젠가 빛을 만날 때, 그 금맥은 지금의 고생을 통해서만 발견될 수 있었음을 알게 된다. 마치 광부가 지하 깊은 곳에서 한 줌의 금을 얻기 위해 수천 번 곡괭이를 내리치듯, 인간도 "내가 왜 이 고생을 하나?"라는 질문 속에서 감정의 근육을 키운다.

질문을 전환하는 지혜

그러니 이 질문이 다시 떠오를 때, 대답을 바꿔야 한다.

"나는 지금 어떤 빚을 갚고 있는가, 그리고 무엇을 미리 결제하고 있는가?"

간디가 그랬고, 김지하가 그랬으며, 보에티우스가 그랬듯, 고생은 무의미한 짐이 아니라 미래의 균형을 위한 선불금이다. 《주역》의 괘는 변하고, 운명의 수레바퀴는 돌아간다. 고생이 깊을수록 반대편의 기쁨은 커지고, 언젠가 무게가 정확히 맞춰지는 날, 당신은 깨닫게 될 것이다. 지금의 고생이야말로 기쁨과 성장의 토대였음을.

033

역경은 나중의 자산이다
- 빅터 프랭클의 의미 찾기 이론

절망의 순간, 그러나 거기서 멈추지 않는다.

인생에는 누구나 한 번쯤 깊은 구덩이에 빠져들 듯 무기력해지는 순간이 있다. 앞길은 어둡고, 몸은 차갑고, 마음은 어디로도 갈 수 없다. 재능도, 노력도, 인간관계도 힘을 잃는 지점에서 우리는 그것을 '절망'이라 부른다. 그러나 빅터 프랭클은 그 절망 속에서 또 다른 길을 보았다. 그는 아우슈비츠라는 절망의 끝에서조차 인간이 의미를 찾을 수 있다고 주장했다. 그것이 바로 그의 '의미 찾기 이론(Logotherapy)'이다. 인간은 쾌락이 아니라 의미를 통해 살아가며, 고통 속에서도 그 고통의 이유를 찾을 수 있다면 삶은 계속된다는 것이다. 역경은 그 순간엔 고통이지만, 의미가 더해지면 자산으로 전환된다.

고통을 해석하는 순간, 자산으로 바뀐다.

인생 총량의 법칙은 프랭클의 이론과 맞닿아 있다. 인간의 삶은 쾌락과 고통의 단순한 합이 아니라, 그 안에서 의미를 어떻게 배분하느냐에 따라 다른 궤적을 그린다. 같은 실패라도 어떤 이는 "왜 나한테 이런 일이 생겼나?"라는 분노로 끝내지만, 다른 이는 "이 경험이 나를 어떤 사람으로 만들 수 있을까?"라는 물음을 던진다. 이 작은 차이가 역경을 낭비할지, 자산으로 바꿀지를 결정한다.

《논어》에서도 공자는 "지지자 불여호지자, 호지자 불여락지자(知之者不如好之者, 好之者不如樂之者)"라 했다. 아는 것보다 좋아하는 것이, 좋아하는 것보다 즐기는 것이 낫다는 말은, 고통조차 해석에 따라 즐길 수 있다는 동양적 직관을 보여준다.

프랭클, 지옥 속에서 의미를 찾다.

프랭클은 가족을 모두 잃었고, 자신 역시 동상과 굶주림, 폭력 속에서 매일 죽음의 위협에 놓여 있었다. 그러나 그는 수감자로서가 아니라, 삶의 관찰자로서 그곳을 기록했다.

"인간에게서 모든 것을 **빼앗을** 수 있어도 한 가지는 **빼앗을** 수 없다. 바로 마지막 태도의 자유, 어떤 상황에서 어떻게 의미를 부여할 것인가."

그는 《죽음의 수용소에서》를 통해 이를 증명했다. 절망의 구덩이에서 고통은 자산으로 바뀌었고, 그 자산은 지금까지 전 세계 수천만 명의 삶을 바꾸는 영적 지침이 되었다.

역경을 의미화한 사람들의 이야기

이 패턴은 프랭클만의 것이 아니다. 한 여성 CEO는 암 투병 경험을 통해 헬스케어 플랫폼을 만들었다. 그녀는 말했다.

"암은 저주가 아니라 방향이었다. 그 고통이 없었다면 나는 지금의 나를 몰랐을 것이다."

고통이 의미로 전환되자, 그것은 사회적 가치를 만들어내는 자산이 되었다. 한국 역사 속에서도 비슷한 사례가 있다. 정약용은 유배라는 절망 속에서 《목민심서》를 비롯한 수많은 저작을 남겼다. 권력의 탄압은 그에게 고통을 주었지만, 그 고통은 후대가 길이 쓰는 자산으로 바뀌었다.

가까운 일상에서의 자산화

우리 주변에서도 역경이 자산으로 변하는 순간은 많다. 부모의 갑작스러운 죽음으로 삶의 의미를 잃었던 한 청년은, 시간이 지나 장례문화 개선 스타트업을 창업했다. 그는 말한다.

"내가 겪은 상실이 다른 가족의 상실을 덜어줄 수 있다면, 그 고통은 쓸모 있는 것이 된다."

또 다른 이는 어린 시절의 가난과 차별을 디딤돌 삼아 청소년 멘토가 되었다. 같은 역경이 어떤 이에겐 트라우마로 남지만, 또 다른 이에게는 인생의 자산으로 전환된다. 그 차이는 결국 해석의 힘에 있다.

포도가 와인이 되듯, 고통은 철학이 된다.

"갓 수확한 포도는 시간이 지나야 와인이 된다"라는 말처럼, 인간의 고통도 시간이 지나며 발효된다. 정리되지 않은 고통은 트라우마로 남지만, 정리된 고통은 철학으로 남는다. 고대 스토아 철학자 에픽테토스는 노예로 살며 주인에게 다리를 꺾이는 폭행을 당했지만, 그것을 불행이라 여기지 않았다. 그는 "다리를 잃었지만, 내 자유 의지는 잃지 않았다"고 말했다. 고통은 해석을 통해 철학이 되었고, 그 철학은 오늘날까지도 인간을 지탱하는 힘으로 남아 있다.

고통을 회피하는 자, 반복해서 만난다.

반대로 고통을 회피하거나 남 탓으로만 돌리는 사람은 같은 고통을 다른 모습으로 반복해서 겪는다. 영화 〈지옥의 묵시록〉에서 커츠 대령은 끝없는 전쟁과 광기 속에서 결국 자신이 만든 지옥에 갇힌다. 회피와 자기합리화는 고통을 의미화하지 못하고, 끝내 파멸을 불러온다. 반면 영화 〈쇼생크 탈출〉의 앤디는 감옥이라는 절망 속에서도 "희망은 좋은 것이고, 좋은 것은 결코 사라지지 않는다"는 말을 남겼다. 그가 돌과 작은 망치로 20년간 벽을 두드려 결국 자유를 얻은 장면은, 역경이 어떻게 자산으로 변하는지를 극적으로 보여준다.

감정의 리허설, 근육이 되는 의미

인생 총량의 법칙은 말한다. 깊은 역경을 겪은 사람일수록 감정의 스펙트럼이 넓어지고, 더 많은 사람을 이해할 수 있다. 고통은 감정의 리허설이다. 그 리허설을 충실히 통과한 사람만이 무대 위에서 떨지 않는다. 실패했을 때도 다시 일어설 수 있는 힘은, 이미 고통이라는 중량을 들어 올린 경험에서 나온다. "고통은 성장의 학교다"라는 탈무드의 구절처럼, 고통은 배움이자 근육이다.

지금 역경에 서 있는 사람에게

그러니 지금 역경 속에 있다면, 성급히 벗어나려 하지 말고 조용히 물어야 한다.

"이 경험이 내 삶에 어떤 구조를 만들고 있는가?"

물음이 해석을 낳고, 해석이 의미를 만들며, 그 의미는 곧 자산이 된다. 지금의 시련이 나중에 다른 사람의 삶을 바꾸는 언어가 될 수도 있고, 새로운 직업과 관계를 여는 문이 될 수도 있다. 《명심보 감》은 이렇게 말한다.

"화(禍)는 복이 될 수도 있고, 복은 화가 될 수도 있다."

역경은 그 자체가 답이 아니라, 미래의 밑거름이다.

역경은, 나를 위한 일이었다.

고통은 언젠가 기억이 되고, 그 기억은 말과 행동에 스며들어 다른 이의 삶까지 바꾼다. 나중에 돌아보면 깨닫는다.

"그 역경은 내게 벌어진 일이 아니라, 나를 위한 일이었구나."

빅터 프랭클이 말한 삶의 진실은 바로 이것이다. 역경은 반드시 자산이 된다. 다만, 그것은 의미를 찾는 자에게만 열린 길이다.

034

인생 총량을 받아들이면 자존감이 올라간다

플라톤과 아리스토텔레스가 본 균형의 지혜

플라톤은 인간의 영혼을 이성, 기개, 욕망 세 부분으로 나눴다. 이 셋이 균형을 이룰 때 비로소 조화로운 인간이 된다고 보았다. 그러나 현실의 인간은 언제나 기울어 있었다. 욕망이 지나치면 탐욕으로 타락했고, 이성이 과도하면 온기를 잃었으며, 기개만 앞세우면 고립됐다. 그는 제자들에게 단순한 도덕 교본이 아니라, 삶자체가 추와 미, 쾌락과 고통, 성공과 실패가 섞인 칵테일임을 강조했다. 이 비율이 깨질 때 인간은 파멸에 이른다는 사실을 경험으로 알았던 것이다.

아리스토텔레스는 스승의 사상을 한층 실용적으로 가다듬어 '중용'을 설파했다. 그는 지나친 용기는 무모함이 되고, 과도한 신중은 비겁함이 된다고 보았다. 극단을 피하고 균형을 찾는 순간, 인간은 비로소 자신을 존중할 수 있다고 말했다.

《명심보감》의 구절 "지나친 것은 모자람만 못하다(過猶不及)" 역시 같은 맥락이다. 인생 총량의 법칙도 결국 이와 같다. 삶은 이미 플러스와 마이너스가 섞여 있고, 그것을 억지로 늘리려 하기보다 균형을 받아들일 때 자존감이 단단해진다.

무사시와 아우렐리우스의 선택

일본의 전설적 검객 미야모토 무사시는 60번 넘는 결투에서 단한 번도 지지 않았지만, 청년 시절은 전쟁 고아로 떠돌며 먹을 것을 훔치던 부랑아였다. 그는 승리만 좇다가는 반드시 파멸한다는 사실을 깨달았다. 그래서 검술에만 몰두하지 않고 서예, 회화, 목공, 원예까지 익히며 자신의 삶을 다층적으로 채워나갔다. 그가 말년에 검을 거의 쓰지 않고도 존경받을 수 있었던 이유는, 승리의 총량만이 아니라 삶의 총량을 이해했기 때문이다.

서양에서는 로마 황제 마르쿠스 아우렐리우스가 그 예다. 전쟁과 역병, 정치적 음모에 둘러싸였던 그는 《명상록》에 이렇게 적었다.

"삶은 내 뜻대로 되지 않지만, 태도는 언제나 내 것이다."

그는 황제라는 권위에 기대지 않았고, 불행이 닥쳐도 자기연민에 빠지지 않았다. 기쁨과 고통이 교차하는 것이 인생임을 받아들였고, 그 덕분에 자신의 가치를 스스로 지킬 수 있었다. 바로 그 균형 감각이 그를 '철학자 황제'로 기억하게 했다.

유배지에서 자존감을 지킨 정약용과 정도전

한국 역사에서도 비슷한 사례가 많다. 정약용은 18년간 강진에서 유배를 살았다. 권력에서 쫓겨난 순간, 누구라도 자존감을 잃고 무너질 법했지만 그는 달랐다. 백성들의 삶을 가까이에서 목격하며 학문과 사유를 깊게 갈고닦았고, 그 속에서 《목민심서》와 《경세유표》 같은 대작을 남겼다. 권력과 인정이라는 플러스가 사라진 자리에 학문과 성찰이라는 또 다른 플러스를 채웠던 것이다.

정도전 역시 마찬가지다. 그는 고려 말 나주로 귀양을 갔다. 그곳에서 그는 백성의 피폐한 삶을 온몸으로 보았고, 그 경험은 민본주의 사상의 뿌리가 되었다. 그는 고난을 통해 "백성이 곧 나라다"라는 통찰을 얻었고, 그 사상은 결국 조선 건국의 이념적 토대가 되었다. 유배라는 마이너스를 민본의 철학이라는 플러스로 전환한 것이다. 자존감은 권력에 붙어 있지 않았다. 오히려 총량의 균형을 인정한 순간, 더욱 단단해졌다.

오프라 윈프리와 상처의 자산화

현대에서 가장 대표적인 사례는 오프라 윈프리다. 그녀는 어린 시절 가난과 학대를 겪었다. 그러나 그 과거를 부끄러워하지 않고 방송에서 솔직히 드러냈다. 시청자들은 그녀의 상처 속에서 자신의 이야기를 보았고, 그 공감이 오프라를 더 강하게 만들었다. 그녀는 "고통은 나를 정의하지 않는다. 나는 고통을 재료로 나를 만든다"고 선언했다. 인생 총량을 받아들인 그녀의 태도는 강한 자존감으로 이어졌고, 그것이 수많은 사람들의 신뢰를 끌어당겼다.

인생 총량과 자존감의 본질

인생 총량을 받아들인다는 건, 마이너스가 찾아와도 자신이 실패한 존재라고 착각하지 않는 것이다. 《논어》에서 공자는 "군자는 화이부동(和而不同)"이라 했다. 조화롭게 어울리되, 자신을 잃지 않는 것. 이는 곧 균형을 받아들일 때 생기는 자존감의 본질을 드러낸다.

무사시는 승리만이 전부가 아님을 깨닫고 검을 내려놓았고, 아우렐리우스는 황제의 고통을 사유로 승화했다. 정약용은 유배에서 학문으로, 정도전은 귀양에서 민본철학으로 자신을 재구성했다. 오프라는 상처를 자산으로 만들어 세계의 멘토가 되었다.

이들의 공통점은 한 가지다. 인생 총량을 받아들인 순간, 자존감은 상황에 흔들리지 않았다. 세상이 나를 밀어내도, 나는 내 균형 속에서 나를 존중할 수 있었다. 그것은 다른 어떤 성공보다 강력하다. 왜냐하면 그건 빼앗을 수 없고, 무너뜨릴 수 없으며, 오직 나만이 지킬 수 있는 자산이기 때문이다.

035

포기 대신 '지금은 낮은 시기'라고 정의하라

인생의 사이클을 이해하는 법

인생은 고지대와 저지대를 번갈아 오가는 여정이다. 누구도 정점에만 머물 수 없고, 누구도 바닥에만 갇히지 않는다. 하지만 우리는 고지대에 있을 땐 영원할 것처럼 웃고, 저지대에서는 끝없이 추락할 것처럼 절망한다. 그래서 '지금'이 바닥일 때 사람들은 쉽게 단정한다.

"나는 안 되는 사람이다, 내 인생은 여기까지다."

그러나 진짜 실패는 그 순간부터 시작된다. 만약 그때 이렇게 정의한다면 어떨까.

"지금은 단지 낮은 시기일 뿐이다."

이것은 포기와 전혀 다른 태도이며, 다음 장을 열 수 있는 심리적 문을 마련해 준다.

경제학이 말하는 저점과 반등

경제학의 균형 이론은 인간 인생에도 놀라울 만큼 잘 맞아떨어진다. 공급과 수요가 만날 때 시장이 움직이듯, 인간의 삶도 '에너지와 결과'라는 두 축이 맞물리며 돌고 돈다. 차이가 있다면 여기에 '심리적 해석'이라는 변수가 추가된다는 것이다. 같은 하락세를 보며 어떤 이는 "망했다"고 절망하고, 또 다른 이는 "지금은 비수기"라고 받아들인다. 후자가 반등을 준비할 수 있는 사람이다.

《주역》에서도 음이 길게 이어지면 반드시 양으로 바뀐다고 말한다. 인생 총량의 법칙을 이해하는 사람은 저점을 포기로 착각하지 않는다. 그것은 단지 사이클의 하강 국면일 뿐, 다시 오를 에너지가 축적되는 구간이다.

링컨, 끝없는 패배를 해석하다.

에이브러햄 링컨의 삶은 저점을 '포기' 대신 '낮은 시기'라 해석한 전형적인 사례다. 그는 1832년 주의회 선거 낙선, 사업 실패, 약혼녀의 죽음, 1836년 주 상원 선거 패배, 이후에도 1843·1848·1855·1858년까지 연속 낙선이라는 고난을 겪었다. 그러나 그는 자기 자신을 '끝난 사람'이라 말하지 않았다. 그는 그 시간을 연설 기술을 다듬고 정치 철학을 숙성시키는 '준비기'라 정의했다. 결국 1860년 대통령에 당선되어 남북전쟁을 버티어낸 그는, "나는 수없이 무너졌지만, 단한 번만 제대로 일어서면 된다"라는 사실을 증명했다.

정주영, 위기를 '낮은 시기'로 해석하다.

한국의 기업가 정주영 역시 저점을 포기로 두지 않았다. 그는 소양강 사력댐 공사에서 일본 건설사들이 "불가능하다"며 철수했을 때도 물러서지 않았다. 오히려 포클레인과 덤프트럭을 동원해 불가능을 현실로 만들었고, 마침내 완공을 성공시켰다. 그에게 위기는 단순한 절망이 아니라 다음 도약을 준비하는 낮은 시기였다.

더 놀라운 건 조선소를 짓기 전의 일화다. 그는 단돈 몇 장의 도면조차 없었지만, 회의석상에서 거북선이 그려진 500원짜리 지폐를 꺼내 보이며 말했다.

"우리 민족은 이미 이런 배를 만들었다. 다시 못 만들 리가 없다."

그는 조선소가 세워지기도 전에 선박을 수주해냈고, 현대중공업이라는 신화를 시작했다. 이처럼 해석 하나가 저점을 도약대로 바꿨다.

서울올림픽 유치 과정에서도 그의 저점 해석은 드러난다. 세계가 냉전의 그늘에 묶여 있던 1980년대, 한국은 국제적으로도 작은 나라였다. 그러나 정주영은 "우리는 지금 비수기에 있지만, 반드시 반등할 수 있다"는 확신으로 뛰었고, 결국 서울올림픽은 한국 경제와 문화의 거대한 반등점이 되었다.

고흐와 알리, 낮은 시기를 버티다.

예술계에서는 빈센트 반 고흐가 대표적이다. 생전 단 한 점의 그림만 팔았던 그는 누군가에게는 실패자로 보였을 것이다. 그러나 그는 저 시기를 포기가 아니라 '내 그림의 뿌리를 내리는 시기'로 삼았다. 그의 공급은 과잉이었지만, 시장은 따라오지 못했다. 그러나 사후, 그의 작품은 전 세계에서 폭발적인 수요를 불러일으켰다.

고흐의 저점은 단지 시간차가 있는 비수기였을 뿐이었다.

무하마드 알리도 마찬가지였다. 그는 복싱 챔피언 타이틀을 거머쥔 뒤, 징병 거부로 인해 3년간 자격 정지를 당했다. 누구나 포기했을 법한 전성기의 공백기였다. 그러나 알리는 이를 단순한 '낮은 시기'로 해석하고, 훈련과 자기 관리에 몰두했다. 복귀 뒤에 그는 세상의 예상을 깨고 다시 챔피언에 올랐다. 저점은 곧 반등의 시작이었다.

심리적 해석이 만드는 회복력

낮은 시기를 포기로 규정하면 감정과 행동이 동시에 멈춰버린다. 그러나 "지금은 비수기일 뿐"이라고 정의하면 자존심이 지켜진다. 자존심이 살아 있으니 행동력이 유지된다. 링컨이, 정주영이, 알리가 그랬다. 반대로 포기라고 말한 사람은 시장이 회복돼도 돌아올 수 없다. 이미 자리를 떠난 상인처럼 기회가 와도 맞이하지 못한다.

심리학자들은 이를 '인지적 재해석'이라 부른다. 똑같은 사건이라도 해석을 달리하면 감정의 무게가 달라진다. 《명심보감》의 구절처럼 "화는 참으면 약이 되고, 못 참으면 독이 된다." 고통을 포기라 정의하면 독이 되지만, 낮은 시기라 정의하면 약이 된다.

인생 총량이 말하는 저점의 가치

인생 총량의 법칙은 이렇게 작동한다. 낮은 시기가 길수록 반등의 탄력이 커진다. 경제학의 그래프처럼, 공급과 수요는 결국 다시 만난다. 지금의 비수기는 단지 순환의 일부일 뿐이다. 《도덕경》에서도 노자는 "천지불인(天地不仁), 만물을 개와 같이 다룬다"고 했다. 냉정한 듯 보이는 이 순환 속에서, 높음과 낮음은 반드시 번갈아 찾아온다. 그러니 오늘의 저점을 절망으로 정의하지 말고, 이렇게만 말해보자.

"지금은 단지 낮은 시기일 뿐이다."

그 한 문장이야말로, 포기와 반등의 갈림길을 가르는 언어다.

036

불운의 연속이 끝나고 나면 터지는 성장

머피의 법칙과 불운의 연쇄

불운은 신기할 만큼 연속적으로 몰려온다. 아침에 지하철을 놓치고, 출근길에 커피를 쏟고, 회사에서는 보고서가 엉켜 상사에게 혼나며, 퇴근길에는 휴대폰 액정까지 깨지는 날. 마치 세상이 당신을 시험하듯 모든 일이 꼬이는 순간이 있다.

이때 흔히 떠올리는 게 바로 머피의 법칙이다.

"잘못될 수 있는 일은 반드시 잘못된다."

실제로 인간의 뇌는 연속된 불운을 더 강하게 기억하는 경향이 있어, 작은 실수조차도 거대한 재앙의 일부처럼 느끼게 된다. 그러나 머피의 법칙이 전하는 또 다른 교훈은 이것이다. 잘못될 수 있는 일을 겪고도 살아남으면, 그 다음 국면은 반드시 바뀐다. 불운의 연속은 끝이 없는 추락이 아니라, 반등의 전조다.

불운을 견디는 자에게 오는 성장 – 칭기즈칸의 사례

몽골의 칭기즈칸 역시 젊은 시절 불운의 화신에 가까웠다. 아버지가 독살당하고, 부족은 뿔뿔이 흩어졌으며, 어린 그는 가족과 함께 극심한 굶주림 속에서 살아야 했다. 사냥감 하나를 두고 동생과 다투다 그를 죽이고, 그 뒤 수년간 도망자로 살아야 했던 그의 삶은 연속된 불운의 기록이었다. 그러나 바로 그 시절이 그를 강철 같은 지도자로 만들었다. 불운이 길게 이어질수록 그는 부족과 전쟁의 본질을 깊이 이해했고, 결국 모든 불운이 끝났을 때 몽골 초원을 통일할 힘을 폭발시켰다. 인생 총량의 법칙은 이렇게 말한다. 긴 불운은 긴 성장의 예고편이다.

신앙과 심리학의 힘 – 노먼 필의 메시지

심리학자이자 목회자였던 노먼 필은 《적극적 사고의 힘》에서 "고통의 순간은 끝내 당신을 강하게 만들고, 그 강함이 기회를 불러온다"고 강조했다. 그는 젊은 시절 끊임없이 낙심했고, 목사로서도 회중 앞에 서는 게 두려워 사직서를 썼던 적이 있었다. 그러나 그는 불운을 단순한 실패가 아니라 '성장을 위한 빚 갚기'로 정의했다. 그는 나중에 고백했다.

"나는 불운이 끝나지 않을 것 같았을 때, 그것을 기도의 언어로 바꿨다. 그러자 불운은 더 이상 적이 아니라 나를 밀어주는 에너지였다."

그의 메시지는 단순한 위로가 아니라 심리학적 실험에서도 입증된다. 불운을 긍정적 해석으로 전환한 사람들은 그렇지 않은 사람보다 회복 탄력성이 높았다.

문학이 말하는 불운의 전야 – J.K. 롤링의 이야기

J.K. 롤링은 《해리포터》 시리즈로 세계적인 부와 명성을 거머쥐었지만, 그전까지 그녀의 인생은 불운의 연속이었다. 이혼 뒤 아이 하나를 키우며 생활보조금에 의존했고, 차가운 카페에서 원고를 쓰며 "내가 왜 이렇게까지 살아야 하나?"를 수없이 되뇌었다. 출판사 열두 곳에서 원고가 거절당했을 때, 그녀는 절망 대신 "아직 나의 낮은 시기일 뿐"이라고 스스로를 정의했다. 그리고 불운의 연속이 끝난 시점, 《해리포터》는 전 세계 수억 명의 독자에게 읽히며 그녀의 삶을 송두리째 바꿔놓았다. 그녀의 성공은 불운이 끝날 때 비로소 터져 나온 성장의 상징적 사건이었다.

스포츠가 보여주는 불운과 반등 – 마이클 조던

스포츠 스타 마이클 조던 역시 불운의 전형적인 기록을 남겼다. 고등학교 농구팀에서 탈락했고, NBA 첫 시즌에는 부상으로 절반 이상을 결장했으며, 플레이오프에서도 번번이 좌절을 맛보았다. 언론은 그를 '위대한 개인 플레이어지만 우승과는 거리가 먼 선수'라 평가했다. 그러나 그는 불운을 포기의 근거로 삼지 않았다. 그는 매일 수천 개의 슛을 던지며 불운의 빚을 갚았다. 그리고 그 연속된 불운이 끝난 자리에서, 1991년부터의 3연속 우승이 터져 나왔다. 그의 성장 곡선은 불운의 압축이 끝난 지점에서 폭발적으로 상승했다.

한국의 역사 속 불운과 자산 – 안창호

한국 독립운동가 안창호의 삶 역시 불운의 연속이었다. 학교를 세우면 일제가 폐쇄했고, 집회를 열면 투옥되었다. 건강은 악화했고, 동지들조차 체념하거나 변절했다. 그러나 그는 불운을 역사의 업으로 받아들였다. "나의 고난은 개인의 불운이 아니라 조국의 미래를 위한 빚"이라며 버텼다. 그가 세운 흥사단과 교육 운동은 해방 뒤 수많은 지도자들에게 정신적 자산이 되었고, 그의 불운은 죽은 뒤에야 거대한 자산으로 전환되었다.

불운을 해석하는 힘 – 불교적 관점과 업의 균형

불교에서 말하는 윤회와 업은 불운의 연속을 설명하는 데 가장 적확한 개념이다. 지금의 고통은 업의 균형을 맞추는 과정이며, 그 업이 다 소진되면 반드시 새로운 길이 열린다. 마치 태풍이 몰아쳐야 하늘이 맑아지듯, 불운의 연속은 성장이라는 기후 변화를 불러오는 전야다. "괴로움이 끝나면 즐거움이 반드시 따른다"는 《불경》의 구절처럼, 불운은 결코 독립적인 현상이 아니라 다음 국면으로 건너가기 위한 다리다.

총량의 법칙이 말하는 압축의 원리

인생 총량의 법칙은 불운을 감점으로 보지 않는다. 그것은 오히려 압축된 에너지다. 작은 불운이 쌓일수록 내성은 강화되고, 큰 불운이 이어질수록 감정의 그릇은 확장된다. 그릇이 넓어지면 기뿜과 성취를 담을 수 있는 용량도 커진다. 불운의 연속은 단순한 추락이 아니라 성장의 에너지를 충전하는 구간이다. 문제는 그 압축이 끝나기 전에 포기하는 사람들이다. 반대로 끝까지 버티는 자는 압축이 풀릴 때 감당하기 힘들 정도의 성장을 경험한다.

불운의 끝에서 터지는 성장

불운의 연속은 누구에게나 찾아온다. 그러나 그것을 '나에게 문제가 있다'는 증거로 해석하지 말고, '곧 끝날 압축 과정'이라 정의해야 한다. 안창호가 그랬고, 조던과 롤링이 그랬다. 칭기즈칸은 불운을 견디며 제국을 세웠고, 노먼 필은 불운을 신앙과 심리학으로 해석하며 사람들에게 희망을 줬다. 결국 인생 총량의 법칙은 이렇게 속삭인다.

"불운이 연속된다는 건, 너의 성장이 곧 터진다는 증거다."

그러니 지금 불운의 터널 속에 있다면, 이렇게 말해보라.

"나는 망하는 게 아니라, 압축되는 중이다."

그 압축이 끝나는 날, 성장은 반드시 폭발한다.

037

행복을 축적하지 말고 분산하라

저장하려는 본능의 역설 : 행복은 "쌓는 순간" 변질된다.

사람들은 행복을 마치 통장 잔고처럼 여긴다. 가능한 한 아끼고, 모으고, 저장하려고 한다.

"이 기분, 오래가야 해."

"이 행복을 놓치면 안 돼."

"이 순간을 위해 지금껏 참았지."

그래서 어떤 사람은 여행지에서 "이 감정 잊지 말자"는 강박으로 셔터를 연사하고, 가족 식탁에서도 '좋았던 말'을 머릿속에 꼭꼭 눌러 담으려 애쓴다. 연애의 황금기에는 사랑받는 감각을 머리에 각인시키려 하다가 오히려 상대의 숨을 막기도 한다. 그런데 이상하게도, 그렇게 움켜쥘수록 행복은 미끄러진다. 감정은 액체에 가깝다. 움켜쥐면 새어 나간다.

《인생 총량의 법칙》이 말하는 핵심은 간단하다. 행복은 '총량이 정해진 에너지'라서, 흘려보내고 분산해야 오래간다. 장마 한 달 치 비를 하루에 퍼부으면 땅이 잠기고 곡식이 상하듯, 한철에 행복을 몰아 쓰면 그다음 계절에 마실 물이 모자란다. 《주역》의 순환 논리도 같다. 태괘의 형통 뒤에는 비괘의 막힘이 온다. 그러니 고대의 현인들은 "기쁨을 조금씩 나눠 오래도록 누리라"는 덕담을 지혜의 법칙으로 삼았다.

분산의 미학 : 기쁨을 '조금씩, 널리, 자주'

행복 분산은 단순한 절제가 아니다. 공유·다양성·연결·지속 가능성이라는 네 축으로 작동한다.

첫째, 공유의 가치. 기쁜 일을 혼자 간직하기보다, 나누면 감정이 증폭된다.

둘째, 경험의 다양성. 한 종류의 쾌락을 비축해 반복하는 대신, 작은 즐거움을 여러 결로 흩뿌리면 '쾌락 적응'이 늦어진다.

셋째, 사회적 연결. 나눔은 신뢰를 만든다.

넷째, 지속 가능성. 오늘의 기쁨 일부를 타인과 내일의 나에게 남겨 두면, 반작용의 파고를 낮춘다. 행복을 통장에 저축하듯 묶어두는 게 아니라, 배당처럼 주기적으로 나눠 주는 방식이다.

역사로 배우는 분산 전략 : 승전의 술자리를 짧게, 다음 싸움을 길게

전국시대 조나라의 명장 염파는 대승의 밤에도 잔치를 길게 끌지 않았다.

"오늘 승리의 기운을 다 써버리면 내일은 무엇으로 적을 막겠는가."

그는 전리품을 휘둘러 자기 공을 과시하기보다 부하와 나눴고, 그 절제가 전선의 지속 가능성을 만들었다.

토머스 에디슨은 전구 발명 직후 성대한 연회를 거절하고, 다음 날 축음기 실험에 들어갔다. 성취의 황홀을 오래 붙잡으면 '허무의 반동'이 온다는 걸 알았기 때문이다. 반대로 명말의 환관 위충현은 권력의 달콤함을 한 계절에 몰아 쓴 끝에 민심과 황제의 신뢰를 동시에 잃고 급전직하했다. 행복을 한꺼번에 소비하면, 길고 혹독한 청구서가 온다.

동양의 절제, 서양의 분산 : 율곡과 배당의 철학

율곡 이이는 장원급제의 환호를 오래 끌지 않고 낙향해 학문을 닦고 제자를 돌보았다. 관직과 학문을 번갈아 배치하며 에너지를 분산한 덕분에, 정치 격랑 속에서도 무너지지 않았다. 경영에서 마쓰시타 고노스케는 호황의 이익을 절반은 보너스로, 일부는 불황 대비 기금으로 돌리는 '행복 배당'을 실천했다. 조직도 개인도 같다는 사실을 그는 안다. 좋을 때 나눠야 나쁠 때 버틴다.

문학과 영화가 전한 메시지 : "행복은 공유될 때 현실이 된다."

여행과 독립을 향한 로망 끝에서 고독을 끌어안았던 청년의 실화를 바탕으로 한 영화가 있다. 그의 일기장에는 '행복은 함께할 때 비로소 현실이 된다'는 문장이 남았다. 사랑을 소유하려던 그는, 마지막에야 사랑은 흐르게 해야 남는다는 걸 깨닫는다. 문학 속에서도 비슷하다. 장기판의 한 수처럼 기쁨을 아껴 두려는 인물일수록 끝내 손에 남는 것은 쥐어뜯은 기억의 조각들뿐이다. 반대로, 작은 온정을 동네의 이웃에게 꾸준히 돌리는 인물은 위기 상황에서 관계의 그물로 살아난다. 이야기들이 오래 사랑받는 이유는, 행복의 메커니즘을 정확히 짚기 때문이다.

스포츠와 공연의 리듬 : 우승의 밤을 짧게, 커리어를 길게

로저 페더러는 윔블던 우승의 밤에도 파티를 길게 끌지 않는다. 간단한 만찬 뒤 다음 훈련으로 복귀시키는 습관이 그의 30대 중반을 세계 정상으로 밀었다. 오케스트라의 투어도 그렇다. 초연 대성공의 박수를 '유일한 정답'으로 붙들면 다음 공연은 무너진다. 공연이 끝나는 순간, 다음 호흡으로 넘기는 사람이 커리어를 길게 만든다.

심리학의 근거 : 쾌락 적응, 피크 – 엔드, 향유(savoring)

행복은 강한 자극일수록 빨리 둔감해진다(쾌락 적응). 그래서 한 방의 '대행복'을 모아 쓰면, 다음 날의 평범함이 더욱 밋밋해진다. 또한 우리는 경험의 정점과 끝으로 전체를 기억한다(피크 – 엔드 규칙). 그러니 긴 축하보다 짧고 선명한 피크를 여러 번 만드는 것이 총체적 만족을 높인다. 방법은 간단하다. 향유(savoring) : 오래 붙잡기보다 천천히 음미하고, 감사 인사를 보내고, 조금 남겨 둔다. 이 작고 빈틈 있는 마무리가 내일의 감각을 지킨다.

전통의 지혜 : '나눔'은 기쁨의 순환 장치

불교의 '보시(布施)'는 재물만이 아니라 기쁨·시간·관심을 흘려보내는 연습이다. 흘러나간 곳에서 뜻밖의 돌봄이 되돌아들어 삶을 밀어준다. 아프리카의 우분투 사유도 "내가 있으니 네가 있다"는 연결의 언어다. 혼자 독점한 행복은 체온을 잃지만, 공동체로 순환한 행복은 사회적 체온을 만든다.

일상의 설계 : 분산을 가능하게 만드는 작은 장치들

행복은 습관으로 관리된다.

- 주간 배당제 : '한 주간의 좋은 것 세 가지'를 월·수·금에 나눠 실행한다(맛있는 점심, 산책, 오래 미뤄둔 연락).
- 축하의 타임박스 : 성취의 파티는 90분, 사진은 10장, 소감은 세 문장. 선명한 피크를 남기고 다음 장으로 넘긴다.
- 나눔 캘린더 : 매달 마지막 주말엔 누군가의 성공을 축하하거나 작은 선물을 건넨다. 내 행복의 일부를 타인의 기억에 저장한다.
- 의식의 빈자리 : 여행·연휴의 마지막 날을 '회복일'로 비워 둔다. 과열의 반동을 흡수하는 완충 장치가 된다.
- 기록 방식 : "오늘 가장 좋았던 10초"만 적는다. 길게 붙들지 않고, 짧게 빛나게 한다.

경계해야 할 함정 : 축적의 강박이 부르는 역풍

행복을 증명하려는 강박은 사람을 피곤하게 한다. 사진으로만 여행을 '수집'하면 나중에 앨범은 가득해도 감각의 메모리는 비어 있다. 연애의 기쁨을 문장으로 저장하려 집착하면, 상대는 감정의 흐름 대신 중빙의 의무를 느낀다. 직장에서 팀의 성과를 한 번에 뽑아내려다 번아웃을 초래하는 것도 같은 패턴이다. 축적형 행복은 결국 허탈로 청구된다.

한국적 장면 몇 가지 : 오래가는 기쁨의 방식

잔칫날에 국수를 나눠 먹던 풍습은 '좋은 일은 퍼질수록 길하다'는 믿음의 의식화였다. 큰 상을 받은 스승이 그날 밤 제자들과 조용히 국밥 한 그릇 나누며 "내일은 평소처럼 수업하자"던 장면, 승진한 부모가 아이와 동네 공원에서 작은 케이크를 나눠 먹던 저녁. 이런 소박한 분산이 가족의 정서 저수지를 채운다.

행복은 강물처럼 – 쌓지 말고 흐르게

행복을 축적하지 말고 분산하라. 오늘의 기쁨을 조금씩 나누고, 다양하게 흩고, 연결로 순환시키고, 빈칸으로 숨 돌리면, 인생의 총량은 놀랍도록 안정된다. 염파가 승전의 밤을 짧게 하고, 에디슨이 축하 대신 다음 실험으로 향했으며, 율곡과 마쓰시타가 호황의 열기를 흘려보냈던 이유가 여기에 있다. 행복은 소유물이 아니라 유통재다. 흘릴수록 맑아지고, 나눌수록 커지며, 분산할수록 오래 간다. 오늘의 행복을 전부 쓰지 말고, 내일의 나와 곁 사람들에게 배당하라.

그 배당이 바로, 인생 총량을 가장 아름답게 운용하는 기술이다.

038

인생의 굴곡을 버티는 근육 만들기

인생의 곡선은 훈련장이 된다.

인생은 직선이 아니다. 누구도 예외 없이 굴곡을 통과한다. 오르막에선 자신이 영원히 승리자일 거라 믿고, 내리막에선 다시는 올라가지 못할 것 같아 절망한다. 하지만 시간이 흐르면 깨닫는다. 인생은 산맥처럼 고지와 저지가 반복되며, 그 리듬을 버틸 줄 아는 사람만이 끝까지 유효하다는 것을. 버틴다는 건 이를 악물고 참는 게 아니라, 상황에 대응할 수 있는 근육을 키우는 일이다.

근육의 원리 : 찢어짐이 강함을 만든다.

헬스장에서 무거운 중량을 드는 순간, 근육 섬유는 미세하게 찢어진다. 그러나 그 찢어진 상처가 회복되면서 근육은 오히려 더 강하고 단단해진다. 인생도 마찬가지다. 실패와 상처라는 미세한 파열이 삶의 근육을 만든다. 현대의학은 이를 '보상성 기능'이라 부른다. 한쪽이 무너지면 다른 쪽이 강화되어 균형을 맞추는 원리다. 혈압이 오르면 심장은 더 강하게 뛰고, 스트레스가 몰려오면 호르몬이 변해 몸을 전투 태세로 만든다. 인생의 총량도 이와 같다. 한

쪽이 과도하게 쏠리면, 반드시 반대편에서 균형을 회복하려는 힘이 생긴다. 문제는 많은 이들이 회복의 시간을 주기도 전에 '끝났다'고 단정하는 데 있다.

이순신 장군 : 굴곡 속에서 단단해진 철심

임진왜란의 영웅 이순신 장군은 굴곡을 버티는 근육의 화신이었다. 그는 전쟁 발발 전 이미 모함으로 파직을 당하고 옥살이를 겪었다. 그 시기의 치욕은 그의 정신을 철판처럼 만들었다. 명량해전에서 단 13척으로 133척을 상대할 수 있었던 것은 전술적 천재성 때문만이 아니었다. 이미 인생의 가장 깊은 굴곡을 견뎌낸 자만이 발휘할 수 있는 심리적 근육 덕분이었다. 그는 이렇게 기록했다.

"신(臣)에게는 아직 12척의 배가 있사옵니다."

이 말은 절망을 끝으로 정의하지 않고, '버틸 힘'을 재정의한 상징이다.

헬렌 켈러 : 결핍이 만든 감정의 근육

청각과 시각을 동시에 잃고도 세계적인 작가이자 사회운동가가 된 헬렌 켈러 역시 인생 굴곡의 상징이다. 그녀는 "나는 어둠 속에서 빛을, 침묵 속에서 목소리를 배웠다"고 말했다. 어린 나이에 닥친 결핍은 고통 그 자체였으나, 그 결핍은 그녀의 감각과 사고를 단련하는 훈련장이었다. 스승 설리번과의 치열한 훈련을 통해 '물(Water)'이라는 단어를 손끝으로 느끼던 순간, 그녀의 내면에 감정

의 근육이 탄생했다. 이 근육은 그녀를 강연가로, 투사로, 인류의
교사로 만들었다.

전쟁터와 참호 속에서 자라난 생존 근육

제2차 세계대전 동부전선에서 얼어붙은 참호에 투입된 한 병사
는 동료들이 체력 고갈로 쓰러질 때에도 매일 팔굽혀펴기를 하고
참호를 달렸다. "총보다 폐와 심장이 먼저 살아 있어야 한다"는 믿
음 덕분이었다. 전투를 이겨낸 건 무기보다도 회복 근육이었다. 전
쟁이 끝난 뒤 그는 세계적인 체력 코치가 되었고, "회복력이 곧 생
존력"이라는 철학을 전했다.

처칠의 낮잠과 그림 : 심리적 근육의 회복법

영국의 윈스턴 처칠은 매일 독일군 폭격 소식을 들어야 했지만,
오후 20분 낮잠을 반드시 챙겼다. 또 저녁이면 붓을 들어 그림을
그렸다. 사람들은 취미라 생각했지만, 그는 이것을 '정신 근육 회복
훈련'이라고 불렀다. 붓과 물감이 전쟁의 폭격과 균형을 이루었기
에 그는 심리적으로 무너지지 않았다. 폭격과 그림, 고통과 창조,
그 두 축이 그의 회복 탄력성을 완성했다.

박제가의 근육 만들기 : 몸과 사상의 병행

조선 후기 실학자 박제가는 청나라 사신으로 갔다가 조선의 낙
후됨을 절감하고, 귀국 뒤 개혁을 주장했으나 번번이 좌절했다. 하

지만 그는 포기 대신 자기 근육 만들기를 택했다. 새벽엔 활쏘기로 몸을 단련했고, 저녁엔 고전을 읽으며 사상의 힘을 키웠다. 그는 이를 "마음의 군살을 빼고 사상의 근육을 붙이는 일"이라 표현했다. 그의 개혁은 당대에 이뤄지지 않았지만, 후대 사상가들의 토대가 되었다. 근육은 바로 그 시기에 만들어졌다.

심리학이 말하는 회복 탄력성

심리학에서는 이를 '정신적 레질리언스(Resilience)'라 부른다. 이는 단단히 버티는 힘이 아니라, 무너져도 다시 일어나는 힘이다. 실패를 삶의 일부로 받아들이고 다시 구성할 수 있는 능력이다. 이 능력은 타고나는 것이 아니라, 작은 굴곡을 하나하나 통과하면서 길러진다. 헬렌 켈러가, 처칠이, 이순신이 보여준 것은 바로 그 반복 훈련의 힘이었다.

인생 총량의 법칙과 근육의 상관관계

인생의 굴곡은 파괴가 아니라 단련의 과정이다. 몸이든 마음이든 한쪽이 무너지면 다른 쪽을 단련해 균형을 맞추려는 보상성 기능이 작동한다. 인생 총량의 법칙은 굴곡을 단순한 불운이 아니라, 성장의 전조로 해석하게 한다. 다음 번 삶이 당신을 참호 속에 몰아넣을 때 기억해야 한다. 지금 찢어지는 건 패배가 아니라, 근육이 커지고 있다는 신호다. 결론적으로, 인생을 버티는 힘은 의지의 이빨이 아니라 회복의 근육에서 나온다.

이순신의 철심, 헬렌 켈러의 손끝, 처칠의 붓, 산티아고의 호흡은 모두 같은 메시지를 남긴다. 굴곡을 통과하는 순간, 당신은 더 강해지고, 더 유연해지고, 더 깊은 사람이 된다. 그것이 바로 인생을 끝까지 유효하게 만드는 유일한 방법이다.

039

실패가 많아도 총량은 비슷하다

- 결과보다 과정

실패는 감점표가 아니라 균형의 도표

사람들은 실패를 숫자로 세는 순간 자신을 잃는다.

"나는 다섯 번이나 떨어졌다."

"열 번 사업이 망했다."

"스무 번 고백했는데 다 차였다."

이런 식의 자기진단은 마치 인생이 감점식 채점표인 것처럼 보이게 한다. 그러나 《인생 총량의 법칙》은 다른 관점을 제시한다. 인생은 시험지가 아니라 거대한 균형판이다. 감정과 경험, 기쁨과 고통, 성공과 실패가 서로의 무게를 맞추며 움직인다. 실패가 많으면 그만큼 성공의 질량도 늘어난다. 총량은 결국 맞춰진다.

《주역》의 지혜 : 차오르면 기울고, 비면 다시 찬다.

《주역》의 64괘는 단순한 점술 도구가 아니다. 그것은 인간사의 패턴을 압축해 놓은 도표다. 태괘(泰卦)에서 번영이 절정을 찍으면 곧바로 비괘(否卦)로 흘러들어가 침체가 오고, 곤괘(坤卦)의 곤궁함 속에서도 건괘(乾卦)의 창조적 에너지가 싹튼다. 《주역》은 이렇게 말한다.

"하늘은 가득 차면 기울고, 낮아지면 다시 찬다."

실패가 많다고 해서 그것이 고정된 결론이 되는 게 아니다. 오히려 균형을 위해 반대편의 힘이 준비되고 있다는 신호다.

사마천의 치욕과 《사기》의 불멸

이 법칙을 가장 처절하게 체험한 이는 사마천이었다. 한나라 무제 시절 그는 이릉 장군을 변호했다가 궁형이라는 치욕적인 형벌을 받았다. 대부분의 사람들은 그 자리에서 삶을 포기했지만, 그는 버텼다. 아버지와의 약속, 《사기》를 완성해야 한다는 사명 때문이었다. 그는 "나는 치욕을 이겨내고 완성해야 할 사명을 위해 산다"고 했다. 인생 총량의 법칙은 여기서 드러난다. 한쪽 장부에 기록된 극심한 실패와 수치가 반대편 장부에는 인류 역사상 가장 위대한 역사서라는 불멸의 자산으로 남았다.

링컨 : 낙선의 연속에서 대통령으로

에이브러햄 링컨은 하원의원 선거, 상원의원 선거, 사업, 약혼 등에서 수많은 실패를 겪었다. 동시대인들은 그를 실패 제조기라고 불렀다. 그러나 링컨은 이 실패의 연속을 정치적 언어와 대중 심리를 배우는 훈련장으로 삼았다. 그는 "나는 걸음을 멈추지 않았다. 다만 더디게 걸었을 뿐"이라고 회상했다. 이 축적된 실패의 무게가 있었기에 그는 남북전쟁이라는 초유의 위기 속에서도 무너지지 않았다. 실패의 총량이 곧 성공의 내구성이 되었던 것이다.

김구 : 업보 절반, 독립 절반

한국의 김구 역시 젊은 시절 수없이 좌절을 겪었다. 감옥에 갇히고, 그의 임시정부가 돈과 사람을 잃고, 동지들이 흩어졌다. 그는 그 모든 것을 "내 업보의 절반"이라 불렀다. 나머지 절반은 조국 독립이라는 대의에 쓰기 위해 남겨둔 몫이었다. 그의 삶은 해방과 함께 완전한 승리로 끝나진 않았지만, 독립운동사의 정신적 자산은 총량을 맞추고도 남았다. 실패와 좌절이 많았지만, 그 무게만큼 후대가 얻은 정신적 자산은 값졌다.

달라이 라마 : 고난 속의 평정

티베트에서 망명한 달라이 라마는 고향을 잃고 전 세계를 떠돌며 정치적 실패를 겪었다. 그러나 그는 이를 개인적 비극으로만 받아들이지 않았다. 오히려 세계 곳곳에서 불교적 평정심과 자비의 가르침을 전하며 새로운 무대를 만들었다. 달라이 라마는 말했다.

"행복은 준비된 마음에서 온다. 외부 상황이 아니라, 내 해석이 결정한다."

나라를 잃는 불운이 있었지만, 그 반대편에는 전 세계인에게 영적 메시지를 전하는 기회가 자리했다. 실패가 많은 듯 보여도, 총량은 결국 균형을 찾았다.

장준하 : 실패 속에서 자산을 쌓다.

독립군으로 출발해 해방 뒤에는 언론인과 정치가로 활동한 장준하는 끊임없이 좌절을 겪었다. 그는 군정과의 갈등으로 투옥되었고, 언론 활동은 검열에 가로막혔다. 그러나 그는 멈추지 않고 〈사상계〉를 창간해 한국 지성사의 이정표를 세웠다. 그의 삶은 정치적 실패와 좌절의 연속이었지만, 그 실패의 축적이 한국 민주화의 사상적 토양이 되었다. 인생 총량의 법칙은 그의 생애에서 뚜렷했다. 한쪽의 실패가 다른 쪽에서는 정신적 자산으로 변환되었다.

내면의 이자 쌓기 : 실패는 보이지 않는 자산

'내면의 이자 쌓기'라는 말처럼, 실패는 겉으론 손해 같아도 감정과 통찰이 차곡차곡 쌓인다. 실패가 반복될수록 사람은 무뎌지지 않고, 오히려 정교해진다. 고통의 총량만큼 기쁨의 감수성도 높아지고, 실패의 총량만큼 성공의 내구성도 깊어진다. 《인생 총량의 법칙》이 말하는 것은 단순하다. 실패는 감점이 아니라 인생의 반대쪽 무게다.

과정이 전체를 만든다.

중요한 건 결과가 아니라 과정이다. 실패가 많은가? 그렇다면 그것은 당신이 더 많은 감정을 경험했고, 더 깊은 사람으로 살아가고 있다는 신호다. 사마천, 링컨, 김구, 달라이 라마, 장준하 – 이들의 삶은 실패가 곧 자산이 되는 과정을 보여준다. 그러니 좌절의 순간에 이렇게 말해야 한다.

"나는 실패한 것이 아니라, 더 많은 삶을 겪고 있는 중이다."

그리고 반드시 기억하라. 총량은 비슷하다. 인생은 끝까지 보면, 결국 균형을 맞춘다.

040

큰 고통 뒤엔 큰 존재감이 따라온다

고통은 인생의 스포트라이트다.

고통은 단순히 지나가는 사건이 아니다. 그것은 인간을 조명하는 스포트라이트다. 평온할 때 사람은 평범한 얼굴을 드러내지만, 고통 속에서는 가장 본질적인 얼굴이 드러난다. 플라톤이 말한 영혼의 세 부분 – 이성, 기개, 욕망 – 은 평상시엔 불균형하게 흔들리지만, 고통 속에서는 그것이 한꺼번에 불려 나온다. 그래서 큰 고통을 겪은 사람은 단단함, 울림, 무게라는 '존재감'을 남긴다. 《인생 총량의 법칙》은 말한다. 고통이 크면 반드시 그 반대편 어딘가에 무게 있는 존재가 형성된다.

나폴레온 힐 : 고통에서 시작된 질문

나폴레온 힐은 어린 시절 가난과 차별 속에서 자랐다. 어머니를 일찍 여의고, 아버지에게 버림받으며 세상은 불공정하다는 사실을 누구보다 먼저 깨달았다. 그러나 그는 그 고통을 체념이 아니라 관찰로 전환했다. "왜 어떤 사람은 실패하고, 어떤 사람은 성공하는가?"라는 질문이 그의 가난과 고통 속에서 태어난 최초의 통찰이었다. 그는 《생각하고 부자가 되세요》에서 이렇게 적었다.

"당신이 무엇을 겪었는가는 중요하지 않다. 그것을 어떻게 전달하느냐가 당신의 가치를 결정한다."

그의 존재감은 화려한 성공에서 나온 것이 아니라, 버림받고 실패했던 시간들을 해석하고 나눈 힘에서 나왔다.

조엘 오스틴 : 갑작스러운 무대 위의 탄생

조엘 오스틴은 20년 넘게 무대에 서 본 적이 없었다. 대형 교회의 목회자 아들이었지만 그는 늘 뒤에서 원고를 준비하는 역할이었다. 그러나 아버지의 갑작스러운 죽음 이후, 모든 스포트라이트가 그에게 쏟아졌다. 장례식 바로 다음 주, 그는 생전 단 한 번도 하지 않았던 강단 설교를 맡았다. 떨리는 목소리로 원고를 읽어 내려갔지만, 바로 그 불완전한 설교가 사람들에게 깊은 울림을 주었다. 슬픔을 회피하지 않고 그 순간을 버텼기 때문에, 그는 희망의 언어를 전하는 목회자로 자리매김할 수 있었다. 고통의 시작이 곧 존재감의 시작이었다.

롤로 메이 : 병상 위에서 태어난 심리학

심리학자 롤로 메이는 폐결핵으로 요양소에서 죽음을 눈앞에 두고 있었다. 모든 힘이 빠져나가는 그 시간 속에서 그는 오히려 자신이 누구인지, 무엇을 원하는지에 대해 처음으로 깊게 사유했다. 그 고통이 있었기에 그는 '존재적 심리학'을 창안할 수 있었다. 그의 글이 힘을 가진 것은 단순히 학문적 분석 때문이 아니었다. 고통을 통과한 사람만이 남길 수 있는 진동이 있었기 때문이다. 독자들은 그의 글을 읽으며 이렇게 느꼈다.

"이 사람은 정말 아파봤구나."

그때부터 롤로 메이의 글은 단순한 심리학이 아니라, 고통이 남긴 존재감의 증언이 되었다.

스티븐 호킹 : 몸의 무게가 만든 정신의 무게

스티븐 호킹은 21세에 루게릭병 진단을 받았다. 의사는 그에게 "2년밖에 못 살 것"이라고 말했다. 몸은 서서히 마비되었고, 결국 한 줄기 목소리조차 잃었다. 그러나 그 고통이 오히려 그의 정신을 우주로 날아가게 했다. 그는 블랙홀과 시간의 기원을 탐구하며 《시간의 역사》를 남겼다. 그의 존재감은 단순한 과학자의 성취가 아니라, 육체적 제약을 넘어선 정신의 무게에서 나왔다. 스티븐 호킹은 말했다.

"몸은 나를 가두었지만, 정신은 우주를 여행했다."

그의 고통은 단순한 불행이 아니라, 전 세계 인류에게 우주의 비밀을 전하는 힘으로 변했다.

닉 부이치치 : 없는 것에서 오는 힘

팔다리가 없이 태어난 닉 부이치치의 삶은 시작부터 절망이었다. 어린 시절 "나는 왜 태어났을까?"라는 질문에 수없이 무너졌고, 자살을 시도하기도 했다. 그러나 그는 자신이 겪은 고통을 회피하지 않고, 연단에 올라 이야기하기 시작했다. 부이치치는 웃으며 말했다.

"나는 두 손과 두 발이 없지만, 두 날개를 가졌다. 그것은 믿음과 희망이다."

그의 존재감은 팔다리가 아니라, 고통의 흔적이 만든 희망의 언어에서 나왔다. 그는 전 세계 수백만 명에게 영감을 주는 연설가가 되었고, 고통이 삶의 전면에 스며든 사례가 되었다.

고통이 남긴 무게감

위대한 존재들은 모두 한 가지 공통점을 갖는다. 절망 속에서 본질을 마주했다는 것. 그 고통은 그들을 말수 적고 신중하게 만들었으며, 함부로 세상을 재단하지 않는 겸허함을 남겼다. 그들의 눈빛에는 단단함이 깃들고, 목소리에는 울림이 스며 있다. 사람들은 그 무게에 끌린다. 그것은 기술이나 경력으로는 만들 수 없는 '고통의 이력서'다.

존재감은 깊이에서 온다.

《인생 총량의 법칙》은 고통이 결코 사라지지 않는다고 말한다. 그것은 흔적이 되어 무게로 남고, 그 무게는 사람을 흔들리지 않게 만든다. 스티븐 호킹, 닉 부이치치, 나폴레온 힐, 조엘 오스틴, 롤로 메이 – 이들의 존재감은 고통을 이고 살아 낸 흔적에서 나왔다. 그러니 지금 당신이 큰 고통을 겪고 있다면, 그것은 당신의 존재가 커지고 있다는 신호다. 아직은 눈에 띄지 않아도, 그 고통은 곧 당신의 눈빛과 말투, 태도 속에 녹아들어 세상을 설득할 것이다. 그리고 누군가는 당신을 보고 속으로 말할 것이다.

"저 사람, 뭔가 다르다."

그렇다. 그것이 바로 고통이 남긴 존재감이다.

The Law of the Total Amount of Life

운명과 우주의 논리
동서고금의 총량 사상

동양의 순환 사상 - 《주역》의 음양 교차, 불교의 윤회, 장자의 허무 철학은 모두 우주의 균형
과 순환 속에서 인간의 삶을 해석한다.

서양의 운명론 - 스토아 철학과 기독교적 섭리는 고통과 기쁨이 신의 질서 안에서 총량적
균형을 이룬다는 믿음을 담고 있다.

역사와 총량 - 제국의 흥망, 혁명의 성공과 좌절, 개인의 성쇠는 결국 보이지 않는 '총량의
저울' 위에서 조정된다.

현대 과학의 해석 - 엔트로피, 균형 상태, 우주의 에너지 보존 법칙 등은 총량 사상을 물리
학적 언어로 풀어내는 방식이다.

삶의 지혜 - 운명과 우주가 균형을 강제한다면, 인간의 지혜는 그 총량의 흐름을 거스르지
않고 타는 법을 배우는 것이다.

041

《주역》의 괘상 : 변화는 항상 균형을 이룬다

운명은 스크립트가 아니다.

사람들이 흔히 말하는 운명이라는 단어에는 어딘가 이미 정해진 대본이 있다는 뉘앙스가 따라붙는다. 마치 무대 뒤에서 누군가 미리 써둔 각본대로 살아가야 하는 듯하다. 그러나 고대 중국의 지혜는 정반대의 시선을 제시했다. 《주역(周易)》은 운명을 확정하는 책이 아니라, 변화를 해석하는 책이었다.

"변화는 도(道)이고, 도는 조화로 완성된다."

《주역》의 문장은 우리에게 일러준다. 모든 흐름은 절대 한쪽으로만 치닫지 않는다. 오르면 반드시 내리고, 어둠이 깊어지면 빛이 깃들며, 행운의 뒤에는 반드시 시험이 따라온다.

《주역》의 64괘, 우주 작동 매뉴얼

《주역》의 64괘는 단순한 점술 도구가 아니라, 인간사와 자연의 패턴을 압축한 우주 작동 매뉴얼이다. 음과 양의 교차는 곧 오름과 내림, 시작과 끝, 성취와 몰락을 의미한다. 예컨대 '지괘(地雷復)'는 어둠 속에서 새로운 시작을 예고하는 괘이며, '건괘(乾爲天)'는 강력한 양의 흐름을 보여주지만 동시에 내재된 음이 결국 균형을 부른다. "정점에 올라선 순간부터 내려올 준비를 해야 한다"는 고대인의 통찰은 이 괘상 속에 담겨 있다. 인생의 사건과 감정 역시 한쪽으로만 흐르지 않는다.

공자는 이 《주역》을 평생 끌어안고 살았다. 그가 남긴 말 중에는 "가죽끈이 세 번 끊어질 정도로 읽었다"는 기록이 있다. 두툼한 죽간을 엮은 끈이 닳아 끊어질 만큼 반복해서 본 것이다. 《계사전(繫辭傳)》 역시 공자의 제자들이 스승의 뜻을 이어 지은 것으로, 《주역》의 괘상에 철학적 의미를 부여했다. 그들은 괘가 단순한 점괘가 아니라 "천지의 리듬을 읽는 해석의 틀"임을 강조했다.

흥망성쇠의 괘상

송나라 주희의 삶은 《주역》의 순환을 보여주는 대표적 예다. 그는 젊어 벼슬길에 올라 명성을 얻었지만 정치적 모함으로 파직과 유배를 거듭했다. 그러나 매번 《주역》의 괘상으로 스스로를 다독였다. '곤(坤)'의 고난 뒤에는 반드시 '건(乾)'의 창조가 따른다는 신념이었다. 실제로 그는 유배지에서 학문과 저술에 몰두했고, 그 성과가 후일 성리학이라는 거대한 사상 체계를 낳았다.

비슷한 이야기는 명나라 말기의 장거정(張居正)에서도 드러난다. 가난한 집안에서 태어나 과거에 급제한 그는 재상으로 개혁을 추진해 잠시 나라를 안정시켰다. 그러나 권력의 절정을 찍은 순간 이미 '과(過)'의 괘에 들어섰다. 《주역》에서 '과'는 임계점, 곧 쇠락을 의미한다. 황제가 세상을 떠나자 정적들은 그의 무덤을 파헤치고 가산을 몰수했다. 그의 흥망은 '성극즉쇠(盛極則衰)'라는 괘상의 경고를 교과서처럼 증명했다.

권력과 전쟁의 괘상

일본 전국시대의 도요토미 히데요시(豊臣秀吉)는 천하를 통일했지만, 그의 권세는 오래가지 못했다. 그는 자신을 태양에 비유했으나, 《주역》의 태양은 반드시 석양을 맞는다. '태(泰)'의 괘는 번영을 상징하지만, 오래 지속되면 '비(否)'로 바뀐다는 경고를 품고 있다. 실제로 그는 조선 침략이라는 무리수를 두었고, 그 결과 내부의 균형이 깨졌다. 사후에 일본의 패권은 도쿠가와 이에야스에게로 넘어갔다. 《주역》의 시선에서 보면, 히데요시는 태의 황금기에 이미 비의 그림자를 불러온 셈이었다.

예술 속 복(復)의 순환

청대의 화가 팔대산인(八大山人)은 명나라 왕족 출신이었다. 왕조가 무너진 뒤 출가했다가 다시 속세로 돌아와 미치광이처럼 살았다. 그러나 그의 그림에는 간결한 선과 여백 속에 울분과 슬픔이 고여 있었다. 이는 《주역》의 '복(復)'의 괘와 닮아 있었다. 한 번 끝난 것 같아도 반드시 새로운 시작이 돌아온다는 것. 팔대산인의 삶은 왕족에서 유랑자로, 미친 화가에서 불멸의 예술가로 돌아온 복의 순환을 그대로 보여주었다.

《주역》이 전하는 삶의 태도

《주역》의 핵심은 어떤 괘든 한쪽 면만 갖고 있지 않다는 데 있다. 길한 괘 속에도 흉의 씨앗이 있고, 흉한 괘 속에도 복의 가능성이 숨어 있다. 그렇기에 인간은 자만할 수 없고, 절망해서도 안 된다. 지금의 기쁨은 반드시 사라지고, 지금의 고통은 반드시 지나간다. 인생 총량의 법칙은 이 원리를 감정의 차원으로 끌어온다. 감정은 흐르는 강물이지 저장소가 아니다. 오늘의 환희는 내일의 침묵으로, 오늘의 고통은 내일의 기쁨으로 바뀐다.

공자가 《주역》을 붙들고 살았던 이유도 여기에 있다. 그는 제자들에게 "삶을 이해하려는 능력이 곧 인간의 본질"이라 가르쳤다. 지금이 상승기인지, 하강기인지, 전환기인지 읽어내고, 그 흐름에 저항하기보다 타는 것. 그것이야말로 우주와 조화를 이루는 길이다. 파도는 거스를 수 없지만, 그 위에 올라탈 수는 있다.

균형으로 귀결되는 변화

《주역》은 결국 이렇게 말한다. 삶의 정답은 움직임이 아니라 균형이다. 균형은 정지가 아니라 끊임없는 조정 속에서 만들어지는 유연한 구조다. 인생이 상승 중이라면 준비하라. 하강이 온다. 지금 추락하고 있다면 웃어라. 반등이 시작된다. 모든 변화는 우주의 괘상 속에서 정교하게 설계된 리듬이다. 그 리듬에 귀 기울이고, 그것을 타는 것. 그것이 《주역》이 전하는 가장 오래되고 깊은 철학이다.

042

불교의 업보 : 삶과 죽음의 총량 법칙

업보, 단순한 윤리가 아니라 우주의 회계

불교는 간명하게 말한다.

"지금 당신이 사는 삶은 당신이 지은 업(業)의 결과다."

이 선언은 한 생애만을 가두지 않는다. 삶은 윤회의 바퀴 위에서 돌며, 오늘의 원인은 내일의 결과로, 어제의 흔적은 오늘의 조건으로 이어진다. 업보(業報)는 '착한 일을 하면 복을 받고, 나쁜 짓을 하면 벌을 받는다'는 단순한 교리로 축소할 수 없다. 그것은 인간의 삶과 죽음, 기쁨과 고통, 성공과 실패가 모두 일정한 인과율 속에서 균형을 이루는 총량의 법칙이다.

연기론 : 모든 것은 서로 빚을 지고 있다.

불교의 핵심 사상 중 하나인 연기론(緣起論)은 업보를 이해하는 기초다. 연기란 모든 존재가 독립적으로 성립하지 않고, 인연과 조건에 의해 일어난다는 뜻이다. 씨앗이 흙과 물과 햇빛이 있어야 싹을 틔우듯, 인간의 삶도 고립된 단일 사건이 아니라 무수한 인연의 그물 속에서 빚어진다. 연기론의 눈으로 보면, 오늘 당신이 겪는 고통은 단순한 불운이 아니라 과거의 어떤 조건이 만들어낸 열매이며, 동시에 또 다른 미래의 씨앗이다. 《인생 총량의 법칙》이 말하는 균형의 원리는 바로 이 연기론의 현대적 해석이다.

싯다르타 태자가 깨달음을 얻던 보리수 아래의 장면은 이를 상징적으로 보여준다. 그는 처음에는 고행으로 몸을 학대하다가, 나중에는 사치와 고통이 모두 극단임을 깨달았다. 그리고 보리수 아래에 앉아 "나는 진리를 깨닫기 전까지 결코 이 자리를 떠나지 않겠다"는 서원을 세웠다. 그 순간, 그는 인간의 삶이 선과 악, 생과 사, 고통과 행복의 총량 속에서 끊임없이 조정된다는 사실을 통찰했다. 그가 얻은 깨달음은 단순한 도덕 교훈이 아니라, 존재 전체가 연기적 관계 속에서 균형을 향해 나아간다는 발견이었다.

아쇼카 왕 : 전쟁의 피, 자비로 상쇄하다.

역사 속에서 업보의 균형을 가장 극적으로 보여준 인물은 인도의 아쇼카 왕이었다. 그는 칼링가 전쟁에서 10만 명을 죽이고, 15만 명을 포로로 잡으며 젊은 시절을 피로 물들였다. 그러나 그 승리는 곧 악몽으로 돌아왔다. 전장의 시체와 부상자들의 울부짖음이 그의 밤을 지배했고, 그는 깊은 회의에 빠졌다. 불교적 관점에서 보면, 그는 단기간에 엄청난 부정적 업을 쌓은 것이었다. 결국 그는 불법에 귀의해 국가 원칙을 비폭력과 자비로 바꾸었다. 병원과 사찰을 세우고, 《불경》을 전파하며, 자신이 쌓은 피의 업을 사회적 자비의 업으로 전환하려 했다. 그의 인생 전반과 후반은 마치 장부의 양쪽에 기록된 차변과 대변처럼, 기묘한 균형을 이루었다.

트리송 데첸 : 정복자에서 불교 수호자로

티베트 제국의 군주 트리송 데첸도 비슷한 길을 걸었다. 젊은 시절 그는 정복 전쟁으로 영토를 넓혔으나, 피와 정치적 음모가 그를 지치게 만들었다. 그러던 중 인도에서 온 샨타락시타와 파드마삼바바를 불러들여 불교를 국교로 삼았다. 정복으로 쌓은 부정적 업을 종교적 전환으로 균형 맞추려 했던 것이다. 그 결과 티베트는 수백 년 동안 불교문화의 중심지가 되었고, 그는 정복자가 아니라 '불교 수호자'라는 별명으로 기억되었다. 업의 장부는 언제나 조정을 요구하고, 그는 그 요구에 응답한 셈이었다.

고려의 최우 : 권력의 피와 대장경

동아시아에서도 업보의 총량 법칙은 예외가 아니었다. 고려 무신 정권의 실력자 최우는 정변과 숙청으로 권력을 장악했지만, 그 과정에서 무수한 피를 흘렸다. 말년에 그는 불심에 귀의해 대장경 조판 사업을 추진했다. 몽골의 침략을 막기 위한 기원이기도 했지만, 불교적 시각에서 보면 이는 자신이 쌓은 부정적 업을 줄이려는 시도였다. 흥미롭게도 그의 죽음 뒤에 고려는 잠시 안정을 맞았다. 그의 업보 결산이 개인을 넘어 국가 전체에 반영된 듯 보였다.

업보의 결산일 : 다르마팔라와 보리수

근현대에도 업보의 장부는 조용히 작동한다. 스리랑카의 불교 지도자 아나가리카 다르마팔라는 젊은 시절 서양 문물에 매료되어 불교를 떠났다가, 인도에서 폐허가 된 보리수 사원을 보고 충격을 받았다. 그는 곧 불교 부흥 운동을 시작했고, 평생을 보리수 사원 복원과 불법 전파에 바쳤다. 과거의 방황이 부정적 업이었다면, 그의 헌신은 그것을 만회하는 긍정적 업이었다. 업의 총량은 이렇게 생애의 앞과 뒤, 빚과 보상의 형태로 조정된다.

문학과 영화 속 업보의 그림자

불교의 업보 개념은 문학과 영화에도 반복적으로 등장한다. 톨스토이의 《부활》은 젊은 귀족이 과거의 방탕으로 한 여인을 파멸시킨 업보를 뒤늦게 깨닫고, 그녀를 위해 자신을 희생하는 이야기다. 업은 단순한 죄책감이 아니라 삶 전체의 균형을 회복하려는 보이지 않는 힘으로 나타난다. 영화 〈클라우드 아틀라스〉 역시 윤회와 업보의 순환을 다룬다. 한 인물의 악행은 다음 생에 고통으로, 한 인물의 선행은 세대를 넘어 희망으로 이어진다. 이는 곧 불교적 총량의 세계관을 대중적으로 번역한 사례다.

고통은 무의미하지 않다.

업은 카드 회사처럼 매달 명세서를 보내주지 않는다. 대신 때로는 질병, 때로는 불운, 때로는 뜻밖의 행운이라는 형태로 균형을 요구한다. 아쇼카가 전쟁터에서 자비를 깨닫고, 트리송 데첸이 정치의 피로 속에서 불교를 국교로 삼으며, 다르마팔라가 보리수 앞에서 인생을 걸었던 순간은 모두 '결산일'이 다가왔음을 보여준다.

《인생 총량의 법칙》은 불교의 업보 개념과 정확히 겹친다. 고통과 행복, 얻음과 잃음, 심지어 생과 사까지 장기적으로는 균형을 이루도록 설계되어 있다. 당신이 오늘 겪는 고통은 무의미한 불행이 아니라, 장부의 조정 과정이다. 지금의 행복 또한 영원히 소유할 수 있는 것이 아니라, 언젠가 나눠야 할 선지급분이다. 업보는 공평하다. 다만 사람의 눈에는 시간이 다르게 보일 뿐이다.

업보의 장부는 결코 틀리지 않는다.

불교는 말한다. 모든 존재는 인연과 업으로 연결되어 있으며, 그 결과는 반드시 돌아온다. 싯달타가 보리수 아래에서 깨달았듯, 삶은 선과 악, 기쁨과 고통이 균형을 향해 흐르는 거대한 총량의 바다다. 업의 장부는 결코 빠뜨리지 않고 기록한다. 그러므로 우리는 현재의 고통을 절망으로만 보지 않고, 현재의 행복을 집착으로만 보지 않아야 한다. 장부는 이미 움직이고 있다. 그것을 이해하는 순간, 삶은 두려움이 아니라 이해의 대상이 된다.

043

《사자의 서》와 전생의 연속성

죽음은 끝일까? 아니면 다른 시작일까?

서구에서는 흔히 죽음을 '종료'로 여긴다. 숨이 멎고 심장이 멈추면 존재도 끝난다고 믿는다. 하지만 티베트 불교는 이 사고방식을 전면 부정한다. 그들에게 죽음은 하나의 통과 의례이며, 삶과 죽음은 끊어진 선이 아니라 무한히 이어지는 원이다.

그리고 그 철학을 집대성한 경전이 바로 《티베트 사자의 서(The Tibetan Book of the Dead)》다. 이 책은 단순히 '죽은 뒤에 어떻게 되는가?'를 설명하는 문서가 아니다. 오히려 죽음이라는 과정을 통해 '삶'의 총량을 어떻게 이해할 것인가를 설파한다. 죽음조차도 업(業)의 일부이며, 삶의 연속성 위에 놓인 한 지점이라는 것이다.

세 개의 바르도 : 죽음이라는 '환승역'의 시간표

《사자의 서》는 의식이 육신에서 분리된 뒤 다음 삶을 택하기까지의 구간을 세 개의 바르도(bardo, 사이 – 상태)로 나눈다. 각 바르도는 "지금까지 살아온 방식"을 있는 그대로 비추는 거울이다.

1. 치카이 바르도(Chikhai, 임종의 바르도)

임종의 찰나, 의식은 '원초적 광명(밝음)'과 마주한다. 마치 밤하늘을 일시에 가르는 벼락 같은 찰나의 투명함. 평생 단련된 마음은 이 광명을 '나의 본래성'으로 알아차리고 그대로 안식할 수 있지만, 훈련되지 않은 마음은 강렬함에 놀라 어둠으로 물러난다. 이때 라마(스승)나 가족이 고인 귀에 대고 경문을 속삭이는 이유가 여기 있다.

"지금 보이는 그 빛이 바로 당신의 진짜 집입니다."

알아차리면 곧바로 해탈, 놓치면 다음 관문으로.

2. 초뇨 바르도(Chonyid, 법성 체험의 바르도)

빛과 소리, 형상의 향연이 펼쳐진다. 온화한 존(평화로운 부처들)과 격렬한 존(분노의 부처들)이 차례로 나타나는데, 외부의 신이 아니라 자신의 업식(습관적 마음)이 투사된 상징들이다. 평화로운 형상은 우리가 가꾸어 온 자비와 지혜의 씨앗, 분노의 형상은 억눌러 온 두려움과 탐욕의 잔상이다. 두려움 없이 "모든 형상은 마음의 그림자"라고 간파하면 이 자리에서도 해탈이 가능하다. 상징을 실체로 쥐면, 다음 바르도로 미끄러져 내려간다.

3. 시드파 바르도(Sidpa, 존재 성립의 바르도)

의식은 '다시 태어남'을 향해 끌려가기 시작한다. 익숙한 냄새, 소리, 장면 ─ 곧 전생의 성향과 업이 좋아하던 패턴들이 '태어날 곳'의 표지판으로 반짝인다. 이 구간을 지나며 49일의 상징적 시간이 흐른다고 전한다. 맑은 알아차림을 유지하면 적절한 부모와 환경을 '선택'해 태어난다. 집착과 두려움에 휘말리면 업의 바람이 정해준 곳으로 쏟아져 들어간다.

요약하면, 첫 바르도는 '빛을 알아보는가?', 둘째는 '투사를 간파하는가?', 셋째는 '집착을 놓고 선택하는가?'의 시험이다. 세 문답의 합이 곧 전생에서 모은 감정과 행위의 총량이다.

상징과 비유 : 바르도를 읽는 다섯 장치

- 거울 : 바르도는 심판장이 아니라 거울이다. 선악을 판결하지 않고, 당신이 길러온 마음의 얼굴을 왜곡 없이 반사한다.
- 프리즘 : 하나의 백광(본래 마음)이 업식이라는 프리즘을 통과해 수만 색으로 흩어진다. 색을 따라가면 윤회, 빛을 알아보면 해탈.
- 공항 환승 : 바르도는 목적지가 아닌 환승역이다. 표를 미리 사둔 이(수행)는 안내 표지판을 읽고, 즉흥 승객은 눈에 익은 광고판(업의 습관)에 이끌린다.
- 회계장부 : 《인생 총량의 법칙》과 겹친다. 감정·행동의 분개(分介)가 누적된 장부가 바르도에서 결산된다.
- 라디오 주파수 : 광명은 늘 송출 중이지만, 수신기(마음)의 채널이 어긋나 있으면 잡음(환영)만 들린다. 채널 맞춤이 곧 수행이다.

전생의 연속성과 삶의 기술 : 살아서 하는 바르도 훈련

《사자의 서》의 해설 전통은 '세 바르도'에 앞서 살아 있는 동안의 바르도를 더 중요하게 가르친다. (해석 확장에 따르면 '여섯 바르도' : 삶·꿈·명상·임종·법성·존재)

- 삶의 바르도 : 지금 이 순간의 선택이 곧 바르도 대비다. 작은 집착 하나를 알아차리고 놓는 훈련이, 임종의 큰 놓음으로 이어진다.
- 꿈의 바르도 : 꿈에서 "이건 꿈"이라고 자각하는 루시드 드리밍 훈련은, 사후의 환영을 간파하는 예행연습이다.
- 명상의 바르도 : 호흡 사이의 미세한 '틈'을 오래 응시하는 연습 – 빛을 곧장 알아보는 능력을 기른다.
- 자비의 습관화 : 타인을 위한 작은 보시·친절은 시드파 바르도에서 맑은 선택지로 되돌아온다. 자비는 다음 삶의 지리 앱이다.
- 업의 정리 : 미루어 둔 사과, 약속의 이행, 감사 표현 – 이 '정리'가 치카이 바르도에서 마음을 가볍게 만든다.

일화와 장면 : 연속성의 '현장 기록'

- 밀라레빠의 동굴 : 두려움의 형상(동굴의 귀신)을 쫓아내려 하다, 끝내는 그 앞에 절하고 "그렇다면 나를 먹어라"라며 완전히 내맡기자 환영이 사라졌다는 이야기. 분노존을 투사로 간파하는 법을 상징한다.
- 《사자의 서》 낭독 의식 : 임종 직후 라마가 고인의 귀에 "밝은 빛

을 진실로 알라, 그 빛은 곧 너 자신이다"를 속삭인다. 타인의 목소리로 자신의 마음을 깨우는 인류 보편의 의식 – 한국의 49재, 티베트의 포와(意識이동) 수행이 한 줄로 이어진다.

- 스벤 헤딘의 사막 일기 : "이 고통이 끝나면 나는 다시 돌아올 것이다." 죽음을 '단절'이 아닌 '다음 장의 서문'으로 받아들이는 태도 – 살아 있는 동안 연속성의 신념을 훈련하는 사례다.
- 영화적 비유 : 픽사의 〈소울〉, 〈코코〉는 기억·음악·관계가 '저편'에서도 연결의 매개가 됨을 은유한다. 사자의 서가 말하는 "의식의 습관이 다음 삶의 문이 된다"는 메시지의 대중적 번역이다.

심리학과의 접점 : 총량은 형태만 바꿔 되돌아온다.

세대 간 트라우마의 전이, 억압된 감정의 신체화, 임사체험에서 반복 보고되는 밝은 빛·평온감·관찰자 자아 – 현대 심리학의 관찰들은 업과 바르도의 언어와 묘하게 호응한다. 우리가 다루지 않은 감정은 '완결을 요구하는 과제'로 남아 형태만 바꿔 재현된다. 《사자의 서》는 그 재현의 무대를 사후까지 확장해 설명할 뿐, 핵심은 같다. 총량은 사라지지 않고, 맥락을 바꾸어 균형을 찾는다.

해탈과 깨달음 : 빛을 '기억'하는 기술

해탈은 다른 세계로의 '탈출'이 아니다. 지금 여기서도 늘 작동 중인 광명을 알아차리는 힘이다. 빛을 '낯선 타자'가 아니라 '본래의 나'로 인식하는 즉시, 거기서 끝난다. 평화·분노의 존이 모두 마음의 영화임을 간파하면, 투사 회로가 정지한다. 집착과 두려움의 당김을 알아차리고 선택을 보류할 자유를 회복하면, 윤회의 관성에서 벗어난다. 해탈은 "빛을 기억하는 능력"이다. 살아서 명상·자비·정직으로 빛을 자주 '상기'한 사람은, 임종의 찰나에도 그것을 잊지 않는다. 기억은 훈련에서, 훈련은 일상에서, 일상은 지금 여기서 시작된다.

오늘의 실천 체크리스트 : 바르도를 '생활화'하기

- 오늘 한 번, 숨이 들어오고 나간 뒤 잠깐 머무는 빈틈을 10초간 바라본다. (빛을 기억하는 근육)
- 오늘 한 번, 놓아버릴 수 있는 작은 집착을 내려놓는다. (투사를 간파하는 연습)
- 오늘 한 번, 누군가를 위해 5분 친절을 실천한다. (시드파의 선택지를 맑게)
- 오늘 밤, 꿈에서 자각하려 시도한다. 깨어났을 때 "방금은 꿈이었다"고 소리 내어 말해보기. (환영을 알아보는 회로 강화)
- 오늘 잠들기 전, 미안했던 일 한 가지를 메모하고 내일 사과할 계획을 세운다. (업의 장부 정리)

연속성에 서면, 두려움이 줄어든다.

《티베트 사자의 서》는 죽음의 도감을 넘어 연속성의 윤리학이다.

우리는 '한 생'이라는 프레임에 갇혀 감정의 총량을 조급히 결산하려 한다. 사자의 서는 말한다.

"장부는 길다. 결산은 정밀하다. 두려움 대신 연습하라."

세 바르도는 먼 훗날의 이야기가 아니다. 지금 이 자리에서의 호흡, 친절, 놓음, 자각이 곧 그날의 안내방송이 된다. 죽음이 통로라면, 삶은 길이고, 길 위의 태도는 다음 장의 문장을 정한다. 그러니 오늘 한 줄만 더 써두자.

"나는 빛을 기억하기 위해 산다."

그 한 줄이, 치카이의 찰나에 당신을 집으로 데려올 것이다.

044

힌두교의 카르마는 '총량 저장소'다

누구는 태어날 때부터 음악적 재능이 넘치고, 누구는 이유 없이 고난을 반복한다. 어떤 이는 처음 만난 사람을 직감적으로 멀리하고, 어떤 이는 똑같은 실수를 여러 번 되풀이한다. 힌두교는 이 모든 불합리와 반복되는 감정의 리듬을 하나의 단어로 설명한다. 그것이 바로 카르마(Karma)다. 그러나 카르마는 흔히 생각하듯 "착한 일 하면 복을 받고, 나쁜 일 하면 벌을 받는다"는 단순 윤리 교리가 아니다. 그것은 훨씬 더 방대한, 인간의 행위와 감정이 축적되는 총량의 저장소이자 삶의 거대한 회계장부다.

카르마는 우주의 회계장부

힌두교의 핵심 경전 《바가바드 기타》는 이렇게 말한다.

"너는 행위를 할 권리는 있지만, 그 결과에 집착할 권리는 없다."

이 구절은 카르마의 본질을 압축한다. 인간은 끊임없이 선택하고, 행동하며, 감정을 표현한다. 그 모든 것은 반드시 기록된다. 그러나 그 결과가 언제 돌아올지는 알 수 없다. 어떤 것은 즉시 돌아오고, 어떤 것은 수십 년 뒤, 혹은 다음 생에서 결산된다. 마치 은

행 계좌에 입금과 출금이 기록되듯, 선한 행동은 이자가 붙어 저장되고, 악한 행동은 마이너스 잔고로 남아 언젠가 반드시 상환해야 한다. 흥미로운 건, 이 계좌가 한 생애 안에서만 운영되는 것이 아니라는 점이다. 전생의 부채가 현생에서 청구되며, 지금 쌓는 자산은 다음 생에서 사용된다.

불교의 연기론이 "모든 것은 원인과 결과의 관계 속에서 일어난다"고 말한다면, 힌두교의 카르마는 그 연기의 흐름을 하나의 장부로 형상화한 개념이다. 인간이 겪는 기쁨과 고통, 성공과 실패는 모두 이 총량 장부에 의해 조율된다.

전설 속 카르마의 반전

고대 인도의 황제 아쇼카는 카르마의 역학을 극적으로 보여준다. 젊은 시절 그는 칼링가 전쟁에서 10만 명을 죽이고 15만 명을 포로로 만들었다. 그 승리 직후, 그는 모든 것을 얻은 듯 보였으나 전장의 시체와 울부짖음에 시달리며 삶의 의미를 잃었다. 힌두적 관점에서 그는 한순간에 엄청난 부정적 카르마를 쌓아 올린 것이다. 그 뒤로 그는 불교에 귀의해 자비와 평화를 국가 원칙으로 삼고 수많은 병원과 사찰을 세웠다. 그의 말년은 젊은 시절의 피비린내를 상쇄하려는 '업의 결산'이었다. 전반기의 전쟁은 부정적 총량을 쌓았고, 후반기의 자비와 보시는 그 총량을 조정했다.

또 다른 사례로 간디를 들 수 있다. 그는 남아프리카에서 인도인 차별을 몸소 경험했다. 그 모욕과 분노가 곧 그의 카르마 저장소에 기록되었다. 그러나 그는 그 감정을 폭력으로 발산하지 않고 비폭력 저항이라는 철학으로 전환했다. 간디의 카르마는 단순히 개인적 업보가 아니라, 민족의 운명을 바꾸는 거대한 총량으로 작동했다.

문학과 영화 속의 카르마

문학에서도 카르마는 자주 등장한다. 도스토옙스키의 《죄와 벌》은 살인을 저지른 라스콜리니코프가 결국 심리적 고통을 통해 속죄하고 새로운 삶을 시작하는 과정을 그린다. 이는 단순한 범죄 소설이 아니라, 행위가 감정의 총량 창고에 저장되고, 그것이 언젠가 무거운 채무로 돌아온다는 카르마의 은유다.

영화 〈클라우드 아틀라스〉는 전생과 현생, 내생의 인연이 얽혀 사람들의 선택이 시대를 넘어 되풀이된다는 설정을 담았다. 선과 악, 사랑과 배신의 카르마가 시간의 벽을 넘어 전이되는 모습은 힌두적 총량 사상을 현대적으로 재현한 것이다.

일상의 카르마 : 총량의 축적

카르마는 일상에서도 작동한다. 어떤 이는 사소한 친절 한 번으로 예상치 못한 도움을 받고, 어떤 이는 무심코 던진 말 한마디가 관계를 무너뜨린다. 한 CEO는 "나는 늘 성과만을 좇았는데, 뒤돌아보니 직원들이 내게 품은 원망이 회사의 위기로 돌아왔다"고 고백했다. 이는 조직 차원에서 쌓인 부정적 카르마다. 반대로 한 교사는 30년간 학생들에게 작은 격려를 아끼지 않았다. 은퇴식 날 수백 명의 제자들이 찾아와 감사의 인사를 전했고, 그는 "이게 내 인생의 카르마 결산서구나"라고 말했다.

카르마와 해탈

힌두교에서 삶의 목표는 단순히 좋은 카르마를 쌓는 것이 아니다. 최종적으로는 카르마의 굴레를 벗어나는 해탈(Moksha)이다. 그러나 해탈은 카르마를 무시한다고 도달되는 게 아니라, 카르마를 올바르게 관리하고 소멸시켜야만 가능하다. 고대 인도의 힌두교 경전의 하나인 《바가바드기타(Bhagavadgītā)》에서 크리슈나는 아르주나에게 "행위의 결과에 집착하지 않고, 다만 올바른 행위를 하라"고 가르쳤다. 이는 곧 카르마의 저장소를 욕망으로 채우지 않고, 의미 있는 행위로 채울 때 비로소 해탈에 다가갈 수 있다는 뜻이다.

총량 법칙과 카르마의 접점

《인생 총량의 법칙》은 같은 진리를 전한다. 지금의 불행은 과거의 청구서이고, 지금의 행복은 과거의 이자다. 그리고 오늘의 선택은 내일의 잔고가 된다. 총량은 축적되며, 균형은 반드시 맞춰진다. 중요한 건 실패와 성공의 횟수가 아니라, 매 순간 쌓이는 감정과 행동의 질이다.

당신이 오늘 내뱉은 한마디가, 내일의 나를 결정한다. 당신이 지금 선택한 친절이, 먼 훗날 가장 필요할 때 당신을 지켜준다. 당신이 지금 쌓는 분노와 집착은 결국 무거운 부채로 돌아올 것이다. 그러니 묻자. 지금 당신의 카르마 저장소에는 무엇이 기록되고 있는가? 그것이 빛인가, 어둠인가?

힌두교의 카르마는 말한다. 인생은 단절된 한 생이 아니라 총량의 연속이다. 그러므로 삶의 목표는 단순한 성공이나 행복이 아니다. 그것은 내 장부에 어떤 흔적을 남기느냐, 그리고 그 흔적이 미래의 나와 세계를 어떻게 바꿀 것이냐이다. 이것을 아는 순간, 삶의 모든 선택은 무게를 갖기 시작한다.

045

타로 카드(tarot card)의 조합과 운명의 반전

운명은 늘 한 쪽 방향으로만 흐르지 않는다. 좋은 일이 겹치면 그 안에 불안의 씨앗이 숨어 있고, 나쁜 일이 연이어 닥쳐도 그 속에 회복의 기회가 들어 있다. 타로는 삶의 양면성과 전복 가능성을 가장 상징적으로 드러내는 도구다. 타로는 단순한 점술이 아니다. 그 것은 인간 감정의 집합이며, 상징의 체계이고, 삶의 총량을 시각화한 구조다. 《인생 총량의 법칙》은 타로를 '감정의 분산과 균형의 장치'로 본다. 특히 카드가 단독일 때보다, 조합을 이루었을 때 드러나는 반전은 인생의 법칙과 놀랍도록 닮아 있다.

타워와 스타, 절망 뒤의 재탄생

타로의 '타워(The Tower)' 카드는 무너짐, 충격, 예고 없는 재난을 상징한다. 많은 이들이 가장 두려워하는 카드다. 그러나 그 옆에 '스타(The Star)'가 놓이면 이야기는 달라진다. 붕괴는 곧 새 희망의 토대가 된다. 잿더미 속에서 처음 보는 별빛이 떠오르는 순간, 절망은 새로운 탄생으로 바뀐다. 이는 실제 역사 속에서도 반복된다. 로마 대화재 직후 네로의 광기 속에서 로마 시민들은 절망했지만,

그 불길 뒤에 '도미티아누스 재건'이 시작되며 로마는 다시 일어섰다. 불운과 희망이 함께 놓일 때 의미가 전환된다. 타워와 스타의 조합은 단순한 파괴가 아니라, "이제 시작할 수 있다"는 선언이다.

태양과 악마, 기쁨 속의 함정

타로 마스터들이 자주 하는 말이 있다.

"가장 두려운 카드는 혼자 나온 긍정 카드다."

대표적인 것이 '태양(The Sun)'이다. 태양은 성공, 밝음, 풍요를 상징하지만, 그 앞뒤에 '악마(The Devil)'나 '속임수의 칼(Seven of Swords)'이 놓이면 의미가 뒤집힌다. 자만, 방심, 교만으로 인해 빛이 그림자로 바뀌는 순간이다. 이는 문학에서도 자주 등장한다. 셰익스피어의 《맥베스》에서 왕관을 쓴 순간이 곧 파멸의 시작이었듯, 태양의 밝음은 곧 어둠의 씨앗을 안고 있다. 인생의 총량 법칙도 말한다. 빛이 강할수록 그림자는 짙어진다.

상처와 완성, 고통의 반전

반대로 '세 개의 칼(Three of Swords)'처럼 이별과 상처를 상징하는 카드도 있다. 그러나 이 카드가 '세계(The World)'와 함께 나오면 이야기는 달라진다. 이별은 미완의 삶을 완성시키는 전제조건이 된다. 영화 〈사랑과 이별〉의 마지막 장면처럼, 눈물의 작별 뒤에야 비로소 서로를 이해하는 순간이 찾아오는 것이다. 고통은 독립된 실체가 아니라, 완성으로 가는 길목이다. 타로의 조합은 고통을 새로운 정의로 바꿔놓는다.

《주역》과 타로, 동서양의 공명

흥미로운 점은, 타로의 조합 원리가 동양의 《주역》과도 닮아 있다는 것이다. 《주역》의 괘상은 흥망성쇠의 교차를 보여준다. '태(泰)'의 괘는 평화와 번영을 뜻하지만 곧 '비(否)'로 전환되며 균열을 예고한다. 반대로 '곤(坤)'의 바닥은 '건(乾)'의 창조로 이어진다. 타워와 스타, 태양과 악마의 조합은 바로 이 《주역》의 순환과 같은 논리다. 공자는 《주역》을 읽다 가죽끈이 끊어졌다고 전해지는데, 그것은 끊임없이 변화와 균형을 해석하려는 집요한 태도의 상징이었다. 타로 역시 단일 카드가 아니라 조합 속에서 의미가 완성된다.

조합은 곧 맥락이다.

운명은 단일 장면으로는 설명되지 않는다. 하루라는 시간도 마찬가지다. 아침에는 '불안(Nine of Swords)'으로 시작해도, 오후에는 '절제(Temperance)', 저녁에는 '연인(The Lovers)'으로 이어질 수 있다. 하루의 카드 배열이 변하듯, 삶의 감정도 시퀀스로 이어진다. 이는 심리학의 '맥락 효과'와 같다. 같은 실패라도 고립된 실패로 보면 좌절이지만, 새로운 도전을 앞둔 맥락에서 보면 성장의 서곡이 된다. 타로는 바로 이 맥락을 시각화한 장치다.

문학과 영화 속 반전의 조합

문학과 영화에서도 타로적 사고는 자주 등장한다. 도스토옙스키의 《죄와 벌》에서 라스콜리니코프의 범죄는 타워와 같았다. 파괴와 붕괴. 그러나 소냐와의 만남은 스타의 카드였다. 그 만남이 있었기에 그는 구원과 재탄생을 경험할 수 있었다. 영화 〈타이타닉〉의 경우도 비슷하다. 빙산 충돌은 타워였지만, 잭과 로즈의 사랑은 스타였다. 파멸과 희망이 동시에 놓이면서 서사가 완성되었다. 인생은 언제나 단일 카드가 아니라, 조합의 배열이다.

삶을 재배열하는 힘

숙련된 타로 리더들은 절대 "이 카드가 나왔으니 당신의 운명은 끝났다"라고 말하지 않는다. 그들은 조합을 읽고, 그 맥락을 해석하며, 전체 총량을 가늠한다. '죽음'은 끝이 아니라 재탄생이고, '연인'은 사랑이 아니라 선택의 갈등일 수 있다. 결국 중요한 건 "무엇이 옆에 놓이는가"이다. 지금 당신이 타워의 한가운데 있다면, 그 옆에 놓일 별을 기대할 수 있다. 지금 태양 아래 있다면, 뒤따라올 달의 그림자를 경계해야 한다. 모든 것은 균형 속에서 움직인다.

당신은 배열자다.

타로의 본질은 고정된 미래가 아니라 유동하는 현재의 해석이다. 한 장의 카드는 삶의 조각일 뿐이고, 당신은 그 조각들을 다시 배열할 수 있는 존재다. 《인생 총량의 법칙》은 이 점을 강조한다. 지금의 불행은 타워 한 장일 뿐이고, 당신이 그 옆에 스타나 월드, 매지션을 놓을 수 있다. 운명은 조합된다. 감정도 조합된다. 삶도 조합된다. 결국 인생은 카드의 배열처럼, 언제나 다시 쓰일 수 있는 이야기다.

운명은 고정된 대본이 아니라, 당신이 다시 배열하는 카드 덱이다. 지금 손에 쥔 카드를 어떻게 해석하고, 무엇과 조합할지는 전적으로 당신의 선택이다.

046

동양의 중용, 서양의 황금률

인생은 언제나 균형 위에 서 있다. 과하면 부족함만 못하고, 지나치게 억제해도 생기가 사라진다. 기쁨이 넘치면 불안이 끼어들고, 슬픔이 깊으면 삶은 무겁게 가라앉는다. 성공에 취한 자는 오만으로 무너지고, 실패에 잠긴 자는 절망 속에서 스스로를 파괴한다. 결국 인생은 한쪽으로 기울지 않는 힘, 즉 균형의 철학이다. 동양의 중용과 서양의 황금률은 서로 다른 언어와 문화를 가졌지만, 그 뿌리에는 동일한 통찰이 흐른다.

"모든 것은 총량의 조화 속에서 유지된다."

중용, 감정의 조율 장치

동양의 유가 전통에서 중용(中庸)은 단순히 '중간'이 아니다. 《중용》에서 공자와 그의 손자 자사는 중용을 "항상 상황에 맞는 적정선을 유지하는 힘"이라고 설명했다. 즉, 분노가 치밀어도 절제하고, 기쁨이 넘쳐도 자만하지 않으며, 슬픔이 깊어도 절망에 빠지지 않는 태도다. 감정은 반드시 흘러야 하지만, 흘러넘치면 총량의 균형이 깨진다. 중용은 그 균형을 회복시키는 내면의 조율 장치다.

공자는 제자들에게 이렇게 말했다.

"중용을 실천하는 자는 하늘의 도를 따른다."

하늘이란 곧 음양의 균형이며, 낮과 밤, 사계절이 순환하는 조화다. 인간 역시 우주의 일부이므로, 감정과 행동이 일정한 비율로 조화를 이룰 때 비로소 인간답다. 이는 단순히 감정의 억압이 아니라, 균형 잡힌 흐름을 만들어내는 생존 전략이다.

역사 속에서도 이 원리를 체득한 인물들이 있었다. 송나라의 성리학자 주희는 정치적 탄압과 파직을 거듭하면서도 번번이 중용의 철학으로 자신을 다스렸다. 그는 유배지에서조차 후학을 양성하고 학문을 집대성했는데, 이는 감정의 총량이 절망에 기울지 않도록 균형을 유지한 대표적 사례였다.

황금률, 타인의 감정을 내 감정처럼

서양에서 황금률(Golden Rule)은 "네가 대접받고자 하는 대로 남을 대접하라"라는 말로 압축된다. 예수는 산상수훈에서 이를 율법과 선지자의 핵심으로 제시했다. 아리스토텔레스는 덕의 중간 지점을 찾는 '중용'을 강조했고, 스토아 철학자 세네카는 "분노는 가장 값비싼 사치다"라고 경고했다. 그들은 모두 타인의 감정을 내 감정의 총량 속에 포함시켜야 한다는 사실을 꿰뚫고 있었다.

황금률의 핵심은 "내 기쁨이 타인의 고통이 되지 않게 하고, 내 분노가 타인의 삶을 파괴하지 않게 하는 것"이다. 이 원리는 문학에서도 자주 등장한다. 셰익스피어의 《베니스의 상인》에서 샤일록은 자기 권리만을 외치다 결국 아무것도 얻지 못한다. 그의 탐욕은 황금률을 거스른 결과였고, 균형을 잃은 욕망의 전형이었다.

균형을 잃은 자와 균형을 지킨 자

역사 속에서 균형을 잃은 자들은 결국 반대의 힘에 의해 무너졌다. 프랑스의 루이 14세는 절대왕정의 화려함을 극단으로 끌어올렸지만, 그의 뒤를 이은 루이 16세는 혁명의 광풍 속에서 단두대에 올랐다. 지나친 양(陽)은 반드시 음(陰)을 불러왔다.

반대로 균형을 지킨 자들은 시대를 넘어 존경받았다. 로마 황제 마르쿠스 아우렐리우스는 권력과 전쟁의 한가운데서도 스토아 철학을 실천했다. 그는 《명상록》에 이렇게 기록했다.

"행복은 외부 사건이 아니라 내 마음의 균형에서 온다."

전쟁의 승리에 도취하지 않고, 정치적 위기 속에서도 절망하지 않았던 그의 태도는 중용과 황금률이 만난 지점이었다.

현대 심리학이 확인한 고대의 지혜

흥미롭게도 현대 심리학도 같은 결론에 도달한다. 긍정심리학은 '상호성 규칙'을 인간 행복의 핵심 요소로 본다. 주는 만큼 받고, 받는 만큼 주는 관계에서 사람은 가장 안정된 정서를 유지한다. 너무 많이 주면 소진되고, 너무 많이 받으면 죄책감과 불안이 쌓인다. 이는 곧 중용의 적정선과 황금률의 상호성을 심리학 언어로 다시 확인한 셈이다.

균형은 선택의 기술

인생 총량의 법칙은 동양의 중용과 서양의 황금률을 연결한다. 중용은 감정을 다스리는 기술을, 황금률은 그것을 어디로 향하게 할지의 방향성을 제시한다. 중용만 있으면 계산적인 인간이 되고, 황금률만 있으면 자기희생적 이상주의자가 되기 쉽다. 그러나 둘을 함께 실천하면 자기 이익과 타인의 이익이 절묘하게 맞춰진 균형을 유지할 수 있다.

인생의 카드는 언제나 조합으로 주어진다. 과유불급은 감정의 균형을, 황금률은 관계의 균형을 보장한다. 공자가 말한 하늘의 도와, 예수가 전한 사랑의 계명은 다른 문화권에서 울려 나온 같은 메시지였다. 균형은 우연히 주어지는 것이 아니라, 의지로 만드는 것이다. 그리고 그 균형 위에서만, 인생의 총량은 조화롭게 흘러간다.

047

아리스토텔레스의 중도와 감정의 조화

삶은 늘 두 극단의 유혹 사이에 놓인다. 분노와 무관심, 용기와 무모함, 절제와 인색함 사이에서 인간은 끊임없이 균형을 모색한다. 고대 그리스의 철학자 아리스토텔레스는 이러한 인간의 갈등 구조를 누구보다 깊이 꿰뚫었고, 그 해법으로 중도(μεσότης, mesotēs)의 철학을 제시했다. 아리스토텔레스의 《니코마코스 윤리학》에서 그는 모든 덕(aretē)은 과도함과 부족함 사이의 적절한 중간에서 실현된다고 보았다. 여기서 말하는 중도는 흔히 오해되는 것처럼 미적지근한 타협이 아니다. 그것은 오히려 고도의 의식적 선택이자 감정과 이성의 긴밀한 협력 속에서만 구현될 수 있는 '삶의 기술'이다.

감정을 조율하는 고도의 기술

아리스토텔레스는 감정을 무조건 억제해야 한다고 말하지 않았다. 그는 오히려 "감정은 자연스러운 것이지만, 적절히 느끼는 것이 덕이다"라고 했다. 다시 말해, 화를 내지 않는 것이 중요한 것이 아니라, 적절한 대상에게, 적절한 시간에, 적절한 방식으로 화낼 줄 아는 것이 진짜 덕이라는 것이다. 분노도 사랑도 기쁨도 무조건 억누르는 것이 아니라, 그것들이 삶 전체의 조화 속에서 어떤 역할을 하는지를 인식하는 순간에 비로소 품격 있는 감정으로 변한다.

예컨대 용기라는 덕목은 무모함과 비겁함 사이에 존재한다. 지나친 분노는 광기가 되고, 지나친 관용은 무기력으로 흐른다. 중도는 바로 그 사이에서 감정을 '숙련된 방식'으로 훈련하는 행위다. 감정은 교육될 수 있으며, 훈련을 거쳐 정제될 때만이 덕이 된다.《인생 총량의 법칙》에서 말하는 감정의 총량 역시 이 원리와 맞닿아 있다. 감정은 무한하지 않다. 마구 쏟아내면 바닥이 드러나고, 억눌러만 두면 곪아 폭발한다. 균형 잡힌 분배가 곧 삶의 품격을 결정한다.

전장에서, 권력의 자리에서 드러난 중도의 힘

역사는 이 중도의 철학이 단순한 개념이 아니라 실제 생존의 무기였음을 보여준다. 로마의 황제이자 스토아 철학자였던 마르쿠스 아우렐리우스는《명상록》에서 "행복은 외부의 사건이 아니라 내 마음의 균형에서 온다"고 기록했다. 그는 매일 전쟁과 역병, 정치적 음모에 시달렸지만, 기쁨에도 도취하지 않았고, 불행에도 무너지지 않았다. 그의 태도는 아리스토텔레스가 말한 '적절한 감정의 사용'을 정치와 삶의 현장에서 증명한 사례였다.

또한 르네상스 기의 외교가 니콜로 마키아벨리는《군주론》에서 군주가 분노를 드러내야 할 때와 자비를 베풀어야 할 때를 구분해야 한다고 강조했다. 지나친 온정은 권위를 무너뜨리고, 과도한 공포정치는 반란을 불러온다. 그는 감정을 전략적으로 배분하는 것이야말로 권력 유지의 핵심이라고 보았다. 흔히 그를 냉혹한 정치술의 화신으로 오해하지만, 실제로는 아리스토텔레스의 중도를 현실 정치에 번역해낸 인물이었다.

문학과 예술 속의 중도

문학 작품 속에서도 중도의 통찰은 살아 있다. 셰익스피어의 《햄릿》은 분노와 무력감 사이에서 균형을 찾지 못한 인간의 파멸을 보여준다. 햄릿은 복수의 열망과 철학적 회의 사이에서 극단을 오가다 결국 자신과 왕국을 무너뜨린다. 반면 《오디세이》의 주인공 오디세우스는 중용의 지혜를 보여준다. 사이렌의 노래 앞에서 그는 귀를 막고 돛대에 몸을 묶는 절제를 택한다. 욕망을 완전히 부정하지도, 무방비로 빠져들지도 않고, 스스로를 조율해 항해를 이어간다. 이는 아리스토텔레스가 말한 중도의 실천적 비유라 할 수 있다.

감정 총량의 법칙과 중도의 실천

《인생 총량의 법칙》에서 감정은 한정된 에너지로 설명된다. 아리스토텔레스 역시 인간이 평생 사용할 수 있는 감정의 에너지가 일정하다고 보았다. 이를 한꺼번에 소진하면 삶은 균형을 잃는다. 실제로 전쟁 영웅들이 평화 시기에 극심한 우울증을 겪는 경우가 많다. 전장에서 감정의 총량을 한 번에 폭발적으로 써버린 결과다. 반대로 평범한 일상 속에서 기쁨과 슬픔을 균등하게 분배한 사람들은 인생 후반에도 정서적 안정과 활력을 유지한다.

　조선 시대의 재상 황희 정승은 수십 년간 정권 교체의 소용돌이 속에서도 살아남았다. 그는 상대가 화를 내면 담담히 받아들이고, 자신이 억울할 때도 감정을 폭발시키지 않았다. 대신 적절한 시기에 분노를 드러내고, 적절한 시기에 침묵으로 대응했다. 덕분에 그는 권력의 풍랑을 끝까지 버텼고, 후대에는 '균형의 상징'으로 남았다.

삶의 선율은 조율된 감정에서 나온다.

　아리스토텔레스가 말한 중도의 묘미는 결국 감정의 경제학에 있다. 감정은 마치 금고 속 금화와 같아서 무턱대고 쓰면 바닥나고, 너무 아끼면 썩는다. 중요한 건 언제, 어디에, 얼마나 쓰느냐다. 테니스의 거장 로저 페더러가 긴 선수 생활을 이어간 것도, 경기에서 감정의 폭발을 절제하고 필요한 순간에만 쓰는 법을 알았기 때문이다.

　인생은 언제나 기쁨과 슬픔, 분노와 사랑의 파동 속에서 흔들린다. 그러나 그 총량의 흐름을 읽고 적절히 조율할 줄 아는 사람만이, 자신의 현을 끊지 않고 끝까지 선율을 유지한다. 그 선율은 조화로운 감정이 만들어낸 삶의 음악이다. 그리고 그것이야말로 아리스토텔레스가 말한 중도의 진짜 의미이며, 《인생 총량의 법칙》이 오늘날 다시 되살려야 할 지혜다.

048

티베트 불교의 윤회는 균형을 위한 시스템

죽음은 단절이 아니라 계속되는 호흡이다. 티베트 불교에서 윤회는 단순히 "죽으면 다시 태어난다"는 반복적 공식이 아니다. 그것은 우주가 스스로 균형을 회복하기 위해 마련해 둔 정교한 장치다. 지금의 삶이 이해되지 않는 이유는 이 삶이 이전 생의 감정과 업보에서 비롯되었기 때문이다. 그리고 지금의 선택과 행동, 심지어 미처 소화하지 못한 감정들마저도 다시 다음 생의 구조를 짓는다. 윤회는 보상이나 처벌의 장치라기보다 존재와 감정의 총량을 조율하는 피드백 시스템에 가깝다.

감정의 장부와 우주의 회계

《인생 총량의 법칙》은 티베트 불교의 윤회를 '감정의 총량이 일정하다'라는 전제 위에 겹쳐 해석할 수 있다. 우리가 지금 겪는 기쁨과 고통, 성취와 실패는 어디론가 사라지지 않고, 마치 우주적 회계장부에 기록되듯 균형을 향해 조정된다. 티베트의 지혜에 따르면 인간이 이해할 수 없는 고통이나 이유 없는 인연, 설명되지 않는 재능과 행운은 전생에서 미처 정산되지 않은 감정의 총량에서 비롯된다. 윤회는 그 미완의 항목들을 다시 배치해 균형을 맞추는 보이지 않는 회계 과정이다.

《티베트 사자의 서》는 이 과정을 세밀히 묘사한다. 죽음 뒤 영혼은 세 개의 바르도(bardo)를 거치며 자신의 감정과 업과 직면한다. 첫 번째 바르도는 죽음 직후 의식이 육체에서 이탈하는 순간이다. 두 번째는 밝은 빛의 바르도로, 생전에 쌓은 업이 영상처럼 펼쳐지며 영혼은 자기 삶을 마주한다. 세 번째는 환생의 선택지 앞에 선 마지막 문턱으로, 여기서 미처 정리하지 못한 감정과 집착은 다시 새로운 삶으로 옮겨진다. 즉, 정리되지 않은 감정은 형태를 바꿔 계속해서 반복된다. 티베트 불교는 이를 "감정의 총량을 정리하지 않으면, 인간은 같은 실패를 반복한다"라고 설명한다.

달라이 라마와 윤회의 해석

티베트의 14대 달라이 라마는 자신의 삶을 이 윤회적 균형 속에서 이해했다. 그는 두 살 때 이미 전생의 달라이 라마의 환생으로 추대되었고, 어린 시절부터 종교적·정치적 지도자의 무게를 짊어졌다. 그러나 스무 살도 되기 전에 중국의 무력 개입으로 망명길에 올라 평생을 유배자로 살아야 했다. 달라이 라마는 이런 운명을 불행이라 규정하지 않고 오히려 이렇게 말했다.

"나는 단지 하나의 승려일 뿐이다. 지금의 삶은 다음 생을 위한 씨앗을 심는 과정이다."

그에게 주어진 존경과 사랑의 총량은 망명과 고난으로 상쇄되었고, 그 균형이야말로 윤회의 공정성을 증명한다고 보았다. 실제로 그는 고통을 자산으로 삼아 평생 세계 곳곳을 돌며 비폭력과 자비의 메시지를 전했다. 만약 윤회가 균형의 장치라면, 달라이 라마의 삶은 그 대표적 사례였다.

문학과 역사 속의 윤회적 패턴

윤회의 논리는 문학과 역사에서도 은근히 반복된다. 도스토옙스키의 《죄와 벌》 속 라스콜리니코프는 살인을 저지른 뒤 끝없는 불안과 고통에 시달리지만, 결국 시베리아 유배지에서 소녀의 헌신을 통해 새로운 삶의 가능성을 얻는다. 이는 마치 바르도에서 업을 직면하고 환생을 준비하는 과정과 닮아있다. 감정과 죄책의 총량은 결코 사라지지 않고, 반드시 어떤 방식으로든 균형을 맞춘다.

역사적으로도 극단적 삶의 패턴은 윤회적 균형처럼 드러난다. 영국의 인도 총독 워렌 헤이스팅스는 부패와 오만으로 몰락했지만, 훗날 다시 정치적 명예를 회복하면서 불명예와 명예를 오가며 균형을 맞췄다. 서양의 역사학자들은 이를 '시대적 우연'이라 설명하지만, 티베트의 시각에서 보면 그것은 전생과 현생을 잇는 감정 총량의 균형이 작동한 결과였다.

반복되는 감정, 끝내는 균형

미국 심리학의 거장 윌리엄 제임스는 의식을 "흐름"으로 정의하며, 극단적인 경험 뒤에는 반드시 반대의 심리적 반작용이 온다고 주장했다. 이는 티베트 불교의 윤회 사상과 일맥상통한다. 지나친 오만 뒤에는 겸허의 상황이 주어지고, 과도한 집착은 손실을 통해 풀려난다. 인생에서 반복되는 패턴은 단순한 우연이 아니라, 감정의 총량을 맞추려는 보이지 않는 윤회의 원리일 수 있다.

윤회는 감정의 회계학이다.

티베트 불교가 가르치는 윤회는 단순히 영혼의 재탄생이 아니라, 감정의 청산 프로젝트다. 미처 정산하지 않은 분노는 다른 형태로 돌아오고, 직면하지 않은 슬픔은 다음 생의 구조가 된다. 우주는 인간의 감정적 과잉을 허락하지 않는다. 모든 고통과 기쁨은 언젠가 반드시 정산된다. 《인생 총량의 법칙》은 이 철학을 감정의 회계학으로 번역한다. 지금 당신이 반복하고 있는 감정이 무엇이든, 그것은 단순한 습관이 아니라 아직 결산되지 않은 총량의 일부다. 윤회는 끝이 아니라 균형을 위한 과정이다. 티베트의 지혜는 조용히 묻는다.

"당신은 아직 정산하지 않은 감정을 몇 개나 안고 있는가?"

그리고 그 질문 앞에 서는 순간, 우리는 비로소 알게 된다. 지금의 선택과 태도가 곧 다음 삶의 씨앗이며, 윤회의 흐름 속에서 총량의 균형을 맞추는 가장 직접적인 행위라는 것을.

049

인간의 고통은 우주의 변환 기제로 작동한다

고통은 단순히 버려지는 감정이 아니다. 그것은 우주가 작동하는 방식이며, 인간이 성장과 각성을 맞이하는 변곡점이다. 고대 현자에서부터 현대 심리학자, 신비주의자, 자기계발의 구루들까지 한결같이 말한다. 인간의 고통은 개인적인 비극을 넘어 더 큰 질서가 균형을 회복하려는 진동이다. 그것은 파괴가 아니라, 재정렬이며, 소멸이 아니라 변환이다.

고통은 우주의 리셋 버튼

《인생 총량의 법칙》은 인간의 고통을 "우주의 총량 조정 장치"로 해석한다. 개인이 겪는 절망과 상실, 아픔은 사실상 그 사람 안의 우주, 나아가 공동체와 시대 전체가 균형을 회복하기 위해 만들어 낸 감정적 지각변동이다. 티베트 불교는 인간의 고통을 '깨달음의 불꽃'이라 불렀다. 피할 수 없는 순간에 몰리면, 비로소 인간은 자신을 온전히 직면한다. 이것은 괴롭지만 동시에 새로운 차원의 의식에 닿는 길목이다. 티베트에서는 이를 "업의 분화점"이라 설명한다. 전생과 현생을 통틀어 쌓인 감정과 업의 총량이 고통으로 폭발하며, 그 순간을 지나야 다음 국면으로 넘어갈 수 있다는 것이다.

고통은 변환의 연료

자연의 비유로 본다면, 인간의 고통은 땅속 압력이 다이아몬드를 빚고, 화산의 분출이 새로운 땅을 만드는 과정과 같다. 뼈아픈 경험이 쌓일수록 인간 내면은 정련되고, 새로운 가치가 태어난다. "고통은 위대한 스승이다"라는 탈무드의 구절은 단순한 위로가 아니라, 고통을 통해 우주가 우리에게 변화를 강제한다는 진실을 드러낸다.

체코의 작가 프란츠 카프카는 그 대표적 사례다. 병약한 몸과 아버지와의 갈등, 불안장애 속에서 그는 평생 자존감을 갉아먹히며 살았다. 폐결핵으로 죽음을 앞두고서도 그는 글쓰기를 멈추지 않았다. 당시에는 외면받았지만, 그 고통의 기록은 사후에 《변신》, 《심판》, 《성》이라는 작품으로 인류 문학의 지형을 바꿔 놓았다. 우주는 그의 불행을 집어삼켜 새로운 사유의 언어로 바꾸었다. '카프카적'이라는 형용사는 고통이 변환된 집단적 유산의 증거다.

고통을 힘으로 바꾼 사람들

과학과 정치, 스포츠의 세계도 예외는 아니다. 세 살 때 소아마비로 다리를 절어 걷기도 힘들다는 판정을 받은 윌마 루돌프는 매일 다리를 주물러가며 버텼다. 고통은 그녀를 단련했고, 결국 그녀는 올림픽에서 세 개의 금메달을 목에 걸며 '세계에서 가장 빠른 여자'

가 되었다. 어린 시절의 절망은 우주가 그녀에게 준 원료였고, 그녀는 그것을 기록과 영광으로 변환했다.

예술가 프리다 칼로 역시 교통사고로 온몸이 부서지고 평생 통증 속에서 살았다. 꼼짝 못 한 채 침대에 누워 그림을 그리며 고통을 화폭에 담았다. 강렬한 자화상은 단순한 회화가 아니라 고통의 해부학이었고, 세계는 그 적나라한 진실 앞에서 매혹됐다. 그녀의 작품은 육체적 고통이 어떻게 우주의 창조 에너지로 변환될 수 있는지를 증명했다.

철학과 신앙이 본 고통의 역할

"인간은 시련 속에서 자기 얼굴을 본다"라는 마르쿠스 아우렐리우스의 말처럼, 고통은 인간 본질을 드러낸다. 불교는 이를 '업의 소멸'로, 기독교는 '십자가의 길'로 설명했다. 예수의 십자가 고통은 단순한 처형이 아니라 인류 구원의 기제로 해석되었고, 이슬람의 시각에서는 그의 고난이 알라의 시험을 통한 영혼의 정화라 보았다. 철학자 쇼펜하우어는 "고통은 삶의 본질이지만, 그 속에서 연민이 태어난다"고 말했다. 고통은 자기 안에만 머무를 때는 파괴이지만, 타인을 향할 때는 공감과 연대의 씨앗이 된다.

총량의 법칙과 고통의 보상

인생 총량의 법칙은 고통과 기쁨의 무게가 언젠가 반드시 맞춰진다고 말한다. 큰 고통은 동일한 형태의 보상으로 돌아오지 않는다. 대신 새로운 차원의 성취나 통찰로 변환된다. 카프카에겐 문학적 불멸, 루돌프에겐 세계 기록, 칼로에겐 불멸의 예술이 그것이었다. 《주역》의 원리도 이를 증명한다. 태괘 뒤에 반드시 비괘가 따르고, 비괘 뒤에는 다시 태괘가 찾아온다. 상승과 하강, 파괴와 창조가 서로의 조건이 되는 것이다.

고통은 우주의 연금술

우주는 인간의 고통을 그냥 버려두지 않는다. 그것을 원료 삼아 새로운 인간과 문명을 만들어낸다. 고통은 균형이 무너질 때 작동하는 우주의 기폭제다. 그러니 지금의 고통은 단순한 불행이 아니라, 당신을 다른 상태로 옮기려는 압력일 수 있다. "밤이 가장 어두울 때, 새벽이 가장 가깝다"라는 영국 속담은 고통의 총량이 새로운 균형으로 변환되는 과정을 압축한 말이다.

인간의 고통은 우주적 연금술의 한 과정이다. 땅속의 압력이 보석을 만들 듯, 고통은 인간을 단단하게 빚는다. 화산이 새로운 대지를 만들 듯, 고통은 인간의 삶을 다시 설계한다. 지금 당신이 겪는 고통은 단순한 불행이 아니라, 우주가 준비한 변환의 연료임을 기억해야 한다. 고통은 당신을 부수기 위해 오는 게 아니다. 그것은 반드시, 새로운 무엇인가를 낳기 위해 온다.

050

"지금의 고통은 과거의 총량이다"라는 믿음

고통은 현재형이 아니라 과거형이다.

사람은 고통 앞에서 늘 묻는다. 왜 나만 이런 일을 겪는가? 왜 아무 이유 없이 이런 감정을 반복해야 하는가? 그러나 이 질문은 종종 잘못된 곳을 향한다. 고통은 지금 여기서 갑자기 솟아난 것이 아니다. 그것은 과거에서 미뤄둔 총량의 발현, 정산되지 않은 감정의 이자다. 《인생 총량의 법칙》이 말하듯 감정은 결코 사라지지 않는다. 억눌린 분노, 말하지 못한 슬픔, 끝내 마무리하지 못한 사랑은 퇴장하지 않고, 깊은 곳에 저장되어 있다가 어느 순간 수면 위로 올라온다. 지금의 고통은 어제의 감정이 오늘의 심리로 환전된 장면이다.

티베트 불교와 윤회의 장부

티베트 불교는 이를 윤회라는 개념으로 설명한다. 정리되지 않은 감정과 완결되지 않은 업은 다른 모습으로 재현된다. 《티베트 사자의 서》는 죽은 자가 바르도에서 억눌린 감정들을 환영처럼 마주한다고 말한다. 생전에 외면했던 분노는 괴물로 나타나고, 숨겼던 욕망은 유혹의 신으로 다가온다. 그것을 직면하지 않으면 다시 같은 패턴을 반복한다. 결국 고통은 회피의 대가이며, 그 대가는 복리처럼 불어나 다음 생, 혹은 다음 국면에서 다시 청구된다.

아리스토텔레스와 중도의 실패

아리스토텔레스는 《니코마코스 윤리학》에서 덕이란 감정의 적절한 중간 지점에서 실현된다고 했다. 중도는 단순한 절제가 아니다. 그것은 감정을 회피하지 않고 직면하되, 지나치게 빠지지 않으며, 상황에 맞는 순간에 발현하는 능력이다. 그러나 이 조율에 실패하면 총량은 왜곡된다. 억눌린 분노는 훗날 자기 파괴로 돌아오고, 표현되지 못한 사랑은 허무로 변하며, 울지 못한 슬픔은 신체 통증으로 전환된다. "지금의 고통은 어제 말하지 못한 것들의 총량이다"라는 말은 바로 이 구조를 요약한다.

심리학의 지연 효과

현대 심리학은 이를 '감정 저장의 지연 효과'라 부른다.

"인간은 느끼지 않은 감정으로 무너진다. 말하지 않은 분노가 병이 되고, 울지 않은 슬픔이 공황이 된다."

지금의 고통은 시스템의 오류가 아니라 정산의 청구서다. 마치 십 년 전 사용한 신용카드 이자가 오늘 도착하는 것처럼, 과거의 감정이 지금의 고통으로 청구된다. 공정해 보이지 않아도, 이것이 총량의 법칙이다.

베토벤의 음악적 정산

작곡가 루트비히 판 베토벤의 삶은 이 법칙을 증명한다. 젊은 시절 그는 빈 사교계의 총아로, 술과 사랑과 음악적 모험을 동시에 즐기며 인생의 페달을 끝까지 밟았다. 그러나 20대 후반, 청력을 잃는 끔찍한 현실이 찾아왔다. 절망에 빠진 그는 자살을 결심하기도 했으나, 결국 고통을 음악으로 변환했다. 그는 청력을 거의 상실한 상태에서 교향곡 9번 〈합창〉을 완성했고, 이 작품은 오늘날 인류의 찬가로 불린다. 과거의 화려한 과잉은 현재의 절망을 불러왔지만, 그 절망은 다시 불멸의 빛으로 변환됐다. 고통은 그가 내야 할 청구서이자, 동시에 우주가 마련한 도약대였다.

무사시의 고독과 깨달음

일본의 검호 미야모토 무사시는 젊은 시절 전국을 떠돌며 60번 넘는 결투에서 무패를 기록했다. 그러나 그 무력과 명성은 결국 고독과 불신으로 되돌아왔다. 그는 오랫동안 인간적인 관계를 잃고, 사람을 죽이는 기술에만 몰두했다. 노년에 이르러서야 그는 과거의 승리들이 현재의 고립이라는 결과로 돌아왔음을 깨달았다. 《오륜서》에서 그는 무술 기술뿐 아니라 고통과 고독이 가르쳐준 삶의 균형을 기록했다. 과거의 과잉은 반드시 현재의 결핍으로 되돌아온다는 깨달음은, 무사시의 삶을 초월적 통찰로 승화시켰다.

총량은 도덕이 아니라 물리다.

이러한 패턴은 단순한 인과응보와 다르다. 《인생 총량의 법칙》이 말하는 균형은 도덕적 심판이 아니라 물리적 귀결이다. 강하게 당겨진 활은 언젠가 튕겨 나가고, 깊이 퍼 올린 물은 언젠가 바닥을 보인다. 루이 14세가 누렸던 절대왕정의 사치가 결국 루이 16세 시대의 단두대로 이어진 것도 같은 맥락이다. 지금의 고통은 과거의 과잉이 만든 반작용이며, 지금의 기쁨도 언젠가 대가를 청구받는다.

고통을 청구서로 읽는 지혜

현명한 사람은 현재의 고통을 단순한 현재형으로 보지 않는다. 그는 그것을 과거형의 청구서로 읽는다. 이 관점은 고통을 단순한 감정의 늪이 아니라 구조적 사건으로 이해하게 한다. 베토벤은 청력을 잃는 고통을 음악의 실험 토양으로 삼았고, 무사시는 고독을 지혜로 전환했으며, 역사 속 왕조들은 사치의 총량을 혁명의 피로 갚았다. 총량의 법칙은 단호하다. 과거의 누적은 반드시 지금의 청구로 돌아온다.

질문의 방향 바꾸기

지금의 고통이 과거의 총량이라는 믿음은 우리에게 두 가지 질문을 남긴다.

"그때 그렇게 웃고 즐겼던 만큼, 지금 울 준비는 돼 있었나?"

"그렇다면 오늘의 선택은 어떤 미래의 청구서로 돌아올까?"

이 질문 앞에서 우리는 과거를 후회하거나 미래를 두려워하기보다, 지금의 균형을 조금 더 신중하게 설계해야 한다는 사실을 깨닫는다. 총량의 저울은 언제나 작동 중이며, 우리가 기억하든 잊든 간에 정확히 무게를 재고 있다. 지금의 고통은 과거의 총량이다. 그리고 오늘의 선택은 미래의 고통과 기쁨을 동시에 예고한다.

현대과학과 인생 총량

신체, 심리, 뇌의 보상 시스템

현대과학은 인생 총량의 법칙을 신체적·심리적·뇌과학적 보상 시스템으로 설명한다. 신체는 항상성을 통해 과도한 스트레스와 기쁨을 조율하며 균형을 유지한다. 심리적 차원에서는 회복탄력성(resilience)과 보상심리가 작동해 감정의 기복을 완화한다.

뇌는 도파민, 세로토닌, 엔도르핀 등 신경전달물질의 균형을 통해 쾌락과 고통을 교차시키며 조정한다. 인간의 삶은 과학적 차원에서도 '총량적 균형' 속에서 흘러가며, 극단적 경험은 반드시 반대의 힘으로 상쇄된다.

051

신체는 고통을 감지하면 회복을 준비한다

인간의 몸은 단순히 외부 자극에 수동적으로 반응하는 기계가 아니다. 오히려 신체는 놀라울 정도로 정교한 회복 알고리즘을 가진 생명 시스템이다. 통증은 단순히 아픔을 알리는 경고가 아니라, 몸이 "지금부터 회복을 시작하라"는 지령을 내리는 신호다. 이 점에서 고통은 파괴가 아니라 복구의 출발점이며, 자기방어적 생존 본능의 표현이다.

고통은 회복의 신호탄이다.

현대 생리학에 따르면, 통증이 감지되는 순간 뇌는 곧바로 치유 프로세스를 가동한다. 손에 화상을 입으면 통증 수용체가 척수와 뇌에 신호를 보내고, 곧바로 염증 반응이 시작되며 백혈구가 집중되고, 세포 재생 속도가 높아진다. 중요한 건 고통이 없다면 이 과정이 촉발되지 않는다는 사실이다. 한마디로 통증은 회복의 스위치를 켜는 버튼이다. 고대 그리스 의사 히포크라테스가 "자연은 스스로 치유한다"라고 말한 것도 같은 맥락이다. 그는 병이 단순한 불운이 아니라, 몸이 균형을 되찾으려는 과정이라고 보았다. 실제

로 열은 단순히 괴로운 증상이 아니라, 세균과 바이러스를 죽이려
는 몸의 반격이다. 이처럼 불편은 치유의 신호이고, 고통은 회복의
전조다.

근육은 찢어져야 강해진다.

헬스장에서 무거운 중량을 들 때 근육 섬유는 미세하게 찢어진
다. 통증은 바로 이 손상을 알린다. 그러나 이 찢어짐이 없으면 근
육은 자라지 않는다. 신체는 손상된 부위를 복구하는 과정에서 더
강하고 굵은 근섬유를 만든다. 마치 건물이 무너져야 더 단단한 기
초 위에 새 건물을 지을 수 있는 것처럼, 고통은 성장의 방아쇠다.
미국의 전설적 보디빌더 아널드 슈워제네거는 이렇게 말했다.

"고통은 훈련의 친구다. 근육은 고통을 지나야만 커진다."

그가 세계 챔피언 자리에 오를 수 있었던 이유는, 통증을 피하는
대신 그것을 다음 단계의 초대장으로 받아들였기 때문이다.

스트레스와 회복탄력성

이 원리는 정신적 스트레스에도 똑같이 작동한다. 스트레스를 받
으면 코르티솔이 분비되어 몸은 위기 대응 모드로 들어간다. 하지
만 동시에 뇌는 회복을 위한 회로를 새로 만든다. 하버드대 연구진
은 극심한 좌절을 경험한 사람들이 시간이 지나면 오히려 더 높은
문제 해결 능력과 공감 능력을 발휘한다는 사실을 밝혀냈다. 이것
이 '회복탄력성(resilience)'이다. 스트레스는 단순한 손실이 아니라,

신경망을 재배치해 새로운 적응 능력을 만드는 트리거다. 심리학자 빅터 프랭클 역시 아우슈비츠에서의 고통을 두고 이렇게 말했다.

"고통은 의미를 찾을 때 더 이상 고통이 아니다."

그의 말은, 고통이 단순한 감정적 타격이 아니라 새로운 삶의 회복 회로를 여는 출발점임을 보여준다.

고통을 자산으로 바꾼 사람들

과학자 알프레드 러셀 윌리스는 동남아와 아마존을 탐험하며 수차례 말라리아와 이질로 죽음 직전까지 갔다. 하지만 그의 몸은 끊임없이 항체를 만들고 회복을 반복했다. 병약했던 청년은 오히려 수많은 고난 덕분에 강철 같은 생존력을 얻었고, 진화론의 공동 창시자가 될 수 있었다.

스포츠계의 캐서린 스위처는 보스턴 마라톤 금지 규정을 깨고 완주하면서 여성 스포츠의 역사를 새로 썼다. 훈련 과정에서 발목과 무릎 부상은 그녀를 수없이 쓰러뜨렸지만, 신체는 보상성 기능을 발휘해 다른 근육과 심폐 능력을 강화했다. 그녀의 고통은 여성 마라토너들의 새로운 길을 여는 에너지가 되었다.

제2차 세계대전의 영국 전투기 조종사 더글러스 베이더 역시 사고로 두 다리를 잃었지만, 상체 근육이 폭발적으로 발달하면서 다시 전투에 복귀했다. 절망적 손실이 오히려 새로운 균형을 낳은 것이다.

신체와 마음의 경제학

몸은 놀라운 경제학자처럼 작동한다. 손실이 생기면 다른 자산을 재배치하고, 부족해진 기능을 보완하기 위해 새로운 수익원을 만든다. 한쪽이 약해지면 다른 쪽이 강화되고, 감정이 무너질 때 뇌는 새로운 회로를 만든다. 불교의 연기론처럼, 모든 것은 서로 조건을 주고받으며 균형을 향한다.

소설 《노인과 바다》의 산티아고가 청새치와 싸우며 손이 찢어지고 허리가 휘어도 낚싯줄을 놓지 않았던 장면은 바로 이 보상성의 은유다. 그는 오늘의 고통을 내일의 힘으로 전환하는 법을 알고 있었다.

고통은 회복의 장부다.

《인생 총량의 법칙》은 이 신체의 원리를 삶 전체로 확장한다. 한 시기의 고통은 다음 시기의 회복으로 균형을 맞춘다. 베토벤이 청력을 잃고도 교향곡 9번을 완성했듯, 고통은 단순히 마이너스가 아니라 다른 페이지에 플러스로 기록되는 자산이다. 그러니 몸이 아프고 삶이 무너지는 듯한 순간에도 이렇게 생각할 수 있다.

"내 안의 총량 회계사가 일하러 나왔구나."

그 회계사는 차갑지만 정확하다. 고통을 적는 동시에, 반드시 회복을 준비한다. 결국 통증은 파괴의 신호가 아니라, 재생의 전조다. 당신의 몸은 늘 균형을 향해, 조용하지만 치밀하게 일하고 있다.

052

호르몬도 균형을 맞추려 한다
– 코르티솔 vs 세로토닌

　인간은 감정으로 흔들리는 존재지만, 그 감정의 무대 뒤에는 언제나 정교한 화학적 드라마가 펼쳐지고 있다. 눈물 한 방울, 짜증한 번, 갑작스러운 불안 뒤에는 반드시 호르몬이라는 보이지 않는 연출자가 있다. 그것은 단순히 기분을 만들어내는 분자가 아니라, 몸과 마음 전체를 조율하는 지휘자다. 균형이 무너지면 경고음을 울리고, 균형을 되찾기 위해 쉼 없이 애쓴다.

보이지 않는 오케스트라 : 코르티솔과 세로토닌

　호르몬은 인간의 보이지 않는 오케스트라다. 뇌라는 지휘자가 악보를 들고 있고, 각 장기와 세포가 악기처럼 반응한다. 그중에서도 가장 중요한 파트가 코르티솔과 세로토닌이다. 코르티솔은 스트레스가 닥쳤을 때 "전투 준비!"를 외치는 드럼이고, 세로토닌은 "이제 숨 고르자"라며 마음을 가라앉히는 현악기다. 문제는 둘 중 어느 하나라도 지나치게 치우치면 음악이 망가진다는 점이다. 코르티솔이 과도하면 심장은 쇠망치처럼 두드리고, 불안은 눈덩이처럼 커진다. 반대로 세로토닌만 넘치면 삶은 평온하지만 무기력에 빠져 리듬을 잃는다. 《인생 총량의 법칙》에서 말하는 "균형의 총량" 은 바로 이 생리학적 교향곡 속에서도 그대로 재현된다.

극한 속의 균형 : 섀클턴의 남극 원정

1914년 어니스트 섀클턴과 그의 대원들은 '인듀어런스호'를 타고 남극 횡단에 도전했다. 그러나 배가 얼음에 갇히며 2년 가까이 표류하게 된다. 영하 40도의 추위와 굶주림, 예측 불가능한 날씨 – 이건 매일 코르티솔을 최대로 자극하는 환경이었다. 하지만 섀클턴은 이를 세로토닌으로 상쇄했다. 대원들과 농담을 주고받고, 매일 노래를 부르게 했으며, 기름 냄새 가득한 천막 안에서조차 홍차를 끓여 나눴다. 이 작은 의식이 세로토닌을 분비시켜 불안을 잠시라도 누그러뜨렸고, 결국 전원이 살아 돌아올 수 있었다. 단순한 리더십의 승리가 아니라, 호르몬 균형을 본능적으로 관리한 사례였다. 그의 생존 철학은 훗날 경영학 교재에서도 "위기 속에서 웃음을 관리한 지도자"로 기록되었다.

고립의 창작 : 조지아 오키프의 사막

뉴멕시코 사막에서 고립된 채 살았던 화가 조지아 오키프도 같은 패턴을 보여준다. 창작의 압박과 세상의 시선은 그녀의 코르티솔을 끊임없이 자극했다. 하지만 그녀는 매일 해 뜨는 시간에 사막의 빛을 관찰하고, 바위의 색과 야생화를 그리는 명상 같은 습관을 들였다. 이 루틴이 세로토닌을 촉진해 불안을 희석했고, 그녀의 그림은 고요하면서도 강렬한 색채로 바뀌었다. 오키프의 생애는 고립 속에서 균형을 지킨 세로토닌의 예술적 증거였다.

우주에서의 화학 균형 : 스콧 켈리의 루틴

우주비행사 스콧 켈리는 국제우주정거장에서 340일을 보냈다. 무중력은 뼈와 근육을 빠르게 갉아먹고, 밀폐된 공간은 심리적 압박으로 코르티솔을 폭발시켰다. 하지만 그는 매일 러닝머신을 뛰고 근력운동을 하며 엔도르핀과 세로토닌을 분비시켰다. 하루의 끝에는 지구 사진을 바라보며 명상했다. 과학자들은 그의 뇌파에서 실제로 스트레스 반응이 낮아졌다는 것을 확인했다. 단순한 체력 관리가 아니라, "코르티솔과 세로토닌의 균형"을 의식적으로 만든 결과였다.

호르몬 균형이 운명을 바꾼다.

코르티솔이 과하면 사람은 단기 생존에만 매달리고 장기적 계획을 무시한다. 반대로 세로토닌이 안정적으로 유지되면 감정은 완화되고 창의성이 발휘된다. 섀클턴이 절망 속에서도 유머를 잃지 않았던 이유, 오키프가 사막 속에서도 꽃을 그릴 수 있었던 이유, 켈리가 우주에서 긴 임무를 성공적으로 완수할 수 있었던 이유는 모두 호르몬의 균형에 있었다.

프랑스 철학자 파스칼은 "인간은 생각하는 갈대"라고 했다. 갈대처럼 연약하지만, 동시에 스스로의 균형을 회복하는 내적 지성을 가진 존재라는 뜻이다. 우리의 몸속 화학 반응 역시 바로 그 균형을 지키기 위해 존재한다.

몸 안의 회계사

호르몬의 리듬은 마치 우주가 우리 몸속에 심어놓은 회계 장치 같다. 하루 종일 기분이 고양되면 그다음 날 이상하게 무기력이 찾아오고, 며칠간 스트레스가 몰아치면 어느 순간 강제적으로 깊은 수면이 밀려온다. 흑자와 적자가 교차하듯, 코르티솔과 세로토닌은 장부를 맞추며 인생의 총량을 조정한다.

균형은 이미 우리 안에 있다.

코르티솔과 세로토닌의 싸움은 적대가 아니라 협업이다. 두 날개처럼, 이 균형이 맞아야 비로소 인간이라는 새가 오래 날 수 있다. 섀클턴이 농담으로 혹한을 견뎌냈듯, 오키프가 색채로 고립을 이겨냈듯, 켈리가 루틴으로 우주를 버텨냈듯, 인간은 이미 몸속에서 인생 총량의 법칙을 살아내고 있다. 그러니 불안이 지나치게 몰려올 때, 그 뒤에는 반드시 세로토닌의 평화가 기다린다는 사실을 기억하라. 균형은 외부에서 오는 것이 아니라, 이미 당신 안에서 작동하고 있다. 몸은 알고 있다. 언제 멈추고, 언제 다시 시작해야 하는지를.

053

스트레스는 반드시 '복수'로 돌아온다

인간은 '누르는 존재'다.

현대인은 하루에도 수십 번 감정을 눌러 삼킨다. 회사에서는 상사의 부당한 지시에 "알겠습니다"라고 웃으며 대답하고, 가정에서는 자녀의 반항에 "괜찮다"며 애써 참는다. 길 위에서 누군가의 무례함을 당해도, 싸움을 피하기 위해 입을 다문다. 이 모든 '참음'이 쌓여서, 우리는 하루 동안 수십 번의 미세한 폭발을 몸 안에서 일으킨다. 그 폭발은 겉으로 보이지 않는다. 하지만 몸은 모든 걸 기록한다. 심장이 두근거리고, 위장이 조여들고, 어깨가 굳는다. 그것이 바로 몸의 언어, 스트레스의 표식이다. 한 정신의학자는 말했다.

"감정은 사라지지 않는다. 단지 형태를 바꿔 신체에 각인될 뿐이다."

인생 총량의 법칙으로 말하자면, '감정의 잔여량'은 반드시 균형을 찾기 위해 신체적 형태로 보복한다. 즉, 누르고 숨긴 감정은 형태를 바꿔 복수한다.

스트레스는 '이자'를 붙여 돌아온다.

스트레스를 단순히 "마음의 문제"로만 보는 건 절반짜리 인식이다. 스트레스는 뇌의 '편도체'에서 시작되어, 신체 전체에 경보를 울린다. 아드레날린과 코르티솔이 분비되며, 심장이 빨라지고 혈압이 상승하고, 소화기관은 일시적으로 멈춘다. 즉, 스트레스는 일시적으로 '생존 모드'를 켜는 것이다. 문제는, 현대인이 이 생존 모드를 항상 켜둔 채 산다는 데 있다. 하루 24시간, 일주일 7일 내내 긴장 상태. 이런 삶은 마치 자동차가 시동을 켠 채 브레이크를 밟고 있는 것과 같다. 엔진은 타버리고, 결국 기계는 폭발한다.

하버드대학교 의대의 스트레스 연구팀은 경고했다.

"지속적 스트레스는 신체의 회복력을 마비시킨다. 그 결과, 감정의 부채는 질병의 형태로 청구된다."

이건 결코 은유가 아니다. 누군가는 편두통으로, 누군가는 역류성 식도염으로, 누군가는 만성피로와 불면증으로 '이자 청구서'를 받는다. 영화 〈조커〉의 아서 플렉이 상징적이다. 그는 사회적 무시에 대한 분노와 외로움을 억누르다가, 결국 그 감정이 신체적 틱, 웃음발작, 폭력으로 폭발한다. 그는 단지 미친 사람이 아니라, '스트레스의 복수'가 인간을 어떻게 무너뜨리는지를 보여주는 실험체였다.

감정의 총량은 사라지지 않는다 – 그것은 이동할 뿐이다.

'에너지 보존의 법칙'처럼, 감정의 에너지도 사라지지 않는다. 그것은 반드시 이동한다. 기쁨은 웃음으로, 슬픔은 눈물로, 분노는 근육 긴장으로, 불안은 위통으로, 죄책감은 어깨 결림으로 변한다. 의사이자 심리학자인 앤드루 와일은 이렇게 말했다.

"치유되지 않은 감정은 세포에 각인된다."

한국에서도 이런 현상은 자주 보인다. 회사원이 '불안'을 느끼면 위산 과다로 고생하고, 교사가 '억눌림'을 느끼면 목소리가 잠기며, 간병인이 '무력감'을 느끼면 손발에 이상 감각이 생긴다. 총량의 법칙으로 보면, 감정의 총량은 신체의 총량으로 전이된다. 감정이 해소되지 않으면, 몸이 대신 균형을 맞추려 한다. 그게 바로 '복수'의 메커니즘이다.

불교의 통찰 – 억눌림은 괴로움의 씨앗이다.

불교에서는 고통의 원인을 '집착'이라 한다. 이 집착은 감정을 통제하려는 마음, 즉 억누르려는 욕망이다. 《법구경》은 이렇게 말한다.

"마음은 통제의 대상이 아니라, 관찰의 대상이다."

이 말은 곧 '스트레스 해소의 근본 원리'이기도 하다. 감정을 억누르면 그것은 내면의 독으로 남지만, 그 감정을 있는 그대로 바라보면, 흐름 속에서 사라진다. 명상이나 호흡 훈련이 스트레스 치료에 효과적인 이유도 여기에 있다. 억제 대신 관찰의 태도를 취할 때, 감정의 총량은 균형을 찾는다. 복수는 그때 멈춘다.

서양의 지혜 – 셰익스피어의 '감정의 복수극'

셰익스피어의 비극 《오셀로》를 떠올려보자. 오셀로는 이아고의 거짓말에 속아 아내 데스데모나를 의심한다. 그의 질투와 불안은 누적된 스트레스였다. 그 감정은 결국 통제되지 못하고 폭력으로 터져, 아내를 죽음에 이르게 한다. 그는 나중에야 깨닫는다.

"내가 싸운 적은 나 자신이었다."

오셀로의 비극은 인간의 스트레스가 어떻게 '복수의 형태'로 되돌아오는지를 보여준다. 누군가를 향한 공격이 아니라, 자신을 파괴하는 복수. 이건 현대인에게 그대로 적용된다. 스트레스의 1차 피해자는 '나' 자신이다.

현대인의 일화 – "나는 회의실에서 병이 났다."

한 30대 직장인은 늘 완벽주의를 강요받았다.

"프로답게 하자", "감정은 업무에 필요 없다."

그는 실수를 두려워했고, 작은 실패에도 밤새 이메일을 수정했다. 어느 날, 회의 중 갑자기 시야가 흐려지고 숨이 막혔다. 응급실에서 의사는 말했다.

"이건 심장병이 아니라, 과도한 스트레스 반응입니다."

그날 이후 그는 일기를 쓰기 시작했다.

"오늘은 화가 났다."

"오늘은 불안했다."

그 단순한 기록이 신체 증상을 줄였다. 그는 말했다.

"감정을 기록하는 건 고백이 아니라 배출이더군요. 나는 병이 낫지 않은 게 아니라, 내 안의 감정이 나가야 했던 거였어요."

감정을 말로, 글로, 예술로 표현하지 못한 인간은 결국 몸으로 표현한다. 그게 병이다.

문학의 예언 – 카뮈와 '부조리의 긴장'

알베르 카뮈는 《시지프 신화》에서 인간의 삶을 '부조리한 반복'이라 말했다. 그는 쾌락과 절망, 성취와 무의미 사이의 긴장 속에서 인간이 얼마나 쉽게 균열되는지를 보았다. 그러나 그는 이렇게도 말했다.

"인간은 고통을 인식하는 순간, 이미 그것을 초월한다."

이 말은 스트레스의 본질을 꿰뚫는다. 스트레스는 '통제 불가능한 상황'에서 생기지만, 그걸 자각하는 순간, 우리는 통제의 한 부분을 되찾는다. 즉, 스트레스의 복수를 막는 유일한 방법은 그것을 자각하는 것이다.

스트레스는 고통을 낳고, 고통은 통찰을 낳는다.

삶은 늘 균형을 찾는다. 감정의 에너지는 막으면 부풀고, 흘리면 정화된다. 어느 철학자는 말했다.

"삶의 모든 긴장은 결국 의미를 찾기 위한 갈망이다."

스트레스는 우리를 죽이기도 하지만, 그걸 재료로 삼을 줄 아는 사람에게는 통찰이 된다. 영화 〈쇼생크 탈출〉의 앤디가 감옥 속 스트레스 속에서도 희망의 루틴을 만든 것처럼, 우리는 스트레스 속에서도 질서를 세워야 한다. 그 질서란 감정을 억누르는 게 아니라, 그 감정이 흘러갈 통로를 열어두는 일이다.

스트레스의 복수를 피하는 방법 – '감정 총량의 환기'

총량의 법칙은 말한다.

"모든 감정은 순환되어야 한다. 막히면 폭발한다."

감정의 배출구를 정기적으로 열어두는 것이 바로 예방이다. 이를 위해 사용할 수 있는 세 가지 방법.

1. 감정의 언어화

– "나는 지금 화가 났다."

"이건 억울하다."

감정을 인식하고 말로 표현하는 순간, 뇌의 편도체 활동이 감소한다. 이는 실제 fMRI 연구로 입증되었다.

2. 감정의 신체화

– 운동, 호흡, 명상은 감정의 흐름을 물리적으로 바꾼다. 감정은 에너지이기 때문이다.

3. 감정의 환원

– 과거의 고통을 글, 그림, 음악 등으로 환원시키면, 그 감정은 더 이상 독이 아니라 '작품'이 된다.

이 세 가지는 모두 복수를 피하는 길이다. 감정을 막지 않고 흘려보내는 사람만이, 총량의 균형을 유지한다.

스트레스는 당신의 미결 청구서다.

스트레스는 단 한 번도 사라지지 않는다. 그것은 묻히거나, 연기되거나, 이동할 뿐이다. 그러다 어느 날, 예기치 않은 시점에 "이제 계산합시다"라는 음성으로 돌아온다. 그때 우리는 몸이 아프다고 생각하지만, 사실은 감정의 회계가 도래한 것이다. 그러니 미리 정산하라. 감정을 인정하고, 풀어내고, 나누고, 기록하라. 그게 바로 총량의 법칙이 가르치는 감정의 회계 방식이다.

"지금의 스트레스는 내일의 몸이 기억한다."

– 의사 한스 셀리에, '스트레스의 아버지.'

그의 말처럼, 스트레스는 반드시 복수로 돌아온다. 그러나 그 복수를 예방할 수 있는 유일한 방법은 감정의 순환을 멈추지 않는 것이다. 그때 비로소 우리는 감정의 부채 없는 삶, 총량의 균형을 아는 삶으로 나아갈 수 있다.

054

긍정심리는 훈련될 수 있다
- 단, 총량은 유지된다

훈련으로 얻는 긍정, 그러나 사라지지 않는 부정

긍정심리는 타고나는 것이 아니라 길러지는 능력이다. 마틴 셀리그먼이 《긍정심리학》에서 제시했듯, 감사일기, 미래 시나리오 쓰기, 강점 찾기 같은 훈련은 인간의 행복 수준을 분명 높인다. 그러나 중요한 전제가 있다. 인간의 감정은 무한정 누적되지 않는다. 《인생 총량의 법칙》은 말한다.

"긍정은 늘릴 수 있지만, 감정의 총량은 고정되어 있다."

부정을 억누르면 사라지는 게 아니라 다른 방식으로 돌아오고, 긍정을 키우면 다른 감정의 자리가 줄어든다. 결국 긍정은 '새 감정 생산 공장'이 아니라 '기존 감정의 재배치 기술'이다.

쾌락적응과 감정 총량의 회귀

현대 심리학의 '쾌락적응 이론'은 이를 증명한다. 복권에 당첨된 사람도, 사고로 몸을 잃은 사람도 시간이 지나면 이전의 행복 수준으로 돌아간다. 셀리그먼이 실제로 군인과 학생을 대상으로 한 실험에서도, 초기에는 행복지수가 올라갔지만 몇 달 뒤 대부분 기저선으로 되돌아왔다. 인생의 평균선은 크게 달라지지 않는다. 다만 긍정 훈련은 그 선을 위아래로 덜 요동치게 만든다. 마치 댐이 강물의 흐름을 조절하듯, 긍정은 감정의 범람을 막고 안정적인 리듬을 유지하게 해준다.

긍정으로 벽을 뚫은 사람들

20세기 초 흑인 여성 비행사 베시 콜먼은 미국의 비행학교에서 번번이 거절당했다. 그러나 그녀는 좌절 대신 프랑스로 눈을 돌렸다. 프랑스어를 배우고, 다른 대륙으로 건너가 결국 흑인 여성 최초로 조종사가 되었다. 긍정심리의 훈련이 만들어낸 결과였다. 그러나 그녀의 삶이 영원히 긍정으로만 채워진 것은 아니었다. 전성기의 박수와 찬사를 누리던 그녀는 34세에 비행기 추락으로 생을 마쳤다. 영광과 불행은 마치 균형을 맞추듯 엮여 있었다.

비슷한 사례는 스웨덴의 외교관 라울 발렌베리에게서도 볼 수 있다. 그는 제2차 세계대전 중 나치의 유대인 학살을 막기 위해 위조 여권과 보호 증명서를 발급하며 수만 명을 살렸다. 그는 언제나 침착했고, 심지어 독일 장교 앞에서도 "당신도 언젠가 가족에게 돌아가야 하지 않겠느냐"고 말하며 상대를 설득했다. 훈련된 긍정이 사람들을 구한 것이다. 그러나 그 역시 전쟁이 끝난 뒤 소련군에 의해 체포되어 실종됐다. 긍정은 수많은 생명을 구했지만, 그의 운명을 바꿔놓지는 못했다. 총량의 법칙은 여전히 작동하고 있었다.

훈련된 긍정의 이면

일본 마라토너 다나카 요시카즈는 "오늘은 내 최고의 컨디션"이라는 자기 주문을 매일 외쳤다. 폭우가 쏟아지는 날에도, 근육이 찢어질 듯 고통스러운 순간에도 그는 미소를 지었다. 그 결과 아시아 선수로는 드물게 보스턴 마라톤대회에서 우승했다. 그러나 은퇴 뒤 그는 무릎 부상과 생활고에 시달리며 우편배달부로 생계를 이어갔다. 훈련된 긍정이 일시적으로 영광을 안겨줬지만, 그의 인생 전체의 총량은 여전히 균형을 이루었다.

긍정은 감정 재배치의 기술이다.

긍정심리는 고통을 없애는 마법이 아니다. 그것은 고통의 의미를 바꾸는 기술이다. 불안을 '앞으로 다가올 에너지 신호'로 읽고, 실패를 '성장의 재료'로 해석하는 것. 이런 재배치가 있을 때, 부정 감정은 사라지지 않고 오히려 새로운 힘으로 변환된다. 스토아 철학자 세네카는 "불행을 두려워하지 마라. 그것은 더 큰 힘을 위한 훈련일 뿐이다"라고 했다. 긍정은 바로 그 해석의 힘이다.

감정의 그릇 안에서 춤추는 법

인생 총량의 법칙은 긍정심리의 한계를 보여준다. 우리는 감정의 평균값에서 크게 벗어나지 않는다. 그러나 긍정 훈련은 그 평균을 안정시키고, 폭풍 같은 감정의 파도를 작게 만든다. 베시 콜먼의 비행, 발렌베리의 미소, 다나카 요시카즈의 주문은 모두 긍정의 훈련이 빚어낸 힘이었다. 하지만 동시에 그들의 인생은 고통과 불행으로도 채워져 있었다.

긍정은 훈련될 수 있다. 그러나 그것은 감정의 그릇을 키우는 것이 아니라, 같은 그릇 안에서 춤을 추는 법을 배우는 것이다. 《인생 총량의 법칙》이 말하는 대로, 긍정은 해석의 기술이며, 균형의 전략이다. 당신의 감정 총량은 이미 정해져 있다. 중요한 건 그 안에서 어떤 춤을 출 것인가다. 긍정은 불행을 지우지 않는다. 다만 그 불행을 삶의 리듬에 맞게 조율한다. 그리고 그것이야말로 진짜 긍정이다.

055

뇌의 쾌감 회로는 쉽게 고갈된다

작은 기쁨에서 중독으로

쾌감은 처음엔 아주 작은 것에서 시작된다. 좋아하는 사람의 메시지를 기다리는 설렘, 첫 월급으로 부모에게 밥을 사드릴 때의 뿌듯함, 밤늦게 돌아오는 길에 라디오에서 흘러나온 노래 한 곡이 마음을 울릴 때의 순간. 이때 뇌는 도파민을 분비하며 강렬한 기억을 새긴다. 그러나 문제는 반복이다. 뇌는 같은 자극을 오래 버티지 못한다. 점점 강한 자극, 더 빠른 보상, 더 자극적인 이야기를 요구한다. 도파민 시스템의 본질은 적응이며, 그 적응은 곧 고갈로 이어진다. 니체가 말한 "괴물과 싸우다 괴물이 된다"는 역설은, 쾌감의 회로에서도 똑같이 작동한다.

성공의 도파민, 그리고 무너짐

한 스타트업 창업자는 처음에는 단순한 성취에도 크게 기뻐했다. 하지만 투자 유치 뒤에 그의 뇌는 '성과 그래프'라는 자극에 길들여졌다. 클릭률과 전환율이 올라가면 도파민이 솟구쳤지만, 어느 순간 그 수치로는 더 이상 만족하지 못했다. 더 큰 캠페인, 더 자극적인 전략이 필요해졌다. 결국 그는 불면증과 무기력에 시달렸다. 《인생 총량의 법칙》의 시각으로 보면, 그는 도파민을 과소비해 총량을 앞당겨 써버린 셈이다. 노먼 필이 "긍정적 사고는 새로운 에너지를 만든다"고 했지만, 과잉된 자극 속에서는 긍정도 소용없었다.

예술가의 느린 기쁨

반대로, 한 피아니스트는 대형 기획사의 제안을 거절하고 작은 카페에서 매주 연주를 이어갔다. 매번 같은 곡을 치면서도 새로운 감정을 불어넣는 연습을 했다. 처음엔 관객도 적었지만 그는 오히려 행복했다. 이 과정에서 그는 '도파민 과소비'를 피하고, 느린 만족을 훈련했다. 그래서 몇 년이 지나 유명해진 뒤에도 소박한 소곡 하나에 눈물을 흘릴 수 있었다. 이는 마치 톨스토이가 《안나 카레니나》에서 강조한 "진정한 행복은 단순한 삶 속에 있다"는 메시지를 떠올리게 한다.

중독의 악순환

SNS는 쾌감 회로의 소모를 가장 직접적으로 보여준다. 처음엔 하루 3분 사진을 올리며 기뻐했지만, 곧 하루 30분을 소비하며 수십 개의 스토리를 올려야만 만족한다. '공감받고 싶다'는 욕망이 '공감이 없으면 무너진다'는 공포로 변한다. 마약 중독의 메커니즘도 같다. 몇 번의 코카인 사용 뒤 뇌는 도파민 수용체를 줄이며 자기 방어를 시작한다. 이후 중독자는 '쾌감'이 아니라 '쾌감이 사라질 때의 고통'을 피하기 위해 약을 찾는다. 도스토옙스키가 《지하생활자의 수기》에서 묘사한 "즐거움이 곧 고통의 연장선"이라는 아이러니는 여기에도 해당된다.

고통 없는 기쁨은 없다.

정신과 의사 데이비드 런던은 강연에서 이렇게 말했다.

"인간의 뇌는 쾌락을 무기처럼 사용하다가, 결국 자기 자신에게 쏜다."

실제로 도파민 고갈 증후군에 빠진 사람들은 기쁘지도, 슬프지도 않은 무반응 상태에 놓인다. 카프카가 남긴 "나는 기계처럼 글을 썼지만, 내 안에는 아무 감정도 없었다"는 고백은 도파민 고갈이 남긴 공허함을 상징한다.

회복을 위한 느림의 기술

그렇다면 어떻게 쾌감 회로를 지킬 수 있을까? 비밀은 '느린 기쁨'이다. 아침 해가 뜨는 걸 바라보는 습관, 커피의 향을 음미하는 시간, 하루 10분간 아무 일도 하지 않는 명상. 이런 단순한 행위들이 뇌의 도파민 시스템을 회복시킨다. 달라이 라마가 "행복은 특별한 일이 아니라, 평범한 것의 반복에서 온다"고 한 것도 같은 맥락이다. 자극 없는 순간에도 도파민은 다시 흐르며, 그 쾌감은 '존재 기반의 기쁨'이 된다.

쾌락의 역설

뇌의 쾌감 회로는 바이올린과 같다. 너무 세게 켜면 줄이 끊기고, 너무 자주 켜면 활이 닳는다. 쾌감을 무리하게 추구하는 사람은 결국 아무것도 느낄 수 없는 상태에 빠진다. 이는 영화 〈레퀴엠 포 어 드림〉에서 보듯, 처음엔 행복을 위한 약물이 결국 가장 깊은 절망으로 이끄는 과정과도 닮았다. 쾌락은 공짜가 아니며, 반드시 비용을 청구한다.

총량의 관점에서 본 쾌감

《인생 총량의 법칙》은 말한다. 쾌감은 훈련 없이 소비하면 고갈되지만, 절제하며 느리게 음미하면 총량을 오래 쓸 수 있다. 스타트업 창업자가 숫자에 집착하다 무너진 것처럼, 베시 콜먼이 긍정 훈련으로 순간의 영광을 얻은 것처럼, 모든 쾌감에는 균형의 원리가 숨어 있다. 중요한 건 기쁨을 '추가'하려는 게 아니라, 잃어버린 감각을 '회복'하는 것이다. 물음은 이것이다. 나는 지금, 뇌의 쾌감 회로를 고갈시키고 있는가, 아니면 회복시키고 있는가? 답은 단순하다. 쾌락은 소비하면 줄고, 느리게 음미하면 늘어난다. 뇌는 우리에게 경고한다.

"기쁨은 아껴야 오래간다."

이것이 쾌락의 역설, 그리고 총량의 법칙이 우리에게 주는 가장 현실적인 충고다.

056

고통을 관리하면 총량도 조절된다

고통과 쾌락의 역설

준호는 퇴근 뒤의 맥주 한 캔에서 하루의 위안을 찾았다. 처음엔 그 작은 거품이 세상의 피로를 씻어냈지만, 곧 한 캔으로는 부족해졌다. 두 캔, 세 캔, 나중에는 위스키로 옮겨갔다. 어느 순간부터는 '즐거움'이 사라지고 '습관적 반복'만 남았다. 뇌의 쾌감 회로는 이미 과열된 뒤였고, 도파민은 더 이상 반응하지 않았다.

《인생 총량의 법칙》의 시선으로 보면, 그는 기쁨을 관리하지 못해 오히려 고통의 총량을 불러온 셈이었다. 공자는 《논어》에서 "과유불급(過猶不及)"이라 했고, 고대 스토아 철학자 에픽테토스는 "쾌락의 노예가 된 순간, 인간은 자유를 잃는다"고 말했다. 결국 고통과 쾌락은 관리하지 않으면 균형을 깨뜨리며 서로를 파괴한다.

기대가 만들어내는 고통

뇌과학자 로버트 사폴스키는 "도파민은 보상 자체보다 보상을 '예상할 때' 더 많이 분비된다"고 말했다. 그래서 복권을 긁는 순간, 연애 초반의 설렘, 시험 결과 발표 전의 초조가 실제 결과보다 강렬하다. 문제는 이 구조가 반복되면 '기대의 쾌감'이 고통으로 변한다는 점이다. 셰익스피어의 《맥베스》에서 권력의 기대가 결국 주인공을 파멸로 끌고 가듯, 인간은 기대를 관리하지 못하면 끝없는 고통 속으로 빠진다. 사랑이 식었다고 착각하는 것도, 사실은 줄어든 도파민을 '사랑의 소멸'로 오인하는 것일 뿐이다.

쾌락적응과 총량의 법칙

심리학의 쾌락적응(Hedonic Adaptation) 이론은 "인간은 어떤 강렬한 경험도 곧 익숙해진다"는 사실을 보여준다. 복권 당첨자는 몇 달 뒤 원래의 행복 수준으로 돌아가고, 고급차를 산 사람은 곧 주차 스트레스에 더 시달린다. SNS에서 '좋아요' 수천 개를 받던 인플루언서가 더 자극적인 콘텐츠를 올리기 시작하는 것도 이 때문이다. 《인생 총량의 법칙》에 비춰보면 이는 당연하다. 총량은 유지된다. 기쁨을 과소비하면 고통이 밀려오고, 고통을 관리하면 작은 기쁨에도 반응할 수 있다.

중독은 고통을 연기할 뿐

도박, 마약, 쇼핑, 워커홀리즘. 모두 같은 구조다. 중독자는 기쁨을 추구하는 게 아니라, '무기력과 공허함'을 피하기 위해 반복한다. 도파민 수용체는 줄고, 뇌는 더 이상 일상의 자극에 반응하지 않는다. 마치 영화 〈레퀴엠 포 어 드림〉 속 인물들이 쾌락을 좇다 결국 파괴로 추락하는 과정처럼, 자극을 높이는 방식은 총량의 저울을 무너뜨린다. 루즈벨트가 "두려워해야 할 것은 두려움 그 자체"라고 했듯, 중독자가 두려워하는 건 쾌락의 부재가 아니라 고통의 복귀다.

고통을 직면하는 순간

그러나 길은 있다. 뇌는 적응하는 만큼 회복하기도 한다. 최근 확산된 '도파민 디톡스'는 강제적인 고통의 시간, 즉 자극 없는 시간을 의도적으로 만드는 방식이다. 실리콘밸리의 창업자들이 며칠간 스마트폰을 끄고 명상하며 집중력을 회복하는 것도 이 때문이다. 고통을 피하지 않고 직면하는 순간, 뇌는 사소한 기쁨에도 다시 반응한다. 니체가 말한 "살아가는 이유를 아는 자는 어떤 고통도 견딜 수 있다"는 말은, 바로 이 고통 관리의 철학을 압축한 문장이다.

다변화된 기쁨의 힘

쾌감을 관리하는 또 하나의 방식은 '다변화'다. 작은 기쁨을 여러 갈래로 나누는 것이다. 커피 한 잔의 향, 산책 중 마주친 고양이, 친구와의 대화, 운동 후의 개운함. 이 소소한 기쁨들은 강한 자극은 아니지만, 반복해도 쉽게 고갈되지 않는다. 알베르 카뮈가 〈여름〉이란 에세이에서 "태양 아래 커피 한 잔을 마실 때, 나는 세상의 부를 다 가진 듯하다"고 고백한 것처럼, 느리고 작은 쾌감은 총량을 무너지지 않게 지켜준다.

회복의 사례 – 준호의 전환

준호의 회복은 절망의 순간에서 시작되었다. 아무리 술을 마셔도 아무 감정도 느껴지지 않는 순간, 그는 자신의 회로가 고갈되었음을 깨달았다. 술을 끊고 휴대폰을 꺼두며 견뎌낸 며칠은 지옥 같았지만, 2주 뒤 처음으로 아침 공기가 달콤하다는 사실을 느꼈다. 그때 뇌의 쾌감 회로는 다시 살아나고 있었다. 이는《사자의 서》에서 말하는 "고통을 통과해야 다음 문이 열린다"는 가르침과 닮았다.

총량을 조절하는 법

《인생 총량의 법칙》은 고통을 단순한 마이너스가 아니라 균형을 위한 자산으로 본다. 도파민을 무작정 늘리려 하지 말고, 고통을 관리하며 총량을 조절해야 한다. 불필요한 자극을 줄이고, 작은 기쁨을 분산시키며, 고통을 있는 그대로 직면하는 것. 그것이야말로 총량의 회계장부를 지혜롭게 다루는 방법이다.

뇌가 말하는 진실

뇌는 속삭인다.

"쾌락은 소비하면 줄고, 고통은 관리하면 자산이 된다."

고통은 우리를 망치는 게 아니라, 균형을 위해 남겨진 비밀 자본이다. 그러니 도망치지 말고 직면하라. 당신이 지금 느끼는 고통은 총량을 조절하려는 뇌의 전략이며, 그것은 언젠가 다시 기쁨의 자리로 당신을 인도할 것이다.

057

회복탄력성은 '총량 복원력'이다

총량을 되돌리는 힘

인간의 삶은 쾌락과 고통이라는 두 바퀴 위에서 굴러간다. 어느 쪽으로 기울든 결국 균형을 되찾으려는 힘이 작동한다. 이를 심리학은 '회복탄력성(Resilience)'이라 부른다. 그러나 《인생 총량의 법칙》은 한 걸음 더 나아가 이것을 '총량 복원력'이라 정의한다. 즉, 우리가 지나치게 쾌락을 당겨 쓰거나 고통에 과도하게 몰입했을 때, 삶은 본래 자리로 우리를 되돌린다. 문제는 이 힘이 무한정 작동하지 않는다는 점이다. 총량은 결국 한정돼 있고, 너무 빨리, 너무 과하게 소비하면 남는 건 빈 계좌와 고통의 이자뿐이다. 마치 소크라테스가 "절제 없는 삶은 스스로를 파괴한다"고 말했듯, 쾌락의 과소비는 곧 자기 파산이다.

세라 베르나르다 – 불태운 젊음, 남은 무대

프랑스의 전설적인 배우 세라 베르나르다는 이를 가장 극적으로 보여준다. 그녀는 '신의 목소리'를 가진 여배우라 불리며, 무대 위에서는 매혹적인 존재였지만 무대 밖에서는 술과 사랑, 화려한 사교생활에 탐닉했다. 하루 세 번 공연 뒤, 밤이면 귀족 살롱에서 샴페인과 연애에 빠져든 그녀의 생활은 20년 가까이 이어졌다.

젊음의 쾌락을 앞당겨 다 써버린 결과, 50대가 되자 무릎 괴사로 다리를 절단해야 했고, 만성피로와 호흡곤란에 시달렸다. 하지만 그녀는 무대를 포기하지 않았다. 의족을 차고 무대에 올라선 그녀는 오히려 더 강렬한 존재감을 남겼다. 회복탄력성은 예전으로 '되돌아가는 힘'이 아니라, 남은 자원으로 새로운 균형을 만드는 힘이라는 걸 그녀는 몸소 증명했다. 괴테가 《파우스트》에서 "인간은 무너져도 다시 일어서려는 존재"라 말했듯, 그녀의 무대는 절망 속에서도 총량을 복원하는 의지였다.

뇌의 회로와 쾌락의 기준점

현대 신경과학도 이 복원력을 뒷받침한다. 도파민과 세로토닌이 조율하는 뇌의 보상회로는 지나친 자극을 받으면 둔감해진다. 알코올, 성적 자극, 스마트폰 알림 등은 뇌를 '과소비 모드'로 몰아넣는다. 이때 회복탄력성이란 뇌가 쾌락의 기준점을 다시 설정하는 과정이다. 심리학에서는 이를 '쾌락 기준점 재설정(Hedonic Set Point Reset)'이라 부른다. 고통이 끝난 뒤 작은 기쁨에도 다시 반응할 수 있는 힘, 이것이 총량 복원력이다. 달라이 라마가 "행복은 고통이 사라진 자리에서 오는 고요"라 했던 것도 이와 같다.

체 게바라 – 권력 대신 고통을 택하다.

정치적 차원에서 이 원리를 드러낸 인물은 체 게바라였다. 그는 쿠바 혁명 뒤 장관직이라는 권력의 달콤함을 오래 누리지 않았다. 권력이라는 쾌락의 총량이 자신을 무너뜨릴 것을 알았던 그는 자리를 내려놓고 볼리비아로 향했다. 거기서 기다린 건 추위, 배고픔, 고립이라는 고통이었다. 그러나 그는 이를 받아들였다. 자신을 새롭게 정의하고, 이상을 순환시키는 선택이었다. 그의 생은 짧았지만, 이름과 정신은 사후 수십 년간 살아남았다. 게바라의 선택은 쾌락 총량을 제한하고 고통을 끌어안음으로써 오히려 복원력을 남긴 사례였다. 위대한 흔적은 언제나 고통의 총량을 균형 있게 관리한 자들에게서 남는다.

현대 사회 – 총량을 갉아먹는 환경

오늘날 사회는 회복탄력성을 가장 위협하는 구조를 갖고 있다. 스마트폰 알림, 무한 스트리밍, SNS의 '좋아요'는 뇌의 보상회로를 쉬지 않고 자극한다. 작은 쾌감이 매일 반복되며, 마치 매일 샴페인을 마시는 것처럼 뇌는 금세 지친다. 거기에 음주, 과식, 성적 자극까지 겹치면, 30대 중반에 이미 60대의 감정 피로를 느끼게 된다. 티모시 페리스의 《멘토의 부족》이라는 책에서 한 멘토가 말했듯, "우리는 몸보다 뇌를 더 혹사시키며 살고 있다." 고통을 관리하지 못하면 쾌락은 너무 일찍 고갈된다.

회복탄력성을 기르는 훈련

그렇다면 해법은 무엇인가. 답은 '무쾌락 구간'을 의도적으로 만드는 것이다. 단식이 위장을 쉬게 하듯, 쾌락 단식은 뇌를 재활시킨다. 하루 스마트폰을 꺼두고, 한 끼를 건너뛰고, SNS에서 3일간 사라져보는 것. 처음엔 금단현상처럼 불안하고 지루하지만, 이 과정이 지나면 사소한 기쁨이 다시 살아난다. 아침 공기의 차가움, 커피 향, 친구의 안부 문자 같은 작은 자극이 총량 복원의 신호가 된다. 빅터 프랭클이 "고통은 의미를 부여할 때 힘으로 바뀐다"고 말했듯, 회복탄력성은 고통의 순간을 회피하지 않고 직면함으로써 길러진다.

총량 복원력의 철학

회복탄력성은 단순한 버팀목이 아니다. 세라 베르나르다가 남은 몸으로 새로운 무대를 창조했듯, 게바라가 익숙한 권력을 버리고 낯선 고통 속에서 자신을 재정의했듯, 그리고 오늘날 우리 각자가 의도적으로 자극을 줄이고 뇌의 회로를 재설정하듯, 이 모든 건 총량 복원력의 실천이다. 쾌락은 아껴야 하고, 고통은 관리해야 한다. 그래야 인생의 계좌가 너무 일찍 바닥나는 일을 막을 수 있다.

인생의 계좌를 지키는 법

《인생 총량의 법칙》은 말한다.

"회복탄력성이란 결국 총량을 다시 균형으로 되돌리는 힘이다."

총량은 언제나 소모된다. 그러나 그 소모를 관리하고, 회복을 허락할 때, 인생은 여전히 이어진다. 결국 중요한 건, 얼마나 많은 쾌락을 누렸는가가 아니라, 그 쾌락과 고통을 어떻게 조율했는가이다. 총량 복원력은 우리의 삶을 끝까지 유지하는 가장 중요한 자산이다.

058

의학적으로도 삶은 순환한다

생명의 리듬, 심장의 은유

사람의 몸은 끝없이 반복되는 리듬 위에 놓여 있다. 그 리듬은 단순히 심장박동이나 생리주기 같은 표면적인 순환만이 아니라, 인간 존재 자체를 구성하는 깊은 층위의 패턴으로 얽혀 있다. 하루에도 10만 번 가까이 수축과 이완을 반복하는 심장은 그 자체로 인생의 은유다. 멈춤은 곧 죽음이지만, 끊임없는 리듬은 생명의 지속을 뜻한다. "한 번의 맥박은 한 번의 인생이다"라는 말처럼, 반복은 지루한 기계적 동작이 아니라 생명을 연장하는 가장 근원적인 기술이다.

병상의 기적, 순환의 증거

서울의 한 대학병원 중환자실. 뇌졸중으로 쓰러진 60대 남자가 의식 없이 누워 있었다. 뇌파는 거의 평평했고, 자발 호흡도 없었다. 모두가 "이제 회복은 불가능하다"고 고개를 저었다. 그러나 담당 의사는 환자의 체온이 매일 아침 0.2도씩 오르내리는 미세한 파동을 눈여겨보았다. 4일째 되던 날, 환자의 호흡이 1분에 한 번씩 불규칙하게 움직이기 시작했고, 8일째에는 손가락 끝이 살짝 떨렸다. 그 뒤로 그는 두 달 만에 퇴원했고, 석 달 뒤 직장에 복귀했다. 그 의사가 말했듯, "생명은 직선이 아니라 곡선이다. 퇴화와 회복이 번갈아 오가며 리듬을 찾을 뿐"이었다.

암과 치료의 윈도우

항암 치료 역시 순환의 법칙을 따른다. 암세포는 쉬지 않고 증식하지만, 항암제는 그 리듬에 맞춰 투여되어야 효과를 발휘한다. 이를 '치료의 창'이라 부른다. 어느 순간은 약물이 효과적이지만, 다른 순간에는 암세포가 잠복하며 피해 간다. 완치는 직선적 진보가 아니라, 회복과 고통이 교차하는 곡선 위에서 가능하다. 마치 파도에 맞춰 배를 저어야 앞으로 나아갈 수 있는 것처럼, 의사는 그 순환의 리듬을 읽어야 한다.

호르몬과 일상의 파동

코르티솔은 아침에 최고조를 찍고, 밤에는 바닥으로 떨어진다. 이 주기가 깨지면 불면증과 무기력이 몰려온다. 많은 사람들이 "그냥 지쳤다"고 표현하지만, 정확히 말하면 삶이 '순환을 잃은 것'이다. 신체는 늘 회복할 준비를 한다. 그러나 타이밍을 놓치면 고통은 축적된다. 여성의 생리 주기도 그렇다. 배란과 월경의 리듬은 신체적 변화뿐 아니라 창의성과 집중력, 감정의 곡선에까지 영향을 준다. 최근 연구는 "삶의 감정 그래프는 몸속 생리적 순환 위에 그려진 그림"이라는 사실을 증명해 낸다.

노화, 느려진 순환의 이름

노화도 순환이다. 세포는 끊임없이 재생되지만, 그 재생의 질이 점점 떨어지며 늙어간다. 간 세포는 몇 달마다 교체되고, 뼈는 10년 주기로 새로 만들어진다. 인간의 몸은 끊임없이 '바뀌는 동일성'을 유지한다. 그러나 어느 순간 회복 속도가 퇴화 속도를 따라잡지 못하면서 늙음이 시작된다. 이는 멈춤이 아니라 느려진 순환의 결과다.

감정의 순환과 정신의학

조울증, 불안장애, 우울증 모두 감정의 상승과 하강을 반복하는 사이클을 가진다. 약물은 이를 없애는 것이 아니라, 리듬을 일정하게 유지하도록 돕는다. 세로토닌, 도파민, 노르에피네프린 같은 화학물질 역시 매일, 계절마다 다른 주기를 따라 분비된다. 봄에는 생명력이 치솟지만, 가을과 겨울에 자살률이 높아지는 것도 광량과 기후가 만들어내는 순환 때문이다. 결국 인간의 정신조차 파동 속에서 살아간다.

문학과 영화 속 순환의 은유

셰익스피어는 "인생은 사계절을 거듭하는 나무와 같다"고 썼다. 봄의 희망, 여름의 전성기, 가을의 쇠락, 겨울의 정적은 다시 순환하며 이어진다. 영화 〈라이온 킹〉은 이를 〈Circle of Life(삶의 순환)〉라는 노래로 상징했다. 한 생명이 지고 또 다른 생명이 태어나는 과정이 곧 우주의 질서다. 《레미제라블》에서 장발장이 고통 속에서 자비를 깨닫는 것도, 고통과 회복의 리듬이 만들어낸 인간 순환의 장면이다.

순환은 진단이자 해석

의학적으로도 삶은 순환한다는 말은 은유가 아니라 진단이다. 열은 면역 시스템의 순환적 반응이고, 통증은 산소와 혈류가 필요한 곳으로 에너지를 몰아주는 신호다. 죽음은 순환의 멈춤이고, 치유는 순환의 재편성이다. 몸을 통해 본 인생은 직선이 아니라 곡선이다. 파동과 파동 사이를 타고 넘어가는 흐름. 이를 이해한 사람은 "왜 지금 아픈가?"를 해석할 수 있고, "언제 회복이 시작될지"를 예감할 수 있다.

삶은 멈춘 것처럼 보여도 흐른다. 심장이 들리지 않는 순간에도 혈액은 여전히 순환한다. 의학은 그 흐름을 읽는 언어이고, 몸은 그 언어를 통해 스스로를 되살린다. 결국 살아 있다는 것은 순환을 이어가려는 고집이다. 그리고 생명은 그 고집이 만들어낸 유일한 예술이다.

059

보상성 기능 : 인생을 회복하는 내장된 능력

살다 보면 이유를 알 수 없는 회복이 찾아올 때가 있다. 병상에서 더 이상 가능성이 없다고 선언된 환자가 어느 날 갑자기 호전되기도 하고, 멘붕 직전까지 몰렸던 사람이 그저 차 한 잔으로 마음을 추스르기도 한다. 인생을 완전히 포기하려 했던 이가 문득 책 한 권을 통해 살아갈 이유를 되찾는 순간도 있다. 이런 복귀, 복원, 회복의 현상을 설명하는 힘은 무엇일까? 그것은 생물학, 심리학, 철학에 두루 걸쳐 있는 원리, 바로 보상성 기능이다. 인간이라는 존재가 고통과 상실로부터 반드시 회복되도록 설계된 자동 복구 장치이자, 인생이라는 시스템에 내장된 자가복구 알고리즘이다.

생물학적 보상 : 몸은 무너진 자리를 메운다.

인간의 신체는 결코 쉽게 부서지지 않는다. 심장이 약해지면 혈관은 직경을 넓히고 혈액을 더 빨리 돌리며 산소를 보충한다. 한쪽 폐가 손상되면 다른 폐가 더 많은 공기를 들이마시며 균형을 유지한다. 뇌는 특정 부위가 손상되면 남은 영역이 새로운 회로를 만들어 기능을 대체한다. 간은 더욱 극적이다. 전체의 75%가 잘려나가도 몇 주

안에 원래 크기와 기능을 회복한다. 의학자들은 이를 '보상성 증식'이라 부른다. 이건 단순히 생리학적 사실이 아니라, 인간 존재 전체를 관통하는 비밀스러운 설계도와 같다. 상처받고 찢기고 무너져도, 무의식 깊은 곳에서 삶은 스스로 균형을 맞추려는 힘을 발휘한다.

심리적 보상 : 마음은 다른 길로 자원을 돌린다.

심리학에서는 이를 '보상성 조절'이라 설명한다. 실패나 상실이 개인을 무너뜨릴 듯 몰아칠 때, 무의식은 다른 방식으로 균형을 찾아낸다. 실연으로 방바닥만 보던 여성이 갑자기 헬스클럽에 등록해 몸을 단련하고, 이별의 상처를 새로운 외모와 자존감으로 전환하는 경우는 그 예다. 해고 뒤 우울증에 빠진 남자가 낡은 자전거를 사서 3천 킬로미터를 종주하며 삶의 리듬을 되찾는 경우도 마찬가지다. 한쪽에서 잃은 것을 다른 쪽에서 메꾸는 마음의 방식이다. 괴테가 "인간은 상실의 고통을 창조의 에너지로 전환한다"고 했던 말은 단순한 수사가 아니라, 무의식의 보상 회로를 가리킨다.

철학적 보상 : 고통을 견디게 하는 허구의 장치

쇼펜하우어는 "인생은 본질적으로 고통이지만, 예술과 종교는 그 고통을 견디게 하는 미학적 도피"라고 말했다. 그는 신이나 이상향 같은 개념조차도 인간이 감당하기 어려운 현실을 보상하기 위해 만든 장치라고 보았다. 음악은 인간의 비극을 완전히 없애주지 못하지만, 그 고통을 아름다움으로 전환해 잠시라도 살아갈 수 있게 한다. 마치 불가능한 현실을 정면으로 돌파하지 못하는 대신, 우회로를 마련해주는 것과 같다. 그것이 보상성 기능의 철학적 버전이다.

위대한 인물들의 보상 회로

이 원리는 역사 속 인물들에게서 가장 극적으로 드러난다. 루게릭병으로 전신이 마비된 스티븐 호킹은 의사들로부터 2년 시한부를 선고받았다. 그러나 그는 절망하지 않고, 움직이지 않는 육체 대신 상상력이라는 다른 회로를 폭발시켰다. "나는 몸이 할 수 없는 만큼, 우주를 더 깊이 생각했다"는 그의 말처럼, 신체의 파괴는 정신의 확장을 불러왔다. 그는 생존자에서 창조자로 거듭났고, 이 과정은 보상성 기능의 위대한 사례가 되었다.

좀 더 일상적인 장면에서도 이 힘은 작동한다. 전 재산을 날리고 이혼까지 당한 한 남자는 모든 것을 잃었다고 여겼다. 그러나 매일 무작정 걷기 시작하면서 체력이 회복되고, 우연히 만난 사람들과의 대화 속에서 삶의 조각들이 다시 맞춰졌다. 결국 그는 거리의 사람들을 찍는 사진작가가 되었고, SNS에 올린 인물 사진이 큰 반향을 일으켰다. 그는 "나는 다 잃은 줄 알았지만, 사실은 내 안의 다른 보상 회로가 깨어난 것뿐이었다"고 말했다. 의지가 아니라 시스템이 작동한 결과였다.

문학과 영화 속 보상성 기능

문학과 영화 역시 이 내장된 복원력의 드라마를 즐겨 다룬다.

《레미제라블》의 장발장은 전과자라는 낙인과 사회적 절망 속에서 신부가 내민 은촛대 덕분에 보상성 회로가 켜진 인물이다. 그는 과거의 상실을 새로운 봉사와 자비로 전환하며 인생의 의미를 복원한다. 영화 〈쇼생크 탈출〉에서 앤디 듀프레인이 감옥 벽을 뚫어 자유를 얻은 장면 역시 단순한 도주가 아니라, 절망 속에서 다른 회로를 찾아내는 인간 보상성 기능의 은유다. 감옥이 닫은 문만큼, 그는 희망이라는 다른 문을 열어젖혔다.

인생 총량과 보상의 균형

이 모든 보상성 기능은 인생 총량의 법칙과 정밀하게 맞닿아 있다. 삶은 무언가를 빼앗아가지만, 반드시 다른 방식으로 보충한다. 친구를 잃으면 침묵의 위로가 남고, 돈을 잃으면 자유의 시간이 생기며, 명예를 잃으면 자기 자신과의 친밀감이 회복된다. 삶은 언제나 복원을 시도한다. 그것은 인간의 의지를 넘어선 본능적이고 자동적인 메커니즘이다.

중요한 건 고통의 유무가 아니라, 그 고통이 촉발한 보상성 기능을 인식하고 받아들이는 것이다. 지금 무너졌다고 생각하는 순간, 어쩌면 이미 다른 곳에서 균형을 맞추는 움직임이 시작되고 있을지 모른다. 보상성 기능은 조용하고 은밀하지만, 가장 믿을 만한 힘이다. 왜냐하면 그것은 인간이라는 시스템이 결코 완전히 꺾이지 않도록 설계된, 가장 끈질기고도 아름다운 메커니즘이기 때문이다.

060

뇌는 행복을 일정 수준에서 자르려 한다
- 기저행복 가설

감정의 항상성 : 행복에도 '기본값'이 있다.

심리학에서 말하는 기저행복가설(set point theory of happiness)은 인간이 큰 기쁨이나 큰 불행을 겪더라도 결국 어느 정도의 평균 행복 수준으로 돌아간다는 개념이다. 체온이 흔들려도 항상성(homeostasis)이 작동해 정상 범위로 돌아오듯, 감정에도 '정상 범위'가 존재한다. 행복은 무한히 쌓이지 않고, 뇌는 일정 수준에서 자동적으로 '브레이크'를 건다. 마치 바람 빠진 풍선처럼, 한껏 부풀었던 행복은 다시 줄어들며 원래의 부피를 찾는다.

오프라의 인생에서 본 기저치

이 원리를 극적으로 보여준 인물이 오프라 윈프리다. 그녀는 어린 시절 학대와 가난을 견디며 성장했으나, 이후 세계에서 가장 영향력 있는 방송인이 됐다. 많은 이들은 그녀의 성공이 '영원한 행복'으로 이어졌을 거라 생각한다. 그러나 오프라는 솔직히 고백했다. 시청률이 정점을 찍은 순간에도, 그 절정 뒤에는 곧바로 평범함과 부담이 찾아왔다고. 개인적 행복이 커질수록 사회적 책임이 늘어나고, 그 무게는 행복을 끌어내렸다. 그녀는 "행복의 절정은 잠깐이고, 그 뒤의 평범함이 진짜 내 삶의 높이"라고 말했다. 바로 뇌가 행복을 일정 수준에서 잘라낸 경험이었다.

복권과 불행, 모두 같은 자리로 돌아온다.

1978년 브릭맨과 동료들이 진행한 유명한 연구는 이 가설을 입증했다. 복권에 당첨된 사람들과 사고로 장애를 입은 사람들을 비교했을 때, 사건 직후 두 집단은 극단적으로 다른 감정을 보였다. 그러나 1년 뒤, 두 집단의 '일상적 행복 수준'은 놀랍도록 비슷해졌다. 거액을 손에 쥔 당첨자들의 열광은 사라졌고, 불행의 충격에 무너졌던 이들도 새로운 일상에 적응했다. 뇌는 기쁨이든 고통이든 일정 수준에서 잘라내며 균형을 맞추는 장치를 갖고 있었다.

셀럽과 쾌락적응의 함정

할리우드 배우 짐 캐리는 한 인터뷰에서 이렇게 말했다.

"나는 정말 부자가 되고서야, 그게 행복의 답이 아니라는 걸 알았다."

억만장자가 되어도 우울증을 피하지 못했고, 종교적 명상과 영성에 매달리며 내적 공허를 메우려 했다. 유튜브나 SNS 인플루언서들의 경우도 비슷하다. 수백만 구독자와 억대 수입을 올리면서도 "내가 원한 행복은 이게 아니었다"고 고백하는 사례가 많다. '좋아요' 수천 개는 처음엔 쾌감을 주지만, 뇌는 곧 그것을 새로운 정상으로 인식한다. 더 많은 반응을 갈망하는 순간, 행복은 다시 원점으로 떨어진다. 이것이 바로 쾌락적응(hedonic adaptation)의 덫이다.

뇌의 생물학적 브레이크

뇌과학적으로 행복의 기저치는 도파민 시스템과 연결된다. 도파민은 보상을 예측할 때 강하게 분비되지만, 같은 자극이 반복되면 반응은 둔감해진다. 초콜릿 한 조각이 처음엔 황홀하지만, 매일 먹으면 그 달콤함은 무뎌진다. 뇌는 과도한 들뜸을 위험으로 간주해 곧 평범한 감정선으로 복귀시킨다. 행복을 영원히 유지하지 못하는 이유는, 뇌가 감정을 '생존에 적절한 범위' 안으로 잘라내기 때문이다.

문학과 영화 속의 반복된 귀환

괴테는 《젊은 베르테르의 슬픔》에서 사랑의 절정을 보여주었지만, 그 열정 뒤에 찾아온 것은 평범한 일상과 견딜 수 없는 공허였다. 행복이든 불행이든 절정은 오래 머무르지 못하고 기저로 돌아간다. 영화 〈슬럼독 밀리어네어〉에서도, 인도 빈민 소년이 억만장자 퀴즈쇼 우승자가 되는 순간 관객은 영원한 해피엔딩을 기대하지만, 영화는 삶이 다시 새로운 무게와 책임으로 돌아가는 과정을 암시한다. 예술은 오래전부터 행복이 항상 일정한 평균치로 회귀한다는 사실을 직관적으로 기록해왔다.

훈련의 의미, 재배치의 기술

그렇다면 행복 훈련은 무의미한 걸까? 그렇지 않다. 감사일기, 명상, 작은 성취의 반복은 뇌의 기저치를 조금씩 긍정적인 방향으로 재설정한다. 하지만 이는 새로운 감정을 '추가'하는 게 아니라, 기존 감정의 자리를 바꾸는 것이다. 불안을 '위기 신호'가 아니라 '에너지 준비 신호'로 해석하거나, 고통을 '성장의 재료'로 보는 태도 변화가 그 예다. 긍정 훈련은 행복 총량을 늘리는 게 아니라, 그 총량을 어떻게 배치할지를 바꾸는 기술이다.

뇌의 메시지 : 절정은 짧고, 평균은 길다.

기저행복가설은 결국 우리에게 이렇게 말한다.

"행복은 영원히 솟구치지 않는다. 그러나 불행도 끝없이 추락하지 않는다."

뇌는 일정한 선에서 행복을 잘라내고, 일정한 수준에서 고통을 들어 올린다. 인생의 장기적 모습은 롤러코스터의 극단이 아니라, 평균선을 따라 흔들리는 파동에 가깝다. 이 사실을 받아들이는 순간, 우리는 절정을 붙잡으려 애쓰지 않고, 추락을 두려워하지 않게 된다. 행복은 늘 잠깐이다. 그러나 그 잠깐이 끝났다고 해서 삶이 끝난 건 아니다. 뇌는 다시 평균으로 우리를 데려온다. 그것은 생존을 위한 차가운 장치이지만, 동시에 우리가 무너지지 않게 지켜주는 가장 은밀한 안전장치이기도 하다.

The Law of the Total Amount of Life

경제와 사회의 총량
성취와 상실의 상호작용

사회와 경제 역시 개인의 감정처럼 일정한 총량의 균형 위에서 움직이며, 한쪽의 성취는 다른 쪽의 상실과 맞물려 있다. 경제 성장의 그림자에는 불평등의 심화가, 혁신의 성과 뒤에는 전통 산업의 몰락이 따라온다.

부와 권력을 독점한 집단은 단기적으로 승리하는 듯 보이지만, 사회적 불만과 반작용이라는 균형의 힘이 반드시 작동한다. 공동체 차원에서는 '성취와 상실의 교환'이 반복되며, 이는 사회적 진보와 후퇴의 순환 구조를 만든다. 인생 총량의 법칙을 사회경제에 대입하면, 국가와 공동체 역시 고통과 성취를 주고받으며 총량의 균형을 향해 움직이는 유기체임을 알수 있다.

061

경제도 균형을 추구한다

– 시장균형이론

혼돈 속에서도 균형을 찾는 시장

경제는 언제나 소란스럽고 혼란스럽게 보인다. 주식 차트는 오르고 내리기를 반복하고, 부동산은 투기와 규제의 소용돌이에 휘말리며, 환율은 하루에도 수십 번 변동한다. 하지만 이 모든 소란의 밑바닥에는 하나의 원리가 숨어 있다. 시장은 언제나 균형을 향해 움직인다는 것이다. 시장균형이론은 이 질서의 핵심을 설명한다. 공급과 수요가 만나는 지점에서 가격은 '적정선'을 찾고, 그 순간 시장은 마치 고요한 호수처럼 안정된다. 혼란은 피할 수 없지만, 혼란 속에서도 균형은 반드시 작동한다.

균형 가격의 탄생

시장균형이론은 단순하다. 어떤 상품의 가격이 지나치게 낮으면 소비자는 몰려들지만, 생산자는 손해 때문에 공급을 줄인다. 반대로 가격이 너무 높으면 소비자는 등을 돌리고, 생산자만 재고를 떠안는다. 이 반복되는 조정 과정을 거치며 시장은 스스로 균형 가격을 찾아간다. 이는 물리학에서 추나추동(推拿推動)이 반복된 끝에 안정되는 진자의 운동과도 닮았다.

예를 들어보자. 2020년 팬데믹 초기 마스크는 금보다 귀했다. 수요는 폭발했지만 공급은 턱없이 부족했고, 암시장이 형성되며 가격은 수십 배로 치솟았다. 그러나 몇 달 뒤 정부의 공적 공급, 기업의 생산라인 확충, 수입선 확보 등이 맞물리자 가격은 빠르게 안정되었다. 이 과정은 시장균형이론이 현실에서 어떻게 작동하는지를 극명하게 보여준다. 처음엔 혼돈이지만, 결국 시장은 물이 흐르듯 제 자리를 찾아간다.

보이지 않는 손과 인간의 욕망

아담 스미스가 말한 '보이지 않는 손'은 신비로운 것이 아니다. 인간이 이익을 추구하는 욕망 자체가 바로 그 손이다. 사과 한 개에 10만 원을 붙이면 아무도 사지 않기에 상인은 가격을 낮출 수밖에 없고, 반대로 원가 이하로 팔면 생산자는 철수한다. 가격은 이렇게 소비자와 생산자 사이의 무언의 대화다. 균형은 이 대화가 끝나는 지점에서 드러난다. 경제학이 수학적 모델로 표현하는 이 단순한 구조는 사실 인간 욕망의 집단적 합의일 뿐이다. 한 구절이 떠오른다.

"시장은 인간의 탐욕과 절제가 매 순간 맞붙는 검투장이다."

검투가 끝나면 살아남는 건 승자도 패자도 아닌, 그 둘이 맞부딪친 뒤의 균형이다.

균형을 거스르는 힘들

물론 시장은 늘 자동으로 균형을 되찾지는 않는다. 독점, 정보 비대칭, 외부효과 같은 시장실패는 언제든 균형을 깨뜨린다. 19세기 후반 석유 제국을 세운 존 D. 록펠러의 사례가 대표적이다. 그는 정유 시설을 무자비하게 인수합병하며 공급을 독점했고, 석유 가격을 안정시킨다는 명분으로 시장 전체를 장악했다. 그러나 경쟁이 사라진 시장은 소비자의 불만을 키웠고, 결국 미국 정부가 반독점법을 들고 나와 스탠더드 오일을 34개 회사로 분할했다. 한쪽으로 기울어진 균형추는 사회와 제도의 힘에 의해 다시 맞춰졌다. 《성경》의 구절처럼 "교만은 패망의 선봉"(〈잠언〉 16:18)인 셈이다. 과도한 독점은 결국 사회적 반작용을 부른다.

인생 속의 균형, 경제 속의 진리

시장균형의 원리는 단지 경제학 교과서에만 머물지 않는다. 인간의 삶도 똑같이 균형을 향한다. 권력, 돈, 명예 중 하나가 지나치게 치우치면 반드시 다른 힘이 개입한다. 록펠러가 부의 절정에 섰을 때, 사회적 비난이라는 무게가 균형추처럼 작동했고, 그는 평생의 후반기를 자선사업에 바치며 이미지를 회복하려 애써야 했다. 인생 총량의 법칙이 말하는 것처럼, 지나친 행복 뒤엔 고통이 찾아오고, 과도한 고통 뒤엔 기묘한 보상이 뒤따른다. 시장이 과열되면 냉각되는 것과 같은 이치다.

역사와 문학 속의 균형 이야기

1929년 대공황은 시장이 한쪽으로 과도하게 기울어졌을 때 어떤 재앙이 오는지를 보여줬다. 주식 투기 열풍으로 가격이 천정부지로 치솟았지만, 결국 무너진 건 허상 위의 균형이었다. 그러나 몇 년의 고통 끝에 세계 경제는 다시 회복했고, 새로운 균형을 찾았다. 균형은 멈추지 않고, 파괴조차도 다음 균형의 씨앗이 된다. 문학에서도 이 원리는 드러난다. 톨스토이의 《안나 카레니나》는 욕망과 사회적 도덕, 사랑과 책임 사이의 균형이 무너졌을 때 어떤 파국이 찾아오는지를 보여준다. 균형이 깨진 순간, 인생이라는 시장은 붕괴했고, 비극은 불가피했다. 균형은 곧 생존의 조건이다.

살아 있는 균형

오늘날의 경제를 보자. 주식 시장은 폭등과 폭락을 반복하지만, 장기적으로는 경제 성장률에 맞춰 균형을 찾는다. 부동산도 마찬가지다. 투기 열풍이 지나면 반드시 조정기가 찾아오고, 노동시장도 경기침체 속에 실업률이 치솟다가도 경기 회복기에 다시 안정된다. 균형은 정지 상태가 아니다. 그것은 끊임없이 흔들리고 조정되는 살아 있는 과정이다. 헤라클레이토스가 "모든 것은 흐른다(panta rhei)"라고 말했듯, 경제 역시 멈춰 있는 순간이 아니라 흐름 속에서만 유지된다. 균형은 고정된 결과가 아니라 계속 이어지는 움직임의 산물이다.

정리하자면, 시장균형이론은 단순히 가격과 수요, 공급의 이야기가 아니다. 그것은 인간 욕망의 총합이자, 사회가 스스로를 조정하는 원리이며, 인생이 균형을 잃지 않으려는 총량의 법칙과 맞닿아 있다. 시장도, 경제도, 인간도 결국은 균형을 추구한다. 그 균형은 완벽한 정지가 아니라 끊임없이 흔들리며 다시 중심을 찾는 과정이다. 그리고 그 과정이야말로 경제가 살아 있다는 증거이며, 인생이 무너져도 다시 일어서는 이유다.

062

소비는 기쁨을 주지만 결국 만족은 줄어든다

한계효용의 벽

신용카드로 긁는 순간의 전율은 마치 전류가 손끝에서 뇌까지 번쩍이는 듯한 느낌을 준다. 택배 상자를 뜯는 행위, 온라인 쇼핑몰에서 "결제 완료" 버튼을 누르는 의식은 단순한 소비가 아니라 자기 존재에 대한 확인의 제스처처럼 작동한다. 그러나 이 짧은 절정은 이내 평면으로 가라앉는다. 더 많은 소비, 더 큰 카트, 더 빠른 배송을 요구한다. 바로 여기서 경제학의 고전 법칙, 한계효용체감의 법칙이 등장한다. 첫 번째 사과는 꿀처럼 달지만, 다섯 번째 사과는 무덤덤하다. 소비가 반복되면 기쁨은 필연적으로 줄어든다.

쇼펜하우어는 이를 간단히 요약했다.

"만족은 욕망을 죽이는 순간 이미 시체가 된다."

욕망이 성취되는 순간, 기쁨은 태어나자마자 사라진다는 냉정한 진실이다.

감정 총량과 소비의 역설

《인생 총량의 법칙》은 이 현상을 "감정 총량의 이탈과 복원"이라고 분석한다. 소비는 감정의 수치를 일시적으로 끌어올리지만, 뇌는 이 비정상적인 상승을 감지하고 다시 원래 수준으로 되돌린다. 이는 행복이 일정 수준에서 고정된다는 기저행복가설과도 맞물린다. 복권 당첨자의 초기 열광과 중도 장애인의 절망이, 결국 1년 뒤 비슷한 수준의 행복으로 회귀한 연구 결과는 이를 잘 보여준다. 기쁨은 늘 청구서와 함께 온다. 그것은 무덤덤함, 피로감, 혹은 정서적 허기로 나타난다. 공자도 비슷한 뜻을 남겼다.

"지나치게 탐하면 반드시 잃는다."

욕망의 충족은 늘 균형의 다른 쪽에서 결핍을 불러온다.

사례로 보는 소비의 무상함

일본의 기업가 이부카 마사루는 한때 수집광이었다. 고급 오디오, 그림, 장식품이 창고에 가득 쌓였다. 하지만 그는 어느 날 깨달았다.

"이건 내가 누린 시간이 아니라, 내가 방치한 시간의 흔적이다."

이후 그는 소비 대신 창조에 집중했고, 소니의 혁신은 그때부터 본격적으로 시작됐다. 소비의 쾌감은 줄어들지만, 창조의 만족은 오래 지속된다는 사실을 몸으로 보여준 셈이다.

영화 〈파이트 클럽〉에서도 이 소비의 공허함이 선명하게 드러난다. 주인공은 IKEA 가구로 채운 집에서 "완벽한 인생"을 살지만, 불면증과 허무감에 시달린다. 그가 말한다.

"우리는 우리 지갑 속의 것들로 정의되지 않는다."

소비의 기쁨이 공허함으로 바뀌는 순간을 적나라하게 묘사한 대

사다.

소비의 대체재 : 경험과 관계

소비의 한계는 또 다른 영역에서의 기쁨으로 보충할 수 있다. 물질이 아닌 경험, 과시가 아닌 몰입, 단발적 자극이 아닌 장기적 의미가 대체재가 된다. 고대 로마 철학자 세네카는 말했다.

"부는 소유가 아니라, 욕망의 절제에 있다."

쇼핑 대신 친구와의 산책, 값비싼 레스토랑 대신 집밥을 함께 나누는 시간이 더 오래 남는 이유다.

실제 연구에서도 "소비보다 경험에 돈을 쓴 사람의 만족도가 훨씬 오래 유지된다"는 결과가 반복적으로 보고된다. 여행, 공연, 봉사활동 같은 경험은 뇌의 기억 속에서 계속 재생되며 긍정적인 감정을 보강하기 때문이다.

소비 중독의 그림자

그러나 소비에만 의존하는 사람은 점점 더 큰 자극을 찾아 헤맨다. 명언 한 구절이 있다.

"욕망은 우물을 메우려는 자와 같다. 퍼낼수록 모래만 더 흘러든다."

이는 쇼핑 중독, SNS 쇼핑, 카드빚으로 인한 삶의 붕괴 사례들과 정확히 겹친다. 순간의 쾌락은 결국 '영혼의 마이너스 통장'을 만든다.

스스로를 제어하지 못하면 소비의 기쁨은 중독으로 변한다. SNS

인플루언서들이 처음엔 '좋아요' 수백 개에 기뻐하다가, 점점 더 자극적인 콘텐츠를 요구하게 되는 과정이 대표적이다. 기쁨은 희미해지고, 그 자리를 불안이 채운다.

총량을 관리하는 지혜

소비의 쾌감은 일회성이지만, 관리할 줄 아는 자는 이를 훈련으로 바꾼다. 간헐적 단식이 위장을 회복시키듯, '소비 단식'은 뇌와 감정을 회복시킨다. 작은 불편을 의도적으로 감내하면, 다시 소소한 기쁨이 돌아온다. 루소는 말했다.

"단순한 삶이야말로 진정한 자유다."

소비를 줄였을 때 기쁨의 민감도가 회복되고, 작은 것에서 다시 큰 기쁨을 느낄 수 있다. 소비는 감정 총량을 관리하는 리허설이어야 한다. 기쁨의 선불이 아니라, 균형을 지키는 훈련으로서의 소비. 그것을 아는 자만이 무덤덤함이 아닌 의미를, 공허함이 아닌 충만함을 얻는다.

063

자산이 늘면 걱정도 늘어나는 이유

부는 자유가 아니라 의무를 불러온다.

많은 이들이 부를 자유의 열쇠로 생각한다. 하지만 실제로 자산이 늘어나면 자유는 의무와 불안으로 변한다. 고대 스토아 철학자 에픽테토스가 말했듯, "많이 가진 자가 아니라, 많이 두려워하는 자가 더 불행하다." 돈이 없을 때는 '벌어야 한다'는 단순한 명제가 삶을 지배한다. 그러나 돈이 늘어나면, 그것을 지키고 관리하며, 불어나게 해야 한다는 의무가 그림자처럼 따라붙는다.

강남의 재건축 아파트에서 순자산 수십억을 가진 김 모 씨가 경험한 불안은 단순한 숫자의 문제가 아니었다. 밤마다 부동산 커뮤니티를 뒤지며 재건축 이슈와 세금 정책에 눈치를 보던 그의 심리는, 과거 직장에서 상사에게 꾸중을 듣던 시절보다 더 불안했다. 소크라테스의 말처럼,

"부는 집 안에 들어오는 순간, 새로운 주인을 데려온다. 그 주인은 바로 걱정이다."

보유 스트레스와 상실의 공포

심리학자들은 이를 보유 스트레스(possession anxiety)라 부른다. 인간의 뇌는 얻은 기쁨보다 잃을까봐 느끼는 두려움에 훨씬 민감하다. 1억을 벌었을 때의 기쁨보다, 1억을 잃었을 때의 고통이 심리적 충격은 훨씬 크다. 이 때문에 자산가들은 오히려 더 자주 불안에 노출된다.

미국에서 복권에 당첨된 사람들을 대상으로 한 연구에서도 이 패턴이 드러난다. 당첨 직후에는 환희로 가득 차지만, 3년 이내 상당수가 파산, 가족 해체, 우울증을 겪었다. 한 당첨자는 이렇게 말했다.

"가난했을 땐 적어도 꿈이 있었는데, 지금은 모두가 내 돈만 본다."

자산이 늘어남에도 기쁨은 늘지 않았고, 대신 걱정의 무게가 커졌다.

사회적 비교의 덫

부는 언제나 비교의 무대를 넓힌다. 20억 자산가는 30억 자산가를 부러워하고, 100억 자산가는 1,000억을 가진 이와 자신을 비교한다. 니체가 지적했듯, "욕망은 만족을 낳는 것이 아니라, 또 다른 욕망을 낳는다." 이 끝없는 사다리에서 사람은 자신이 가진 것을 보지 못하고, 늘 부족한 것에 집중하게 된다.

영화 〈위대한 개츠비〉는 이 불안을 가장 화려하게 묘사한다. 개츠비는 궁극의 파티와 궁전을 소유했지만, 데이지라는 단 하나의 결핍 때문에 무너졌다. 자산의 증가가 걱정을 줄이기는커녕, 오히려 집착과 불안을 키운 대표적 사례다.

가족과 인간관계의 균열

자산은 가족을 묶는 끈이 아니라, 때로는 쪼개는 칼이 된다. 한 60대 사업가는 자산 100억을 쌓은 뒤 자녀들에게 어떻게 분배할지를 두고 갈등에 빠졌다. 결국 상속 설계는 가족 내 불신으로 이어졌고, 자산은 유산이 아니라 유해가 되어버렸다. 공자는 이미 오래전 경고했다.

"재물이 많으면 근심이 따르고, 사랑이 깊으면 원망이 따른다."

소유의 총량이 늘어날수록, 인간관계의 부담도 함께 늘어난다.

소유가 아닌 관리의 시대

자산이 늘어난다는 건 단순히 가진다는 게 아니라, 그만큼 더 많은 결정을 내려야 한다는 뜻이다. 어느 부유층 인사가 고백한 것처럼, "돈이 없을 때는 못 사서 걱정이었는데, 지금은 뭘 살지 몰라서 걱정이다." 고급 시계 하나를 고를 때조차 브랜드, 가치 보존, 사회적 이미지까지 고려해야 하는 것이 부자의 일상이다. 선택이 많을수록 갈등도 커진다.

균형의 지혜

자산 증가는 행복을 보장하지 않는다. 오히려 걱정의 총량은 줄지 않고, 더 정교하고 무거운 형태로 변형된다. 마르쿠스 아우렐리우스는 《명상록》에서 이렇게 썼다.

"재물은 영혼을 자유롭게 하지 않는다. 오히려 사슬을 더 무겁게 만든다."

소유가 늘어나면, 걱정도 늘어나는 이유가 바로 여기에 있다. 그러니 통장 잔고가 늘어날 때 환호하는 동시에, 함께 따라오는 그림자도 기억해야 한다. 자산은 자유를 주지만, 동시에 통제와 감시와 불안을 초대한다. 중요한 건 얼마를 가지느냐가 아니라, 그 총량 속에서 어떤 균형을 만들 수 있느냐이다.

064

실직이 불운이라면, 창업은 기회다

실직, 삶의 기반이 무너지는 순간

실직은 단순히 수입의 단절이 아니라 정체성의 붕괴다. 아침마다 출근하던 길이 사라지고, 명함이 사라진다. 이때 사람은 스스로를 '아무것도 아닌 존재'로 느낀다. 《논어》에서 공자가 말했듯, "군자는 기구가 아니다." 즉, 한 직장에 매여 있는 기능적 도구가 아니라는 말이다. 하지만 직장을 잃은 순간 대부분은 자신을 '버려진 기구'로 느낀다. 이때 실직은 불운처럼 보인다. 그러나 역설적으로, 인생 총량의 법칙은 이 불운을 새로운 균형점으로 돌려놓는다.

불운의 반동이 만들어내는 새로운 길

절벽에서 떨어지는 순간, 반동이 생긴다. 불운이 클수록 반작용의 힘도 크다. 일본의 야나이 다다시는 이 원리를 몸소 보여줬다. 그는 대기업을 떠나 작은 옷가게로 돌아왔고, 그곳에서 유니클로라는 실험을 시작했다. 상사의 눈치를 보며 억눌린 회사원일 때는 감히 시도하지 못했을 혁신을, 실직 비슷한 공백 속에서 과감히 실행할 수 있었다. '실직의 공허'가 '창업의 실험실'로 전환된 순간이었다.

마치 영화 〈인턴〉의 주인공 벤처럼, 예상치 못한 은퇴 이후의 공백이 새로운 도전의 무대로 변한 것과 같다. 벤은 회사를 잃었지만, 스타트업에서 다시 자리를 찾으며 자신이 여전히 쓸모 있는 존재임을 증명한다. 실직은 끝이 아니라, 방향 전환의 신호다.

고용의 허상과 창업의 자유

고용은 안정처럼 보이지만, 실상은 타인의 결정에 맡겨진 허상이다. 기업의 구조조정, 경기침체, 상사의 평가 한 줄에 인생의 기반이 무너질 수 있다. 반면 창업은 불확실하지만 '내가 결정할 수 있는 불확실성'이라는 점에서 다르다. 스티브 잡스가 말했듯, "인생의 대부분은 다른 사람들의 생각에 휘둘린다. 하지만 당신의 시간은 한정되어 있다. 그러니 남의 삶을 살지 말라." 실직은 남의 삶에서 밀려난 사건이고, 창업은 자기 삶을 회수하는 사건이다.

작은 창업, 큰 전환

창업은 반드시 거대한 스타트업을 의미하지 않는다. 블로그 한 개, 목공방 한 칸, 온라인 수공예품 판매, 동네 책방 같은 소규모 창업도 충분히 인생을 바꾼다. 어느 아이 엄마는 육아의 공백을 유기농 이유식 블로그로 메웠고, 이는 곧 온라인 브랜드로 확장됐다. 한 중년 남성은 실직 뒤 중고 자전거로 국토 종주를 시작했고, 그 기록을 바탕으로 여행 관련 스타트업을 창업했다. 작은 시작이 새로운 정체성을 만들어냈다.

이때 중요한 건 성패가 아니다. 《맹자》의 구절처럼, "하늘이 장차 큰 임무를 내리려 하면 반드시 먼저 마음을 고통스럽게 하고, 근육과 뼈를 수고롭게 한다." 창업의 과정 자체가 이미 '기회'이며, 그 과정에서 얻는 실패조차 인생의 자산이 된다.

실패의 기록, 새로운 정체성의 토대

고용의 실패는 이력서 한 줄에 남지만, 창업의 실패는 구체적 기록과 경험으로 남는다. 어떤 50대 가장은 사업에 실패했지만, "다음엔 절대 같은 실수 안 한다"고 웃으면서 노트 한 권을 보여줬다. 그 노트에는 숫자, 실수, 아이디어가 빼곡했다. 그 노트가 곧 그의 다음 생존 설계도가 되었다. 프랭클린 루스벨트가 대공황 시절 말했듯, "우리가 두려워해야 할 유일한 것은 두려움 그 자체다." 실직이 두려움이라면, 창업은 그 두려움을 기록하고 통제하는 법을 배우는 훈련이다.

창업이 주는 존재의 회복

실직은 "당신은 필요 없다"는 사회적 통보다. 반면 창업은 "나는 나를 선택한다"는 선언이다. 《노인과 바다》의 산티아고가 말했듯, "인간은 패배하도록 태어난 게 아니다. 파괴될 수는 있어도, 패배하지 않는다." 창업은 패배한 정체성을 다시 세우는 과정이다. 작은 매출이라도, 스스로 세운 일정과 책임은 사람을 다시 일으켜 세운다.

균형의 법칙, 불운에서 행운으로

인생 총량의 법칙은 말한다. 불운과 행운은 균형을 맞추며 삶을 앞으로 밀어낸다. 실직이 커다란 불운처럼 다가올수록, 그 반동으로 새로운 기회의 문이 열릴 가능성이 커진다. 문제는 그 문을 볼 준비가 되어 있는가다. 오늘도 어딘가에서 누군가는 회사에서 밀려난다. 그 순간이 불운처럼 보일 것이다. 하지만 누군가는 그 자리에서 진짜 자신을 만난다. 실직은 묻는다.

"너, 이제 진짜 네 인생을 어떻게 살래?"

그 질문에 창업으로 답하는 순간, 실직은 더 이상 불운이 아니다. 그것은 오히려 새로운 행운의 시작이다.

065

대박과 쪽박은 종이 한 장 차이

얇은 경계 위의 인생

"성공한 사람은 특별한 선택을 했을 것이다."

사람들은 흔히 이렇게 말한다. 하지만 냉정히 따져보면 대박과 쪽박을 가르는 차이는 그리 두껍지 않다. 그것은 콘크리트 벽 같은 단단한 경계가 아니라, 바람만 불어도 휘청거리는 종이 한 장 차이일 때가 많다. 인생의 총량은 언제나 균형을 지향하기 때문에, 한쪽으로 보상이 쏠리면 다른 쪽에서는 반드시 반대의 무게가 밀려온다. 대박은 보상의 총량이 한순간 몰린 것이고, 쪽박은 그 총량이 반대편으로 쏟아진 결과다.

《장자》의 호접몽(胡蝶夢)에서 장자가 꿈속에서 나비가 되고, 깨어난 뒤 "내가 나비인지, 나비가 나인지 알 수 없다"고 했듯, 대박과 쪽박은 종종 실체보다도 경계가 모호한 경험이다. 지금의 성공이 내 실력 덕인지, 시대의 흐름에 편승한 것인지, 혹은 단순히 운에 불과한지는 쉽게 구분되지 않는다. 다만 분명한 건, 대박과 쪽박은 서로를 그림자처럼 동반한다는 점이다.

스타트업 세계의 얇은 시간차

2010년대 초반, 위치 기반 소셜 네트워크 서비스가 붐을 일으켰을 때 거의 동시에 비슷한 아이디어로 출발한 두 회사가 있었다. 하나는 피봇을 빠르게 감행해 투자자들의 눈길을 끌었고, 다른 하나는 단 두 달 늦게 시장에 진입했다. 결과는 극명했다. 첫 번째 회사는 글로벌 IT 대기업에 수천억 원에 인수되었고, 두 번째 회사는 자금을 버티지 못해 팀이 해체되었다. 기술력의 차이도, 열정의 크기도 비슷했지만, 시장은 단 두 달의 시간 차를 용납하지 않았다.

《손자병법》에 나온 말처럼, "전쟁은 하루의 지체로 패한다." 비즈니스 전쟁도 다르지 않았다. 종이 한 장 두께 같은 두 달의 시차가 대박과 쪽박을 가른 것이다.

반나절의 늦음, 반나절의 손실

투자의 세계에서도 이 경계는 적나라하다. 코인 열풍이 정점이던 2021년, 어떤 30대 직장인은 일론 머스크가 트윗에서 특정 코인을 언급하자마자 전 재산을 과감히 투자해 2주 만에 원금의 다섯 배를 벌었다. 같은 날, 또 다른 투자자는 "지금 들어가면 늦지 않을까?"라는 망설임 끝에 반나절 뒤에 뛰어들었고, 바로 다음 날 가격 폭락으로 원금의 절반을 잃었다. 같은 종목, 같은 시기, 같은 전략이었지만, 차이는 단 12시간이었다.

이러한 사례들은 로버트 프로스트의 시구를 떠올리게 한다.

"길이 두 갈래로 나뉘어 있었다. 나는 사람들이 덜 걸은 길을 택했다. 그것이 내 인생을 바꿔 놓았다."

다만 이 경우, 길은 덜 걸린 길이 아니라 '조금 더 빨리 걸은 길'이었다.

문학과 예술에서의 종이 한 장

문학사에서도 이 경계는 보인다. 카프카는 생전 단 한 권의 책도 출간하지 못했다. 친구 막스 브로트가 그의 원고를 태우지 않고 세상에 남겼기에 인류 문학사는 새로운 단어 '카프카적(Kafkaesque)'을 얻게 되었다. 종이 한 장의 결정 – 태웠다면 쪽박, 남겼기에 대박이었다.

예술의 세계도 다르지 않다. 고흐는 생전 단 한 점의 그림만을 팔았고, 생계는 동생 테오의 원조에 의지했다. 그러나 죽음 뒤에 그의 그림은 수천억에 거래됐다. 대박과 쪽박의 간극은 실력이 아니라 시대의 인식, 평가의 타이밍에 있었다. 고흐의 삶은 쪽박이었으나, 그의 사후는 대박이었다. 《성경》〈전도서〉가 말한 "범사에 기한이 있고 천하만사가 다 때가 있다"는 구절처럼, 성공과 실패 역시 '때'라는 얇은 종이 위에서 갈린다.

대박이 곧 쪽박의 그림자

대박은 쪽박의 씨앗을 품고 있다. 닷컴 버블 시절 수백억 원을 번 벤처 기업인들 중 상당수가 몇 년 안에 파산했다. 한때 포털에서 광고비로 수십억을 쓰던 회사들이, 시장이 식자마자 한순간에 흔적도 없이 사라졌다. 반대로 쪽박을 경험한 이들이 대박으로 전환한 경우도 있다. 실패한 경험이 다음 선택을 정교하게 만들었기 때문이다.

에디슨은 전구를 발명하기 전 수천 번의 실패를 겪었다. 그는 말했다.

"나는 실패한 적이 없다. 단지 잘못된 방법을 수천 번 알아냈을 뿐이다."

실패는 쪽박이 아니라, 대박으로 향하는 데이터였다.

영화와 드라마 속의 종이 한 장

영화 〈슬럼독 밀리어네어〉를 떠올려 보자. 퀴즈쇼 무대에 선 인도 소년은 질문마다 과거의 불행을 떠올린다. 거리에서 당한 폭행, 사랑을 잃은 상실, 가난으로 인한 굴욕. 그러나 그 불행이 퀴즈의 정답을 맞히는 단서가 되어, 그는 최종적으로 상금을 거머쥔다. 관객은 깨닫는다. 대박은 불운의 총량을 쌓아올린 끝에 찾아온 결과였음을.

또 영화 〈더 울프 오브 월 스트리트〉에서 조던 벨포트가 증권 사기로 단기간에 천문학적 부를 쌓는 장면을 보자. 그는 요트 위에서 샴페인을 터뜨리며 웃지만, 곧이어 FBI의 수사와 파산이 그림자처럼 따라붙는다. 대박과 쪽박이 어떻게 종이 한 장 차이로 연결되는지, 영화감독인 마틴 스코세이지는 과장된 풍경 속에서 정확히 보여준다.

불안정 위의 가능성

대박과 쪽박의 경계는 얇기에 무섭다. 그러나 동시에, 그 얇음 덕에 기회가 존재한다. 안전만 추구하는 사람은 그 경계에 서지 못해 무난한 삶을 살지만, 무난함은 곧 무감각이다. 《논어》에서 공자가 말한 "군자는 과불급(過不及)을 경계한다"는 말처럼, 과도한 성공도, 과도한 실패도 결국 균형을 향해 수렴한다. 중요한 건 균형이 아니라, 그 경계 위에서 배우는 감각이다.

체 게바라는 쿠바 혁명의 영웅이 되었지만, 권력의 달콤함을 오래 누리지 않고 새로운 혁명을 찾아 떠났다. 그의 선택은 짧은 생을 불렀지만, 그 짧음이 오히려 그의 이름을 역사 속에 영원히 남겼다. 대박과 쪽박의 종이 한 장 차이는 곧 영속과 망각의 경계이기도 하다.

종이는 부채이자 날개

어느 동양의 격언에 이런 말이 있다.

"종이는 접으면 부채가 되고, 펴면 날개가 된다."

대박과 쪽박을 가르는 종이 한 장은 위험의 은유이자, 동시에 날개의 은유다. 그 종이를 어떻게 다루느냐에 따라 당신의 인생은 한순간의 추락이 될 수도, 비상의 기회가 될 수도 있다.

경계 위에서 춤추는 삶

대박과 쪽박은 서로 적이 아니다. 오히려 쌍둥이다. 한쪽이 있어야 다른 쪽이 빛난다. 오늘은 내가 웃고, 내일은 네가 웃는다. 셰익스피어가 말했듯, "세상은 무대, 사람은 배우"라면, 대박과 쪽박은 번갈아 무대에 오르는 배역일 뿐이다. 중요한 건, 그 얇은 경계 위에서 어떻게 균형을 잡고 배우느냐다. 대박의 순간에도 쪽박의 그림자를 인정하고, 쪽박의 시절에도 대박의 씨앗을 품는 사람. 그런 사람만이 이 종이 한 장 차이를 다리 삼아 다음 단계로 건너간다.

인생은 끝없이 대박과 쪽박 사이를 오가는 롤러코스터다. 우리는 그 종이 위를 걷는다. 때로는 구겨지고, 때로는 바람을 타고 위로 올라간다. 언젠가 그 종이가 날개가 되어 우리를 들어 올릴 날이 온다면, 지금의 실패조차 가장 값진 자산으로 바뀔 것이다. 그러니 오늘의 쪽박을 너무 일찍 단정 짓지 말라. 어쩌면 당신은 지금, 대박의 가장자리에 서 있는지도 모른다.

066

경제적 실패가 인간적 총량을 보상하는가?

실패가 남긴 빈자리, 그리고 다른 총량의 채움

누군가 파산했다. 사업이 무너지고 카드값은 연체되었으며, 통장은 바닥을 드러냈다. 언론은 냉정하게 그를 "경제적 실패자"라 부른다. 하지만 인생은 그렇게 단순하지 않다. 경제적 실패가 곧 인간의 실패를 의미하지 않는다. 오히려 많은 경우, 경제적 실패는 '인간적 총량' – 인격, 관계, 통찰, 겸손, 용기 같은 눈에 보이지 않는 자산 – 을 늘려주는 기묘한 보상 작용을 낳는다.

마르쿠스 아우렐리우스는《명상록》에서 이렇게 말했다.

"인생의 어떤 시련도 인간의 정신을 무너뜨리지 못한다. 오히려 정신은 그 시련을 흡수하고 자신을 새롭게 한다."

경제적 실패 역시 그런 시련이다. 돈이 사라진 자리에 비로소 관계와 성찰, 그리고 인간적 깊이가 들어온다.

실패를 통해 드러나는 관계의 진실

펜데믹 시기에 외식업체를 운영하던 정민수는 세 곳의 가게를 모두 닫았다. 그는 작은 원룸으로 이사했고, 새벽 배달 알바로 하루를 버렸다. 스스로를 '폐인'이라 자조했지만, 뜻밖에도 과거 함께 일하던 직원들이 다시 찾아와 말했다.

"사장님이 좋아서 따라왔습니다. 작은 가게라도 함께 다시 시작하죠."

그 순간 그는 깨달았다. 망한 것은 사업이지, 인간관계가 아니었다는 것을. 오히려 실패 덕분에 그는 자신이 어떤 방식으로 사람을 대했는지, 그리고 그 흔적이 어떤 인간적 자산으로 남았는지를 확인했다.

실패는 누가 곁에 남는지를 걸러낸다. 《논어》의 구절처럼 "세속의 이익이 사라지면 진정한 벗이 드러난다." 경제적 풍요 속에서는 알아차리지 못했던 관계의 본질이, 실패라는 공백 위에서야 빛난다.

상실이 남긴 자기 인식의 보상

경제적 성공은 종종 인간을 오만하게 만든다. "이 모든 것은 내 능력 덕분이다"라는 착각에 빠지기 쉽다. 그러나 실패는 정반대의 질문을 던진다.

"정말 네 힘만으로 이룬 것이었나?"

이 질문은 인간을 겸손하게 만들고, 스스로를 낱낱이 재구성하게 만든다. 헤밍웨이의 《노인과 바다》 속 산티아고는 결국 거대한 물고기를 잃는다. 그러나 그 상실 속에서 그는 오히려 자신이 어떤 인간인지를 더 선명히 본다. 실패는 물고기를 잃는 것이지만, 동시에 자기 존재의 깊이를 확인하는 계기였다. 경제적 실패 역시 마찬가지다. 숫자상의 패배는 자아 성숙이라는 보상으로 귀결되기도 한다.

보이지 않는 자산, 존엄과 다정함

심리학적으로 '상실'은 자아 성숙의 기회를 제공한다. 자존감은 성취로만 형성되지 않는다. 상실에도 불구하고 존엄을 유지하는 태도, 고통 속에서도 자기다움을 지키려는 노력이 오히려 높은 자존감을 낳는다. 한때 잘나가던 CEO에서 택배 기사로 전업한 중년 남성은 이렇게 말했다.

"사람들이 날 못 알아봐도 괜찮아요. 지금은 오히려 나 자신에게 더 집중하게 됐거든요."

경제적 지위가 벗겨지자 그는 '가면 없이 살아보기'를 처음으로 경험했다. 아내가 "그래도 당신, 요즘 참 다정해졌어"라고 말했을 때, 그는 깨달았다. 돈을 잃고 나서야 오히려 인간적 총량은 회복되고 있다는 사실을.

역사 속의 실패자들, 그러나 더 큰 인간

《모비 딕》의 작가 허먼 멜빌은 생전에 철저히 실패했다. 그의 작품은 "지나치게 철학적이고, 팔리지 않는다"는 이유로 출판사에서 거절당했다. 그는 젊은 나이에 문단에서 사라졌고, 결국 세관원으로 생계를 이어갔다. 그러나 사후 30년이 지나, 《모비 딕》은 인간과 운명, 신과 존재의 대결을 그린 불멸의 고전으로 재평가되었다.

멜빌의 삶은 보여준다. 경제적 실패는 일시적이지만, 인간적 통찰의 총량은 시대를 초월한다. 그의 문장은 실패의 언어로 쓰였지만, 그 깊이는 인간의 내면에서 길어올린 진리였다.

"인간은 바다의 심연보다 더 깊은 존재다."

그는 실패 속에서도 그 심연을 탐사한 사람이었다.

니콜라 테슬라는 발명가로서 동시대에 인정받지 못했다. 그는 에디슨에게서 부당한 대우를 받았고, 투자자들에게 배신당했다. 그의 교류 전류 시스템은 '위험하다'는 이유로 외면당했다. 말년의 테슬라는 호텔방에서 굶주리며 죽었다. 그러나 그가 남긴 것은 전류의 기술이 아니라, 비전의 유산이었다. 오늘날 스마트폰, 무선통신, 전기자동차에 이르기까지 그의 상상력은 여전히 세계를 움직이고 있다.

"지금의 나는 실패했지만 내 발명은 인류의 미래에 성공할 것이다."

그의 말은 정확했다. 그의 인생은 잃은 돈의 총량보다, 세상을 바꾼 상상력의 총량으로 기록되었다.

영화가 보여주는 실패의 보상

영화 〈슬럼독 밀리어네어〉는 이를 극적으로 보여준다. 주인공 자말은 어린 시절 폭력, 빈곤, 상실을 겪으며 절망적으로 자라난다. 그러나 그 모든 불행은 퀴즈쇼 무대에서 정답을 맞히는 단서가 된다. 실패와 고통이 쌓여 결국 대박으로 보상되는 역설적 서사다.

또 영화 〈대부〉에서 마이클 코를레오네는 가족의 범죄 제국을 이어받으며 경제적 권력을 거머쥔다. 그러나 그는 가족과 인간성을 잃는다. 반대로 〈쇼생크 탈출〉의 앤디는 경제적으로는 철저히 몰락한 죄수였지만, 인간적인 신뢰와 희망을 지켜 결국 자유를 되찾는다. 이 대비는 경제적 성공이 반드시 인간적 성공을 보장하지 않음을, 그리고 경제적 실패가 오히려 인간적 총량을 채우기도 함을 보여준다.

경제적 실패의 심리학 : 성장의 역설

심리학자 빅터 프랭클은 아우슈비츠수용소에서 가족을 잃고 모든 것을 빼앗겼지만, 《죽음의 수용소에서》라는 책을 통해 "삶은 의미를 찾는 한, 어떤 고통도 견딜 수 있다"고 말했다. 경제적 실패 역시 비슷하다. 물질이 사라진 자리에, 인간은 의미와 존재의 가치를 채운다.

연구 결과도 이를 뒷받침한다. 대규모 실직 경험을 한 사람들 중 일부는 우울증에 빠지지만, 또 다른 일부는 "이때가 아니면 내가 새로운 인생을 시작하지 못했을 것"이라며 오히려 삶의 만족도를 높게 보고했다. 이는 '상실 후 성장(Post – Traumatic Growth)'이라 불린다. 경제적 실패가 인간적 총량을 보상하는 심리적 기제인 셈이다.

균형의 법칙 : 무엇을 잃고 무엇을 얻는가?

인생은 항상 균형을 맞추려 한다. 돈을 잃으면 시간을 얻고, 명함을 잃으면 자기 이름을 되찾으며, 권력을 잃으면 진짜 친구가 누구인지 알게 된다. 경제적 실패는 그 균형을 맞추기 위한 교환 과정일 수 있다. 물론 그 교환은 값비싸다. 하지만 가장 진실한 자기 회복을 가능케 한다는 점에서, 그 대가는 오히려 '투자'에 가깝다. 공자는 말했다.

"지혜로운 자는 물에서 즐기고, 어진 자는 산에서 즐긴다."

경제적 풍요가 '물'처럼 유동적인 기쁨이라면, 실패를 겪고 난 뒤에 얻는 깊이는 '산'처럼 흔들리지 않는 안정이다. 경제적 실패가 남긴 균열은 결국 더 단단한 인간적 기반으로 이어질 수 있다.

실패는 끝이 아니라 재편의 시작

경제적 실패는 단순히 돈을 잃는 사건이 아니다. 그것은 인간적 총량을 다시 배열하는 강력한 계기다. 손익계산서에선 적자지만, 삶의 총량표에서는 새로운 자산이 기록된다. 돈 대신 시간을, 명예 대신 진실성을, 권력 대신 관계를 얻는 것이다. 셰익스피어는 《리어왕》에서 왕이 모든 권력을 잃고 미치광이가 된 뒤에야 진짜 인간성을 회복하는 모습을 보여주었다. 실패는 파괴가 아니라 재편의 시작이다.

그러니 경제적 실패 앞에서 자신을 '끝난 사람'이라 단정짓지 말라. 지금 무너진 자리는 다른 총량이 채워질 준비를 하는 공간일지도 모른다. 돈을 잃는 대신 사람을 얻고, 직업을 잃는 대신 자신을 되찾는 순간, 경제적 실패는 더 이상 실패가 아니다. 그것은 오히려 인간적 성공의 다른 이름이다.

067

사회는 항상 손실과 이익을 분배한다

사회는 손익의 분배표를 작성한다.

사회는 눈에 보이지 않게 셈을 한다. 누구에게 무엇을 주고, 누구에게 무엇을 빼앗을 것인가. 그 셈은 대체로 표면으로 드러나지 않는다. 정부가 법을 하나 발표하는 순간, 대기업이 새 전략을 내놓는 순간, 학교가 입시 제도를 바꾸는 순간, 플랫폼이 알고리즘을 손보는 순간 – 누군가는 어디에선가 조용히 이익을 얻고, 누군가는 손실을 떠안는다. 중요한 건, 이것이 늘 작동한다는 사실이다. 사회의 움직임은 언제나 손실과 이익의 재분배로 귀결된다.

위기의 불평등한 배분

팬데믹은 이 사실을 극적으로 드러냈다. 모두가 같은 바이러스에 노출됐지만 피해는 결코 같지 않았다. 재택근무가 가능한 직종에 있던 사람들은 안전했지만, 몸으로 하루하루 벌어야 했던 자영업자와 플랫폼 노동자들은 생존의 벼랑 끝에 몰렸다. 바이러스는 공평했으나, 사회 구조는 그렇지 않았다. 백신 접종률도 소득 계층에 따라 달랐고, 온라인 수업의 질도 부모의 정보력에 따라 갈렸다.

이스라엘의 작가인 유발 하라리는 올더스 헉슬리의《멋진 신세계 (Brave New World)》를 언급하며, 행복과 권력이 결코 균등하게 배분되지 않는다는 점을 지적했다. "권력은 권력에게, 자본은 자본에게 더 빨리 간다"는 역설은 팬데믹 동안 너무도 선명하게 드러났다.

정책의 뒷면

부동산 정책 하나가 발표되면 시장은 곧장 요동친다. 강남의 아파트 보유자는 웃고, 지방의 무주택 청년은 절망한다. 주거복지를 확대한다는 선언 뒤에는 반드시 누군가의 세금이 늘어난다. 중요한 것은 이 손익의 배분표가 국회 회의록이나 언론 헤드라인에 적히지 않는다는 점이다. 그 흔적은 시장의 움직임과 거리의 분노, 그리고 침묵 속에서만 읽힌다. 철학자 존 롤스는 "정의란 무지의 베일 뒤에서 결정해야 한다"고 말했다. 하지만 현실의 정책은 대개 명분으로 이익을 포장하고 손실은 교묘히 감춘다.

혁신의 이면

기술 발전 역시 마찬가지다. 인공지능과 자동화는 생산성을 높였지만, 동시에 중간계층 일자리를 잠식했다. 플랫폼이 편리해질수록, 외곽의 소상공인들은 매출의 단절을 경험한다. 혁신은 언제나 대가를 요구한다. 문제는 그 대가를 누가 치르느냐이다. 테리 프래쳇은 "질문이 많으면 결국 답을 얻게 된다. 그리고 그것이 바로 올바른 벌이다"라고 썼다. 기술혁신이 몰고 온 손실 역시 우리가 외면한 질문의 결과다. 누가 편리함을 얻고, 누가 삶을 빼앗겼는지를 묻는 순간, 사회의 분배 메커니즘이 드러난다.

문학과 영화 속의 분배

이 주제는 문학과 영화에서도 반복된다. 올더스 헉슬리의 《멋진 신세계(Brave New World)》는 쾌락과 풍요로 사회를 통제하는 장면을 보여준다. 폭력이 아니라 즐거움으로 사람들을 길들이는 체제, 그 속에서 손실은 사라지지 않고 단지 다른 형태로 배분된다. 반대로 조지 오웰의 《1984》에서는 공포와 폭력이 손실을 집중시키는 방식 으로 작동한다. 두 디스토피아의 차이는 방식일 뿐, 본질은 같다. 사회는 언제나 누군가의 자유와 기회를 빼앗아 또 다른 누군가의 이익으로 전환한다.

영화 〈기생충〉의 반지하와 고급 저택의 대비는 이익과 손실의 극 적인 시각화다. 빗물이 쏟아질 때, 언덕 위의 집은 고요하지만 반 지하는 순식간에 침수된다. 같은 비가 내렸지만, 사회 구조의 경사 는 손실을 특정 계층에게 집중시킨다.

조용한 손실

사회적 불공정의 문제는 손실이 너무 조용히 배분된다는 데 있 다. 많은 사람은 자신이 손해를 보았다는 사실조차 인식하지 못한 다. 정보 비대칭과 발언권 불균형, 기회의 차등은 이 손실을 더욱 은밀하게 만든다. 그래서 어떤 사람은 매번 손실 쪽에 놓이면서도 스스로를 탓한다. "열심히 살지 못해서"라는 자기 질책은 구조 대신 개인을 비난하는 방식으로 작동한다. 무하마드 알리가 말했듯, "타인을 위한 봉사는 우리가 이 지구에서 내는 방세다." 그러나 현실은 그 방세조차도 계층에 따라 불균형하게 징수된다.

분배를 묻는 태도

진짜 문제는 손실과 이익이 우연히 발생하는 게 아니라, 철저히 설계되고 조정된다는 사실이다. 세금은 어떻게 걷힐지, 임금은 어떻게 책정될지, 언론의 프레임은 누구에게 유리할지 – 이 모든 결정은 손실을 누구에게, 이익을 누구에게 분배할 것인지를 정하는 정치적 행위다. 그래서 필요한 건 단 하나, 손실이 어디로 갔는지를 묻는 태도다.

팀 페리스가 "이것이 쉬운 일이라면 어떤 모습일까?"라고 질문했듯, 사회를 읽는 방법도 복잡한 분석보다 단순한 질문에서 시작된다. 새로운 정책이 발표될 때, 뉴스가 터질 때 – 항상 뒤에 있는 손익의 흐름을 추적해야 한다. 누가 이익을 보았고, 누가 비용을 감당하고 있는가? 그리고 그 손실은 과연 공정하게 나눠졌는가?

맺음말

사회는 끊임없이 셈을 한다. 당신이 그 셈에서 어디쯤에 놓여 있는지를 잊게 만든다. 잊지 말라. 손실은 누군가가 설계하고, 또 누군가에게 전가된다. 그리고 우리는 그 분배의 고리에 모두 엮여 있

다. 당신이 감당하고 있는 불안과 무게는 결코 우연이 아니다. 그
것은 정교하게 설계된 사회적 분배의 결과다. 그리고 그 사실을 직
시하는 순간, 우리는 비로소 분노할 자격을 얻는다.

068

돈을 벌면 관계를 잃기도 한다

돈이 바꾸는 관계의 중력

돈은 단순한 도구가 아니다. 그것은 사람과 사람 사이에 보이지 않는 중력장을 만든다. 벌기 전과 벌고 난 뒤, 얼굴은 그대로인데 주변의 시선은 달라진다. 누군가는 존경의 표정을 짓고, 누군가는 부러움에 혀를 차며, 또 다른 이는 아주 조용히 거리를 둔다. 오스카 와일드는 "도덕이란 우리가 개인적으로 싫어하는 사람들에게 취하는 태도일 뿐이다"라고 썼다. 돈이 가져오는 미묘한 긴장 속에서 인간관계는 그 도덕의 허상을 드러낸다.

친구에서 '다른 부류'가 되기까지

도영은 20대 후반까지 친구들과 허름한 자취방 술자리를 즐겼다. 그러나 30대 중반, 스타트업 성공으로 30억 가까운 자산을 쌓자 동창 모임에서 점차 중심에서 밀려났다. 처음엔 축하 인사였지만, 시간이 흐를수록 그가 입을 열 때마다 미묘한 침묵이 흘렀다. 결국 그는 친구들을 초대하지 않게 되었고, 그들은 그를 피하기 시작했다.

헨리 데이비드 소로는 "사람이 부유한 정도는 그가 감당할 수 있는 '내버려둘 수 있는 것(things he can afford to let alone)'의 수에 달려 있다"고 했다. 그러나 돈을 번 순간, 도영은 내버려 둘 수 없는 관계의 균열을 감당해야 했다.

취약함이 지워지는 순간

관계의 본질은 서로의 취약함을 공유하는 데 있다. 같이 푸념하고, 같은 불안을 나누며, 초라함을 감추지 않을 때 인간은 평등함을 느낀다. 그러나 돈은 그 취약함을 지운다. 한쪽은 더 이상 월세를 걱정하지 않고, 신용카드 결제를 나누지 않으며, 계약 만료를 두려워하지 않는다. 차이는 눈빛과 대화 주제에서 드러난다. 그는 여전히 '그 사람'일지 몰라도, 관계의 기반은 이미 무너진 뒤다. 고대 이스라엘의 랍비 힐렐의 말이 이를 관통한다.

"내가 나 자신을 위해 있지 않는다면 누가 나를 위해줄 것인가? 그러나 내가 오직 나 자신만을 위해 있다면 나는 무엇인가?"

가족마저 거래로 변할 때

사업에 성공한 윤진은 명절 모임이 가장 괴롭다고 했다. 누군가는 대출 이야기를 꺼내고, 누군가는 투자 조언을 구하며, 부모는 눈빛으로 도움을 요구한다. 결국 그녀는 해외에서 연휴를 보내기로 했다. 돈은 가족조차 계약적 거리로 바꾼다. 세계적인 심리학자인 스티븐 핑커가 자주 인용한 랍비 힐렐의 말처럼, "만약 내가 지금이 아니라면, 언제인가?"라는 질문은 결국 가족과의 갈등 속에서 윤진을 더 외롭게 만들었다.

관계 속 투명한 괴물

돈을 번 사람 자신도 관계를 의심하기 시작한다. 누가 진짜 친구인가? 나 때문인가, 돈 때문인가? 갑작스러운 친근함, 과도한 호의, 은근한 돈 이야기. 모든 것이 의심스러워지고, 사람 사이의 온도는 미지근해진다. "예전엔 말이 잘 통했는데, 요즘은 벽이 느껴진다"는 말처럼, 그 벽은 돈이 만든 보이지 않는 괴물이다. 《스포트라이트》의 저자이자 심리학자인 마이클 거베이스는 "매일은 살아있는 걸작을 만들 기회"라고 했지만, 돈이 만든 벽 앞에서는 그 걸작조차 파편으로 흩어진다.

영화와 문학 속의 고립

영화 〈위대한 개츠비〉의 개츠비는 화려한 파티 속에서도 끝내 데이지와의 진실한 연결을 얻지 못한다. 그는 돈으로 둘러싸였지만, 정작 원하는 관계는 손에 넣지 못한 채 고립된다. 마찬가지로 〈기생충〉의 반지하 가족은 돈과 계급의 차이가 만들어낸 투명한 벽 앞에서 결국 참혹한 결말을 맞는다. 문학 속에서도 비슷한 장면은 반복된다. 《파우스트》에서 파우스트가 악마와 거래해 모든 것을 얻지만 결국 인간적 연결을 잃는 장면은, 돈과 권력이 관계를 어떻게 황폐화하는지 잘 보여준다.

관계 유지의 역설

모든 부자가 관계를 잃는 것은 아니지만, 많은 부자들은 관계를 유지하기 위해 이전보다 더 많은 전략과 에너지를 쏟는다. 돈이 없을 때는 자연스러웠던 관계가, 돈이 생긴 뒤에는 조율·거리두기·오해 감수까지 포함된 복잡한 체계로 변한다. 작가 브레네 브라운은 "용기란 완벽이 아니라 불완전함을 드러낼 때 생겨난다"고 했다. 돈을 번 뒤의 관계에서 필요한 것도 바로 그 불완전함을 드러낼 용기일 것이다.

숫자는 늘지만 온기는 줄어든다.

돈을 벌면 더 많은 인간관계를 만들 수 있다. 미팅, 파티, 자선행사…. 숫자는 늘지만, 거기엔 웃음이 있어도 편안함은 없다. 진심을 털어놓을 수 있는 이는 오히려 줄어든다. 프랭클린 D.루스벨트 대통령의 부인인 엘리너 루스벨트의 말처럼, "미래는 자신의 꿈의 아름다움을 믿는 자의 것"이라 하지만, 그 꿈속에서 함께할 진짜 친구를 잃는다면 성공의 의미는 반쪽에 불과하다.

무엇을 벌고 무엇을 잃었는가?

돈은 인생을 확장시킨다. 그러나 확장은 언제나 균열을 동반한다. 그 균열을 보지 못하면 관계는 서서히 멀어지고, 성공자는 홀로 높은 곳에 선다. 세상은 말할 것이다.

"성공했네."

하지만 그 고요한 정상에서 그는 묻게 될 것이다.

"나는 누구와 함께 이 자리에 와 있는가?"

그리고 대답이 떠오르지 않는다면, 그는 어쩌면 돈을 벌면서 사람을 잃은 것일지도 모른다.

069

부자는 잃을 것을 더 많이 가진 사람

부자는 더 많이 가진 사람이 아니라 더 많이 잃을 사람이다.

사람들은 부자를 부러워한다. 좋은 차, 큰 집, 지중해의 여름과 칵테일. 뉴스 속 부자의 이미지는 늘 고요하고 안정적이다. 그러나 가까이 들여다보면, 그들의 세계는 견고하기보다 불안정하고, 안락하기보다 조심스럽다. 진짜 부자는 사실 더 많은 걸 가진 사람이 아니라, 더 많은 것을 잃을 가능성이 큰 사람이다.

가진 자의 불안

가난한 사람의 불안은 "없는 것"에서 비롯되지만, 부자의 불안은 "있는 것"에서 생겨난다. 자산이 늘수록 사람은 보유보다 보존에 더 집착하고, 보존은 심리적 의무가 되어 삶을 확장이 아니라 방어로 이끈다. 한 중견 건설업체 회장은 "잃을 게 많으면, 아무것도 쉽게 결정할 수 없게 된다"고 말했다. 실제로 그는 하루 세 번 증시 뉴스를 확인하고, 매달 세무 컨설팅을 받으며, 자식들의 상속 시나리오를 시뮬레이션한다.

《두려움의 기술》의 저자 크리스틴 울머는 "위기를 낭비하지 마

라. 그것은 당신에게 새로운 것을 배우고 다음 단계로 나아가라는 우주의 도전"이라고 했다. 하지만 부자에게 위기는 종종 도약이 아니라 더 큰 방어망을 짓게 만든다.

여유의 역설

많은 이들은 "가진 자는 여유롭다"고 믿지만, 실상은 정반대다. 여유는 자산의 크기가 아니라, 잃어도 된다는 내면의 태도에서 나온다. 부자들은 오히려 잃지 않기 위해 더 촘촘한 관계망을 짜고, 더 많은 법률 자문을 받으며, 더 복잡한 시스템 안에 자신을 가둔다. 어떤 사업가는 해외 자산 은닉이 드러날까 두려워 자녀에게조차 투자 내역을 숨겼다. 그의 재산은 많았지만, 공유할 사람이 없었다.

소렌 키르케고르는 "감히 도전하는 순간 발을 잠시 잃는다. 그러나 감히 도전하지 않으면 자신을 영영 잃는다"고 했다. 그러나 부자의 세계에서는 감히 도전하는 순간 잃을 수 있는 것이 너무 많아, 도전이 점점 불가능해진다.

일상 속의 긴장

이 불안은 일상에도 침투한다. 친구들의 호의는 재산에 대한 탐심과 뒤섞인다. 자녀의 친구는 큰 집에서 주눅 든다. 작은 실수가 큰 손실로 이어질 수 있기에, 행동 하나, 말투 하나, 투자 하나에도 조심스러움이 따른다. 부자가 된 순간, 자유는 줄어들고, 신중함은 늘어난다. 워런 버핏은 약속을 최소화하는 습관으로 유명하다. 먼 미래의 약속을 피하는 그의 방식은 "과거의 '예스'가 미래를 구속하지 않게 하려는 것"이다. 이는 단순한 시간 관리가 아니라, 가진 것을 잃지 않으려는 태도와도 닿아 있다.

끝없는 비교의 사슬

부자의 불안은 끊임없는 비교에서 증폭된다. 강남 아파트를 사면 용산 펜트하우스가 보이고, 벤틀리를 사면 전용기가 눈에 들어온다. 가진 것이 많을수록 비교의 기준도 위로 올라간다. 그래서 그들은 항상 자신보다 더 많이 가진 누군가를 의식하며 "아직 부족하다"는 감정을 안고 산다.

마약 밀매상 에밀리오 에스코바르는 막대한 부를 가졌지만, 늘 체포와 배신에 대한 두려움 속에 살았다. 그의 저택은 요새였지만 동시에 감옥이기도 했다. 영화 〈스카페이스〉의 토니 몬타나가 궁극의 권력을 쥔 순간, 오히려 총성의 포위망 속에 고립되는 장면은 이 아이러니를 잘 보여준다.

보존에 익숙한 삶

부자는 종종 자유보다 보존을 택한다. 건강염려증, 자녀 교육 강박, 모든 인간관계를 숫자로 환산하는 습관 – 이 모든 것은 '삶'보다 '보존'에 익숙해진 삶의 모습이다. 작가인 제임스 P. 카스는 "예상치 못한 일을 막으려 준비하는 것은 훈련이지만, 예상치 못한 일을 맞이할 준비는 교육이다"라고 했다. 그러나 많은 부자들은 첫 번째 훈련에만 몰두한 채, 두 번째 준비에는 서툴다.

문학과 영화의 거울

피츠제럴드의 《위대한 개츠비》는 부자의 고립을 극적으로 드러낸다. 개츠비는 화려한 파티를 열지만, 정작 그의 삶은 공허와 불안으로 가득 차 있다. 또 다른 예로, 톨스토이의 《이반 일리치의 죽음》은 성공한 법관이 죽음을 앞두고 깨닫는 공포를 통해, 가진 자가 결국 잃을 것을 더 많이 가진 존재임을 상징적으로 보여준다.

감당의 무게

부자는 더 많은 것을 이룬 사람이 아니라, 더 많은 것을 놓치지 않으려는 사람이다. 그들의 흔한 말은 "이걸 잃으면 어떡하지?"이다. 이 말 속에는 그들이 가진 모든 것, 그리고 그것을 쥐고 있기에 자유롭지 못한 삶의 구조가 담겨 있다. 그러니 우리 모두는 스스로에게 물어야 한다.

"내가 정말 가지고 싶은 건 무엇인가?"

그리고 대답이 단순히 '더 많이 가지는 것'이라면, 반드시 되물어야 한다.

"나는 그것을 감당할 준비가 되어 있는가?"

부자는 결국 감당할 것을 더 많이 가진 사람이다. 그리고 그 무게를 견디지 못하는 순간, 그 모든 부는 축복이 아니라 족쇄가 된다.

070

균형 없는 부는 총량을 무시한 결과

돈은 힘이다. 그러나 그 힘이 방향과 균형을 잃는 순간, 그것은 삶을 비틀어버리는 도구가 된다. 부자가 된다는 것, 즉 물질적 성취를 압도적으로 이루는 순간, 인간은 종종 착각한다.

"이제 내 인생은 걱정이 없겠지."

하지만 바로 그때 삶의 총량계가 작동한다. 한쪽으로 기운 성취에는 반드시 반작용이 따른다. 건강이든, 관계든, 정신적 안녕이든 – 총량은 채무증서처럼 대기하고 있다.

성공의 대가

우리는 자주 본다. 엄청난 성공을 거둔 기업인이 은둔하거나 병상에 눕는 장면을. 최고가의 펜트하우스를 자랑하던 이가 몇 년 뒤 자식 문제로 심리치료를 받는 뉴스를. 이름만 대면 알만한 투자가가 결국 "인생에서 진짜 중요한 것을 잃었다"고 고백하는 인터뷰를. 이는 우연이 아니다. '총량의 법칙'을 무시하고 한쪽에 올인한 대가다. 작가인 아리아나 허핑턴은 "번아웃은 성공의 대가가 아니다"라고 강조한다. 그러나 부의 세계는 여전히 "건강은 나중에, 가족은 성공 뒤에"라는 슬로건으로 자신을 정당화한다.

불균형의 증상

많은 슈퍼리치들은 공통적으로 비슷한 증상을 겪는다. 일상의 무감각, 관계의 불신, 자기정체성의 혼란, 내면의 공허. 40대에 조 단위 자산을 이룬 한 창업자는 "돈은 다 가졌는데 웃는 법을 잊었다"고 말했다. 그는 밤낮없이 일했고, 식사는 대충 때웠으며, 가족과의 시간은 늘 뒷전이었다. 10년 뒤 그가 얻은 것은 부정맥과 불면증, 그리고 대화가 끊긴 자녀였다. 그의 부는 단단했지만 삶은 파편화돼 있었다. 이는 단순한 철학적 비유가 아니다. 몸과 마음은 균형 없는 부를 견디지 못한다. 고혈압약, 우울증 치료제, 가족과의 단절 – 이것은 부작용이 아니라 균형 붕괴의 증거다.

문학과 영화의 경고

영화 〈월 스트리트〉의 고든 게코는 "탐욕은 좋은 것이다"라며 성공을 외쳤지만, 끝내 모든 것을 잃는다. 균형 없는 부는 언제나 파멸을 동반한다. 영화배우 브루스 리는 "쌓는 것이 아니라 덜어내는 것이 진정한 길이다. 최고의 수련은 단순함으로 향한다"고 말했다. 이는 부에도 그대로 적용된다. 더 쌓을수록 삶의 다른 부분이 고갈된다면, 그것은 진정한 부가 아니라 불균형의 덫일 뿐이다.

총량의 메트로놈

삶의 총량은 보이지 않는 메트로놈처럼 작동한다. 어느 한 축이 과도하게 커지면 다른 축은 반드시 줄어든다. 오라일리 미디어의 창립자 팀 오라일리는 "삶은 문화와 경험이 서로를 비추는 방식으로 풍요로워진다"고 했다. 하지만 돈만 쌓으면 그 상호작용은 멈추고, 인생은 비틀린 리듬으로 울린다.

이 총량은 초월적 진리가 아니다. 지극히 물리적이고 감정적인 반작용이다. 한 달에 수천만 원을 버는 사람도 고혈압과 불면증, 가족과의 단절을 피하지 못한다. 놓친 관계는 복구되지 않고, 소진된 정신은 복원되지 않는다.

균형의 지혜

진짜 부는 한쪽만 채운 결과가 아니다. 돈뿐 아니라 건강, 관계, 내면, 시간을 조화롭게 배분하는 것이 진짜 부다. 맥스 레브친은 "의심이 있다면, 그것은 곧 의심할 이유가 충분하다는 뜻"이라 했다. 마찬가지로, 부를 추구하는 과정에서 의심이 든다면 이미 균형이 무너지고 있는 것이다. 진짜 부자는 더 많이 갖는 사람이 아니라, 덜 잃기 위해 균형을 선택하는 사람이다. 균형 감각이야말로 부를 오래 지키고 삶을 무너지지 않게 만드는 유일한 기술이다.

총량의 법칙 앞에서

균형 없는 부는 결국 무너진다. 더 정확히는, 균형을 무시한 순간부터 이미 무너지기 시작한다. 그리고 그 무너짐은 조용하지만, 가장 본질적인 것을 건드린다. 그러니 부를 꿈꾸는 사람이라면 반드시 자문해야 한다.

"나는 지금 삶의 어느 축을 빼앗기고 있는가?"

그 질문을 외면한 채 쌓은 부는 총량의 법칙 앞에서 언제든 회수당한다. 삶은 그렇게 정직하다. 부는 당신이 그것을 감당할 수 있을 때만 진짜로 당신 것이 된다.

문학과 영화 속 총량 이야기

픽션 속 진실

문학과 영화는 종종 인생 총량의 법칙을 상징적으로 보여주며, 인물들의 성쇠와 균형 붕괴를 통해 현실의 진실을 비춘다. 《위대한 개츠비》, 《레미제라블》, 《이반 일리치의 죽음》 등은 부와 권력, 혹은 사랑과 고통이 어떻게 총량의 균형 속에서 얽히는지를 드러낸다.

영화 〈기생충〉, 〈월 스트리트〉, 〈쇼생크 탈출〉 등은 성취의 절정과 몰락, 혹은 고난 뒤의 자유를 통해 총량의 반작용을 시각적으로 구현한다.

이 작품들은 행복과 불행, 성공과 실패가 따로 오는 것이 아니라 서로를 불러내는 흐름임을 강조한다. 픽션 속 이야기는 허구 같지만, 결국 인간 삶의 리듬과 총량의 진실을 가장 선명하게 드러내는 은유적 무대가 된다.

071
톨스토이 :
불행한 가정은 저마다의 총량을 지녔다

불행한 가정은 저마다의 총량을 지녔다.

"행복한 가정은 모두 비슷하지만, 불행한 가정은 저마다의 방식으로 불행하다."

이 문장은 톨스토이 《안나 카레니나》의 첫 문장이다. 단순히 문학적 수사에 그치지 않고, 인생 총량의 법칙과 균형의 문제를 가장 선명하게 드러낸 문장으로 평가된다. 이 한 줄에 감정의 회계, 삶의 수학적 평형, 인간관계의 아이러니가 모두 응축돼 있다.

불행은 균형 파괴의 산물

톨스토이는 불행을 단순한 감정의 부재로 보지 않았다. 그는 불행을 감정의 총량이 깨졌을 때 나타나는 균형 파괴로 해석했다. 안나는 욕망이라는 단기 수익에 모든 것을 투자했고, 결국 자살이라는 파산 선언을 맞는다. 반대로 레빈과 키티는 서로의 감정을 조금씩 저축하며 균형을 회복한다. 이것은 감정의 "총량 관리"의 차이다.

투키디데스는 고대 그리스의 내전에서 형제가 형제를 죽이는 장면을 기록하며 "민주주의는 스스로 분열해 무너진다"고 말했다. 이는 톨스토이가 말한 불행의 총량과도 닿아 있다. 무너지는 가정이나 공동체는 모두 균형이 깨진 감정의 결과다.

감정의 장부와 과소비

《안나 카레니나》의 스티바 오블론스키는 바람을 피워 아내의 신뢰라는 자산을 날려버린다. 그러나 그는 웃음으로 무마하며 가정을 유지한다. 반면 안나는 감정의 과소비로 회복 불능 상태에 빠진다. 여기서 중요한 건 "얼마나 불행한가"가 아니라 "어떻게 불행해졌는가"다.

작가 팀 어번은 "우리 안에는 독립적으로 사고하는 면과, 사회적 가치에 의존하는 면이 동시에 존재한다"고 했다. 감정도 마찬가지다. 자기 원칙과 외부 가치 사이의 균형이 무너지면, 불행은 고유한 형태로 나타난다.

영화와 문학 속의 감정 총량

영화 〈레볼루셔너리 로드〉는 겉으로는 완벽해 보이는 가정이 욕망과 좌절의 균형을 잃으면서 무너지는 과정을 보여준다. 이는 톨스토이의 세계와 정확히 겹친다. 또한 쿠로사와 아키라의 《카게무샤(影武者)》는 권력과 정체성의 균형이 무너졌을 때 얼마나 비극적인 파멸로 이어지는지 보여주는 장면들로 가득하다.

문학에서도 마찬가지다. 토마스 만의 《부덴브로크 가의 사람들》

은, 한 가문이 부와 명예를 쌓지만, 세대를 거치며 감정과 정신적 에너지를 소진하면서 몰락하는 과정을 세밀히 기록한다. 불행은 단지 사건이 아니라, 균형 상실의 누적된 결과다.

실제 삶 속의 불행 관리

이 법칙은 현실에서도 동일하게 작동한다. 어떤 부부는 사소한 말싸움으로 관계의 예금을 전부 인출하고, 또 다른 부부는 오랜 병간호 끝에 서로의 존중을 다시 회복한다. 감정의 총량은 같지만, 출입구가 다를 뿐이다. 작가 피터 구버는 "단기적 이익에 집착하다가 장기적으로는 황금알을 낳는 거위를 잃는 경우가 많다"고 했다. 관계에서도 마찬가지다. 순간의 분노를 풀기 위해 감정을 탕진하면, 장기적으로는 불행이라는 손실을 떠안게 된다.

불행의 다양성과 회복의 가능성

톨스토이가 말한 "불행한 가정은 저마다의 방식으로 불행하다"는 것은 불행이 예외적이어서가 아니라, 각자의 감정 관리 방식이 다르기 때문이다. 케빈 켈리는 "사업보다 더 값진 배움은 작은 실패에서 왔다"고 말했다. 불행 역시 작은 실패이자 배움의 과정이다. 고정된 절망이 아니라 회복의 전략서다.

불행도 총량 안에 있다.

톨스토이의 선언은 단순하다. 인생은 감정의 총량을 다루는 게임이다. 행복은 특별하지 않다. 오히려 불행이 디테일하고 복잡하다. 그러나 바로 그 복잡성 덕분에 불행은 언제나 다시 조율할 여지를 남긴다. 그러니 우리는 불행을 두려워하기보다 이렇게 물어야 한다.

"나는 지금 어떤 감정을 과소비하고 있는가?"

이 질문이야말로 인생 총량의 균형추다. 문학이 주는 가장 큰 선물은 바로 이것이다. 불행조차도 총량 안에 있다는 안도감, 그리고 그 속에서 회복의 길을 찾을 수 있다는 희망 말이다.

072

도스토옙스키 :
고통을 통한 구원은 총량 회복이다

사형장에서 건져 올린 삶의 무게

도스토옙스키의 문학에서 "고통을 통한 구원"은 단순한 장치가 아니다. 그것은 실제로 그의 몸에 각인된 체험이었다. 1849년 겨울, 그는 사형수 대열에 끼어 총살을 기다렸다. 눈을 가리고 방아쇠가 당겨지기를 기다리던 순간, 그의 시간은 멈췄다. 그러나 방아쇠가 당겨지기 직전, 황제의 특사 명령이 도착해 사형은 취소되고 시베리아 유형으로 감형되었다. 그 경계에서 건져 올린 삶의 경험은 그의 문학을 "절망 직전의 반전"으로 가득 채웠다. 그 뒤로 그는 "고통은 단순한 벌이 아니라 새로운 삶의 기초"라는 신념을 작품 속에 새겼다.

라스콜리니코프와 고통의 부채

《죄와 벌》의 라스콜리니코프는 자신이 초인이라 믿고 살인을 저지른다. 그러나 처벌이 없는데도 그는 죄책감과 혼란 속에서 무너진다. 그의 고통은 마치 계좌에 쌓이는 부채처럼 불어나며 결국 영혼의 총량을 무너뜨린다. 이때 등장하는 소냐는 단순한 사랑의 인물이 아니다. 이미 자신의 고통을 껴안은 인물로서, 라스콜리니코프에게 고통의 통과의례를 건넨다. 그녀가 라자로의 부활 이야기를 읽어주는 장면은 죽은 자가 도덕적으로 부활하는 은유, 곧 '고통을 통한 총량 회복'의 선언이었다.

형제들의 서로 다른 저울

《카라마조프가의 형제들》에서도 이 사상은 변주된다. 이반은 이성으로 신을 부정하다가 타인의 고통을 이해하지 못한 채 정신이 붕괴한다. 드미트리는 육체적 향락 속에서 살다가 부당한 누명으로 감옥에 갇히며 내면의 변화를 맞는다. 알료샤는 고통을 피하지 않고 타인의 상처를 껴안으며 조용히 균형을 회복한다. 세 형제는 각기 다른 저울에 고통을 올려두었지만, 도스토옙스키의 세계에서는 고통을 통과한 자만이 진정한 자유와 성숙을 얻는다.

유형소에서의 깨달음

시베리아 유형소에서 도스토옙스키는 강도와 나란히 잠을 자고, 살인범과 빵을 나눠 먹었다. 그 비참함 속에서 그는 기묘한 성스러움을 목격했다. 인간이 고통 속에서도 서로를 이해하고 용서할 때, 비로소 총량의 균형이 회복된다는 사실이다. 유형소의 4년은 그에게 단순한 형벌이 아니라, 삶의 저울을 다시 세팅하는 시간이 되었다.

고통은 변환 장치다.

고통은 단순히 삶을 무너뜨리지 않는다. 오히려 새로운 자산으로 변환된다. 파산한 경험이 새로운 직업의 역량이 되듯, 도스토옙스키의 사형 직전 체험은 그의 문학을 영원히 바꿨다. 홀로코스트 생존자 에브라임 카츠넬슨은 아우슈비츠를 "인간을 무장시키는 최악의 군사학교"라 불렀다. 그는 고통 속에서 배운 냉정과 결단으로 전후 난민 구호 활동에서 기적 같은 성과를 거뒀다. 지나간 고통은 버려지는 데이터가 아니라, 새로운 힘으로 변환되는 장치다.

빅터 프랭클 또한 강제수용소에서 "고통 속에서도 의미를 찾을 수 있다면 삶은 계속된다"고 말했으며, 이는 도스토옙스키의 고통 – 구원 메커니즘과 같은 진실을 증명한다.

영화와 문학 속 반향

영화 〈쇼생크 탈출〉에서 앤디 듀프레인이 감옥에서 겪은 고통은 단순한 억압이 아니라, 자유로의 탈출을 위한 준비였다. 땅굴을 파는 고통의 매일이 결국 자유라는 구원의 총량을 채웠다. 카프카가 병고와 고립 속에서 문학적 불멸을 얻은 것도 같은 메커니즘이다. 고통은 반드시 다른 형태의 보상으로 변환된다.

고통의 무게만큼의 자유

도스토옙스키가 그려낸 세계는 복수·용서·정의·구원이 모두 저울 위에 올라 있는 세계다. 한쪽이 무거워지면 다른 쪽도 그 무게

만큼 내려앉는다. 인간이 고통을 외면하면 저울은 기울어 스스로를 파괴하지만, 고통을 껴안으면 그 무게는 구원과 의미로 변환된다.

그는 문학으로 말한다.

"고통을 거부하는 자는 축복도 거부한다. 고통을 직시하는 자만이 자유를 얻는다."

도스토옙스키의 문학은 인생 총량의 법칙이 영혼 깊은 곳에서 작동하는 방식을 치열하게 증명한 기록이다.

073

헤밍웨이 :
'빙산' 아래의 고통이 성공의 연료다

빙산 이론과 삶의 철학

어니스트 헤밍웨이의 문장에는 언제나 고통의 잔향이 배어 있다. 그의 유명한 '빙산 이론(Iceberg Theory)'은 단순한 문체 기법이 아니라, 고통을 응축해 감춘 뒤 그 무게로 이야기를 떠받치는 철학이었다. 헤밍웨이에게 고통은, 드러내지 않아야 하지만, 사라져서는 안 되는 것이었다.

그의 삶은 그것을 증명한다. 전장에서의 부상, 사랑하는 이의 상실, 알코올에 의지한 나날, 그리고 신경쇠약과 우울. 말년에 그는 전기충격요법으로 기억을 잃어가며 끝내 스스로 총을 들었다. 그러나 그는 그 모든 고통을 작품의 밑바닥에 가라앉혀 독자가 스스로 퍼 올리게 했다.

말하지 않는 고통의 힘

《누구를 위하여 종은 울리나》의 로버트 조던은 겉으로는 냉정한 게릴라 작전가지만, 내면에는 죽음의 공포와 사랑의 절박함, 정의

에 대한 회의가 소용돌이친다. 헤밍웨이는 이를 설명하지 않고, 독자가 느끼도록 만든다. 《노인과 바다》의 산티아고 역시 표면적으로는 생선을 잡는 늙은 어부일 뿐이다. 그러나 그의 투쟁은 자기 존재와의 싸움이며, 침묵 속에서 존엄을 드러낸다. "무너졌지만 무너지지 않았다"는 역설은 바로 빙산 아래에 잠긴 고통의 표현이다.

부서진 자리에서 강해지는 인간

헤밍웨이는 말했다.

"세상은 모든 사람을 부순다. 그러나 많은 사람들은 부서진 그 자리에서 강해진다."

이 명언은 고통을 단순한 상처가 아니라 성공의 연료로 전환하는 힘을 보여준다. 다른 멘토들도 같은 맥락을 말한다. 어떤 이는 "내가장 큰 실패가 최고의 스승이었다. 고통은 나를 바꾸게 했고, 그고통 덕분에 더 나은 결과를 만들 수 있었다"고 고백한다. 실패와상처가 결국 새로운 성취의 연료가 된다는 진리는 헤밍웨이의 고통 철학과 정확히 겹친다.

침묵과 존엄의 미학

《태양은 다시 떠오른다》의 제이크 반스는 육체적 상처와 사랑의좌절 속에서도 품위를 지킨다. 그는 사랑을 포기하고 침묵을 택한다. 그 침묵은 단념이 아니라 존엄이다. 말하지 않는 자가 오히려더 많은 말을 하고 있는 것처럼, 제이크의 고통은 독자에게 가장 큰 울림을 준다.

이와 비슷하게, 어느 멘토는 "집중이 흐트러질 때마다 스스로에게 묻는다. '나는 지금 내 최선의 모습을 리허설하고 있는가?' 만약 아니라고 느끼면, 다시 균형을 회복한다"고 했다. 침묵 속에서 스스로를 점검하고 다시 서는 태도는 헤밍웨이의 인물들이 보여주는 내적 존엄과 닮아 있다.

영화와 문학 속의 반향

영화 〈허트 로커〉의 폭발물 처리반 병사는 표면적으로는 냉철하지만, 그의 침묵 속에는 죽음의 공포가 깔려 있다. 그는 말하지 않지만, 관객은 그의 떨리는 눈빛을 통해 고통을 느낀다. 이것은 헤밍웨이적 서술과 같은 장치다.

또 다른 예로, J.D. 샐린저의 〈에스메를 위하여, 사랑과 비참을 담아〉는 전쟁으로 PTSD를 겪는 병사가 한 소녀와의 만남을 통해 삶의 의미를 되찾는 이야기다. 단순한 편지 한 장이 독자의 가슴을 울리는 장면은, 말하지 않아도 고통이 서사 전체를 떠받칠 수 있음을 증명한다.

고통을 연료로 삼는 법

고통은 삶을 갉아먹는 비용일 수도 있고, 새로운 성공을 떠받치는 연료일 수도 있다. 멘토 한 사람은 "나는 무대에서 수없이 실패했다. 그러나 매번 세상이 끝나지 않았음을 깨달았고, 그 실패가 나를 더 강하게 만들었다”고 말했다. 이 말은 헤밍웨이가 평생 증명한 방식과 같다.

빙산 아래의 총량

헤밍웨이는 우리에게 알려준다. 고통은 삶의 일부가 아니라 삶의 구조다. 그것은 감추어져 있지만, 사라지지 않는 무게다. 그 무게 덕분에 인간은 무너져도 무너지지 않으며, 부서져도 강해질 수 있다. 그의 문장은 우리에게 묻는다.

“당신은 지금 어떤 고통을 감추고 있으며, 그것이 어떻게 당신을 떠받치고 있는가?”

빙산 아래의 고통은 언제나 성공의 연료다. 그것이 바로 인생 총량의 법칙이 헤밍웨이 문학 속에서 작동하는 방식이다.

헤밍웨이는 《노인과 바다》에서 이렇게 썼다.

“인간은 파멸당할 수는 있어도, 패배할 수는 없다.”

이 문장은 고통의 본질을 꿰뚫는다. 그는 실제로 수많은 전쟁과 사고, 실연, 부상을 겪었지만, 그 고통을 빙산 아래에 숨겼다. 그가 말한 ‘빙산 이론’은 바로 이것이다. 보이는 문장은 1/8에 불과하고, 나머지 7/8은 보이지 않는 고통의 심연에 있다. 그 고통이 작품의 밀도를 만들었다.

고통을 회피한 작가는 깊이가 없고, 고통을 견딘 작가는 세상 전체를 쓸 수 있다. 헤밍웨이의 문장은 절제되어 있었지만, 그 절제는 바로 상처의 반대말이었다.

074

오스카 와일드 :
쾌락의 뒤에는 고통의 그림자가 있다

쾌락은 달콤한 독, 고통은 예정된 청구서

오스카 와일드는 말년에 "나는 나의 욕망의 노예였고, 그 대가는 고통이었다"고 술회했다. 그는 누구보다도 아름다움과 쾌락을 숭배한 사람이었고, 동시에 그 쾌락의 그림자 같은 고통에 사로잡혀 평생을 흔들렸다.

그의 대표작 《도리언 그레이의 초상》은 쾌락주의가 어떻게 인간을 몰락시키는지 보여주는 문학적 실험이다. 도리언은 젊음을 영원히 유지하기 위해 영혼을 초상화에 넘겨버리고, 육신은 시간이 멈춘 듯 젊음을 유지한다. 그러나 그의 방탕한 삶은 초상화에 고스란히 새겨지고, 시간이 지날수록 초상화는 흉측하게 일그러진다. 결국 도리언이 그 그림을 찢는 순간, 자신의 모든 고통과 죄악이 육신으로 돌아와 죽음을 맞는다.

이 장면은 단순한 공포소설이 아니다. 그것은 "쾌락은 고통의 선불이며, 모든 쾌락에는 반드시 대가가 따른다"는 인생 총량의 법칙을 문학적으로 형상화한 선언이다.

영화감독 프랜시스 포드 코폴라가 "열정으로 크게 쌓아올린 것은 혼란을 불러들인다"라고 했듯, 쾌락의 고조는 언제나 혼란과 파멸이라는 균형추를 불러온다.

와일드의 삶 : 황금빛 파티에서 감옥의 차가운 벽으로

현실 속의 와일드 또한 도리언 못지않은 삶을 살았다. 그는 빅토리아 시대 영국 사회가 금기로 여겼던 동성애적 사랑을 공개적으로 실천했다. 더글러스 경과의 사랑은 은밀한 연애가 아니라 사회적 스캔들로 발전했고, 결국 와일드를 감옥으로 몰아넣은 직접적인 이유가 되었다.

퀸즈베리 후작은 와일드를 공개적으로 비난했고, 와일드는 그를 명예훼손으로 고소했다. 그러나 이 재판은 오히려 그의 사생활을 세상에 드러내는 무대가 되어버렸다. 그날 이후, 런던 사교계의 중심이었던 그는 하루아침에 추락했다.

"할 수 있다고 생각하든, 할 수 없다고 생각하든, 당신이 옳다"라는 헨리 포드의 말처럼, 와일드는 법정에서조차 재치와 자신감을 잃지 않았지만, 사회의 판결은 냉혹했다. 결국 그는 2년간의 강제노역형을 선고받고 죄수복을 입었다. 쾌락의 절정에서 추락의 골짜기로 떨어지는 데 걸린 시간은 불과 몇 달이었다.

감옥에서 맞닥뜨린 고통

감옥 생활은 와일드에게 육체적·정신적으로 치명적이었다. 매일 무거운 자루를 나르고, 차가운 감방에서 겨울을 버텨야 했다. 화려했던 그의 손가락은 펜 대신 삽을 잡았고, 매끈한 대리석 식탁 대신 차가운 쇠붙이가 그의 앞을 채웠다. 그러나 역설적으로 이 시기가 그의 문학에서 가장 깊은 통찰을 낳았다. 감옥에서 그는 《옥중기》를 쓰며 처음으로 쾌락과 고통의 관계를 정면으로 마주했다. 그는 "나는 나 자신을 황홀 속에 팔아넘겼고, 이제 그 대가를 고통으로 치르고 있다"고 적었다.

이는 티모시 페리스의 《멘토의 부족》이라는 책에 소개된 한 인물의 고백과 닮아 있다. 그는 파티와 음주로 관계를 잃고 난 뒤, "인생의 진짜 우선순위를 잊은 것이 가장 큰 실패였다"고 말했다. 와일드 역시 감옥에서야 자신이 무엇을 잃고 무엇을 지불했는지 깨달았다.

쾌락과 중독의 회로

현대 신경과학은 와일드의 몰락을 뒷받침한다. 도파민 과다 분비는 결국 무감각을 불러오고, 더 큰 자극 없이는 만족할 수 없는 상태를 만든다. 쾌락은 일정 수준에서 고통으로 전환된다.

미국의 소설가 척 팔라닉은 "당신이 소유한 것들이 결국 당신을 소유한다"고 썼다. 와일드가 집착한 아름다움과 쾌락은 결국 그를 소유했고, 그의 몰락을 이끌었다.

문학과 영화 속의 그림자

쾌락의 뒤에 고통이 따라붙는 구조는 다른 작품에서도 반복된다.

피츠제럴드의《위대한 개츠비》에서 개츠비의 파티는 찬란했지만, 그 끝은 총성과 고독이었다. 화려한 조명은 결국 죽음이라는 그림자에 삼켜졌다. 영화 〈블랙 스완〉에서 니나는 완벽한 무대를 위해 쾌락과 고통을 동시에 추구하다 결국 무대 위에서 붕괴한다. 영화 〈트레인스포팅〉에서는 쾌락을 좇은 젊은이들의 삶이 어떻게 고통과 파멸로 귀결되는지를 보여준다. 이 작품들은 모두 와일드가 몸소 증명했던 사실을 반복한다. 쾌락은 고통과 한 몸이며, 인생 총량의 법칙은 언제나 저울의 균형을 맞춘다.

출소 이후의 몰락과 체념

출소한 와일드는 더 이상 예전의 화려한 예술가가 아니었다. 재산은 압류됐고, 명성은 회복 불가능하게 훼손됐다. 그는 파리의 싸구려 호텔에 머물며 남은 생을 보냈다. 여전히 재치를 잃지 않았지만, 그 웃음은 씁쓸했다. 그는 종종 "나는 천재로 태어나서 예술가로 살았고, 죄수로 죽어간다"고 농담처럼 말했지만, 그 속엔 인생 총량의 냉혹한 계산을 받아들이는 체념이 담겨 있었다.

시인 마쓰오 바쇼는 "현자의 발자취를 따르지 말고, 그들이 무엇을 추구했는지를 추구하라"라고 말했다. 와일드는 현자의 길 대신 욕망의 길을 추구했고, 그 끝에 고통이라는 잔혹한 회수서를 받았다.

쾌락의 영수증

그의 마지막 날들은 가난과 병으로 얼룩졌다. 장밋빛 파티와 사치스러운 저녁 만찬은 사라지고, 싸구려 와인과 꺼져가는 난로가 그를 맞았다. 그러나 아이러니하게도, 그는 이 시기에 한층 자유로웠다. 더 이상 명성을 의식하거나 사회의 눈치를 볼 필요가 없었기 때문이다.

쾌락의 정점에서 그는 화려했지만 무거웠고, 고통의 골짜기에서 그는 가난했지만 가벼웠다. 인생 총량의 저울은 이렇게 균형을 맞췄다.

총량의 저울 위에서 춤춘 예술가

오스카 와일드의 삶은 인생 총량의 법칙을 희극과 비극 두 장르로 동시에 증명한다. 그가 쾌락을 쌓을 때마다 그림자는 길어졌고, 그 그림자가 결국 그를 삼켰다. 그러나 그 고통 속에서 그는 인간의 본질과 예술의 진실에 더 가까이 다가갔다. 그는 우리에게 이렇게 속삭인다.

"쾌락은 유혹처럼 시작되지만, 신념처럼 사람을 지배한다. 그리고 그 끝에는 언제나 상처가 있다."

와일드는 아름다움을 예찬했지만, 그 아름다움의 총량이 허용된 고통의 분량을 초과했을 때, 모든 찬란함은 반드시 무너진다는 것을 보여준 예술적 순교자였다. 그의 삶은 쾌락의 달콤함과 고통의 쓰라림이 어떻게 저울 위에서 균형을 이루는지를 가장 극적으로 증명한 연극이었다.

075

〈인사이드 아웃〉:
감정의 총량은 조화로 빛난다

감정의 본부, 다섯 개의 조율자

애니메이션 〈인사이드 아웃(Inside Out)〉은 인간 내면의 감정을 시각적으로 구현해낸 가장 탁월한 작품 중 하나다. 주인공 라일리의 머릿속 본부에는 기쁨(Joy), 슬픔(Sadness), 분노(Anger), 혐오(Disgust), 공포(Fear)라는 다섯 감정이 자리한다. 이 다섯 감정은 라일리의 정체성과 기억을 관리하며, 그녀의 인생 총량을 조율한다. 영화 초반까지는 기쁨이 본부의 주도권을 쥐고 있었지만, 이사의 충격과 낯선 환경에서 라일리는 균형을 잃는다. 이때부터 이야기는 '감정의 총량은 어떻게 유지되는가?'라는 철학적 질문을 향한다.

마르쿠스 아우렐리우스는 《명상록》에서 이렇게 썼다.

"상황에 의해 흔들릴 때마다 가능한 한 빨리 자신에게로 돌아가라. 그러면 더 나은 조화(harmony)를 얻을 수 있다."

〈인사이드 아웃〉의 메시지는 이 문장과 정확히 맞닿아 있다. 흔들린 감정은 억눌러 지우는 것이 아니라, 다시 되돌려 조화롭게 균형을 회복해야 한다는 것이다.

기쁨만으론 부족하다, 슬픔의 가치

영화의 전환점은 '슬픔'의 역할이 밝혀지는 순간이다. 기쁨은 처음에 슬픔을 철저히 배제하려 하지만, 라일리가 진정으로 성장하고 회복하는 열쇠는 바로 그 슬픔 속에 있었다. 라일리가 하키 시합에서 실패하고 울었던 기억이 대표적이다. 처음엔 고통스러운 실패였으나, 사실은 친구와 가족의 위로가 함께했던 순간이었다. 슬픔은 단순한 마이너스가 아니라, 위로와 공감을 가능하게 하는 전제였던 것이다.

빅터 프랭클은 《죽음의 수용소에서》에서 이렇게 말했다.

"인간은 고통 속에서도 의미를 발견할 수 있을 때 살아남는다."

라일리가 눈물 속에서 가족과 화해하고 회복하는 과정은, 슬픔이 단순히 부정적 감정이 아니라 의미를 불러오는 자원임을 보여준다.

색채의 혼합, 감정의 조화

영화 후반부에서 기쁨이 슬픔에게 자리를 내주는 장면은 상징적이다. 이는 기쁨만이 인생의 해답이 아님을 보여준다. 마치 색의 혼합처럼, 감정도 혼합될 때 삶의 풍경이 다채로워진다. 종교학자인 조셉 캠벨은 "평생의 특권은 바로 자기 자신이 되는 것이다"라고 말했다. 자기 자신이 된다는 건, 자신 안의 불편한 감정들까지 받아들이는 것을 뜻한다. 라일리가 부모 앞에서 솔직하게 슬픔을 고백하는 장면은 바로 그 자기 수용의 순간이며, 감정 총량의 균형이 회복되는 장면이다.

감정은 사회의 축소판

〈인사이드 아웃〉은 개인의 머릿속 이야기지만, 사회 전체와도 닮아 있다. 사회 역시 기쁨만으로 유지되지 않는다. 슬픔을 존중하지 않는 사회는 공감을 잃고, 두려움을 무시하는 사회는 경고를 놓친다. 혐오를 잘못 쓰면 차별이 되고, 분노가 조절되지 않으면 폭력이 된다. 다섯 감정의 총량이 적절히 순환할 때 사회도 건강하다.

테리 프래쳇은 말했다.

"왜 멀리 떠나야 하는가? 다시 돌아왔을 때 더 많은 색깔과 새로운 눈으로 볼 수 있기 때문이다."

사회 역시 다양한 감정을 경험하며 돌아올 때 비로소 균형과 깊이를 얻게 된다.

감정의 총량, 얕음이 아닌 깊음으로

〈인사이드 아웃〉이 어른 관객까지 울린 이유는 바로 여기에 있다. 감정을 단순히 '쾌'와 '불쾌'로 나누지 않고, 각각의 감정이 특정 순간에 반드시 필요하다는 진실을 드러냈기 때문이다.

톨스토이는 이렇게 말했다.

"모두가 세상을 바꾸려 하지만, 정작 자신을 바꾸려는 이는 없다."

〈인사이드 아웃〉의 메시지도 같다. 인생의 총량은 외부를 바꾸는 것이 아니라, 자기 안의 감정을 어떻게 조화시키느냐에 달려 있다.

감정의 조율자, 우리 안의 오케스트라

〈인사이드 아웃〉은 '감정 총량의 법칙'을 가장 아름답게 풀어낸 애니메이션이다. 기쁨만 저장하려는 시도는 실패한다. 슬픔을 받아들일 때 기쁨은 깊어지고, 두려움을 인정할 때 용기는 단단해진다. 사라 루이스는 이렇게 조언한다.

"중요한 일을 중요하게 유지하는 것이 가장 중요하다(The main thing is to keep the main thing the main thing)."

우리에게 '중요한 것'은 감정을 없애는 게 아니라, 감정의 총량을 조화롭게 유지하는 것이다. 라일리의 머릿속 다섯 감정은 우리 모두의 내면에 있는 오케스트라다. 그 오케스트라가 조율될 때, 인생은 불협화음이 아니라 조화로운 교향곡으로 울린다.

076

〈쇼생크 탈출〉:
절망의 깊이는 희망의 깊이와 같다

절망과 희망, 같은 저울의 양쪽

〈쇼생크 탈출〉은 인간 존재의 총량 법칙을 가장 선명하게 드러내는 영화다. 절망이 깊어질수록 희망도 같은 깊이로 채워진다는, 삶의 이면을 벗겨낸 이야기다. 주인공 앤디 듀프레인은 억울하게 종신형을 선고받고 악명 높은 교도소에 갇히지만, 누구보다 치밀하게 희망을 준비한다. 그것은 낙관이 아니라 계산된 감정 회계, 절망을 분산시켜 희망이라는 자산으로 전환하는 총량의 법칙의 발현이었다.

절망을 삼키는 침묵

앤디가 처음 쇼생크에 들어온 날, 다른 죄수들이 울부짖고 저항할 때 그는 묵묵히 침묵한다. 그의 침묵은 단념이 아니라 절망을 삼켜 희망으로 바꿀 힘을 축적하는 과정이었다. 철학자 마르쿠스 아우렐리우스는 "외부의 일로 괴로워한다면, 그것은 그 일 때문이 아니라 그 일에 대한 너의 판단 때문"이라고 말했다. 앤디의 침묵은 이 판단을 전환하는 능력이었다. 감옥이라는 절망을 있는 그대로 받아들이는 대신, 그는 그 안에서 새로운 희망의 구조를 세우기 시작했다.

오페라의 순간, 빼앗을 수 없는 자유

가장 유명한 장면은 앤디가 라디오에서 흘려보낸 모차르트의 오페라다. 죄수들은 모두 감방 안에 갇혀 있었지만, 그 순간만큼은 하늘을 바라보며 자유를 느꼈다. 앤디는 말한다.

"음악은 마음속에 있어서, 누구도 빼앗을 수 없다."

이는 쇼펜하우어가 남긴 말, "평범한 언어로 비범한 것을 말하라"라는 지혜와도 닮았다. 앤디는 거창한 설교 대신, 음악이라는 평범한 수단으로 감옥 안에 비범한 희망을 흘려보낸 것이다. 절망의 땅에서도 감정 총량의 균형은 회복될 수 있음을 보여준 장면이었다.

희망의 투자, 절망의 분산

앤디의 탈출은 20년에 걸친 장기 투자였다. 그는 매일 작은 돌망치로 벽을 긁었고, 동료 재소자들을 교육하며 도서관을 세웠다. 레드가 "희망은 위험하다"고 경고했지만, 앤디는 오히려 희망을 분산 투자하듯 교도소 곳곳에 심어두었다. 그 결과는 탈출의 성공뿐 아니라, 동료들에게도 남은 희망의 불씨였다. 그 뒤에 레드가 말하듯, "희망은 좋은 것이고, 아마 가장 좋은 것이다. 좋은 것은 절대 사라지지 않는다." 이 문장은 단순한 낙관이 아니라 절망만큼 쌓여

온 희망의 필연적 균형을 드러내는 선언이었다.

절망이 깊어야 희망도 깊다.

앤디가 하수구 오물 속을 기어 나와 폭우 속에서 두 팔을 벌린 장면은, 절망의 깊이가 희망의 깊이와 같다는 법칙의 시각적 형상화다. 마치 헬렌 켈러가 남긴 말, "인생은 대담한 모험이거나 아무것도 아니다"라는 선언처럼, 앤디는 절망이라는 모험 끝에서 자유라는 보물을 얻는다. 절망을 회피했다면 희망도 결코 닿을 수 없다.

레드의 전환, 균형의 회복

앤디의 메시지를 받은 레드 또한 자유를 두려워하던 인물에서, 희망을 좇아 멕시코로 떠나는 사람으로 변한다. 절망에 길들여진 자가 희망을 다시 택하는 순간, 감정 총량의 균형은 회복된다. 레오나르도 다빈치가 "위대한 사람들은 결코 일이 저절로 오기를 기다리지 않고, 세상에 나아가 일을 만든다"라고 했듯, 레드는 앤디의 발자취를 따라 절망을 넘어 희망을 만들기 시작한 것이다.

총량의 법칙이 말하는 것

〈쇼생크 탈출〉은 이렇게 속삭인다. 희망은 절망의 반대가 아니라, 절망이 충분히 무거워졌을 때 자연스럽게 솟아나는 또 다른 무게다. 인생의 총량은 언제나 균형을 맞추려 하고, 절망이 깊으면 희망도 깊어진다. 앤디의 탈출은 단순한 감옥 탈출이 아니라, 인간이 절망을 희망으로 전환하는 가장 치열한 연금술이었다.

삶의 저울은 정직하다. 지금 깊은 절망 속에 있다면, 그만큼 깊은 희망도 이미 준비되고 있다는 사실을 잊지 말라는 것. 앤디가 빗속에서 두 팔을 벌리며 외쳤던 자유는, 바로 그 진리를 우리 모두에게 증명한 장면이었다.

077

〈조커〉 : 고통은 미쳐야 끝난다

고통의 누적, 균형의 붕괴

영화 〈조커〉는 슈퍼빌런의 탄생담이라기보다, 고통의 총량이 임계점을 넘었을 때 인간이 어떻게 무너지는지를 보여주는 심리학적 해부극이다. 아서 플렉은 처음부터 범죄자가 아니었다. 그는 병원에 다니며 약을 받고, 사회복지사와 상담하며, 광대 분장을 하고 아이들에게 웃음을 주려 애쓰는 평범한 소시민이었다. 그러나 그의 삶은 작은 비극들이 쌓여 거대한 균열로 번져나가는 일련의 '실험' 같았다.

스승 같은 철학자 세네카는 말했다.

"필요하기도 전에 고통받는 자는 필요 이상으로 고통받는 것이다."

아서의 삶은 바로 이 말의 반대편에 서 있었다. 그는 이미 지나치게 고통받고 있었고, 그 고통은 결코 멈출 줄 몰랐다.

웃음이라는 가면, 절망이라는 얼굴

아서가 터뜨리는 웃음은 기쁨이 아닌 병적 증상이다. 그 웃음은 세상에 대한 무력한 울음이자, 자신을 조롱하는 사회에 대한 반사적 비웃음이었다. 타인의 조롱 속에서 그의 웃음은 더 커지고, 동시에 고독도 더 깊어졌다. 마치 랄프 왈도 에머슨이 남긴 말처럼, "신은 비겁자들의 손으로는 자기 일을 드러내지 않는다." 아서의 웃음은 결국 비겁한 울음이 아닌, 사회를 향한 미친 선언으로 바뀌어 갔다.

어머니의 거짓말, 사랑의 환상

그가 의지했던 어머니조차 오랜 거짓과 착각 위에 서 있었음이 드러난다. 더불어 자신이 사랑한다고 믿었던 여인과의 관계가 전부 환상에 불과했음을 깨닫는 순간, 그의 내면은 완전히 무너진다. 이 깨달음은 단순한 상실이 아니라, 총량의 법칙이 감당할 수 없는 수준까지 고통을 밀어 올린 결과였다.

머레이 쇼의 폭발, 사회의 고발

영화의 클라이맥스에서 아서는 전국 생방송 무대에서 외친다.

"당신은 이 사회가 약자에게 어떻게 대하는지 몰라요. 우리는 무시당하다가, 폭력을 당하다가, 마침내 죽어요. 누군가의 웃음거리로 전락하죠."

이 대사는 그가 단순히 미친 개인이 아니라, 사회 구조가 만들어낸 괴물임을 선언한다. 고통은 이제 사적인 문제가 아니라, 공적인 폭발이 된다.

미국 수영 코치이자 작가인 테리 러플린(Terry Laughlin)이 남긴 말처럼, "인생은 성공이나 만족을 주도록 설계된 것이 아니라, 우리를 성장시키는 도전을 주도록 설계되어 있다." 그러나 아서의 경우, 도전은 성장으로 귀결되지 않았다. 고통만이 축적되어 폭발로 귀결된 것이다.

고통은 미쳐야 끝난다.

〈조커〉가 불편한 이유는, 관객이 동시에 두 가지 감정을 느끼기 때문이다. "이건 범죄이고 용서할 수 없다"와 "이건 충분히 이해할 수 있는 비극이다." 이 모순이야말로 영화의 핵심 질문을 드러낸다.

"혹시 지금 우리가 외면한 누군가가 조커가 되어가고 있지는 않은가?"

철학자 스티븐 프레스필드는 이렇게 말했다.

"모두가 역경을 피하려 한다. 그러나 내게 가장 큰 것을 준 건 언제나, 모든 게 무너지고 아무도 도와주지 않았을 때였다."

아서 역시 역경 속에 던져졌으나, 거기서 회복 대신 광기를 선택했다. 그의 고통은 끝내 '미쳐야만 끝나는' 단계에 이른 것이다.

사회라는 거울

아서가 조커로 변모한 순간, 그는 더 이상 개인이 아니었다. 그는 사회의 무관심, 차별, 불평등이 만들어낸 집단적 거울이었다. 조커를 바라보는 건 곧 사회를 바라보는 것이며, 나아가 우리 자신을 마주하는 일이 된다. 칼럼니스트 앤드루 로스 소킨은 말했다.

"세상은 결코 보이는 것만큼 좋지도, 나쁘지도 않다."

그러나 아서의 눈에는 세상은 늘 나빴고, 결국 그 지각은 자기 파괴와 사회 파괴로 이어졌다.

광기의 저울 위에서

〈조커〉는 이렇게 속삭인다. 고통이 일정 총량을 넘으면, 인간은 미치거나 부서진다. 아서 플렉은 끝내 미침으로써 고통을 끝냈다. 하지만 그의 광기는 단지 개인의 파멸이 아니라, 우리 모두가 외면한 사회의 총량적 부채가 폭발한 결과다. 우리는 이 영화를 보며 묻게 된다.

"만약 내가 스쳐 간 누군가가 조커가 되어가고 있다면, 나는 그를 알아챌 수 있을까?"

078

고전 민담의 교훈 :
시련 뒤엔 반드시 보상이 있다

민담은 삶의 리허설이다.

옛날이야기는 단순한 상상놀음이 아니다. 세대를 거슬러 내려오며 남은 민담에는 인간 심리와 사회적 경험이 응축돼 있다. 특히 반복적으로 등장하는 메시지는 분명하다.

"큰 시련 뒤에는 반드시 보상이 있다."

이는 단순한 위안이 아니라, 인생의 균형을 은유하는 장치다. 인생 총량의 법칙에서 말하듯, 고통이 한쪽으로 기울면 반드시 반대편에서 균형을 맞추려는 반작용이 일어난다.

신데렐라 : 고통의 저울은 결국 기울어진다.

신데렐라는 계모의 구박 속에서 하녀처럼 살며 고통의 총량을 한껏 채운다. 하루는 재와 눈물로 끝나고, 드레스는 먼지투성이였다. 그러나 마법사가 나타나는 순간, 그녀의 삶은 극적으로 반전된다. 호박이 마차가 되고, 누더기가 비단 드레스로 바뀌고, 마침내 왕비가 된다.

현대 심리학의 '쾌락 적응 이론'은 모든 감정이 결국 평형으로 돌아가려는 힘을 가진다고 말한다. 신데렐라의 삶도 이 법칙과 닮았다. 고통이 누적되면 기쁨의 반등이 준비되는 것. 세계 각국에 전해지는 신데렐라 변주가 증명하듯, 민담은 본능적으로 이 "총량의 회복" 구조를 반복한다.

《혹부리 영감》 : 진짜 고통만이 진짜 보상을 부른다.

《혹부리 영감》은 총량의 법칙을 더 직접적으로 드러낸다. 착한 영감은 외로움과 가난 속에서도 흥겨운 춤으로 요괴들을 즐겁게 하고, 그 대가로 얼굴의 혹을 없앤다. 반대로 욕심쟁이 영감은 과정을 무시하고 결과만 탐하다 오히려 혹이 늘어난다.

이 이야기에서 중요한 건, 보상은 축적된 결핍과 태도의 전환에서만 나온다는 사실이다. 인생의 보상 회로는 반드시 "진짜 고통"을 전제로 작동한다. 억지로 꾸며낸 시련은 총량의 저울을 속이지 못한다. 이는 "운이 좋았던 날은, 너무 자주, 운이 나빴던 날의 예고편이다"라는 문학적 교훈과도 겹친다.

《콩쥐팥쥐》 : 존재의 인정으로 돌아오는 균형

《콩쥐팥쥐》는 혹독한 시련에도 불구하고 묵묵히 버티는 주인공 콩쥐의 이야기다. 계모는 돌을 항아리에 넣어 물을 채우지 못하게 하고, 벼를 다 까지 못하도록 방해하지만, 도깨비와 동물들이 나타나 그녀를 돕는다. 마지막에 콩쥐가 얻는 건 단순히 총독의 아내라는 지위가 아니다. 오랜 학대와 무시에 시달리던 존재가 드디어 사회적으로 인정받는 가치의 회복이다. 이는 인생 총량의 법칙에서 말하는 "고통 뒤에 반드시 작동하는 보상 회로"의 서사적 구현이다.

《흥부와 놀부》 : 총량 법칙의 풍자

《흥부와 놀부》는 가장 직접적인 풍자다. 흥부는 제비의 다리를 고쳐주며 고통 속에서도 타인을 배려한다. 그 대가로 박 속에서 재물을 얻는다. 그러나 놀부는 억지로 제비를 괴롭혀 보상을 흉내 내려다 화를 불러온다.

여기서 중요한 건, 흥부는 보상을 기대하지 않았다는 점이다. 이미 삶에 쌓인 결핍이 충분했기에 자연스럽게 균형의 반작용이 찾아온 것이다. 반면 놀부는 '가짜 시련'으로는 총량의 저울을 움직일 수 없음을 보여준다. 이는 오늘날 실패가 곧 성공의 씨앗이라는 교훈과 연결된다. 실패가 클수록 그 반동의 성공도 크다는 설명처럼, 진짜 시련만이 진짜 보상으로 이어진다.

고통을 견디는 태도, 보상의 문을 연다.

민담 속 주인공들은 공통적으로 고통을 피하지 않는다. 오히려 견디고, 선을 베풀며, 균형의 반작용을 기다린다. 총량의 법칙은 묻는다.

"지금의 고통은 과거의 웃음만큼의 대가가 아니었는가? 오늘의 선택은 어떤 미래를 청구하게 될까?"

이 질문에 답하며 살아가는 태도가 곧 민담이 전하는 교훈이다.

민담은 총량의 지도다.

고전 민담은 단순한 도덕 교육이 아니다. 그것은 삶의 리듬을 은유로 가르치는 지도다.

"고통을 견디는 동안, 세상은 반드시 균형을 맞추려 움직인다."

《레미제라블》의 장발장이 죄수에서 신념의 사람으로 거듭나는 과정, 〈쇼생크 탈출〉의 앤디가 감옥에서 자유를 얻는 여정도 같은 구조를 따른다. 민담은 이렇게 속삭인다. 시련 뒤의 보상은 결코 우연이 아니다. 그것은 삶의 총량이 작동하는 가장 본질적인 방식이다.

079

판타지는 현실의 총량을 환상으로 보상한다

판타지의 심리적 장치

판타지는 단순한 도피가 아니다. 그것은 현실에서 충족되지 못한 감정과 욕망을 보상해주는 심리적 시스템이다. 실패와 좌절, 외로움과 결핍은 판타지 속에서 영웅의 모험, 사랑의 완성, 공동체의 인정으로 보상된다. 이 구조는 무의식의 균형 감각이 만들어낸 장치다.

철학자 아나이스 닌은 말했다.

"인생은 용기의 크기만큼 수축하거나 확장한다."

판타지는 바로 그 확장의 공간이다. 현실에서 용기를 내지 못했던 자가 상상의 무대에서 용기를 발휘하며, 감정의 총량을 보충한다.

《해리 포터》: 선택받지 못한 자에서 선택받은 자로

J.K. 롤링의 《해리 포터》는 판타지 보상의 교과서다. 해리는 현실에서 학대받는 고아 소년이지만, 마법 세계에서는 '선택받은 자'가 된다. 친구와 스승, 공동체의 사랑을 얻으며 자존감을 회복한다. 이는 단순한 환상이 아니라, 결핍된 감정의 균형이 다른 공간에서

보상된 사례다.

법사이며 위빠사나의 스승 샤론 살츠버그는 "사랑은 얻어야 하는 것이 아니라, 존재 자체로 충분하다"고 말했다. 해리의 여정은 이 진리를 체험하는 과정이다. 그는 처음에는 사랑받기 위해 싸우지만, 결국 자신이 존재 자체로 가치를 지닌다는 걸 깨닫는다.

《반지의 제왕》: 작은 자의 거대한 보상

톨킨의 《반지의 제왕》은 약자 보상의 판타지다. 세상의 변방에 있던 호빗들이 세계의 운명을 결정한다. 이는 현실에서 소외 받던 존재가 보상의 주체로 바뀌는 구조다. 헬렌 켈러가 말했듯, "인생은 대담한 모험이거나 아무것도 아니다." 호빗들의 여정은 그 모험의 구현이다. 모험 끝에서 얻는 건 단순한 승리가 아니라, 자기 존재의 확대이자 균형의 회복이다.

슈퍼히어로 무비: 억눌린 자아의 보상

마블 히어로 영화는 현대의 집단적 판타지다. 피터 파커는 학교에서 따돌림당하는 왕따였지만, 스파이더맨으로 변모해 정의의 상징이 된다. 이는 단순한 초능력이 아니라, 억눌렸던 자아가 보상되는 심리적 반동이다. 레오나르도 다빈치는 말했다.

"성취한 사람들은 결코 가만히 앉아 일이 오길 기다리지 않고, 세상으로 나가 일을 만든다."

히어로 무비는 바로 이 진리를 극적으로 재현한다. 소극적이던 존재가 세상에 나서 일을 바꾸는 순간, 현실에서의 무력감은 환상 속에서 균형을 되찾는다.

작가 르 귄의 어스시 : 그림자를 껴안는 성숙

어슐러 K. 르 귄은 "판타지는 도피가 아니라 회복"이라 했다. 그녀의 《어스시의 마법사》에서 게드는 자신의 어두운 그림자와 마주한다. 그림자를 억누르지 않고 받아들일 때, 그는 비로소 균형을 얻는다. 이는 "고통 속에 변화의 씨앗이 있다"는 지혜와도 겹친다. 판타지는 고통을 지워버리는 게 아니라, 그것을 다른 방식으로 회복시켜 준다.

민담과 판타지의 보편 구조

흥미롭게도 전 세계 민담도 같은 구조를 반복한다. 콩쥐는 혹독한 시련 끝에 총독의 부인이 되고, 신데렐라는 구박 끝에 왕비가 된다. 현실에서 결핍된 존재가 환상에서 균형을 되찾는 이 구조는, 인류 보편의 무의식에 '고통은 반드시 보상 받는다'는 믿음이 자리 잡고 있음을 보여준다.

랄프 왈도 에머슨은 이렇게 말했다.

"자주 웃고, 지혜로운 이들의 존경과 아이들의 애정을 얻고, 세상을 조금이라도 더 나은 곳으로 남기며, 단 한 생명이라도 더 편히 숨 쉬게 한 것 – 그것이 성공이다."

민담과 판타지는 바로 이 정의를 가장 극적으로 구현한다.

현실을 버티게 하는 환상

　판타지는 현실의 총량을 보상하는 환상 장치다. 그것은 억눌린 자존감을 회복시키고, 무너진 관계를 복원하며, 좌절된 욕망을 다시 시도하게 만든다. 미국의 수영선수 다라 토레스는 "맨 아래에서 시작하는 건 나쁜 일이 아니다. 갈 길은 위로밖에 없으니까"라고 했다. 판타지는 바로 그 위로 가는 길을 상상 속에서 먼저 걸어보는 행위다. 현실에서 버티기 위해, 우리는 오늘도 한 권의 소설을 펼치고, 한 편의 영화를 다시 본다.

사랑의 드라마 :
웃음과 눈물은 항상 세트로 온다
- 사랑과 감정 총량의 법칙

사랑은 진자처럼 흔들린다.

사랑이란 감정의 폭발이자 소멸이며, 동시에 균형을 향해 끊임없이 진동하는 진자 운동이다. 한쪽으로 기울면 반드시 반대쪽으로도 흔들린다. 감정의 총량 이론을 사랑이라는 드라마에 적용해 보면, 우리는 왜 사랑 앞에서 웃고 울며, 미치도록 기뻤다가 절망에 빠지는지 설명할 수 있다. 그것은 사랑이 절대적인 기쁨이나 절대적인 고통으로만 유지되지 않기 때문이다. 언제나 정반대의 감정을 예비하고 있고, 그 감정은 반드시 균형을 이루려는 경향을 띤다.

《인생 총량의 법칙》에서 말하듯, 사랑에서의 균형은 인생의 다른 균형과도 맞닿아 있다. 지나친 의존은 자아를 지우고, 지나친 자립은 타인을 밀어낸다. 이상적인 사랑은 자신을 해치지 않으며 타인을 소유하려 하지 않는다. 결국 사랑은, 자신과 타인 사이에서 진자의 진동을 이해하고 감당하는 훈련이다.

로맨틱 코미디의 수학 공식

로맨틱 코미디는 언제나 일정한 감정 공식을 따른다. 초반에는 오해와 갈등이 쌓인다. 상대는 이상형처럼 보이지만 현실적인 조건은 최악이다. 주인공은 어설프게 실수하고, 우스꽝스러운 상황에 처한다. 관객은 웃으며 정서적 예치금을 낸다. 그러나 웃음의 총량이 절정에 도달하면 반드시 어두운 그림자가 찾아온다. 이별, 배신, 혹은 죽음. 감정의 저점은 불가피하다.

영화 〈노트북〉의 경우, 치매에 걸린 여주인공이 남편을 알아보지 못하는 장면은 사랑의 절망을 극적으로 보여준다. 하지만 잠시 뒤 기억이 되살아나는 순간, 관객은 이전보다 더 깊은 감정의 파동을 경험한다. 웃음과 눈물의 진폭이 크기 때문에, 사랑의 이야기는 언제나 몰입을 보장한다. 감정의 총량이 정밀하게 조율된 공식 덕분이다.

이별의 총량, 사랑의 크기

사랑이 크면 이별의 고통도 크다. 《인생 총량의 법칙》은 말한다. "사랑의 크기는 이별의 고통으로 측정된다."

짧고 강렬한 사랑은 몇 년간 가슴을 후벼 팔 수도 있다. 반대로 무뎌진 관계는 이별의 순간조차 담담하다. 결국 이별의 무게는 그동안 축적된 사랑의 무게를 반영한다.

존 레논과 오노 요코의 사랑이 그랬다. 둘의 관계는 음악과 정치, 예술을 아우르며 불꽃처럼 타올랐지만, 세상으로부터 받는 압력과 끝없는 소문이 그 사랑을 더 치열하게 만들었다. 강렬했던 만큼 이별의 상상만으로도 세상을 뒤흔들었고, 실제 그의 죽음은 전 세계인에게 집단적 상실을 안겼다. 사랑의 크기가 클수록, 그 끝은 더욱 파괴적이다.

슬픔과 기쁨의 상호작용

앞에서도 살펴보았지만 픽사의 애니메이션 〈인사이드 아웃〉은 감정 총량 이론을 시각적으로 풀어낸 작품이다. 기쁨만을 추구하던 'Joy'는 결국 슬픔의 가치를 인정한다. 기억의 핵심은 슬픔을 통해서만 기쁨이 더 깊어진다는 구조로 되어 있다. 사랑의 감정도 마찬가지다. 첫 만남의 설렘은 이별의 가능성 위에서 더욱 빛나며, 고통 없는 사랑은 오히려 얄팍하다. 《주역》은 말한다. 길한 괘에도 흉의 요소가 있고, 흉한 괘에도 복의 요소가 있다. 사랑도 이 원리를 따른다. 웃음이 클수록 눈물도 깊다.

뇌과학이 설명하는 사랑의 진자

심리학적으로 인간의 뇌는 도파민과 세로토닌 같은 쾌락 호르몬, 코르티솔 같은 스트레스 호르몬 사이에서 균형을 유지한다. 지속적인 사랑의 만족은 뇌에 의해 '일상화'되고, 기쁨의 강도는 낮아진다. 반대로 이별이나 갈등의 순간, 이전의 행복은 재조명되며 의미가 강화된다. 이는 뇌가 감정을 평균으로 되돌리려는 보상 메커니즘 덕분이다. 결국 우리는 사랑의 진폭을 마음대로 조절할 수 없다. 뇌는 늘 감정의 평균치를 향해 우리를 밀어 넣는다. 그래서 뜨겁게 사랑했던 날 뒤에는 반드시 냉각기가 오고, 이별 뒤에는 또다시 새로운 사랑을 시작하게 된다.

문학의 증명 : 《로미오와 쥴리엣》

셰익스피어의 《로미오와 쥴리엣》은 사랑의 총량 법칙을 비극으로 증명한다. 두 사람은 죽음을 선택하지만, 그들의 사랑은 세기적 비극으로 남는다. 만약 평범하게 결혼했다면 이 작품은 지금처럼 기억되지 않았을 것이다. 죽음이라는 절정이 있었기에, 사랑의 총량은 극대화되었다. 《인생 총량의 법칙》은 이렇게 말한다.

"고통은 언젠가 자산이 된다. 의미를 찾는 자에게만."

로미오와 쥴리엣의 죽음은 단순한 비극이 아니라, 그 사랑이 얼마나 깊었는지 역설적으로 보여주는 증거다.

사랑은 훈련이다.

에리히 프롬은 《사랑의 기술》에서 사랑을 본능이 아니라 능동적 훈련이라고 말했다. 사랑은 주는 법, 존중하는 법, 자기 자신을 지키는 법을 배우는 과정이다. 총량의 법칙과 연결해 보면, 사랑에서의 모든 훈련은 결국 균형을 배우는 훈련이다. 너무 많이 주면 자신을 잃고, 너무 적게 주면 상대를 잃는다.

동서양의 시에서 본 사랑의 균형

동양 고전 시가에서도 사랑의 총량 법칙은 숨어 있다. 고려가요 〈청산별곡〉은 떠나간 임을 그리워하는 고통 속에서도 자연과 삶의 순환을 노래한다. 사랑의 결핍은 자연의 풍경으로 치환되며, 그 고통마저 삶의 일부로 수용한다.

반면 서양의 소네트는 사랑의 기쁨과 고통을 대칭 구조로 묘사한다. 셰익스피어의 소네트는 "사랑은 시간의 낫 앞에 시들지 않는다"는 선언과 동시에, 그 낫이 결국 사랑을 베어낸다는 자각을 함께 품고 있다.

웃음과 눈물의 세트

사랑의 드라마는 언제나 웃음과 눈물이 세트로 온다. 영화 〈러브 액츄얼리〉가 다양한 사랑의 형태를 보여주면서도 반드시 눈물의 장면을 삽입하는 이유다. 행복만 있는 사랑은 관객을 몰입시키지 못한다. 웃음과 눈물이 교차할 때, 감정의 총량 곡선은 완성된다. 《인생 총량의 법칙》은 이렇게 설명한다.

"지나간 고통은 무의미한 흉터가 아니라, 다음 사랑에서 우리를 더 깊게 만드는 갑옷과 방패다".

사랑을 감당한다는 것

사랑을 끝까지 감당할 수 있는 사람은 이 균형을 이해하는 사람이다. 웃음과 눈물이 함께 와야만 사랑은 완성된다. 태양과 그림자, 봄과 겨울처럼, 사랑의 총량은 언제나 균형을 향한다. 고통은 반드시 지나가고, 웃음은 반드시 돌아온다. 그것이 사랑의 진자 법칙이다.

사랑은 인생에서 가장 강렬한 총량의 드라마다. 기쁨과 슬픔, 설렘과 이별, 만남과 상실이 서로를 균형 잡기 위해 작동한다. 이 균형을 아는 사람은 사랑에서 더 깊은 인간으로 성장한다. 사랑은 결코 영원한 행복도, 영원한 비극도 아니다. 그것은 흔들림이다. 그러나 그 흔들림 속에서 우리는 더 인간다워지고, 더 단단해진다.

실전에서 활용하는 인생 총량

태도, 습관, 전략

태도 : 인생 총량은 사건보다 태도에서 결정된다. 같은 시련도 어떻게 받아들이느냐에 따라 손실이 자산이 될 수 있다.

습관 : 일상의 반복이 총량을 만든다. 작은 습관들이 모여 장기적인 균형과 불균형을 좌우한다.

전략 : 총량의 흐름을 읽고, 언제 힘을 쓰고 언제 멈출지를 아는 전략이 필요하다.

균형 : 건강, 관계, 성취, 휴식의 총량을 동시에 관리해야만 인생의 붕괴를 막을 수 있다.

실천 : 태도는 즉시, 습관은 매일, 전략은 장기적으로 - 세 층위를 아우르는 실전적 활용이 총량의 법칙을 자기 편으로 만드는 방법이다.

081

감정일기를 써라
- 감정의 흐름을 계량화하라

마음의 기후를 기록하는 과학

감정은 날씨와 같다. 흐리다가도 갑자기 맑아지고, 맑았다가도 폭풍우가 휘몰아친다. 그러나 기후학자가 단기적 날씨를 넘어서 장기적 '기후'를 연구하듯, 인간 역시 순간의 감정을 넘어 '정서적 기후'를 이해할 필요가 있다. 이를 위한 가장 실질적인 방법이 바로 감정일기다. 하루 동안 흘러간 감정의 온도와 습도를 기록하는 순간, 그것은 더 이상 나를 지배하는 원초적 감정이 아니라, 분석 가능한 데이터가 된다.

브루스 리는 이렇게 말했다.

"축적이 아니라 제거가 진정한 수련이다. 매일 더하는 것이 아니라 매일 덜어내는 것이다."

감정일기의 본질이 바로 이것이다. 기록을 통해 덜어내고, 무의식의 혼탁함을 정리해 단순한 구조를 드러내는 것.

기록이 주는 치유의 힘

한 심리학자는 우울증에 빠졌을 때 '모든 의도를 잠시 포기해보라'라는 실험적 태도를 가졌다. 자신이 해야 할 수많은 계획을 내려놓는 순간, 그는 갑작스레 우울에서 벗어나 오히려 새로운 에너지를 얻었다고 고백한다. 이는 감정일기의 작동 원리와 닮아 있다. 기록은 단순히 '덧붙이는' 것이 아니라, 내면의 무게를 내려놓는 과정이다.

또 다른 이는 매일 우울하거나 초조할 때 시집을 펴들고, 무작위로 두 편의 시를 읽는 습관을 들었다. 그는 이를 "200편의 항우울제 시집"이라 불렀다. 감정일기도 이와 같다. 짧은 문장, 단순한 숫자, 작은 표식이 모여 어느새 '마음의 항우울제'가 된다.

감정을 데이터로 다루는 태도

감정일기를 제대로 쓰려면, 감정을 기록 가능한 수치로 환원하는 것이 중요하다. "오전 9시 불안(70), 오후 3시 분노(85), 밤 10시 평온(30)" 식으로 감정을 계량화하면, 비로소 패턴이 드러난다. 헨리 포드가 남긴 말은 이를 잘 설명한다.

"장애물은 목표에서 눈을 뗄 때 보이는 끔찍한 것들이다."

기록하지 않는 감정은 곧 장애물이 되지만, 숫자와 언어로 외부화된 감정은 더 이상 정체불명의 괴물이 아니라 다룰 수 있는 데이터로 바뀐다.

실패와 좌절에서 배우는 감정 메커니즘

어느 체스 챔피언은 경기에서 뼈아픈 패배를 겪은 뒤, 수개월 동안 복기 끝에 '공격에 맞서는 방어를 버려야 한다'는 역설적 진리를 깨달았다. 그는 이 깨달음을 무술 대회에 응용해 마침내 세계 챔피언이 된다. 이 일화는 감정일기의 본질을 잘 보여준다. 즉각적으로 이해되지 않는 감정도, 기록을 통해 되짚으면 수개월 뒤 완전히 다른 깨달음을 선사한다는 것.

구체적 작성법 – 나만의 '감정 지도' 만들기

- 시간 단위 기록 : 하루를 아침·오후·저녁으로 나누어 감정을 계량화한다. 패턴은 최소 일주일 뒤 드러난다.
- 트리거 기록 : 감정을 촉발한 사건이나 인물을 반드시 기록한다. 반복되는 트리거는 곧 나의 약점과 강점을 알려준다.
- 대응 전략 기록 : 그때 어떻게 반응했고, 더 나은 선택은 무엇이었는지를 짧게 메모한다.

이 과정을 통해 만들어지는 것은 일종의 '감정 수지표'다. 한 CEO는 이를 매일 작성한 끝에, 자신이 반복적으로 분노를 느끼는 상황이 '존중받지 못할 때'라는 사실을 발견했고, 그 뒤 의식적으로 대응을 바꿀 수 있었다.

철학과 심리학이 만나는 지점

빅터 프랭클은 아우슈비츠에서 살아남은 뒤 이렇게 말했다.

"우리는 고통을 피할 수 없지만, 어떻게 대응할지는 선택할 수 있다. 의미를 찾는 것이 인간에게 필수다."

감정일기는 바로 그 선택의 훈련이다. 쓰는 순간, 감정은 더 이상 통제 불능의 폭풍이 아니라, 의미를 찾아가는 진자 운동의 한 축으로 자리 잡는다.

감정일기의 장기적 효과

기록이 쌓이면 그것은 나만의 '감정 지도'가 된다. 어느 시간대에 분노가 많은지, 누구와의 대화에서 불안이 커지는지, 어떤 활동이 평온을 불러오는지가 드러난다. 미국의 서퍼 켈리 슬레이터(Kelly Slater)가 말했듯, "모든 사람은 고유한 세상 그림을 가지고 있다. 당신의 그림도 그만큼 소중하다." 감정일기는 바로 그 고유한 그림을 드러내는 도구다.

감정일기를 쓴다는 것은 단순한 습관이 아니다. 그것은 마음의 기후를 예측하는 과학이자, 삶의 무게를 조율하는 전략이다. 기록을 통해 감정을 수치화하면, 우리는 더 이상 감정에 휘둘리지 않고, 오히려 그것을 조율하는 지휘자가 된다.

"삶은 아름답다"라는 단순한 선언은, 감정을 기록하고 성찰하는 사람에게만 가능한 고백이다. 감정일기는 결국 우리로 하여금 이 선언을 조금 더 자주, 조금 더 진실하게 만든다.

082

오늘의 불행은 내일의 총량을 채운다

불행이라는 이름의 자산

우리는 흔히 불행을 삶의 결손으로 생각한다. 마치 잘못 끼운 단추처럼, 모든 흐름을 어그러뜨리는 불청객. 그러나 인생 총량의 법칙은 다른 이야기를 한다. 불행은 단순한 마이너스가 아니다. 그것은 내일을 준비하는 자산이다. 오늘의 눈물이 내일의 통찰을 낳고, 오늘의 좌절이 내일의 전략이 된다.

빅터 프랭클이 《죽음의 수용소에서》에서 남긴 말처럼, "고통은 인간의 가장 깊은 힘을 일깨운다." 아우슈비츠의 극한에서 그는 불행 속에서도 삶의 의미를 발견했고, 그 발견은 그 자체가 내일의 연료였다. 불행이 우리를 무너뜨리는 것은 맞지만, 그 무너짐이야말로 삶을 다시 세우는 토대가 되기도 한다.

한 심리학자는 이를 "트라우마 이후 성장(PTG)"이라 불렀다. 불행은 단순히 회복되는 것이 아니라, 인간을 질적으로 다른 존재로 바꿔놓는다. 그 고통 속에서 우리는 새로운 눈을 얻는다. 낡은 가치관과 편협한 사고는 무너지고, 그 위에 더 깊고 넓은 인생의 기초가 세워진다.

실패와 불행, 그리고 '좋은 좌절'

역사 속 수많은 위대한 이들은 오늘의 불행을 내일의 총량으로 바꾼 산 증인이다. 어떤 작가는 36번의 출판 거절 끝에, 37번째 시도에서야 책을 세상에 내놓았다. 그는 이렇게 고백했다.

"실패는 성공의 반대가 아니라, 성공으로 가는 디딤돌이었다."

그의 말처럼 불행은 실패라는 옷을 입고 오지만, 실상은 다른 길을 열어주는 안내자다.

실패가 연료가 된 사례는 무궁무진하다. 에디슨은 전구를 만들기 전 수천 번의 실패를 경험했지만, 그것을 "실패가 아니라, 안 되는 방법을 수천 가지 알아낸 것"이라고 말했다. 마찬가지로 현대의 많은 창업가들도 투자 실패, 사업 파산, 해고 같은 불행을 겪은 뒤에야 새로운 길을 찾는다. 불행은 사라지지 않는다. 단지 형태를 바꾸어 내일의 보상으로 돌아올 뿐이다.

고전과 문학 속 불행의 보상

문학과 신화 역시 이 법칙을 반복한다. 그리스 신화의 프로메테우스는 불을 인간에게 전해준 대가로 영원한 고통을 받지만, 그 불은 인류 문명의 씨앗이 된다. 괴테의 《파우스트》에서 주인공은 영혼을 판 대가로 불행을 겪지만, 결국 인간적 열망과 구원이라는 더 큰 진실에 다다른다.

한국 고전 속 《흥부와 놀부》 역시 같은 구조다. 흥부는 가난과 시련 속에서도 제비의 다리를 고쳐주며 선행을 베풀었고, 그 결핍의 총량은 박 속의 보상으로 돌아왔다. 반대로 놀부는 인위적으로 고통을 흉내 내 보상을 요구했지만, 오히려 파멸을 맞는다. 총량의 균형은 억지로 만들 수 없음을 보여주는 사례다.

이처럼 민담과 고전 속 불행은 단순한 징벌이 아니다. 그것은 '균형을 위한 준비 과정'이다. 불행이 깊을수록 보상의 크기도 커지고, 얕은 불행에는 얕은 보상만이 따라온다. 결국 오늘의 불행은 내일의 기쁨을 위한 장치다.

현대인의 불행 사용법

오늘날에도 불행을 다루는 태도는 삶의 질을 가르는 중요한 전략이다. 한 여성 CEO는 "내가 겪은 불행을 기록하고 분석하면서, 그것이 단순한 손실이 아니라 데이터임을 깨달았다"고 말했다. 그녀는 매일 밤 '감정 수지표'를 적었다. 어떤 상황에서 분노가 터졌는지, 무엇이 자신을 무너뜨렸는지 기록하다 보니, 불행이 패턴을 가진다는 사실을 발견했다. 그리고 그 패턴을 제어하기 시작하면서, 불행은 더 이상 그녀를 압도하지 못했다. 오히려 새로운 경영 전략의 출발점이 되었다.

심리학자 브레네 브라운은 "용기는 언제나 불확실성과 불행의 순간에서 시작된다"고 강조한다. 행복은 준비 없이 찾아오지 않는다. 불행이라는 거름이 뿌려져야, 그 위에 성장과 행복이 자라난다.

철학과 잠언이 말하는 불행

스토아 철학자 세네카는 "불행은 단련이다. 그것은 우리를 시험하고, 우리를 더 강하게 만든다"고 했다. 불행은 신의 벌이 아니라, 삶이 던지는 훈련 과제다. 마하트마 간디 역시 "네가 세상에서 바꾸고 싶은 그 변화가 되어라"라고 했는데, 이는 불행한 상황 속에서도 스스로 변화를 만들어야 한다는 요청이다. 불행을 회피하는 대신, 그것을 변환의 에너지로 삼는 자세가 필요하다.

이스라엘 속담에는 이런 말이 있다.

"오늘 잃은 것은 내일의 지혜다."

불행은 현재의 상실처럼 보이지만, 그것은 내일을 위한 학습비용이다. 고통은 값비싼 수업료일지언정, 그만큼의 성장을 보장한다.

나만의 불행 사용 설명서

그렇다면 우리는 불행을 어떻게 다루어야 할까? 첫째, 불행을 회피하지 않고 기록하라. 감정일기처럼 불행을 구체적으로 기록하면, 그것이 단순한 고통이 아니라 패턴을 가진 데이터임을 알게 된다. 둘째, 불행 속에서도 작은 균형을 찾으라. 작은 성공, 작은 감사, 작은 관계가 불행을 견디는 버팀목이 된다. 셋째, 불행의 시간을 의미 있는 활동으로 채워라. 독서, 글쓰기, 운동 같은 반복적 행위는 불행을 연료로 전환하는 가장 확실한 방법이다.

불행은 총량의 여백이다.

오늘의 불행은 내일의 총량을 채우는 자산이다. 그것은 공허한 위로가 아니라, 역사와 철학, 문학과 심리학이 증명한 삶의 패턴이다. 불행이 깊을수록, 내일의 성장은 더 넓다. 오늘의 무너짐은 내일의 밑거름이고, 오늘의 눈물은 내일의 웃음을 위한 투자다.

불행은 총량의 여백이다. 그 여백이 있어야, 삶은 다시 채워진다. 당신이 지금 겪고 있는 불행이 크다면, 내일의 보상 역시 그만큼 클 것이다. 그리고 그 균형의 진실을 아는 사람만이, 불행을 삶의 전략으로 바꿀 수 있다.

083

감사 훈련은 고통의 체감 총량을 줄인다

고통은 그대로지만, 체감은 다르다.

고통은 줄어들지 않는다. 병의 통증, 실패의 좌절, 관계의 단절은 그 자체로 무겁다. 하지만 인간은 그 고통을 어떻게 느끼고 해석하는가에 따라 완전히 다른 삶을 산다. 바로 이 지점에서 감사가 개입한다. 프랑스의 요리연구가인 에릭 리퍼트는 "진정한 행복은 이타적 행동과 타인에 대한 마음 씀씀이에서 나온다"라고 말했다. 감사는 외부 조건을 바꾸지 않으면서도 내적 체감을 바꾸는 가장 실질적인 도구다.

손실 회피와 감사의 역설

심리학은 인간이 '얻는 기쁨보다 잃는 고통을 두 배 이상 크게 느낀다'는 손실 회피 성향을 증명했다. 이 때문에 작은 결핍이 전체 삶을 망가뜨린 듯 느껴진다. 그러나 감사는 이 왜곡된 지각을 교정한다. 스티븐 핑커는 "장기적 관점에서 인류는 거의 모든 지표에서 꾸준히 좋아지고 있다"고 지적하며, 비관적 뉴스 대신 긍정의 추세를 보라고 조언한다. 감사는 이처럼 시야를 확장하여 고통을 상대화하는 기술이다.

감사일기의 실제 효과

미네소타대학교의 연구처럼, 하루 세 가지 감사할 일을 기록한 참가자들은 3주 만에 우울감이 감소하고 공감 능력이 향상됐다. 이는 뇌 신경회로가 달라졌음을 시사한다. 실제로 감사일기는 전두엽 활성화를 높이고 스트레스 조절 능력을 강화한다. 작가들이 말하듯, "생각은 외부로 실현되는 경향이 있다." 감사를 기록하는 순간, 그것은 더 이상 추상적 감정이 아니라 외부화된 데이터로 전환된다.

고통을 버티는 힘 – 실제 사례

한 여성 CEO는 매일 '감정 수지표'를 작성했다.

"회의 중 반박당해 불쾌감 90→목소리 높아짐→사후 반성 메일."

이런 기록이 쌓이자 그녀는 분노의 핵심 트리거가 '존중받지 못한다는 감각'임을 깨달았다. 이후 그녀는 감사의 언어를 의도적으로 훈련하며, 팀원들에게 고맙다는 말을 습관화했다. 놀랍게도 회의 분위기는 변했고, 분노의 체감 총량이 줄어들었다.

훈련으로서의 감사

감사는 자연스러운 감정이 아니라 훈련이다. 어떤 이는 매일 밤 가족과 함께 "오늘 가장 감사한 것 세 가지"를 말하며 하루를 마무리한다. 어떤 이는 휴대폰 배경화면에 "오늘은 선물이다"라는 문구를 넣는다. 팀 페리스는 "인생의 여정 25%는 자신을 발견하는 일, 75%는 자신을 창조하는 일"이라 했다. 감사는 바로 이 '창조의 습관' 중 하나다.

고통의 상대화, 총량의 조정

감사는 고통을 지우지 않는다. 그러나 고통이 전부라는 착각을 해체한다. 집이 좁아도, 직장이 불안정해도, 사랑을 잃어도, 여전히 숨 쉴 공기와 남아 있는 기억이 있다. 이는 "위대한 삶은 결국 좋은 하루들의 축적"이라는 깨달음과 맞닿는다. 고통이 아무리 거대해도 감사는 그것을 상대화하며 체감 총량을 낮춘다.

감사는 단순한 인성의 미덕이 아니라, 감정 생존 전략이다. 매일 한 문장이라도 감사하는 훈련은 고통의 무게를 줄이고 삶의 리듬을 재조정한다. 감사할 줄 아는 사람은 고통에 잠기지 않는다. 그는 총량의 법칙을 이해하는 사람이다. 오늘이 괴롭더라도 "그게 전부는 아니다"라는 인식을 갖는 순간, 내일을 버틸 힘이 생긴다.

084

정체기에는 '총량 저장 중'이라 생각하라

정체기라는 착시

삶에서 우리는 종종 벽을 마주한 듯한 정체기를 겪는다. 커리어는 나아가지 않고, 관계는 늘 제자리 같고, 성취는 어제의 기억에만 갇혀 있다. 그러나 인생 총량의 법칙은 이렇게 말한다. "움직이지 않는 시기는 에너지를 저장하는 시간이다." 마치 물이 깊어지려면 잠시 고여야 하고, 씨앗이 움츠려야 싹이 트듯이, 정체기는 결핍이 아니라 비밀스러운 준비 과정이다.

고요 속의 축적

역사 속 거인들도 정체기를 겪었다. 록펠러는 젊은 시절, 사업이 번창하면서도 매일 기도했다.

"내 자신을 돌아보지 않으면 실패합니다. 항상 겸손할 수 있도록 도와주세요."

그에게도 정체와 시험의 시간은 찾아왔지만, 그는 그 시간을 재정 능력을 단련하는 훈련으로 받아들였다. 겉으론 아무 일도 없어 보였던 시간이 사실은 내면의 기반을 쌓아 올리는 시기였다.

정체기의 함정 : 실패로 착각하기

많은 사람들은 정체기를 '무능'으로 오해한다. 그러나 오히려 무너지는 건 정체기가 아니라 정체기를 실패로 해석하는 태도다. "성공은 고통과 비례하는가?"라는 질문에서, 실제 많은 인물들이 고통의 시간 뒤에 새로운 도약을 했다. 스티브 잡스가 애플에서 쫓겨난 30대 시절, 그 10년은 공허한 정체기처럼 보였다. 그러나 그는 그 기간에 픽사를 성장시키며 애플 복귀 뒤 아이폰 혁명의 토대를 마련했다.

정체기의 숨은 의미 : 보상성 기능

심리학은 인간에게 '보상성 기능'이 있다고 말한다. 절망의 끝에서도 회복의 리듬이 시작되는 힘이다. 병상에 누운 환자가 작은 계기로 호전되거나, 포기 직전의 사람이 작은 문장에서 다시 살아갈 이유를 찾는 것처럼, 정체기는 내장된 자가복구 장치가 작동하는 시간이다.

고통과 정체의 공명

성공만을 추구하면 균형은 무너진다. 정주영, 신격호, 안철수 같은 기업가들의 사례는 위기와 정체기를 거친 뒤에 새로운 기회를 얻은 이들의 산 증거였다. 신격호는 큰 실패 뒤 무모한 확장을 멈추고 기다림을 선택했고, 안철수는 의사라는 안정된 직업에서 멈추어 섰기에, 컴퓨터 보안이라는 전혀 다른 길을 열 수 있었다. 정체는 길을 잃는 게 아니라 길을 다시 발견하는 장치였다.

정체기를 버티는 방법

정체기를 버티려면 관점을 전환해야 한다. "나는 멈춘 게 아니라 충전 중이다."라는 태도는 체념이 아니라 전략이다. 알리바바의 창업자 마윈은 수차례 입시에 낙방하고, KFC 면접에서도 탈락했지만, 그 시간을 인터넷이라는 새로운 가능성을 준비하는 축적으로 바꿨다. 실패는 멈춤이었지만, 그 멈춤은 곧 알리바바의 도약이었다.

문학과 예술 속 정체기

문학에서도 정체기의 가치는 자주 드러난다. 톨스토이의 《안나 카레니나》에서 레빈은 농사 일을 하며 자신이 답보 상태라 느낀다. 그러나 그 느린 성찰이야말로 그를 성장시켰고, 결국 새로운 신앙과 가족관에 도달한다. 예술가 하루키가 "글이 써지지 않을 땐 달린다"고 한 것도 같은 맥락이다. 창작의 멈춤은 내면의 비축 기간이며, 그 시간은 반드시 다른 방식으로 결실을 맺는다.

정체기의 공허와 재해석

많은 사람들은 성취 뒤 찾아오는 공허감을 경험한다. 목표가 사라지고, 삶의 방향을 잃는 순간이다. 그러나 이 공허 역시 정체기의 또 다른 얼굴이다. 그것은 다음 목표를 찾기 전, 잠시 숨 고르는 시간이다. 정체기를 공허가 아니라 전환점으로 보는 시각이 필요하다.

정체기는 총량의 잠복기

정체기는 결코 낭비가 아니다. 그것은 고요한 전쟁이고, 보이지 않는 축적이다. 오늘의 멈춤은 내일의 질주를 위한 전제조건이다. 스티브 잡스, 마윈, 신격호, 안철수, 그리고 수많은 이름 없는 사람들의 삶이 그것을 증명한다. 정체기야말로 총량의 잠복기이며, 총량의 균형이 재조정되는 은밀한 시간이다.

그러니 오늘이 답답하다면 이렇게 말하라.

"나는 지금 멈춘 것이 아니라, 저장 중이다."

언젠가 총량은 귓속말할 것이다.

"이제 나아가도 좋다."

그 순간, 당신의 정체기는 가장 치열한 준비였음을 깨닫게 된다.

085

절망의 순간, "지금은 마이너스다"라고 말하라

마이너스를 인정하는 용기

인생의 바닥은 언제나 불시에 찾아온다. 사랑이 떠나고, 일이 무너지고, 몸이 배신하며, 뚜렷한 이유 없이도 눈물이 흐르는 순간들. 우리는 묻는다.

"왜 나한테 이런 일이 생기는 걸까?"

그러나 대답은 오지 않고, 침묵만이 사방을 채운다. 이때 가장 먼저 할 수 있는 일은 절망을 미화하거나 억지로 긍정하려 애쓰는 것이 아니다. 그저 냉정하게 인정하는 것이다.

"지금은 마이너스다."

이는 패배 선언이 아니라 좌표의 확인이다. 총량의 법칙이 있다면, 지금은 하강 국면일 뿐이고, 그다음에는 반드시 상승 곡선이 온다. 올림픽 수영선수 다라 토레스가 말했듯, "맨 아래에 있다는 건 나쁜 게 아니다. 갈 수 있는 길은 위로밖에 없으니까." 마이너스는 끝이 아니라 시작을 위한 준비다.

절망에서 배운 사람들

많은 이들이 절망을 겪고 난 뒤 비로소 자신의 목소리를 찾는다. 한 방송작가는 스캔들로 모든 커리어를 잃고 이름까지 바꿔야 했지만, 일기장에 매일 같은 문장을 적었다.

"지금은 마이너스다. 하지만 총량은 회복될 것이다."

5년 뒤 그는 한 권의 에세이로 다시 주목받았고, 그 글은 수많은 독자에게 위로가 되었다.

실패를 경력의 일부로 안은 사람들의 사례도 많다. 한 정치인은 원하는 자리를 얻지 못해 낙담했지만, 그 실패 덕에 오바마 상원의원 캠페인에 합류할 수 있었다며, "그 실패가 내 커리어에서 가장 중요한 발판이었다"고 회고했다. 마이너스가 없었다면 결코 닿을 수 없는 길이었다.

문학과 영화가 말해주는 바닥

문학과 영화는 언제나 절망의 바닥을 정직하게 그려왔다. 셰익스피어의 비극 속 인물들은 끝내 파멸을 맞지만, 그 마이너스의 순간이 인간 존재의 깊이를 드러낸다. 《로미오와 줄리엣》의 죽음은 단순한 사랑의 비극이 아니라, 사랑의 강도를 입증하는 '극단의 마이너스'다.

영화 〈록키〉의 링 위 장면은 상징적이다. 모두가 패배를 확신하던 순간, 록키는 다시 일어난다. 그의 발걸음은 느렸지만, 마이너스의 밑바닥에서 솟아오른 의지가 관객의 심장을 흔들었다.

철학과 잠언이 전하는 메시지

역사 속 철학자들도 절망의 순간을 마이너스로 표현했다. 헬렌 켈러는 "인생은 대담한 모험이거나, 아니면 아무것도 아니다"라고 말했다. 청각과 시각을 잃은 그녀에게 삶은 끝없는 마이너스였지만, 바로 그 밑바닥이 위대한 도약의 발판이 되었다.

또 한 명, 레오나르도 다빈치는 이렇게 기록했다.

"사람들은 앉아서 세상이 자신에게 오기를 기다리지 않는다. 그들은 나가서 세상에 부딪친다."

마이너스의 순간에 움츠러들지 않고, 차라리 그것을 계기로 세상에 부딪쳐 나아간 자들만이 변화를 만든다.

절망을 데이터로 읽는 법

절망의 시간을 그냥 '죽은 시간'으로 두면 그것은 영영 마이너스로 남는다. 그러나 좌표를 찍고 데이터처럼 읽으면 상황은 달라진다. 아픈 감정을 기록하고, "지금은 음수 단계"라고 명명하는 순간, 인간은 그 감정에서 자유로워진다.

한 여성 마라톤 선수는 고된 시기, 손목에 "감사는 고통을 끝낸다"라는 글귀가 새겨진 팔찌를 차고 매일 달렸다. 그 문장은 고통을 지우지 않았지만, 고통이 전부라는 착각을 분해해냈다. 마이너스를 인정하는 동시에, 언젠가 찾아올 플러스의 순간을 준비하는 태도였다.

계절과 경제의 은유

경제에는 침체기가 있다. 그 침체는 파국이 아니라 다음 성장을 위한 순환이다. 계절도 같다. 겨울이 없다면 봄은 오지 않는다. 인생의 마이너스는 자연스러운 순환의 일부다. 한 스키어는 이렇게 말했다.

"좋은 위기는 결코 버려선 안 된다. 그것은 우주가 네 잠재력을 끌어올리려는 도전이다."

마이너스는 우주의 훈련장이다.

버티는 것이 곧 성취

마이너스의 순간에 가장 중요한 건 '버티는 것'이다. 성장하지 않아도, 행복하지 않아도, 뭔가를 이루지 않아도 된다. 그저 무너지지 않는 것만으로 이미 총량은 조정되고 있다. 다라 토레스의 말처럼, "맨 아래에 있다는 건 갈 곳이 위밖에 없다는 뜻"이다.

다시 플러스로 향하는 길

언젠가 절망은 총량의 일부로 환원된다. 고통은 문장으로, 관계로, 기회로 되돌아온다. 스스로를 마이너스라 인정했던 사람들은 그 과정이 지나고 나서야 깨닫는다.

"그때 무너지지 않았기에, 지금 이 자리에 있다."

마이너스는 실패가 아니다. 삶이 우리를 정비하는 과정이다. 받아들이고, 기록하고, 기다리라. 총량은 정직하게 작동한다. 절망은 끝이 아니다. 그것은 내일을 위한 마이너스일 뿐이다.

086

기쁨을 너무 아끼지 말 것

- 총량은 순환된다

기쁨을 아끼지 않는 삶의 지혜

우리는 종종 기쁨 앞에서 주저한다. 승진이나 합격 같은 성취를 했을 때도 "이제 시작일 뿐이야"라며 웃음을 삼키고, 좋은 일이 생겨도 "이러다 안 좋은 일 생기면 어쩌지"라는 불안을 먼저 떠올린다. 마치 기쁨을 사용하면 고통이 빚처럼 따라올 것이라 믿는 듯하다. 그러나 인생의 총량은 정체가 아니라 순환이다. 기쁨을 억제한다고 해서 고통이 줄어드는 게 아니라, 오히려 고통이 더 도드라질 뿐이다.

칼럼니스트인 앤드류 로스 소킨은 이렇게 말했다.

"일은 결코 보이는 것만큼 좋지도, 나쁘지도 않다."

우리가 기쁨을 누리는 순간도, 고통을 맞이하는 순간도 그 자체로 절대적이지 않다. 그렇다면 기쁨이 왔을 때는 오히려 망설임 없이 누려야 한다. 그것은 인생의 순환 구조 안에서 다시 다가올 고통을 견디게 해주는 감정적 자산이기 때문이다.

기쁨은 예금이다 : 감정의 저축 통장

총량의 법칙을 기쁨에 적용하면, 기쁨은 소모가 아니라 축적이다. 웃음과 행복의 순간을 온전히 경험할수록 그 기억은 감정의 저축 통장에 쌓인다. 그리고 인생이 힘겨운 시점에 그 자산이 이자로 돌아온다.

세일즈포스의 CEO 마크 베니오프는 명상 훈련을 자신이 한 최고의 투자라고 말했다.

"삶에서 문제가 생길 때마다, 나는 명상에서 힘을 얻었다. 아버지의 죽음, 회사의 위기, 극심한 스트레스 – 그 모든 순간에 명상은 나를 지켜줬다."

명상이 그에게 내면의 기쁨을 저장해둔 것이라면, 우리는 일상에서 웃음과 즐거움의 순간을 아끼지 않는 것으로 같은 기능을 할 수 있다. 기쁨을 억지로 참는 사람은 고통 앞에서 더 취약해지지만, 기쁨을 충실히 누린 사람은 그것을 회복의 연료로 쓴다.

아이처럼 환호하라 : 본능이 가르쳐주는 법칙

아이들은 사탕 하나에도 환호하고, 비눗방울에도 손뼉을 친다. 그들은 기쁨을 유예하지 않는다. 이 본능적 태도야말로 총량 순환의 진실이다. 심리학자들은 이를 "긍정의 흡수력(positive absorption)" 이라 부른다. 삶의 긍정적 순간을 얼마나 깊게 받아들이는지가 회복탄력성을 결정한다.

코미디언 지미 팰런은 "모든 똑똑하고 안정적인 사람은 걷고 명상한다. 그건 하루하루를 즐겁게 살기 위한 습관"이라고 했다. 걷기와 명상은 단순한 행위 같지만, 그 자체로 '순간의 즐거움'을 온전히 체험하게 하는 도구다. 기쁨을 억누르지 않고 지금에 몰입하는 연습은 삶 전체를 더 튼튼하게 만든다.

기쁨을 겁내는 사람들 : 총량의 흐름을 끊다.

반대로, 기쁨을 아끼는 사람은 총량의 흐름을 끊는다. 좋은 일이 생겨도 "이제 곧 안 좋은 일이 올 거야"라는 미신적 사고는 감정 회로를 무디게 한다. 뇌는 긍정적 감정을 흡수하지 못한 채 스트레스만 과잉으로 축적한다. 영화배우인 에반 윌리엄스는 이렇게 충고했다.

"끈기는 재능보다 중요하다."

기쁨을 미루지 않는 것도 일종의 끈기다. 삶의 긍정적 순간을 지속적으로 받아들이는 힘이 쌓여야, 결국 인생의 긴 구간을 버틸 체력이 생긴다. 기쁨을 억누르며 살아온 사람은 고통의 순간에 지탱할 내적 자원이 부족하다.

실패와 기쁨의 리듬 : 예술과 요리에서 배우다.

예술가와 요리사들은 기쁨의 순간을 결코 아끼지 않는다. 한 요리사는 "음식이 망하든 잘되든, 매일 다시 시작해야 한다. 중요한 건 결과에 매달리지 않고, 실패 속에서도 작은 즐거움을 찾는 것이다"라고 말했다. 결국 기쁨을 찾는 능력은 결과가 아니라 과정 속에서 발휘된다.

문학에서도 마찬가지다. 셰익스피어의 희극은 대부분 오해와 갈등으로 시작하지만, 마지막은 결혼식이나 축제로 끝난다. 이는 인간이 얼마나 기쁨을 갈망하는 존재인지, 그리고 기쁨이야말로 서사를 완성하는 마지막 균형점임을 보여준다.

고통을 덜어주는 기쁨의 우산

삶은 누구에게나 비를 내린다. 그러나 기쁨을 충분히 누린 사람은 그 기쁨이 우산처럼 작동해, 갑작스러운 폭우에도 완전히 젖지 않는다. 음악 교사였던 한 여성은 "나는 무대에서 제자들과 너무 많이 웃어뒀다. 그래서 병상에 있을 때조차 그 웃음들이 나를 지켜줬다"고 고백했다. 기쁨을 쌓아두는 일은 미래의 고통을 대비하는 가장 인간적인 보험이다.

오늘 웃을 자격

총량은 순환한다. 웃음을 미룬다고 해서 내일의 고통이 줄어드는 건 아니다. 오히려 오늘 웃지 않은 기쁨은 영원히 사라진다. 그러니 기쁨은 아끼지 말고, 오히려 과감히 누려야 한다. 앤드류 로스 소킨의 말처럼, 세상은 결코 보이는 만큼 좋지도, 나쁘지도 않다. 지금 웃을 수 있다면, 그것은 총량의 일부다. 그리고 언젠가 그 웃음은 다시 당신을 지켜줄 것이다. 이제 결론은 단순하다.

"괜찮아, 이건 총량의 일부야. 기뻐할 자격이 있어."

그리고 그렇게 웃는 순간, 인생은 다시 순환하기 시작한다.

087

누구나 자기 몫의 슬픔을 가지고 태어난다

슬픔이라는 보이지 않는 가방

세상은 불공평하다. 어떤 아이는 태어나자마자 웃음소리와 축복 속에서 성장하고, 또 어떤 아이는 싸움과 가난, 무관심 속에서 자란다. 하지만 그 불균형한 환경과 상관없이, 모든 인간은 자기만의 슬픔의 짐을 짊어지고 세상에 나온다. 그것은 보이지 않지만 언제나 우리 어깨에 걸쳐 있다.

"Pain is never out of season if you go shopping for it.(고통은 찾아다니는 자에게는 늘 제철 과일이다.)"

팀 페리스의 멘토 인터뷰 중 한 구절처럼, 고통은 누구에게나 찾아온다. 이 짐은 특별한 사건으로 갑자기 무겁게 다가오기도 하고, 잔잔한 배경음처럼 오래도록 깔려 있기도 하다. 부모의 다툼을 보며 자란 기억, 첫사랑의 배신에서 남은 상처, 가족의 병상 앞에서 느낀 무력감 – 그 모든 것이 개인의 슬픔의 지문이다. 그 지문은 다른 누구와도 같지 않다.

슬픔은 성숙의 언어다.

빅터 프랭클은《죽음의 수용소에서》에서 이렇게 말했다.

"성공을 목표로 하지 마라. 행복도 마찬가지다. 행복은 추구하는 순간 달아나지만, 의미 있는 삶을 살아갈 때 비로소 따라온다."

프랭클에게 아우슈비츠에서의 고통은 단순한 비극이 아니었다. 그것은 인간을 성숙하게 만드는 마지막 자유, 곧 고통을 대하는 태도를 선택할 자유였다. 마찬가지로 우리의 슬픔도 단순한 삶의 결핍이 아니라, 성숙의 언어다. 슬픔을 이해하기 전까지 인간은 진정한 어른이 될 수 없다.

고통을 사랑하라는 역설

한 운동선수는 매일 일기장에 이렇게 썼다.

"LOVE THE PAIN."

그는 말한다. 성장의 대부분은 불편과 고통을 필요로 한다. 마치 뼈를 맞추는 순간의 고통처럼, 슬픔은 우리 존재의 뼈대를 다시 세우는 과정이다. 일본 작가 무라카미 하루키도 달리기에 대해 "Pain is inevitable. Suffering is optional(고통은 불가피하지만, 고통받을지는 선택이다)"라고 했다. 슬픔은 피할 수 없지만, 그것에 짓눌릴지는 우리의 태도에 달려 있다. 자기 몫의 슬픔을 받아들이는 사람만이 그것을 자기만의 언어로 바꿀 수 있다.

실패와 슬픔이 준 불씨

실패와 좌절은 종종 삶의 가장 큰 불씨가 된다. 한 웹디자이너 지망생은 유명 사이트에 작품을 보냈다가 "재능이 없다"는 혹평을 받았다. 그는 절망했지만 동시에 불타올랐다. "그 거절이 나를 만들었다"라고 회상한다.

슬픔은 사람을 무너뜨리기도 하지만, 다른 사람에게는 발화점이 된다. 바로 그 차이가 인생의 방향을 가른다. 누구나 자기 몫의 슬픔을 지니지만, 그것을 어떻게 다루느냐가 인생을 새롭게 규정한다.

슬픔을 공유할 때의 연결

라틴 시인 호라티우스는 "인간의 눈물은 가장 강력한 접착제"라고 말했다. 실제로 가장 깊은 인간적 유대는 슬픔을 나눌 때 생긴다. 한 상담가는 이렇게 말했다.

"사람들은 자기 짐을 버리러 오는 게 아니다. 그 짐에 이름을 붙이러 오는 거다."

이름 붙여진 슬픔은 더 이상 정체불명의 괴물이 아니라, 감당 가능한 현실이 된다.

영화 〈인사이드 아웃〉은 기쁨만으로는 진짜 기억이 될 수 없음을 보여준다. 핵심 기억은 언제나 슬픔을 거쳐야 더 깊어진다. 사랑 역시 마찬가지다. 슬픔이 없다면 사랑은 얄팍하다. 슬픔을 공유할 때 관계는 비로소 두터워진다.

삶의 정직한 증거

작가 크리스텐 울머는 말했다.

"좋은 위기를 결코 낭비하지 말라. 그것은 우주가 당신에게 새로운 것을 배우라고 도전하는 순간이다."

위기는 곧 학습의 초대장이다. 슬픔 역시 그렇다. 그것은 우리 삶의 실패가 아니라, 살아 있다는 정직한 증거다. 랄프 왈도 에머슨의 말처럼, "한 사람의 삶이 당신 덕분에 조금이라도 더 쉬워졌다면, 그것이 곧 성공이다." 자기 몫의 슬픔을 이해한 사람은 타인의 고통을 덜어줄 수 있고, 그것이 인간됨의 진짜 성공이다.

슬픔의 몫을 품은 자의 힘

우리는 종종 "왜 나만 이런 슬픔을 겪어야 하지?"라고 묻는다. 그러나 진실은 이렇다. 모두가 자기 몫의 슬픔을 안고 있을 뿐이다. 어떤 이는 말하지 않고, 어떤 이는 감추고, 또 어떤 이는 글이나 음악으로 표현할 뿐이다.

슬픔을 거부하지 말라. 그것은 인간의 증거이자, 당신만의 문양이다. 오히려 그 문양이 삶의 깊이를 만든다. 미국의 경제학자 토머스 소웰은 말했다.

"인생은 우리가 무엇을 원하는지 묻지 않는다. 인생은 우리에게 선택지를 제시할 뿐이다."

삶은 우리가 원하는 슬픔을 고르도록 하지 않는다. 다만 우리 앞에 선택지를 놓을 뿐이다. 그 선택이 바로 우리가 슬픔을 어떻게 품고 살아가는가이다. 누구나 자기 몫의 슬픔을 가지고 태어난다. 그것은 결코 불행의 낙인이 아니라, 인간을 깊게 빚는 증표다. 슬픔은 때로 문장이 되고, 음악이 되고, 그림이 되고, 타인과의 연결이 된다. 기억하자. 슬픔이 당신을 무겁게 할 수는 있어도, 결코 무가치하게 만들 수는 없다. 오히려 그 무게 덕분에 당신은 더 단단해지고, 더 깊어지고, 더 진짜가 된다. 그러니 괜찮다. 그 슬픔은 당신의 몫이고, 당신은 그 몫을 감당할 수 있는 사람이다.

088

아픔은 고통이 아니라 해석이다

고통의 객관성과 아픔의 주관성

인간은 살아가며 수많은 상처를 경험한다. 그러나 그 상처가 우리를 파괴할지, 혹은 강하게 만들지는 상처 자체가 아니라 그것을 바라보는 해석의 문제다. 빅터 프랭클은 아우슈비츠수용소에서 살아남은 뒤 이렇게 말했다.

"인간에게서 모든 것을 빼앗을 수 있어도 단 하나는 남는다. 바로 그가 어떤 태도로 그 상황에 대응할 것인지 선택할 자유다."

그는 가족을 모두 잃었지만, 그 비극을 단순한 고통으로 받아들이지 않고 "삶의 의미를 묻는 철학적 질문"으로 해석했다. 그 순간 아픔은 단순한 절망이 아니라, 생존의 토대가 되었다.

실패를 '교육'으로 번역한 사람들

실패는 흔히 고통으로 정의되지만, 어떤 사람은 그것을 새로운 가능성의 언어로 바꾼다. 한 스타트업 창업자는 이렇게 고백했다.

"처음엔 '왜 나만 이렇게 망하나?' 싶었다. 다들 잘되는데 나만 망한 줄 알았다. 그런데 돌이켜보니 그게 내 인생에서 제일 중요한 교육이었다.”

그는 그 경험을 복기하고 기록하면서, 결국 실패를 같은 길을 걷는 이들을 돕는 컨설턴트의 자산으로 바꾸었다. 고통은 '자료'가 되었고, 자료는 직업으로, 직업은 다시 의미가 되었다.

이는 티모시 페리스의 《멘토의 부족(Tribe of Mentors)》이라는 책에서 반복적으로 강조되는 메시지와 닮아 있다. 많은 인물들이 "가장 소중한 실패가 결국 가장 중요한 기회가 되었다"고 회고한다. 어떤 이는 워싱턴 D.C.에서 원했던 자리를 얻지 못했기에, 오바마의 상원의원 캠페인에 참여할 수 있었고, 그 경험이 인생을 바꾸었다고 말한다.

아픔은 해석을 통해 문장이 된다.

고통이 기록되는 순간, 그것은 더 이상 나를 휘두르는 괴물이 아니다. 단지 관찰 가능한 데이터가 된다. 글쓰기를 업으로 삼은 작가들도 종종 같은 이야기를 한다. 그들은 "아픔은 언젠가 반드시 문장이 된다"고 믿는다. 절망의 시기에 남긴 메모가 수년 뒤 수많은 독자들을 위로하는 책이 되기도 한다. 방송계에서 한순간에 추락했던 한 작가는 매일 일기에 이렇게 썼다고 한다.

"지금은 마이너스다. 그러나 총량은 회복될 것이다."

그 일기는 시간이 지나 책으로 엮였고, 사람들에게 더 큰 공감을 주는 목소리가 되었다.

해석을 바꾸는 순간, 슬픔은 서정이 된다.

우리는 흔히 아픔을 '고통'으로 규정한다. 그러나 해석을 바꾸면 그것은 서정이 된다. 예를 들어, 실연을 단절로 해석하는 이는 오랫동안 한 사람의 망령 속에서 살아간다. 그러나 어떤 이는 그것을 "내 감정의 지도를 다시 그리는 시간"이라 정의한다. 같은 사건이지만, 해석의 방향에 따라 아픔은 지옥이 될 수도, 성장의 거름이 될 수도 있다.

배우 아이샤 타일러는 첫 단편 영화가 완전히 실패로 끝났지만, 그것이 오히려 자신이 배워야 할 것을 선명하게 알려준 최고의 기회였다고 회고했다. 실패가 없었다면 배움도, 지금의 자신도 없었다는 것이다.

문학과 영화 속 아픔의 재구성

문학은 오래전부터 아픔을 해석의 대상으로 다뤄왔다. 셰익스피어의 《햄릿》은 "슬픔을 말로 해석할 수 있을 때, 그 슬픔은 이미 반쯤 극복된 것"임을 보여준다. 작품 속 햄릿은 "세상은 부패했다"는 절망을 행동과 언어로 번역하며 자기 이해를 넓혀간다.

영화 〈굿 윌 헌팅〉에서도 주인공 윌은 과거 학대와 버림의 상처를 "나는 쓸모없는 인간이야"라는 해석으로 평생 지고 다닌다. 그러나 상담가 숀(로빈 윌리엄스)의 한마디 — "It's not your fault(그건 네 잘못이 아니야)." – 가 그의 해석을 바꾼다. 아픔은 고통이 아니라, 타인의 언어를 통해 다시 쓰일 수 있는 내러티브였던 것이다.

고통은 훈련장이 된다.

고통을 해석하는 과정은 인간의 내적 훈련장이기도 하다. 철학자 키르케고르는 "감히 도전한다는 것은 잠시 균형을 잃는 것이고, 감히 도전하지 않는다는 것은 자기 자신을 잃는 것이다"라고 말했다. 아픔을 피하려는 순간 우리는 자기 자신을 잃는다. 그러나 그 아픔을 다른 의미로 번역하는 순간, 그것은 새로운 균형을 위한 훈련이 된다.

심리학자들은 이를 '인지 재평가(cognitive reappraisal)'라고 부른다. 실제 연구에 따르면 같은 사건을 다른 의미로 해석하는 훈련을 한 사람들은 우울과 불안을 덜 경험한다. 이는 고통을 없애는 것이 아니라, 고통을 다른 언어로 재배치하는 능력이다.

해석의 자유는 인간의 마지막 자유

한 정신과 의사는 이렇게 말했다.

"사람은 상처를 제거할 수 없다. 그러나 그 상처를 이름 붙이는 순간, 상처는 힘을 잃는다."

아픔을 감추는 것이 아니라 드러내고, 드러낸 뒤 새로운 의미로 바꾸는 것. 그것이야말로 인간이 가진 마지막 자유다. 어떤 이는 말했다. "무너졌을 때, 나는 스스로에게 늘 물었다. 내가 여기서 무엇을 배울 수 있지?"라고. 그 질문이 고통을 의미로 전환하는 관문이 되었다.

아픔은 당신을 집어삼킬 괴물인가, 지켜주는 문장인가?

아픔은 결코 사라지지 않는다. 그러나 해석은 언제나 바꿀 수 있다. 같은 사건이 누군가에게는 평생의 족쇄가 되고, 누군가에게는 새로운 삶의 초석이 된다. 중요한 것은 "이 아픔을 어떻게 읽을 것인가?"라는 질문이다. 아픔은 고통이 아니라 해석이다. 그 해석이 바뀌는 순간, 슬픔은 서정이 되고, 좌절은 서사가 된다. 그리고 당신이 지금 쓰고 있는 그 해석이, 내일의 당신을 결정짓는다.

089

타인의 불행에 연대하면
나의 총량도 줄어든다

고통은 나눌수록 가벼워진다.

인간은 누구나 자기 고통에 몰두하기 쉽다. 내 삶이 무너지고 있을 때, 타인의 불행은 사소하게 느껴지거나 때로는 귀찮게 다가온다. 하지만 아이러니하게도, 다른 이의 아픔에 다가가 연대할수록 내 고통의 총량이 줄어든다. 뇌과학적 연구는 이를 뒷받침한다. 공감과 연대의 순간, 스트레스 호르몬 코르티솔은 낮아지고 안정감을 주는 옥시토신이 분비된다. 즉, 누군가의 상처를 어루만지는 순간, 나의 신경계도 함께 치유된다.

고대 스토아 철학자 마르쿠스 아우렐리우스는 《명상록》에서 이렇게 적었다.

"우리가 타인을 돕는 것은 단지 선행이 아니라, 인간이라는 존재의 본질을 따르는 것이다."

그는 제국의 황제였지만, 인간은 혼자 설 수 없는 존재라는 사실을 누구보다 잘 알았다. 연대는 선택이 아니라 본성이다.

한 사람의 손길이 주는 기적

남편을 암으로 잃고 우울증에 빠졌던 한 여성은, 매주 호스피스 병동에서 자원봉사를 하며 삶을 이어갔다. 그녀는 미음을 떠주고, 환자의 손을 잡아주며 이상하게도 자신의 고통이 잦아드는 경험을 했다.

"나는 매일 죽은 사람과 함께 살았다. 하지만 그들의 눈을 마주하는 순간, 내 안의 절망이 조금씩 녹아내렸다."

이 고백은 단순한 봉사의 미덕을 넘어선다. 그녀가 누군가의 마지막 순간에 머물러주었듯, 그 순간 그녀 자신도 다시 살아날 수 있었다.

이는 심리학자 짐 로어의 말과도 맞닿는다. 그는 "스트레스는 회피가 아니라 연대를 통해 성장의 자원이 된다"고 했다. 고통은 혼자 맞설 때 괴물이 되고, 함께할 때 자원이 된다.

연대는 거창한 것이 아니다. 연대라고 해서 반드시 세상을 구하는 위대한 행동일 필요는 없다. 어떤 이는 SNS에 남긴 누군가의 우울한 글에 단순히 "읽었어"라고 남긴다. 어떤 이는 지인에게 따뜻한 차를 건네며 "많이 힘들지?"라고 묻는다. 어떤 이는 아무 말 없이 곁에서 침묵으로 함께한다.

영화 〈굿 윌 헌팅〉에서 심리학자 숀은 윌에게 이렇게 말한다.

"네 잘못이 아니야. 네 잘못이 아니야."

그 반복된 말이 윌의 굳게 닫힌 내면을 무너뜨리고, 결국 그는 울음을 터뜨린다. 연대는 바로 그런 순간이다. 거창하지 않지만, 한 사람의 무너진 세계를 붙들어 준다.

고통의 총량을 줄이는 방식

연대가 중요한 이유는, 그것이 단지 타인의 불행을 덜어주는 것
이 아니라 내 고통의 체감 총량도 줄여주기 때문이다. 영국의 한
목회자는 9·11 테러 이후 종교 간 대화를 주도하며 이렇게 말했다.

"인류가 직면한 가장 큰 선택은 증오와 분열로 갈 것인가, 존중과
공존으로 갈 것인가였다."

그는 '타인의 고통을 함께 짊어지는 것'이야말로 인간 사회의 유
일한 생존 전략이라고 보았다.

실제로, 자기 고통만 응시하는 사람은 고통의 밀도를 더 크게 느
낀다. 반면 타인의 불행에 연대하는 사람은 자신의 고통을 상대화
하고 언어화한다. "나는 아직 무너지지 않았다"라는 생존감각이 되
살아난다.

실패와 연대의 역설

실패의 경험도 연대를 통해 다시 의미를 얻는다. 어느 할리우드
프로듀서는 비디오 산업 초기에 이를 기회로 보지 못한 실패를 "내
인생의 가장 아픈 교훈"이라 회상했다. 그러나 그는 훗날 이 경험
을 바탕으로 업계를 재편했고, 젊은 영화인들과 실패담을 공유하
며 멘토로 살아갔다. 실패담을 감추지 않고 나눈 순간, 그의 고통
은 후배들에게는 길잡이가 되었고, 그의 삶의 무게도 덜렸다. 연대

는 이렇게 실패와 불행을 "공적 자산"으로 전환시킨다. 혼자였다면 단순한 상처로 남았을 고통이, 나눔을 통해 집단의 지혜가 된다.

연대는 선행이 아니라 생존

중요한 점은, 연대가 도덕적 미덕이 아니라는 것이다. 그것은 생존 전략이다. 타인의 아픔 앞에 머물러주는 행위는 곧 내 삶을 지키는 장치다. 타인의 눈물을 닦아주면서, 사실은 내 눈물의 무게도 덜고 있는 셈이다. 미국의 어떤 권투 트레이너는 "두려움은 불과 같다. 잘 다루면 따뜻한 빛을 주지만, 방치하면 당신을 태워 버린다"라고 했다. 고통도 마찬가지다. 혼자 두면 불길이 되고, 나눌 때는 등불이 된다.

서로의 총량을 덜어주는 존재

연대는 총량을 나누는 방식이다. 타인의 불행을 외면하면 내 고통은 더 뾰족해지지만, 연대하면 내 고통도 순화된다. 결국 우리는 서로의 총량을 덜어주는 존재다. 한 서퍼는 세계 챔피언 타이틀을 잃은 경험을 이렇게 말했다.

"그 패배가 나를 정직하게 만들었다. 그리고 그 뒤의 다섯 번의 우승은 그 상실에서 비롯되었다."

그는 실패를 연대로 나누었고, 그 경험은 더 많은 이들에게 영감이 되었다.

함께 살아 있는 증거

고통은 나눌수록 가벼워지고, 연대는 그 증거다. 우리는 누군가의 아픔 앞에 머물러줌으로써, 내 고통의 무게에서도 조금은 자유로워진다. 총량은 고립 속에서 증식하고, 관계 속에서 해소된다. 그러니 기억하자. 타인의 불행에 연대하는 일은 곧 나를 치유하는 일이다. 그것은 세상의 고통을 줄이는 동시에 내 안의 감정 불균형을 조정하는 정직한 방법이다. 결국 우리는 서로의 총량을 덜어주는 존재이며, 그 손끝에서 "함께 살아 있다"는 사실을 다시 확인하게 된다.

090

인생 총량은 나눌수록 가벼워진다

인생은 무게다.

인생은 결국 무게다. 누구나 눈에 보이지 않는 짐을 한 보따리씩 메고 살아간다. 어떤 이는 어린 시절의 상처를, 어떤 이는 미래에 대한 두려움을, 또 다른 이는 지금 당장의 고독을. 가방 속엔 기쁨도 담겨 있지만, 더 자주 들어 있는 것은 후회, 책임, 불안, 그리고 말하지 못한 울음 같은 것들이다. 이 짐들은 시간이 갈수록 무겁게 쌓이고, 결국은 우리의 어깨를 움츠리게 한다. 그런데 놀랍게도, 이 총량의 짐은 나눌수록 가벼워진다.

혼자 감추는 순간, 무게는 증폭된다. 그러나 많은 이들은 고통을 혼자 감당하려 한다.

"이건 내 문제야."

"괜히 말해서 짐 지우면 민폐지."

"말한다고 뭐가 달라지겠어?"

하지만 감정은 돌덩이가 아니라 물과 같다. 흐르면 순환하지만, 가두면 썩는다. 흐르지 않는 감정은 곪아 폭발하고, 결국은 더 무겁게 된다.

빅터 프랭클은 아우슈비츠수용소에서 살아남은 뒤 이렇게 말했다.

"인간에게서 모든 것을 빼앗을 수 있어도 단 하나는 남는다. 그가 어떤 태도로 고통에 맞설 것인가를 선택할 자유다."

그 자유 중 하나가 바로 고통을 나눌지, 홀로 삼킬지의 선택이다. 혼자 움켜쥐면 짐은 커지고, 나누면 희석된다.

병실에서 처음 흘린 고백

한 50대 남성은 오랫동안 암 투병을 하며, 누구에게도 두려움을 말하지 않았다. 가족 앞에서는 늘 농담을 했고, 간호사 앞에서도 "괜찮아, 조금 피곤할 뿐이야"라는 말만 반복했다. 하지만 병세가 악화된 어느 날, 그는 결국 내뱉었다.

"나 이제 이 삶이 너무 무거워."

그날 그는 친구에게 처음으로 두려움을 고백했고, 간병인의 손을 잡으며 자신의 고통을 말했다. 그리고 그날 밤, 평소보다 푹 잠들었다.

"아무것도 달라진 건 없는데, 숨이 조금 쉬어진다."

그는 깨달았다. 무게의 본질은 병이 아니라, 감정을 나누지 못한 데 있었다는 것을.

작은 나눔이 만드는 거대한 순환

나눈다는 건 반드시 큰 헌신이나 봉사를 의미하지 않는다. 때로는 "나 힘들다"라는 한마디, 때로는 "오늘 기쁘다"라는 고백, 때로는 "그 일 나도 겪어봤어"라는 공감만으로도 충분하다. 감정의 총량은 옮겨가는 것이 아니라, 나누는 순간 전체 시스템 안에서 밀도가 낮아지는 것이다.

심리학자 브레네 브라운은 《불완전함의 선물》에서 말했다.

"연결은 인간이 살아가는 이유다. 그리고 그 연결은 취약함을 나눌 때 가능하다."

슬픔은 나눌수록 옅어지고, 기쁨은 나눌수록 증폭된다. 이것이 감정 총량의 역설이다.

출근 전 9시 30분의 메시지

직장에서 번아웃을 겪던 30대 여성 정수빈 씨는 어느 날 팀 동료에게 털어놓았다.

"요즘 아침에 눈 뜨는 게 무서워."

놀랍게도 동료는 바로 답했다.

"나도 그래. 사실 나도 그 얘기 하려던 참이었어."

그날 뒤로 두 사람은 매일 오전 9시 30분이면 서로에게 메시지를 보냈다.

"출근했어?"

"커피 마셨어?"

"오늘은 덜 무겁다."

짧은 문장 몇 개가 두 사람의 어깨를 가볍게 했다. 나눈 건 단순한 일상이었지만, 그 나눔이 인생의 무게를 한 사람 분량 덜어주었다.

문학과 영화 속 나눔의 힘

문학과 영화는 오래전부터 이 진실을 보여주었다. 셰익스피어의 《리어왕》에서 리어는 권력을 잃고 광야에 홀로 내던져질 때 완전히 무너진다. 하지만 광대와 충직한 딸 코딜리아의 작은 위로가 그의 마지막 존엄을 지켜낸다. 슬픔을 혼자 삼킬 때는 파멸이지만, 나눌 때는 인간다움이 된다.

영화 〈쇼생크 탈출〉에서 앤디가 감옥 전체에 오페라 음악을 흘려보낸 장면 역시 그렇다. 그는 개인의 희망을 나눔으로써, 감옥 전체의 절망을 잠시 가볍게 만들었다. 음악이 흐르는 순간, 죄수들은 자신들이 인간이라는 사실을 다시 기억했다.

《위대한 개츠비》에서 닉 캐러웨이는 친구가 거의 없는 개츠비의 장례식에 혼자 서 있다. 그 순간 독자들은 깨닫는다. 나눔 없는 인생은 결국 고독으로 마무리된다는 사실을.

슬픔을 함께할 때 탄생하는 연대

슬픔은 혼자 감당할 때는 무력해지지만, 나눌 때는 힘으로 변한다. 《흥부와 놀부》에서 흥부가 제비의 다리를 고쳐주고 그 행위가 다시 풍요로 돌아오는 구조는, 결국 나눔이 삶의 균형을 맞추는 원리를 상징한다.

현대 심리학에서도 이는 입증된다. 연구에 따르면, 누군가의 고통을 들어주고 공감하는 행위는 청자의 뇌에서도 긍정적 호르몬이 분비되어 스트레스를 완화한다. 즉, 타인의 짐을 들어주는 순간,

나의 짐도 동시에 가벼워진다.

기쁨조차 나눠야 깊어진다.

기쁨도 마찬가지다. 억누르거나 혼자 감추면 휘발된다. 하지만 나누면 예금처럼 쌓인다. 한 음악 교사는 매 공연마다 제자들과 함께 무대에서 "오늘 너무 행복하다"고 말했다. 그는 40대 후반, 병으로 교단을 떠나야 했지만, 그 시절 쌓아둔 기쁨이 그 뒤의 긴 투병을 견디는 안전지대가 되었다.

철학자 몽테뉴는 "우리가 기쁨을 맛보는 순간, 그것을 나누는 것이야말로 삶의 가장 큰 의무다"라고 했다. 기쁨은 나눌수록 커지고, 그 커진 기쁨이 나중에 고통을 막아주는 방패가 된다.

총량은 물리학이 아니라 관계학이다.

총량의 원리는 단순하다. 감정은 닫히면 응고되고, 열리면 순환된다. 혼자 삼키면 병이 되고, 함께 나누면 자원이 된다. 마르틴 루터 킹 목사는 이렇게 말했다.

"우리는 모두 같은 배를 타고 있다. 누군가의 고통을 외면하는 것은 곧 내 고통을 키우는 일이다."

삶의 무게는 결국 관계의 무게다. 함께 짊어질 때 가벼워지고, 외면할 때 무겁게 된다.

나눌수록 가벼워지는 인생 총량

인생은 본래 무겁다. 그러나 그 무게는 혼자일 때 더욱 무겁다. 누군가와 나누는 순간, 계산은 단순해지고 무게는 달라진다. 기쁨은 나눌수록 커지고, 슬픔은 나눌수록 옅어진다. 오늘의 짐이 너무 무겁다면, 그것은 삶이 버거운 게 아니라 너무 오래 혼자였다는 신호일지도 모른다. 그러니 말하자.

"기쁘면 자랑하고, 슬프면 털어놓고, 무거우면 손을 내밀자."

누군가는 생각보다 오래 그 말을 기다리고 있었을지도 모른다. 가장 오래 버티는 사람은 가장 많은 짐을 진 사람이 아니라, 가장 많이 나눌 줄 아는 사람이다. 인생 총량은 나눌수록 가벼워진다. 그 단순한 진실만 기억한다면, 오늘의 무게도 내일은 조금 가벼워질 것이다.

질문으로 완성하는 당신의 총량

10가지 자기 성찰

자기 성찰은 총량의 저울을 점검하는 도구다. 우리가 매일 살아가며 쌓아온 기쁨과 슬픔, 성취와 좌절은 기록만으로는 충분치 않고, 스스로에게 던지는 질문을 통해 비로소 균형을 확인할 수 있다. 질문은 방향을 제시하는 나침반이다. 답을 얻기 위해서가 아니라, 스스로의 감정을 관찰하고 삶의 의미를 재정립하기 위해 필요하다.

10가지 핵심 질문은 감정, 관계, 시간, 습관, 실패, 성공, 슬픔, 기쁨, 나눔, 미래에 관한 것으로, 인생의 총량을 다시 구성하게 한다. 질문을 꾸준히 반복할 때, 삶의 무게는 가벼워지고, 나만의 총량 지도가 만들어진다.

이 장은 "내 인생의 총량은 지금 어디에 있으며, 나는 그것을 어떻게 관리하고 있는가?"라는 근원적 질문으로 귀결된다.

091

나는 지금 고통의 총량을 소비 중인가?

고통은 '총량'의 장부 속에서 기록된다.

우리는 흔히 오늘의 불행을 우연이라고 생각한다. 갑작스러운 이별, 회사에서의 해고, 가족의 병환, 혹은 설명할 수 없는 무기력 같은 것들. 그러나 총량의 법칙의 관점에서 보면, 그 모든 것은 인생의 거대한 장부에 기록된 항목일 수 있다. 마치 기업이 특정 분기에 대규모 손실을 처리하는 것처럼, 삶도 어떤 시점에는 고통을 몰아서 결산한다. 그래서 사람들은 "왜 이렇게 나쁜 일이 한꺼번에 몰려오지?"라고 묻는다. 그러나 더 냉정하게 바라보면, 그것은 인생이 균형을 맞추는 과정, 즉 고통의 몫을 선지출하는 작업일 수 있다.

철학자 쇼펜하우어는 "인생은 고통과 지루함 사이의 진자운동"이라고 했다. 그의 냉소적인 관점조차 총량의 법칙을 반영한다. 우리가 지금 고통을 겪는다면, 그것은 언젠가 찾아올 평온과 기쁨의 반대편을 이미 확보하고 있다는 뜻이다. 고통은 끝없는 벌이 아니라, 감정의 예산을 당겨 쓰는 현상이다.

몰아치는 시기의 의미 – 인생의 구조조정

한 번에 모든 게 무너져 내리는 시기가 있다. 경제 위기에 직장을 잃고, 연인에게 버림받고, 동시에 건강까지 흔들리는 순간. 이런 시기는 마치 무대 뒤의 보이지 않던 줄이 한꺼번에 끊어지는 것 같다. 하지만 회계학적으로 보면, 이는 '구조조정'이다. 낡은 장부를 정리하고, 빚을 털어내며, 새로운 출발을 위한 기초를 만드는 시기다.

실제 사례를 보자. 미국의 기업가 하워드 슐츠는 어린 시절 극심한 가난과 아버지의 실직, 가족의 붕괴를 겪었다. 그는 그 시절을 "내가 평생 겪을 고통의 대부분을 앞당겨 치른 시간"이라고 회상했다. 그러나 그 경험이 스타벅스를 창업할 때 '노동자를 존중하는 기업 문화'를 설계하게 만든 원천이 되었다. 만약 그 고통이 없었다면, 그는 세계적인 기업을 세울 동력도, 철학도 가지지 못했을 것이다. 고통은 낭비된 것이 아니라, 그의 내일을 위한 거대한 투자였다.

그렇다. 고통은 결코 사라지지 않는다. 그러나 언제 치르느냐는 다르다. 어떤 이는 평생에 걸쳐 나누어 치르고, 어떤 이는 특정 시기에 몰아치듯 치른다. 도스토옙스키는 그 몰아치던 시절을 견디고 나서야 비로소 세계문학사에 길이 남을 성과를 남겼다. 그의 고통은 단순한 소비가 아니라, 인간 이해의 자본으로 전환된 것이다.

"오늘은 고통을 선불로 내는 날" – 시점의 전환

고통을 견디는 사람과 무너지는 사람의 차이는 '해석'이다. 앞서 언급한 암 투병 청년의 일기처럼, "나는 평생 겪을 슬픔의 절반을 앞당겨 치르고 있다"라는 관점은 단순한 위안이 아니다. 그것은 고통을 투자 개념으로 전환하는, 일종의 심리적 재구성이다.

빅터 프랭클도 같은 말을 했다. 아우슈비츠에서 그는 "삶이 우리에게 고통을 요구할 때, 그것을 의미로 바꿀 자유는 언제나 남아 있다"고 말했다. 의미의 전환은 곧 총량의 관점으로 바꾸는 행위다. 지금의 고통이 인생 전체에서 어떻게 작동할지를 보는 것이다. 오늘의 눈물이 내일의 자산으로 기록될 수 있다는 믿음. 그것이 절망을 버티게 하는 유일한 언어다.

고통을 견딜 때 얻는 세 가지 자산

고통을 단순한 소모가 아니라 투자로 보는 순간, 우리는 세 가지 자산을 얻는다.

1. 회복력(Resilience) – 한 번 무너졌던 사람은 다음 고통 앞에서 쉽게 흔들리지 않는다. 이미 겪은 기억이 방패가 된다.
2. 통찰(Insight) – 고통은 세상을 다른 눈으로 보게 한다. 성공만 경험한 사람은 절대 가질 수 없는 시야다.
3. 공감(Empathy) – 무너져본 사람만이 타인의 고통을 깊이 이해한다. 그래서 불행은 종종 인간을 더 따뜻하게 만든다.

문학가 오스카 와일드는 감옥에서 쓴 《옥중기》에서 이런 고백을 남겼다.

"나는 이제 고통의 가치를 안다. 고통은 우리를 무너뜨리는 동시에 우리를 가장 진실하게 만든다."

그의 말처럼 고통은 결국 인간다운 인간을 만드는 공정한 교사다.

질문의 힘 – 고통을 자산으로 바꾸는 실천

스스로에게 물어야 한다. 나는 이 고통이 언젠가는 지나가리라는 믿음을 붙잡고 있는가? 나는 이 고통 속에서 어떤 기술, 어떤 통찰, 어떤 인간 이해를 배우고 있는가? 나는 훗날 이 감정을 누군가에게 건넬 수 있을 만큼 차분하게 정리하고 있는가?

이 질문들은 단순한 위로가 아니라, 고통을 감정 자산으로 전환하는 구체적 방법이다. 질문은 방향을 준다. 질문은 고통을 숫자로 환산해준다. 질문은 내가 어디까지 왔는지를 알려주는 좌표다.

총량의 회계는 정직하다.

고통의 장부는 잔인해 보이지만, 사실은 누구보다 정직하다. 지금 당신이 고통을 겪는 것은 단순한 불운이 아니라, 삶의 균형이 조정되는 과정이다. 고통을 이미 많이 겪은 사람은 앞으로 남은 인생에서 더 깊은 웃음을, 더 따뜻한 관계를, 더 단단한 평화를 누린다.

니체는 "나를 죽이지 못하는 것은 나를 강하게 만든다"고 했다. 이 유명한 말은 고통을 소비가 아닌 자산으로 바라보는 가장 간명한 정의다. 지금의 마이너스는 훗날의 플러스를 위한 투자다.

고통은 소비가 아니라 투자다.

지금 당신은 고통의 총량을 '소진'하는 중이 아니다. 그것을 투자하는 중이다. 오늘의 눈물은 내일의 웃음을 위한 선불이고, 오늘의 무력감은 내일의 평화를 위한 예치금이다.

당신이 지금 겪는 무거움은 결코 공허하지 않다. 언젠가 이 시간이 당신을 조금 더 단단하고, 조금 더 깊고, 조금 더 빛나는 사람으로 바꿔놓을 것이다.

그리고 그날이 오면, 당신은 알게 될 것이다.

오늘의 무거움이, 내일의 가벼움을 위한 치밀한 준비였음을.

오늘의 고통이, 내일의 빛을 위한 회계였음을.

092

오늘의 즐거움은
미래의 슬픔과 균형을 이룰까?

행복 앞에서 찾아오는 불안

"지금 이렇게 행복해도 되는 걸까?"

"웃음이 너무 크면, 곧 울음이 찾아오지 않을까?"

행복의 순간, 어김없이 이런 불안이 고개를 든다. 이는 단순한 개인적 강박이 아니라, 세대를 넘어 인간이 품어온 '삶의 정산 감각'일 수 있다. 고대 그리스인들은 이를 '네메시스(Nemesis)의 법칙'이라 불렀다. 인간이 지나치게 행복하거나 자만하면 신이 반드시 균형을 맞추기 위해 불행을 보낸다는 믿음이었다. 한쪽이 밝으면 반드시 그만큼의 그림자가 드리운다는 두려움.

동양에서도 비슷한 사고가 있었다.

"과유불급(過猶不及)."

지나침은 모자람만 못하다는 뜻이다. 기쁨을 과하게 누리면 그만큼 화(禍)가 뒤따른다는 경고다. 우리 민속에도 "너무 웃으면 집안에 울 일이 생긴다"는 속담이 있다. 인간은 오래전부터 '오늘의 행복은 내일의 고통으로 이어질 것'이라는 묘한 불안을 DNA처럼 품어왔다.

행복과 슬픔은 거래가 아니라 순환

그러나 총량의 법칙의 시선에서 보면 이야기는 조금 달라진다. 오늘의 즐거움이 미래의 슬픔과 '거래'되는 것이 아니라, 시간 속에서 '균형'을 이룬다는 것이다. 만약 거래라면 행복은 빚이다. 웃는 순간마다 미래에 눈물이 청구된다. 하지만 균형이라면 행복은 오히려 투자다. 오늘의 웃음은 내일의 눈물 속에서 무너지지 않게 하는 정서적 예금이 된다.

심리학자들이 말하는 '행복 예치이론(Happiness Deposit Theory)'이 바로 여기에 닿아 있다. 즐거움을 충분히 누려둔 사람은 미래의 고통 앞에서 더 큰 회복력을 보인다. 오늘의 웃음은 훗날 슬픔 속에서 꺼내 쓸 수 있는 산소통, 감정의 완충 장치가 된다.

문학 속에서 본 행복과 슬픔의 균형

톨스토이의 《전쟁과 평화》에서 나타샤는 청춘의 무도회에서 눈부시게 빛난다. 그 장면은 러시아 문학이 묘사한 가장 순수한 행복의 정점이다. 하지만 곧 전쟁과 상실, 배신과 슬픔이 몰려온다. 만약 그 무도회가 없었다면, 그녀가 맞닥뜨린 고통은 단순한 절망으로만 남았을 것이다. 그러나 독자는 알게 된다. 그 찬란했던 행복의 기억이 있었기에, 그녀는 전쟁의 암흑 속에서도 인간으로 남을 수 있었다. 톨스토이는 말한다.

"행복의 순간은 사라지지 않는다. 그것은 영혼 속에 저장되어, 불행 속에서도 우리를 지탱한다."

셰익스피어의 《템페스트》 속 프로스페로 역시 같은 교훈을 전한다. 그는 권력에서 추방당하고 외딴섬에서 고통의 시간을 보냈지만, 딸 미란다와 함께한 작은 행복은 그를 무너지지 않게 했다. 결국 그는 자신의 적을 용서하고 복권된다. 고통과 행복은 거래된 것이 아니라, 서로를 지탱하는 균형을 이루었다.

영화가 보여준 행복의 예금

영화 〈노트북〉에서 주인공 노아와 앨리는 젊은 시절의 열정적 사랑을 잠시 잃었다가 다시 되찾는다. 말년에 앨리가 치매로 기억을 잃었을 때, 노아는 매일 그녀에게 그들의 이야기를 읽어준다. 그녀가 잠시 기억을 되찾고 눈물을 흘리며 말한다.

"우리가 정말 그렇게 행복했니?"

그 순간 관객은 깨닫는다. 그들의 젊은 날의 웃음과 환희가 지금의 슬픔을 견디게 하는 힘이라는 것을. 오늘의 행복은 결코 허망하게 사라지지 않는다. 그것은 미래의 고통 속에서 다시 빛을 발한다.

또 다른 예는 애니메이션 〈코코〉다. 죽은 자의 영혼은 기억 속에서만 살아남는다. 가족과 함께했던 즐거운 순간, 웃음소리가 그 영혼을 지탱하는 불씨가 된다. 결국 노래 'Remember Me'는 단순한 멜로디가 아니라, 과거의 즐거움이 미래의 슬픔을 녹이는 상징이 된다.

오늘의 웃음이 내일의 눈물을 덜어낸다.

실제 삶에도 이런 장면은 많다. 한 가족이 여름 바닷가에서 함께

한 여행. 모래사장에서 뛰어놀던 아이들, 파도 소리, 부모의 환한 미소. 몇 년 뒤, 가족 중 한 명이 세상을 떠난다. 남은 이들은 장례 식장에서 오열하지만, 동시에 그 여름날의 웃음을 떠올린다.

"그래도 우리가 저렇게 웃은 시간이 있었지."

그 기억은 고통을 없애주진 않지만, 무너지는 것을 막아주는 기둥이 된다. 이게 바로 감정 총량의 순환이다. 오늘의 행복은 내일의 고통을 무효화하진 않지만, 그 고통에 완전히 잠기지 않게 해준다.

행복을 주저하는 습관의 모순

행복 앞에서 움츠러드는 것은 모순이다. 마치 "언젠가 죽을 거니까 숨을 쉬지 않겠다"는 말과 같다. 행복을 억제한다고 해서 미래의 슬픔이 줄어드는 것은 아니다. 오히려 즐겁지 못한 오늘은 미래의 고통을 더 날카롭게 만든다. 니체는 "삶을 긍정하라. 비극조차 긍정하라"고 말했다. 그는 고통을 부정하지 않았지만, 동시에 즐거움을 유예하지 않았다. 지금 웃을 수 있다면 웃는 것, 지금 기뻐할 수 있다면 기뻐하는 것. 그것이 총량의 리듬을 존중하는 태도다.

심리학이 말하는 즐거움의 힘

긍정심리학 연구자 바버라 프레드릭슨은 '확장 – 구축 이론(Broaden and Build Theory)'을 제시했다. 즐거움, 사랑, 감사 같은 긍정적 감정은 우리의 인지와 행동 레퍼토리를 확장시키고, 미래의 회복력을 구축한다는 것이다. 즉, 즐거움을 아끼지 않고 누릴수록 우리는 더 강해진다.

뇌과학적으로도 웃음은 엔도르핀과 세로토닌을 분비시켜 스트레스 호르몬을 억제한다. 이는 단순한 기분 개선이 아니라, 실제로 미래의 불행을 버틸 수 있는 '심리적 근육'을 길러준다.

질문으로 남기는 균형의 지혜

스스로에게 묻자. 나는 행복을 유예하며 미래의 불행을 막을 수 있다고 착각하고 있지 않은가? 지금의 웃음을 두려워하지 않고 충분히 누리고 있는가? 오늘의 즐거움이 내일의 나를 지탱할 산소통이라는 사실을 기억하고 있는가? 이 질문에 "그렇다"고 답할 수 있다면, 당신은 이미 삶의 총량을 균형 있게 다루고 있는 것이다.

오늘 웃을 수 있다면, 주저하지 말라.

오늘의 즐거움은 미래의 슬픔과 거래되는 것이 아니다. 그것은 균형을 이루며, 슬픔 속에서도 꺼내 쓸 수 있는 힘으로 변한다. 빛이 강할수록 그림자가 짙어진다고 말하지만, 그 빛을 두려워하지 말라. 언젠가 어둠 속에 있을 때, 그 빛은 당신이 꺼내어 쓸 수 있는 유일한 등불이 될 것이다. 그러니 오늘의 행복을 미루지 말자. 웃을 수 있을 때 웃고, 기쁠 때 기뻐하자. 그것은 내일의 나를 위한 가장 정직한 투자이며, 인생 총량의 법칙이 허락한 균형의 선물이다.

093

내가 겪은 가장 큰 고통은
어떤 기쁨으로 보상되었는가?

고통의 장부와 기쁨의 장부

인생은 늘 손익계산서처럼 작동한다. 어느 날엔 무거운 손실이 밀려오고, 또 다른 날엔 설명할 수 없는 이익이 생긴다. 중요한 건 고통과 기쁨이 항상 같은 페이지에서 만난다는 사실이다. 고통이 먼저 쓰이면, 기쁨은 뒷날 맞은편 칸에 기재된다.

체스 신동이었던 한 젊은이는 세계대회 마지막 판에서 가장 큰 패배를 경험했다. 그는 수년간 갈고 닦은 전략을 무너뜨린 그 한 수 앞에서 모든 걸 잃었다고 느꼈다. 하지만 그 패배는 10년 뒤 그가 무술 세계대회에서 우승하는 데 결정적 밑거름이 되었다. 그는 말했다.

"내 인생에서 가장 큰 패배가 가장 값진 무기를 주었다."

실패의 순간이 던져준 선물

"실패가 나를 더 크게 키웠다."

이 말은 진부하게 들리지만, 사실 삶의 구조는 그렇게 짜여 있다. 어떤 발명가는 대흉근이 찢어지는 큰 부상을 겪지 않았다면 평생 자기 발명을 떠올리지 못했을 것이다. 그는 부상에서 회복하기 위해 고안한 장치로 수십만 대가 팔린 혁신 제품을 만들었다. 이처럼 인생의 가장 큰 고통은 단순한 파괴가 아니다. 그것은 새로운 창조를 위한 공백, 다시 말해 '빈 자리에 기쁨이 들어올 준비'를 만들어 준다.

예술과 문학 속의 증명

문학 작품 속에서도 이 공식은 반복된다. 셰익스피어의 《로미오와 줄리엣》은 치명적인 죽음으로 끝나지만, 그 비극은 이전의 사랑이 얼마나 치열했는지를 반증한다. 빅토르 위고의 《레미제라블》에서 장발장의 고통스러운 수감 생활은 그 뒤에 그의 자비와 구원의 삶을 가능케 한 기초였다.

내 인생의 증거

앞서 언급한 해고된 직장인의 이야기처럼, 나락에서 시작된 길이 결국 다른 기쁨으로 이어지는 경우는 흔하다. 그는 일터를 잃은 뒤 사진이라는 새로운 길을 발견했고, 그것으로 누군가의 하루를 덜 힘들게 해주는 존재가 되었다. 그의 말은 곧 인생 총량의 요약이었다.

"이 고통은 나를 무너뜨리기 위해 온 것이 아니라, 내 진짜 삶을 데려오기 위해 온 것이다."

멘토들의 조언

삶에서 만난 여러 멘토들은 고통과 기쁨의 총량 법칙을 다음과 같이 요약한다.

"용기는 편안함보다 낫다. 고통은 당신을 불편하게 만들지만, 그 불편함이 결국 가장 큰 선물이 된다."

"어려운 선택이 쉬운 삶을 만든다. 쉬운 선택은 결국 더 큰 고통으로 돌아온다."

이 명언들은 결국 하나의 메시지를 향한다. 고통을 회피하지 말고, 그것을 삶의 재료로 삼으라는 것이다.

고통은 언제나 환원된다.

총량의 법칙에 따르면, 고통은 소멸되지 않는다. 그러나 그것은 반드시 다른 형태로 환원된다. 어떤 이는 실패를 통해 새로운 인간관계를 얻고, 또 어떤 이는 질병 속에서 삶의 의미를 더 크게 발견한다. 중요한 건 우리가 그것을 어떻게 해석하느냐다. 고통은 무의미한 짐이 아니다. 그것은 기쁨으로의 길목, 의미로의 전환점이다. 삶은 이렇듯 늘 회계장부를 쓰고 있다. 이제 질문해보자.

"내가 겪은 가장 큰 고통은 어떤 기쁨으로 보상되었는가?"

그 대답은 각자 다르겠지만, 공통된 진실은 있다. 인생의 장부는 공평하지 않을 수 있어도, 균형을 지향한다는 것. 당신이 견뎌낸 그날의 무게는, 이미 내일의 가벼움으로 보상될 준비를 하고 있다.

그러니 기억하라. 고통은 단순한 마이너스가 아니다. 그것은 새로운 기쁨의 전주곡이다. 당신이 무너진 그 자리에서, 언젠가 가장 큰 기쁨이 피어날 것이다.

094

지금의 실패는 어떤 총량을 쌓고 있는가?

실패는 감정의 파도 위에서 자라는 총량이다.

인생의 실패는 대부분 불시에 찾아온다. 시험에서 낙방하거나, 사업이 무너지거나, 사랑이 끝나거나, 건강이 갑자기 흔들릴 때. 그 순간 사람은 당황한다.

"왜 지금, 왜 나에게?"

그러나 감정의 총량이라는 렌즈로 바라보면, 실패는 무작위적 사건이 아니라 장기적인 균형을 위한 재분배 과정일 수 있다. 지금의 실패가 바로 내일을 지탱할 '총량'을 쌓고 있는 것이다.

아리스토텔레스는 니코마코스 윤리학에서 "고통은 훈련의 언어다"라고 말했다. 인간은 행복을 통해서가 아니라 실패와 고통을 통해 성품을 단련한다는 뜻이다. 결국 실패는 파괴가 아니라 축적이다. 파도처럼 출렁이는 감정의 리듬 속에서, 오늘의 패배는 내일의 내성을 만든다.

반복되는 패턴 : 감정의 주기

실패를 유심히 들여다보면 단순한 사건이 아니라 패턴임을 깨달는다. 월요일마다 무기력에 빠지는 직장인, 한 달에 한 번 아무 일도 하기 싫은 날이 오는 사람, 혹은 1년에 한 번씩 큰 좌절을 겪는 사람. 이는 우연이 아니다. 감정의 리듬이다.

실리콘밸리 디자이너 에릭은 매일 '에너지 – 감정 그래프'를 그리며 자기 상태를 기록했다. 3개월 뒤 그는 매주 수요일 오후에 불안이 치솟고, 금요일 오전에 창의력이 정점에 이르며, 월요일은 반드시 '워밍업' 시간이 필요하다는 사실을 알게 되었다. 이처럼 감정은 무작위가 아니다. 자신이 흔들리는 시점과 자극을 알아차리는 순간, 감정은 더 이상 적이 아니라 운영 가능한 자원이 된다.

실패에서 배우는 리듬 : 스포츠의 교훈

스피드 스케이팅 선수 댄 얀센은 1988년 서울올림픽에서 여동생의 사망 소식을 경기 직전에 들었다. 그는 넘어지고 또 넘어졌다. 세계는 끝난 듯 보였다. 그러나 그는 일기장에 "35초 99"라는 숫자를 매일 적으며 스스로를 재훈련했다. "35.99초 안에 500m를 완주하겠다."는 뜻이었다

또한 그는 '나는 1,000m를 사랑한다'라는 문장을 반복하며 감정의 리듬을 다시 설계했다. 그리고 결국 1994년 릴리함메르 올림픽에서 1분 12초 43으로 세계 신기록을 세웠다. 실패는 끝이 아니었다. 그것은 리듬을 재정립하는 신호였다. 실패라는 음표가 있었기에 승리라는 음표가 울려 퍼질 수 있었다.

문학 속 리듬 : 카프카에서 무라카미까지

카프카는 "나는 실패했다. 그러나 실패했기에 나는 존재한다"고 썼다. 그의 소설 속 인물들은 늘 좌절하고 막다른 길에 몰리지만, 그 절망 속에서 오히려 존재의 진실을 발견한다. 실패는 단순한 파국이 아니라, 감정 총량을 쌓는 정직한 과정이 된다.

무라카미 하루키 역시 창작의 정체기를 두려워하지 않았다. 그는 "글이 써지지 않을 땐 글을 쓰지 않고 달린다"고 했다. 달리기라는 리듬이 그에게 다시 문장을 쓰게 했다. 정체기와 실패는 축적기였던 셈이다.

영화가 보여주는 감정의 총량

영화 〈인사이드 아웃〉은 '기쁨'만으로는 온전한 기억이 만들어지지 않는다고 말한다. 슬픔과 기쁨이 함께해야 기억은 깊어진다. 이는 실패와 성공의 관계와도 같다. 실패라는 파동이 없으면, 성공은 얇아지고 금세 휘발된다.

또한 영화 〈라라랜드〉의 마지막 장면을 떠올려 보라. 주인공들은 사랑에 실패했지만, 음악과 꿈은 남았다. 실패는 모든 것을 빼앗지 않았다. 오히려 새로운 총량을 남겼다. 그 총량은 미완의 아픔과 동시에 완성된 아름다움이었다.

철학과 잠언의 시선

스탠퍼드 심리학자 빅터 프랭클은 아우슈비츠에서 살아남은 뒤 말했다.

"인간에게서 모든 것을 빼앗을 수 있어도 단 하나는 빼앗을 수 없다. 그 상황을 어떻게 해석할지에 대한 자유다."

실패의 본질도 같다. 실패가 우리를 무너뜨리는 게 아니라, 우리가 그 실패를 어떻게 해석하는지가 우리의 총량을 결정한다.

중국 철학자 왕양명은 "뜻이 있는 곳에 길이 있다"고 했고, 장자는 "큰 실패는 큰 도약의 문턱"이라 말했다. 결국 동서양의 지혜 모두, 실패를 단순한 마이너스가 아니라 총량의 순환 과정으로 본다.

일상의 작은 실패와 회복

번아웃을 겪던 직장인 정수빈 씨는 동료에게 처음으로 "아침에 일어나는 게 무섭다"고 털어놓았다. 동료는 "나도 그래"라고 답했다. 그 짧은 대화가 서로의 실패를 분산시켰다. 총량은 나눌수록 가벼워졌다.

또 한 남성은 해고 뒤 한강 벤치에 앉아 무너졌다. 그러나 그 시간은 사진과 여행이라는 새로운 기쁨의 총량으로 이어졌다. 실패는 여전히 쓰라렸지만, 동시에 기쁨의 새로운 통장을 열어준 셈이었다.

내가 지금 겪는 실패는 무엇을 쌓는가?

• 지금의 실패는 어떤 회복력을 길러주고 있는가?

• 나는 어떤 감정의 리듬 속에서 실패를 반복하고 있는가?

• 이 실패는 훗날 어떤 사람을 위로할 언어가 될 수 있는가?

이 질문에 답할 수 있다면, 실패는 단순한 좌절이 아니라 축적이다. 실패는 감정의 총량을 늘리는 자산이 된다.

실패는 총량의 예금이다.

실패는 빼앗지 않고, 예금한다. 오늘의 실패는 내일의 기쁨, 내일의 성숙, 내일의 깊이로 전환된다. 그러니 실패 앞에서 좌절할 필요는 없다. 오히려 이렇게 말할 수 있어야 한다.

"지금의 실패는 내 인생의 총량을 쌓고 있다."

그 순간 실패는 더 이상 낙인이 아니라, 생존의 이자가 된다. 실패의 총량은 결국 당신을 더 단단하게 만들고, 언젠가 누군가의 어깨를 받쳐주는 힘이 된다.

095

나의 감정 리듬은 어떤 패턴을 보이는가?

감정은 바다의 조수다.

감정은 바다처럼 밀려오고 빠져나간다. 파도가 늘 일정한 간격으로 해안에 부딪히듯, 우리의 감정 또한 이유 없이 들뜨거나 무너지는 것처럼 보이지만 그 안에는 분명한 리듬이 숨어 있다. 사람들은 대개이 흐름을 "그냥 기분 탓"이라 치부한다. 그러나 실제로는 몸과 마음, 기억과 환경이 얽혀 만들어내는 정밀한 감정 파형이 존재한다.

철학자 파스칼은 "인간은 갈대이지만, 생각하는 갈대"라 했다. 갈대처럼 흔들리지만, 그 흔들림에는 일정한 방향과 원인이 있다. 감정 리듬을 읽어내는 것은 결국 자기 존재의 흔들림을 이해하는 일이기도 하다.

월요일의 무기력, 금요일의 불안

많은 직장인들이 공감하는 패턴이 있다. 월요일 아침, 이유 없는 무기력감. 단순히 주말이 끝났다는 사실 때문이 아니다. 주말 동안 '개인적 자아'로 살던 내가 다시 '사회적 자아'로 복귀해야 하는 순간, 심리적 저항이 일어난다. 사회학자 에밀 뒤르켐은 "사회는 개인에게 가장 큰 압력이다"라고 했는데, 월요일의 무기력은 이 압력의 리듬적 반영이다.

반대로 금요일 오후, 대부분은 해방을 느끼지만 어떤 이는 도리어 불안해진다. "이 시간이 곧 끝날까 봐" 즐거움을 앞두고도 초조해지는 역설. 이는 프로스펙트 이론에서 말하는 '손실 회피 성향'과 맞닿아 있다. 얻는 기쁨보다 잃을까 두려워함이 더 크게 작동한다는 것이다. 그래서 금요일의 웃음 뒤에는 은밀한 불안이 따라붙는다.

생계 리듬과 감정의 진폭

프리랜서나 자영업자는 매월 말이 되면 사소한 일에도 예민해진다. 돈이 곧 생존이고, 결제일이 다가올수록 신체는 알람을 울린다. 한 중년 작가는 회고록에서 이렇게 적었다.

"나는 25일 즈음이 되면 괜히 아이들에게 짜증을 냈다. 통장 잔고가 감정을 결정하고 있었다."

이처럼 감정은 개인의 생활 구조와 촘촘히 맞물린다. 문제는 많은 이들이 이를 '내 성격 탓'으로만 돌린다는 것이다. 그러나 사실은 감정의 주기가 생계 리듬과 연동되어 있을 뿐이다. 이를 인식하면 자책 대신 이해가 가능하다.

생물학적 리듬과 감정의 파동

여성의 경우 생리 주기가 감정 리듬에 큰 영향을 준다. 생리 전후로 감정의 필터가 얇아지고, 작은 일에도 눈물이 터지거나 분노가 치솟는다. 많은 여성들이 스스로를 "비논리적"이라고 자책하지만, 실은 매우 논리적인 신체 리듬 속 반응이다.

영화 〈인사이드 아웃〉에서 주인공 라일리는 사춘기에 접어들며 기쁨(Joy)과 슬픔(Sadness)의 균형이 흔들린다. 이는 단순히 "감정 기복"이 아니라, 성장과 생물학적 변화가 만들어낸 새로운 리듬이다. 감정의 진폭은 비정상이 아니라 변화의 신호일 수 있다.

기록은 리듬을 드러낸다.

하루 세 번, 아침·점심·저녁마다 감정을 한 단어로 기록해보라. '지루함', '무기력', '가벼움', '짜증', '고요' 같은 단어를 붙이고, 수치를 매겨본다. 한 달만 기록해도 놀라운 사실을 알게 된다. 특정 요일, 특정 시간대, 특정 인물과의 만남 뒤에 반복적으로 감정이 흔들린다는 것이다.

심리학자 제임스 페니베이커는 "글쓰기와 기록은 감정을 외부화해 정리하는 가장 효과적인 도구"라고 했다. 기록은 감정을 해소하는 것이 아니라, 패턴을 발견하게 한다. 감정을 통제하려 애쓸 필요도 없다. 패턴을 알면, 이미 절반은 다룬 것이다.

문학과 철학 속 리듬의 자각

괴테는 《젊은 베르테르의 슬픔》에서 "나는 주기적으로 절망의 늪에 빠진다"고 고백한다. 그의 감정은 돌발적이지 않았다. 사랑과 외로움, 열정과 무력감이 일정한 파형으로 되돌아왔다. 그 리듬을 기록하고 작품화한 것이 곧 문학이었다.

또한 노자는 《도덕경》에서 "만물이 물처럼 흐른다"고 했다. 물의 흐름은 직선이 아니라 곡선이며, 감정 역시 직선적 상승이 아니라 파동적 순환이다. 실패와 성공, 무기력과 고양은 서로의 그림자처럼 반복된다. 이를 아는 사람만이 감정 리듬을 삶의 일부로 받아들인다.

예술가들의 리듬

화가 반 고흐는 편지 속에서 "나는 일정한 간격으로 무너지고, 다시 일정한 간격으로 일어난다"고 썼다. 그의 그림은 그 파동의 시각적 기록이었다. 절망의 시기에는 먹먹한 색채, 회복의 시기에는 강렬한 색채가 반복되었다. 그의 감정 리듬이 작품의 리듬이 된 것이다.

베토벤 역시 청력을 잃어가던 시절, 절망의 파동과 창작의 고양이 교차했다. 그는 "나는 내 운명을 목 잡고 흔들어야 한다"고 적었는데, 그 싸움 자체가 감정의 리듬을 만든 동력이었다. 실패와 무기력의 순간들이 새로운 교향곡의 서곡이 되었다.

리듬을 활용하는 법

감정 리듬을 안다는 것은 곧 전략을 세울 수 있다는 뜻이다. 무기력한 날엔 억지로 치고 나가지 않는다. 예민한 날엔 대화보다 침묵을 택한다. 들뜬 날엔 창의적인 일을 배치하고, 감정이 가라앉는 날엔 단순 반복 작업을 넣는다. 스티븐 코비는 《성공하는 사람들의

7가지 습관》에서 "자신의 에너지 흐름을 관리하는 것이 곧 시간 관리다"라고 했다. 시간은 동일하지만, 감정 리듬에 맞춘 일정은 전혀 다른 결과를 낸다.

실패와 리듬의 관계

실패는 감정 리듬의 중요한 일부다. 실패 없는 상승은 없다. 아인슈타인은 "나는 실패한 것이 아니다. 단지 작동하지 않는 1만 가지 방법을 발견했을 뿐"이라 했다. 그의 실패는 무작위가 아니라, 리듬 속에서 축적된 총량이었다. 실패의 파동이 있었기에 성취의 파동도 있었다.

총량의 선장이 된다는 것

감정 리듬을 이해하면, 당신은 더 이상 감정의 포로가 아니다. 파도를 예측하는 선장이 된다. 흔들림은 여전히 있지만, 방향은 잃지 않는다. 묵자는 "큰 배는 물결에 흔들려도 뒤집히지 않는다"고 했다. 감정 리듬을 아는 것은 바로 자기 인생의 큰 배를 만드는 일이다. 감정의 파도는 막을 수 없지만, 미리 알고 있으면 전복되지 않는다.

감정은 예측 가능한 파도다.

감정은 적이 아니다. 몰라서 무서운 것일 뿐이다. 이해하는 순간, 감정은 동반자가 된다. 그러니 다시 묻자.

"나의 감정 리듬은 어떤 패턴을 보이는가?"

이 질문에 답할 수 있다면, 당신은 이미 감정 총량의 선장이 되어가고 있다. 오늘의 무기력, 내일의 들뜸, 다음 주의 불안은 모두 당신만의 바다를 따라 흐르는 파도일 뿐이다. 그 파도를 이해하는 사람은 흔들려도 쓰러지지 않는다. 감정의 총량은 결국 리듬으로 순환하기 때문이다.

096

나는 내 인생의 총량을 의식하며 살고 있는가?

총량을 감지하는 순간

살다 보면 문득 이런 순간이 찾아온다. 하루가 다 지나도 사라지지 않는 묵직한 피로, 기대했던 일이 끝난 뒤에 몰려오는 알 수 없는 허무, 수많은 사람 사이에 있으면서도 깊게 스며드는 고독. 그것은 단순히 기분 탓이 아니다. 우리는 그때 "총량"이라는 보이지 않는 저울을 감지한다.

"내가 쓰는 이 감정, 이 시간, 이 에너지… 이건 다 어디로 가고 있는 걸까?"

이 질문이 떠오를 때 비로소, 우리는 살아 있다는 사실을 다시 확인한다. 철학자 쇼펜하우어는 "인생은 진동한다, 고통과 권태 사이에서"라고 했다. 그의 말은 곧, 우리가 쓰는 감정의 총량이 언젠가는 권태로 이어지고, 또다시 고통으로 이어진다는 사실을 가리킨다. 총량은 무한하지 않다. 한정된 자원을 어떻게 쓰느냐가 결국 우리의 삶을 결정한다.

무의미한 소비가 남기는 공허

SNS를 스크롤하며 누군가의 성공을 부러워하거나, 타인의 화려한 일상을 보며 내 인생을 비교할 때. 그 순간 감정 에너지의 절반은 허공으로 흩어진다. 명확한 목적도 없이 누군가의 삶을 들여다보는 시간은 종종 자기 부정으로 이어진다.

한 청년은 매일 아침 출근길에 인스타그램을 열어 보며 스스로를 갉아먹었다.

"저 사람은 나보다 늦게 시작했는데 벌써 저 자리에 있네. 나는 뭐하고 있지?"

그는 지하철 창문에 비친 자기 얼굴이 점점 메말라 가는 걸 느꼈다. 그러던 어느 날, 노트를 꺼내 스스로에게 물었다.

"이건 내 총량을 쓸 가치가 있나?"

그 질문 하나가 습관을 바꾸었다. SNS 대신 아침마다 읽은 한 페이지의 시, 메모한 한 줄의 생각이 그의 하루를 달라지게 했다. 공허 대신 충만이, 비교 대신 자기만의 속도가 들어왔다.

죽음 앞에서 드러나는 진실

한 중년 남성은 아버지의 임종을 지켜본 뒤 말했다.

"나는 아버지가 떠나는 걸 보며, 삶이 하루 단위가 아니라 감정과 에너지의 사용 총량으로 끝난다는 걸 알게 됐어요."

그 뒤로 그는 더 이상 쓸데없는 말다툼에 시간을 쓰지 않았다. 짜증나는 메일에 세 번 이상 답장을 쓰지 않았고, 모든 일정에는 반드시 10%의 여유를 남겼다. 그는 언제나 자문했다.

"이건 내 총량을 쓸 가치가 있는가?"

철학자 마르쿠스 아우렐리우스도 《명상록》에서 비슷한 통찰을 남겼다.

"너의 시간은 유한하다. 그러니 다른 사람의 삶을 살면서 낭비하지 말라."

이는 곧 총량을 의식하며 살아야 한다는 철학적 경고다.

총량을 아는 사람들의 태도

총량을 의식한다는 건 매 순간을 억지로 특별하게 살겠다는 뜻이 아니다. 오히려 그 반대다. 의미 없는 분노, 즉흥적 불안, 과도한 욕망에 경고등을 켜는 것, 그것이 총량을 아는 사람의 태도다.

소설가 무라카미 하루키는 인터뷰에서 이렇게 말했다.

"나는 모든 일에 '거기까지만'이라는 선을 긋는다."

글이 안 써지는 날엔 억지로 앉아 있지 않고, 인간관계에서도 필요 이상으로 깊이 휘말리지 않는다. 그 절제는 희생이 아니라, 삶을 지탱하는 전략이다.

총량을 아는 사람은 관계를 가볍게 만들지 않는다. 다만 불필요하게 자신을 소모하지 않는다. 진짜 중요한 순간에 집중할 수 있도록, 자신을 지키는 선택을 하는 것이다.

문학과 영화 속 총량의 자각

톨스토이의 《이반 일리치의 죽음》은 총량을 자각하지 못한 삶의 비극을 보여준다. 주인공 이반은 죽음을 앞두고서야 깨닫는다.

"나는 진짜 삶을 살지 않았다."

그는 명예와 체면에 에너지를 모두 탕진했고, 진정한 기쁨과 사랑에 한 방울의 총량도 쓰지 못했다.

반대로 영화 〈죽은 시인의 사회〉에서 키팅 선생은 학생들에게 말한다.

"카르페 디엠(Carpe Diem), 오늘을 붙잡아라."

이 말은 순간을 즐기라는 단순한 외침이 아니다. 유한한 총량을 의식하라는 경고다. 웃음과 사랑, 열정과 젊음을 허무한 두려움에 쓰지 말라는 주문이다.

일상의 작은 총량 관리

총량을 의식하는 삶은 화려한 것이 아니라 소박하다. 아침의 커피 향을 온전히 맡는 것, 좋아하는 사람에게 고맙다는 말을 미루지 않는 것, 불필요한 논쟁에서 조용히 물러나는 것. 작은 선택이 쌓여 총량을 절약하고, 그 절약이 결국 풍요를 만든다.

불교 경전 《법구경》에는 "천 개의 쓸데없는 말보다 한마디의 이로운 말이 낫다"는 구절이 있다. 감정 총량도 같다. 천 번의 무의미한 분노보다, 한 번의 따뜻한 웃음이 훨씬 오래 남는다.

행복의 재정의

총량을 의식하는 사람들은 행복을 "특별한 사건"이 아니라, 하루치 에너지를 잘 쓰고 난 뒤의 잔잔한 충만으로 정의한다. 행복은 화려한 폭죽이 아니라, 남은 총량을 지혜롭게 배분한 날의 고요한 웃음이다.

한 여성 CEO는 매일 저녁 '감정 수지표'를 썼다.

"오늘 분노에 20, 기쁨에 40, 불안에 30, 여유에 10."

몇 달 뒤, 그녀는 놀라운 사실을 발견했다. 기쁨에 투자한 날은 피로가 줄었고, 불안에 과도하게 쓴 날은 아무리 성과가 좋아도 공허했다. 그녀는 말했다.

"행복은 결과가 아니라 배분이었다."

총량을 잊지 않는 용기

총량을 의식하며 산다는 것은 억눌린 삶이 아니다. 오히려 더 자유롭다. 누군가의 삶을 부러워하는 대신, 내 삶을 아끼게 되기 때문이다. 타인의 시선이 아니라 내 총량 표에 따라 살기 시작할 때, 우리는 비로소 주체가 된다. 괴테는 "인생은 짧다. 그러나 넓게 살 수 있다"고 했다. 넓게 산다는 건 더 많이 소비하는 게 아니라, 더 깊게 쓰는 것이다. 기쁨과 고통, 사랑과 외로움 등 그 총량을 어디에 쓰느냐가 삶의 품질을 결정한다.

오늘의 총량은 어디에 쓰였는가?

오늘 하루, 당신은 무엇에 총량을 썼는가? 짜증 섞인 대화에 낭비했는가, 아니면 사랑하는 사람의 눈빛에 투자했는가? 그것을 쓰고 난 뒤, 당신은 더 가벼워졌는가, 아니면 더 지쳐버렸는가? 삶은 결국 총량의 정산표이자 누적 기록이다. 오늘의 선택이 내일의 균형을 만든다. 총량을 의식하는 사람은 더 이상 남의 인생을 흉내 내지 않는다. 그는 묻는다.

"이건 내 총량을 쓸 가치가 있는가?"

그 질문 앞에서 삶은 비로소 자기 자신의 것이 된다. 그리고 그 순간, 우리는 누구의 시선도 아닌, 오직 나만의 총량표에 따라 살아가게 된다.

097

지금 이 감정은 총량의 어디쯤인가?

감정은 순간이 아니라 자산이다.

감정은 흔히 날씨에 비유된다. 잠시 스쳐 지나가는 구름, 혹은 하루만 버티면 바뀌는 기후처럼 여긴다. 그러나 실제로 감정은 그렇게 단발적이지 않다. 오늘 하루 느낀 감정의 파동이 일주일을 흔들고, 그 일주일의 여운이 인생 전체의 태도를 바꾸기도 한다. 우리가 무심히 흘려보내는 슬픔 한 조각, 불안의 그림자 하나가 사실은 삶의 총량 안에서 특정한 좌표를 차지하고 있는 셈이다.

그러므로 중요한 질문은 이것이다.

"지금 내가 느끼는 이 감정은, 내 인생 총량의 어디쯤인가?"

철학자 스피노자는 "감정은 인간 존재의 본질을 구성한다"고 했다. 즉, 감정은 부차적인 것이 아니라 우리 삶의 총량을 지탱하는 기둥이다. 그렇다면 지금 느끼는 외로움, 분노, 혹은 기쁨이 전체 구조 안에서 어느 정도의 무게인지 파악하는 것이야말로 삶을 이해하는 첫걸음이 된다.

감정을 객관화하는 훈련

예를 들어 오늘 너무 우울하다면, 그 우울이 삶 전체를 뒤덮었다고 착각하기 쉽다. 하지만 이렇게 물어보면 어떨까?

"이 우울은 내 전체 감정 총량의 10%쯤일까, 30%쯤일까?"

숫자와 비율은 감정을 상대화하는 가장 단순하면서도 강력한 장치다. 심리학자 다니엘 카너먼이 말했듯, 인간은 절대적 수치보다 비율로 더 쉽게 안도한다. 감정을 전체의 맥락 속에서 비율로 놓아보는 순간, 우리는 감정의 노예가 아니라 관리자가 된다.

실제로 상담 장면에서도 이런 훈련은 자주 사용된다. 한 내담자가 "모든 게 끝난 것 같다"고 말했을 때, 상담자가 "그 '끝난 것 같다'는 감정이 당신 인생 전체에서 차지하는 비중이 몇 퍼센트인가요?"라고 묻는다. 그러면 대개 내담자는 잠시 멈칫한 뒤 "40%쯤?"이라고 답한다. 이 짧은 대화만으로도 그는 '60%는 여전히 남아 있다'는 사실을 깨닫는다.

실제 사례 : 감정의 좌표 찾기

한 여성은 퇴사 뒤 삶의 무게에 짓눌려 있었다. 하루 종일 소파에 누워, 세상이 자신을 버린 것처럼 느꼈다. 그러나 상담사가 던진 질문 – "지금의 이 감정은 전체 인생의 몇 퍼센트쯤 될까요?" – 앞에서 그녀는 처음으로 멈춰섰다.

그녀는 며칠 동안 일기를 쓰며 작은 순간들을 기록했다. 친구의 메시지, 강아지와의 산책, 따뜻한 커피 한 잔, 자신도 모르게 웃었던 장면들. 그리고 깨달았다. 지금의 무너짐은 전체 감정의 40%쯤이었고, 나머지 60%는 아직 꺼내지 않았을 뿐, 분명히 존재하고 있다는 사실을.

이 깨달음은 그녀를 구했다. 절망을 삶의 전부로 해석하지 않고, 전체 중 일부로 위치시킨 순간 감정은 응고된 독이 아니라 흐르는 물이 되었다.

문학 속에서 찾는 감정의 상대성

셰익스피어의 《햄릿》은 감정의 좌표를 잃은 인간의 전형이다. 햄릿은 분노와 슬픔에 삼켜져 그것이 인생 전체를 지배하는 듯 행동한다. 그러나 그의 독백 – "사느냐, 죽느냐, 그것이 문제로다" – 를 곱씹어 보면, 그는 사실 감정을 비율화하지 못했기에 극단으로 치달은 인물이다.

반대로 《안나 카레니나》의 키티는 실연 뒤 삶이 끝난 것처럼 괴로워했지만, 결국 레빈과의 사랑 속에서 회복한다. 그녀가 깨달은 건 단순하다.

"이 고통이 내 삶의 전부가 아니었구나."

문학은 언제나 감정의 총량을 오해한 인간과, 그것을 새롭게 배치한 인간의 대비를 보여준다.

영화 속 교훈 : 감정의 프레임 바꾸기

픽사 영화 〈인사이드 아웃〉은 감정 총량의 상대성을 시각적으로 풀어낸 작품이다. 기쁨(Joy)만 있으면 삶이 충만할 거라 생각했지만, 실제로 기억의 핵심은 슬픔(Sadness)과 함께할 때 더 깊어진다. 감정이 총량 안에서 서로 균형을 맞출 때, 삶은 더 의미 있어진다.

또 다른 예로 영화 〈굿 윌 헌팅〉을 보자. 윌은 분노와 방어 기제로 자신을 감싸고 살아간다. 그러나 상담사 숀이 그의 어깨를 잡고 말한다.

"It's not your fault(네 잘못이 아니야)."

그 순간, 윌의 응고된 분노와 슬픔이 흘러내린다. 단 한마디의 해석이 감정의 총량을 새롭게 재분배한 것이다.

분노와 기쁨을 상대화하는 기술

한순간의 분노에 휩쓸리기 전에 이렇게 물어보자.

"이건 내 삶 전체 분노의 몇 퍼센트인가?"

이 질문은 감정을 '이해의 단위'로 전환시킨다. 반대로 큰 행복에 도취될 때도 마찬가지다. "이 행복은 내 총량의 몇 퍼센트인가?"라고 묻는 순간, 행복은 더 깊어진다. 당신도 이 행복으로부터 도망가지 않는다.

심리학자 마틴 셀리그먼은 긍정심리학에서 "행복은 강도가 아니라 빈도의 문제"라고 말했다. 이는 총량적 시선과 닮아 있다. 한 번의 거대한 기쁨보다, 작은 기쁨들이 전체의 균형을 채운다는 뜻이다.

감정을 기록하는 구체적 방법

감정을 좌표화하기 위해서는 기록이 필요하다. 하루 세 번, 아침·점심·저녁마다 감정을 한 단어로 적어보라.

"짜증(40), 설렘(60), 허무(30)."

이렇게 수치화하면 일주일만 지나도 내 삶의 감정 그래프가 보인다.

노벨 문학상 수상작가 올가 토카르추크는 "인간은 기억이 아니라 패턴 속에서 산다"고 말했다. 감정을 기록하고 패턴을 발견하는 순간, 우리는 감정 총량의 선장이 된다.

지금의 감정에 이름 붙이기

중요한 건 감정을 억누르지 않고, 그 위치를 파악하는 것이다. 지금 느끼는 외로움이 전체 인생의 몇 퍼센트인지, 지금의 기쁨이 내 서사에서 어떤 좌표를 차지하는지 묻는 일. 이 질문을 스스로에게 던지는 순간, 우리는 감정에 삼켜지지 않고, 감정을 이해의 언어로 번역한다. 그 번역이야말로 삶의 기술이다.

질문 자체가 증거다.

"지금 이 감정은 총량의 어디쯤인가?"

이 질문을 던지는 순간, 이미 당신은 감정을 통제하고 있다. 감정은 여전히 흐르지만, 당신은 그 흐름의 지도를 손에 쥔 셈이다. 짜증, 무기력, 설렘, 애틋함, 지침, 기대, 허무. 그것들이 총량 안에서 어디쯤 자리하는지 묻는 행위 자체가, 당신이 감정의 주체로 살아가고 있다는 증거다.

그러니 오늘, 감정에 휘둘리기 전에 이렇게 말해보라.

"좋아, 지금 이 감정은 내 총량의 30%쯤이군. 나머지 70%는 아직 살아 있다."

그 순간, 삶은 더 이상 감정의 파도에 휩쓸리지 않고, 당신의 배를 태우는 바람이 된다.

098

과거의 고통을 어떻게 요리하고 있는가?

고통은 사라지지 않는다, 단지 익을 뿐이다.

누구에게나 지우고 싶은 장면이 있다. 모멸적인 말 한마디, 되돌릴 수 없는 선택, 뼈아픈 실수. 많은 사람들은 그것을 없애려고 애쓴다. 그러나 고통은 지워지지 않는다. "시간이 모든 것을 치유한다"라는 말은 절반만 맞다. 시간은 고통을 없애주지 않는다. 대신 그것을 "익힌다". 마치 날고기를 불에 올리면 시간이 지나면서 새로운 질감과 맛으로 바뀌듯, 삶의 불 위에서 고통은 서서히 다른 형태로 조리된다.

하버드 심리학자 대니얼 길버트는 《행복에 걸려 비틀거리다》에서 이렇게 말한다.

"인간은 스스로 생각하는 것보다 훨씬 더 빨리 회복하고, 고통을 변형시키는 능력을 갖고 있다."

다시 말해, 고통은 원재료일 뿐이며, 그것을 어떻게 다루느냐에 따라 독이 될 수도, 자원이 될 수도 있다.

생으로 씹는 사람들 : 자기학대의 요리법

어떤 사람들은 고통을 매일 생으로 꺼내 씹는다. 그들은 과거의 장면을 되풀이하며 "왜 그랬을까?", "그때 내가 달랐다면"이라는 양념을 무한정 뿌린다. 이 방식은 결국 자기학대다.

도스토예프스키의 《죄와 벌》에서 라스콜리니코프가 그렇다. 그는 살인의 죄책감을 매 순간 곱씹으며 자기 영혼을 괴롭힌다. 그의 고통은 현실의 고통보다, 그 고통을 곱씹는 습관에서 증폭된다. 생으로 씹는 고통은 끝내 영혼을 부식시킨다.

현대 심리학에서도 이를 "반추(rumination)"라 부른다. 같은 생각을 계속 되새김질하는 습관은 우울증을 심화시키는 주요 원인이다. 마치 덜 익은 고기를 날로 먹다 병에 걸리듯, 소화되지 않은 고통은 내면을 병들게 한다.

냉동 보관하는 사람들 : 진공포장의 위험

또 어떤 사람들은 고통을 절대 열지 않는 서랍에 넣어둔다. 웃으며 "괜찮아"라는 라벨을 붙이고, 고통을 진공포장한다. 그러나 오래된 냉동실에선 고통만 썩는 게 아니다. 감정, 기억, 관계 모두 부패한다.

한 여성은 어린 시절 학대 경험을 철저히 봉인한 채 30년을 살았다. 그러나 중년이 되어 갑작스러운 공황장애로 무너졌다. 그녀는 이렇게 말했다.

"나는 고통을 없앴다고 믿었지만, 사실은 냉동실에 넣어둔 채 썩히고 있었을 뿐이었어요."

영화 〈이터널 선샤인〉은 이 냉동 보관의 은유다. 주인공이 사랑의 상처를 지우려 기억을 삭제하지만, 결국 그는 다시 같은 사랑을 반복한다. 지운다고 사라지는 게 아니다. 오히려 냉동된 고통은 언젠가 더 큰 파열로 터져 나온다.

진짜 요리 : 끓이고, 익히고, 나누는 과정

그렇다면 제대로 된 요리는 무엇일까? 고통을 삶의 불에 올려놓고, 한참을 끓인 뒤, 적당한 거리와 온도로 의미라는 향신료를 찾아내는 것이다.

어느 상담사는 이렇게 말했다.

"상처는 회복될 때까지는 이야기하지 말라고 하죠. 하지만 회복된 상처는 반드시 이야기해야 합니다. 그래야 그 고통이 쓸모 있어집니다."

익힌 고통은 나눌 수 있는 음식이 된다는 의미이다.

빅터 프랭클도 아우슈비츠에서 이렇게 썼다.

"고통이 의미를 만날 때, 그것은 더 이상 고통이 아니다."

불 위에서 익은 고통은 결국 '의미'라는 맛을 낸다.

삶의 불 위에서 끓여낸 고통의 국물

삶은 완성된 음식이 아니라, 원재료로만 주어진다. 그중 가장 강한 재료가 고통이다. 문제는 그 고통을 어떻게 조리하느냐이다. 프랑스 철학자 몽테뉴는 말했다.

"고통은 삶이 우리에게 준 가장 강한 양념이다."

누군가는 이 양념을 버리고, 누군가는 과하게 뿌려 망치며, 또 누군가는 적절히 배합해 새로운 요리를 완성한다.

실패를 글로 요리하는 작가, 상실을 음악으로 끓여내는 가수, 분노를 그림으로 굽는 화가 – 그들은 모두 자기 고통을 조리한 이들이다. 밥 딜런은 노래했다.

"모든 고통은 언젠가 노래가 된다."

이 말은 단순한 은유가 아니다. 실제로 예술은 고통을 조리해 타인의 위로로 건네는 가장 오래된 방식이었다.

웃음이라는 조리법

흥미로운 건, 가장 훌륭한 조리법 중 하나가 바로 웃음이라는 점이다. "그땐 정말 미쳤었지"라고 말하며 웃을 수 있는 순간, 고통은 이미 훌륭히 요리된 것이다.

찰리 채플린은 말했다.

"인생은 멀리서 보면 희극이고, 가까이서 보면 비극이다."

비극을 요리해 희극으로 건네는 채플린의 방식은, 아마도 고통을 가장 소화하기 좋은 방법 중 하나일 것이다.

타인을 위한 음식이 되는 순간

익힌 고통은 결국 누군가에게 건넬 수 있는 음식이 된다. "나도 그런 적 있었어"라고 말할 수 있는 사람만이, 타인의 상처에 진짜 위로를 건넬 수 있다. 영화 〈쇼생크 탈출〉에서 앤디는 감옥이라는 지옥 속에서 음악을 틀어 감방 전체에 흘려보낸다. 그는 자신의 고통을 예술이라는 음식으로 요리해 동료들과 나눈 것이다. 그 순간, 고통은 더 이상 개인의 짐이 아니라 공동체의 위안이 된다.

고통을 요리하는 나만의 방식

누군가는 글로 요리하고, 누군가는 그림으로, 누군가는 침묵으로, 또 누군가는 유머로 요리한다. 중요한 건 그 방식이 아니라 "익히고 있는가, 썩히고 있는가"다. 심리학자 윌리엄 제임스는 "인간은 자신에게 일어난 일의 산물이 아니라, 그 일을 어떻게 해석했는가의 산물"이라고 했다. 해석은 곧 요리법이다. 같은 재료라도 해석의 방식에 따라 음식은 달라진다.

나는 지금 어떤 요리를 하고 있는가?

과거의 고통은 저장하는 것이 아니라, 요리해야 한다. 생으로 씹으면 독이 되고, 차갑게 방치하면 썩어 들어간다. 하지만 삶의 불 위에서 끓여내면, 언젠가 누군가에게 건넬 수 있는 따뜻한 음식이 된다.

그러니 묻자. 나는 내 고통을 어떻게 요리하고 있는가? 아직 덜익은 분노를 품고 있는가? 아니면 의미라는 향신료와 함께 천천히 끓여내고 있는가? 그 요리가 완성되는 날, 당신은 알게 될 것이다. 고통은 사라지지 않았지만, 더 이상 무섭지 않다. 그것은 이제 누군가에게 건넬 수 있는 힘이 되었기 때문이다.

099

어떤 순간이 총량의 전환점이 되었는가?

인생의 균형추가 바뀌는 순간

삶을 돌아보면 누구에게나 선명하게 각인된 순간이 있다. 그 순간 전까지는 모든 것이 무너져 내리는 것 같았는데, 그 순간 뒤부터는 이전과는 다른 리듬으로 살아가게 되는 날. 바로 그것이 총량의 전환점이다.

큰 고통조차 시간이 지나면 평정심으로 회복되고, 때로는 그 이전보다 더 큰 의미를 발견한다. 중요한 건, 바닥을 치는 순간이 단순한 끝이 아니라 '전환점'이라는 사실이다.

예를 들어, 1865년 링컨은 남북전쟁의 승리와 노예제 폐지라는 역사적 성취를 이뤘지만, 그전까지는 아들의 죽음과 아내의 우울증으로 절망 끝에 몰려 있었다. 그는 그 고통 속에서도 "지금이 가장 어두운 밤이라면, 이제 해가 뜰 차례다"라고 말했다. 바로 그 믿음이 그의 삶을 반등시킨 전환점이 된 것이다.

사소한 일상이 바꾸는 무게중심

총량의 전환점은 대개 거대한 사건이 아니라, 작은 일상 속 조각에서 온다. 빵 한 조각의 따뜻함, 낯선 사람의 인사, 봄 햇살 한 줄기, 오래된 편지 한 장이 무너진 마음의 균형을 되돌린다.

실제로 한 여성은 구조조정으로 해고된 뒤 몇 달을 무기력하게 지냈다. 그러다 도서관에서 우연히 본 문장, "당신이 지금 아프다는 건, 무엇인가 자라고 있다는 증거다"라는 한 줄이 삶을 바꿨다. 그날 뒤로 그녀는 오랜만에 스스로를 돌봤고, 샤워를 하고 따뜻한 음식을 데워 먹으며 아주 작은 균형을 회복했다. 총량의 전환은 이렇게 사소하게, 그러나 돌이킬 수 없이 찾아온다.

음악이 불러낸 해동의 순간

한 남성은 아버지의 죽음 뒤 모든 감정을 닫아버렸다. 울지도 않았고, 장례식 때도 건조하게만 행동했다. 사람들은 "강하다"고 했지만, 사실 그는 감정이 정지된 상태였다. 그러나 2년 뒤, 우연히 카페에서 들려온 어릴 적 아버지가 자주 틀던 클래식 음악 한 곡이 그를 무너뜨렸다. 그는 그 자리에서 처음으로 눈물을 터뜨렸고, 그 뒤로 조금씩 아버지의 추억을 말하고 나누기 시작했다. 음악이야말로 그의 총량을 바꾼 전환점이었다.

도스토옙스키 역시 사형 집행 직전 사면을 받은 경험을 삶의 전환점으로 삼았다. 그는 훗날 "그 순간 이후의 삶은 평범해졌다. 다만 평범 속에서 새로운 기쁨을 발견해야 했다"고 기록했다. 죽음의 문턱에서 돌아온 경험이 일상의 소소한 행복을 음미하는 전환점이 된 것이다.

실패와 고통이 가져다준 역설적 선물

전환점은 고통 뒤에 숨어 있는 경우가 많다. 스티븐 킹은 젊은 시절 가난과 중독으로 절망했지만, 그때의 괴물과 어둠이 그의 작품 세계의 원천이 되었다. 우사인 볼트가 세계에서 가장 빠른 사나이가 될 수 있었던 것도 수년간의 부상과 훈련이라는 고통을 견딘 대가였다.

헬렌 켈러는 시각과 청각을 잃었지만, 그 결핍이 세계적인 활동가로서의 삶을 가능하게 했다. 그녀에게 주어진 마이너스는, 인류에게 주는 영감이라는 플러스로 환원되었다. 총량의 전환점은 이렇게 '잃음과 얻음의 교환 공식' 속에서 작동한다.

문학과 영화가 보여주는 전환

문학과 영화는 이 전환의 순간을 탁월하게 포착한다. 헤밍웨이의 《노인과 바다》속 산티아고는 손이 찢기고 허리가 휘면서도 낚싯줄을 놓지 않는다. 그는 힘을 모두 쓰지 않고 내일을 위해 일부를 남기는 법을 안다. 고통의 순간에도 균형을 유지하려는 그 태도가 바로 총량을 지켜낸 전환의 지혜다. 또 톨스토이의 《안나 카레니나》첫 문장, "행복한 가정은 모두 비슷하지만 불행한 가정은 저마다의 방식으로 불행하다"는 말은 각자가 겪는 전환점의 다양성을 보여준다.

내 삶의 총량표에 찍힌 순간

중요한 건, 총량의 전환점은 격렬한 사건보다 내 마음이 균형을 다시 세운 조용한 순간이라는 것이다. 도서관에서 본 책의 한 문장, 카페의 음악, 골목의 햇살, 누군가의 위로. 그 순간 당신은 분명 다르게 숨 쉬었고, 다르게 걸었으며, 달라진 리듬으로 하루를 살았다.

총량의 전환점은 삶이 우리를 조정하는 방식이다. 고통은 단순히 마이너스가 아니라, 전환점으로 가는 준비였음을 뒤늦게 알게 되는 것이다. 링컨이 말했듯, "지금이 가장 어두운 밤이라면, 이제 해가 뜰 차례다."

당신의 전환점은 무엇인가?

그러니 묻자. 어떤 순간이 당신의 총량을 바꾸었는가? 무너졌던 날, 어떤 문장에 붙잡혔던가?

사람들이 다 잊은 듯한 일상의 조각에서 숨을 다시 고를 수 있었던가? 당신이 이미 경험한 그 순간은, 이름 붙이지 않았을 뿐 총량의 전환점이었다. 그리고 앞으로 또 다른 전환점은, 생각보다 가까운 곳에서 조용히 기다리고 있을 것이다.

100

나는 인생 총량의 법칙을
나만의 방식으로 해석하고 있는가?

법칙을 읽는 두 가지 태도

인생 총량의 법칙은 단순히 "행복과 불행은 균형을 이룬다"라는 문장으로 요약되지 않는다. 누군가는 그것을 경고의 언어로 읽는다.

"좋은 일이 있으면 반드시 나쁜 일이 온다."

그래서 늘 스스로를 절제하고, 웃음조차 삼간다. 마치 행복이 과하다 싶으면 곧 청구서가 날아온다고 믿는 회계사의 태도와도 같다.

반대로 어떤 사람은 그것을 위로의 언어로 읽는다.

"나쁜 일이 있으면 반드시 좋은 일이 온다."

그래서 가장 깊은 밤에도 "이건 지나가는 과정"이라며 버틴다. 두 해석 모두 틀린 게 아니다. 중요한 건 그것을 어떤 문장으로 내 삶 속에 끌어들이는가다.

고대 스토아 철학자 에픽테토스는 말했다.

"중요한 것은 무슨 일이 일어나느냐가 아니라, 그 일을 어떻게 해석하느냐이다."

총량의 법칙은 바로 그 해석의 기술을 시험한다. 동일한 사건이 누군가에게는 파멸이고, 누군가에게는 전환점이 되듯이, 총량의 법칙 역시 각자의 언어로 다시 써야 한다.

균형의 공식 vs 순환의 공식

예를 들어, 어떤 이는 총량을 '균형의 법칙'으로 해석한다. 이들은 "넘치지 말 것, 빠지지 말 것"을 좌우명처럼 삼는다. 승진을 해도 파티 대신 일거리를 더 끌어안고, 기쁨을 느껴도 금세 "이제 시작일 뿐"이라며 웃음을 줄인다. 그들의 삶은 표면적으로는 단조롭지만, 놀랍게도 무너지지 않는다. 감정을 관리하는 회계처럼, 늘 50대 50의 저울을 맞추며 생존한다.

반면 또 다른 이는 총량을 '순환의 법칙'으로 본다. 이들은 바닥을 치면 반등이 올 것을 안다. 좌절을 겪으면서도 "이건 한 바퀴 도는 중"이라고 말한다. 고통을 단순한 불운으로 여기지 않고, 기쁨의 반대편이라 믿는다. 그들은 통제하기보다 파도를 탄다. "삶은 직선이 아니라 진자"라는 문장으로 요약되는 태도다.

한 철학자는 말했다.

"인생은 바람을 맞으며 걷는 일이다. 어떤 이는 바람을 막으려 하고, 어떤 이는 그 바람에 몸을 기댄다."

총량 해석의 방식이 곧 당신의 삶의 리듬을 결정한다.

나만의 문장으로 다시 쓰기

총량의 법칙을 자기 언어로 바꾸는 순간, 삶은 달라진다. 누군가는 그것을 '인생 회계'라 부르고, 또 다른 이는 '감정의 예금 통장'이라 한다. 심지어 어떤 이는 그냥 "사는 게 그렇지"라는 무심한 문장으로 간단히 처리한다. 중요한 건 그 언어가 당신의 것이냐는 점이다.

헬렌 켈러는 시각과 청각을 잃었지만, "내가 가진 어둠이 다른 이의 빛이 된다면, 그것으로 충분하다"고 말했다. 그녀는 총량을 결핍의 법칙이 아니라 환원의 법칙으로 해석했다. 반대로, 괴테는 "행복은 언제나 대가를 요구한다"고 말하며 총량을 거래의 법칙으로 이해했다. 똑같이 불행을 겪어도, 해석의 언어가 삶을 전혀 다르게 만든다.

문학과 영화 속 해석들

문학은 이 해석의 차이를 극적으로 보여준다. 톨스토이의 《안나 카레니나》속 안나는 욕망을 기쁨의 총량으로 착각했다. 그러나 결국 모든 불행이 초상화처럼 그녀에게 돌아왔다. 반대로 레빈은 삶의 균형을 관리하며 감정의 회계를 유지했고, 총량의 균형을 회복했다. 총량 해석의 실패와 성공이 한 작품 안에 나란히 놓여 있다.

영화 〈쇼생크 탈출〉의 앤디는 감옥이라는 최악의 마이너스를, "언젠가 있을 플러스의 준비"라고 해석했다. 그는 말했다.

"희망은 좋은 것이고, 아마 가장 좋은 것이다. 좋은 것은 결코 사라지지 않는다."

총량의 법칙을 희망의 언어로 다시 쓴 대표적 장면이다.

실패를 다시 부르는 두 가지 시선

실패를 겪었을 때, 해석의 차이는 더 분명하다. 어떤 이는 "내 총량이 다 소진됐다"며 체념한다. 하지만 어떤 이는 "나는 고통의 몫을 앞당겨 쓰고 있는 중"이라며 버틴다. 똑같은 실패가 한쪽에선 종말이고, 다른 쪽에선 전환점이 된다.

스티브 잡스가 애플에서 쫓겨난 뒤 "해고는 내 인생에서 가장 좋은 일 중 하나였다"라고 말했을 때, 그는 총량을 재해석하고 있었다. 그 실패는 자유와 창조성이라는 새로운 총량으로 환원되었다. 반대로, 같은 상황에서 다른 이는 영영 무너져버린다. 총량의 법칙은 냉정하지 않다. 다만 그 해석이 냉정할 뿐이다.

나만의 총량 공식 찾기

총량의 법칙은 자기 해석의 기술이다. 우리는 흔히 타인의 언어로 자기 삶을 설명한다.

"인생은 고해다."

"인생은 선물이다."

하지만 진짜 필요한 건 나만의 공식이다. "내 인생은 바닥을 치면 반드시 튀어 오른다"라든가, "내 인생은 천천히 쌓이지만 절대 사라지지 않는다" 같은 나만의 문장.

심리학자 빅터 프랭클은 수용소에서 "삶의 의미를 찾는 순간, 고통은 더 이상 고통이 아니다"라고 말했다. 그는 고통의 총량을 의미의 총량으로 번역했다. 당신은 지금, 어떤 번역기를 사용하고 있는가?

질문으로 완성되는 나만의 해석

그러니 마지막으로 묻자.

나는 고통을 '차감'으로 보는가, 아니면 '투자'로 보는가?

나는 기쁨을 '청구서'로 보는가, 아니면 '예금'으로 보는가?

지금의 감정은 내 총량에서 어떤 언어로 기록되고 있는가?

당신이 쓰는 그 문장이 바로 당신의 삶의 감정 문법이다.

나만의 렌즈로 다시 쓰는 삶

거듭 말하거니와 인생 총량의 법칙은 수학 공식이 아니다. 그것은 내러티브다. 그리고 그 내러티브는 타인의 문장이 아니라 당신의 문장으로 다시 써야 한다. 누군가는 "행운은 대가를 치른다"라 하고, 누군가는 "고통은 준비된 기쁨을 데려온다"라 한다. 정답은 없다. 정답은 오직 당신이 어떤 언어로 삶을 해석하느냐에 달려 있다.

그러니 이제 묻자. 당신은 지금, 인생 총량의 법칙을 나만의 방식으로 해석하고 있는가? 그 해석이 바로 당신의 총량 공식이고, 당신이 삶을 버텨내는 언어의 구조다.

삶은 정산되고, 총량은 순환한다

우리는 매일 감정을 쓰고, 선택을 하고, 누군가와 관계를 맺는다. 아침에 눈을 뜨면서부터 밤에 눈을 감기 전까지, 우리는 끊임없이 무언가를 주고받는다.

무심코 흘려보낸 웃음, 무겁게 삼킨 눈물, 스쳐 간 대화, 끝내 꺼내지 못한 말 – 그 모든 것들이 사라지는 것 같아도, 어딘가에서는 꼼꼼하게 기록되고 있다. 마치 인생이라는 장부에 감정의 입출금 내역이 차곡차곡 쌓이는 것처럼.

누가 그 장부를 쓰는지, 그 규칙이 언제부터 작동했는지는 알 수 없다. 하지만 한 가지는 확실하다. 삶은 언제나 균형을 맞추려 한다는 것.

그리고 우리는 그 균형의 힘을 가장 뚜렷하게 느끼는 순간이 있다. 그건 완전히 무너져 주저앉은 순간도 아니고, 모든 것을 이뤄내고 환호하는 절정의 순간도 아니다.

오히려 그 둘 사이, 숨을 고르며 잠시 고개를 들어 하늘을 바라본 찰나에 불쑥 찾아온다. 마치 파도가 밀려갔다가 되돌아오듯, 삶의

리듬은 그렇게 우리를 앞으로도, 때로는 뒤로도 끌어당긴다.

'인생 총량의 법칙'이 말하는 건 단순한 공평함의 수학이 아니다. 그건 기쁨과 슬픔, 성공과 실패, 상실과 회복이 서로의 무게를 재고 맞추며, 결국 우리를 더 단단하게 빚어내는 보이지 않는 구조다.

고대의 현인들이 말했던 음양의 순환, 종교가 이야기한 업보와 구원, 경제학이 설명하는 경기의 파동, 심리학이 포착한 쾌락 적응 – 같은 노래를 다른 언어로 부르고 있었을 뿐이다.

그래서 고통이 찾아올 때 "이건 지나간다"고 말할 수 있다. 행복이 찾아왔을 때 "이 순간을 온전히 누려야겠다"고 결심할 수 있다.

그 모든 힘은, 삶을 총량의 관점에서 바라보는 연습에서 온다. 이 관점을 가진 사람은 파도에 휩쓸리지 않는다. 기쁨 속에서도 발을 단단히 디디고, 절망 속에서도 시선을 들어 수평선을 본다.

이 책은 거창한 철학서도, 차가운 데이터로만 가득한 심리서도 아니다. 그저 우리가 잠시 잊고 살았던 단순한 질문을 다시 꺼내 놓았을 뿐이다.

"지금 이 감정, 이 선택, 이 하루는 내 인생의 총량에서 어디쯤인가?"

이 질문 하나로 사람은 쉽게 무너지지 않는다. 감정에 휘둘리지 않으면서도, 감정을 외면하지 않는다. 그들은 감정을 흘려보낼 줄 아는 사람들이다. 슬픔을 회피하는 대신 요리하고, 기쁨을 탐닉하는 대신 음미하며, 고통을 단순히 견디는 대신 그것을 이야기로 바꾼다.

나는 이 책의 마지막 장에서 독자가 한 장의 풍경을 떠올렸으면 한다.

먼 길을 걸어온 한 사람이 있다. 길 위에는 이정표 대신 그가 웃었던 날, 울었던 날, 쓰러졌던 날, 다시 일어섰던 날들이 돌처럼 박혀 있다. 그는 뒤를 돌아본다. 그리고 깨닫는다.

"아, 내가 걸어온 길은 단순히 '앞으로' 나아간 길이 아니라, 기쁨과 슬픔이 번갈아 가며 이끌어준 길이었구나."

"한쪽이 무거워지면 다른 쪽이 나를 끌어올렸고, 한쪽이 가벼워지면 다른 쪽이 나를 붙잡아주었구나."

이런 삶이야말로 총량을 살아내는 삶이다.

이제는 당신의 차례다. 이 책을 읽으며 어떤 얼굴이 떠올랐는가? 어떤 기억이 불쑥 되살아났는가? 그것들이 바로 당신의 총량을 구성해온 조각들이고, 앞으로의 당신을 만들어갈 재료다.

기억하자. 인생은 쌓인다. 인생은 정산된다. 인생은 흐른다. 그리고 결국, 모든 것은 순환한다.

지금 당신이 손에 쥐고 있는 이 감정도 언젠가 누군가의 손을 붙잡아주는 힘으로, 혹은 당신 자신을 일으켜 세우는 힘으로 돌아올 것이다. 그러니 너무 두려워하지 말자. 너무 서두르지도 말자. 당신은 이미, 잘살고 있다. 총량은 조용히, 그러나 확실하게 그렇게 말해주고 있다.

그리고 언젠가 마지막 장부를 덮는 순간, 당신은 미소 지으며 이렇게 말할 수 있을 것이다.

"아, 이 삶은 꽤나 균형 잡힌 춤이었다."

새우와 고래가 함께 숨 쉬는 바다

인생 총량의 법칙 100문 100답

– 하루라도 빨리 알수록 인생에 득이 되는 100가지 이야기

지은이 | 이채윤
펴낸이 | 황인원
펴낸곳 | 도서출판 창해

신고번호 | 제2019–000317호

초판 1쇄 인쇄 | 2025년 12월 12일
초판 1쇄 발행 | 2025년 12월 19일

우편번호 | 04037
주소 | 서울특별시 마포구 양화로 59, 601호(서교동)
전화 | (02)322–3333(代)
팩스 | (02)333–5678
E-mail | dachawon@daum.net

ISBN 979–11–7174–063–5 (03320)

값 · 25,000원

이 도서는 2025년 문화체육관광부의 '중소출판사 도약부문 제작지원' 사업의 지원을 받아 제작되었습니다.

Publishing Club Dachawon(多次元)
창해·다차원북스·나마스테